Helmut Philipps

DUB KONFERENZ

50 Jahre Dub aus Jamaika

StrzeleckiBooks

DANK

An erster Stelle gilt mein Dank denen, die sich in Jamaika, England, Deutschland, Frankreich, Belgien, den Niederlanden und sonstwo als Gesprächspartner zur Verfügung gestellt haben. Ohne ihre Geschichten wäre dieses Buch nicht möglich gewesen.

Ein besonderer Dank geht raus an Gerd Gummersbach. Vom ersten Wort bis zum letzten Punkt des Buches war er ein hilfreicher Diskussionspartner, Motivator und Lektor.

Vielen Dank auch an Karl-Olaf Kaiser, der von seiner Veranda in Kingston aus wertvolle Hinweise und Anmerkungen beigetragen hat.

Herzlichen Dank an Heike Graw und Daniel Rauer für die Transkripte einiger Interviews, sowie Dominik Pfeiffer für die Übersetzung aus dem Französischen. An Stephanie Wetzold-Schubert für Artwork, Satz und Geduld, Insa Muth fürs Korrektorat, und an Carmen Strzelecki für die Entscheidung, meine Dub-Konferenz in ihr Verlagsprogramm aufzunehmen.

Ein grundsätzlicher Dank gebührt all denjenigen, die mir Möglichkeiten für Interviews eingeräumt haben, Materialien und Informationen überlassen oder sich mit mir ausgetauscht haben: Alex Domhöver, Beth Lesser, Chris Lane, Christoph Kraus, Conny @Soul Jazz, David Katz, David Rodigan, Garance Reggae Festival, Götz Alsmann, Jan Lankisch, John Masouri, Julian Schmidt, Martin Campbell, Mint Magazin, Nicolai Beverungen / Echo Beach, Olaf Karnik, Ossi Münnig, Pete Lilly & Ellen Köhlings & Riddim Magazin, Ralf Frochte & Sankofa Sound System, Red Bull London, Reggae Jam & Sheriff Bernd Lagemann, René Wynands, Rob Chapman, Ruhr Reggae Sommer, Stefan Balzcynski, Steve Barrow, Summerjam, U-Club Wuppertal, Ulli Güldner, Ursula „Munchy" Münch, Uwe Adelfang / Groove Attack & VP Records, und alle, die ich hier vergessen habe. Ihr wisst, wer Ihr seid.

Gespräche & Interviews

Engineer:

Alborosie – 27.07.2014 Mülheim Ruhr Reggae Sommer
Alan Redfern aka Al Breadwinner – 07.04.2021 per Mail
Barnabas – 06.04.2012 Kingston
Dennis Bovell – 08.01.2020 Wien
Don Corleon – 05.08.2011 Bersenbrück Reggaejam
Ernest Hookim – 06.03.2017 Kingston
Errol Brown – 03.07.2011 Köln Summerjam
Kevin Metcalfe – 18.04.2005 London
King Jammy – 02.04.2012 Kingston
Leroy „Fatman" Thompson – 17.02.2017 Kingston
Mad Professor – 17.02.2012 Arnheim, NL
Mark Lusardi – 11.9.2020 London, per Telefon
Pat Kelly – 31.08.2010 Münster
Philip Winter aka Umberto Echo – 29.04.2010 Bad Salzuflen
Rory Stonelove – 31.12.2013 Wuppertal
Scientist – 18.11.2010 London + 01.12.2010 Berlin
Soljie Hamilton – 22.05.2010 Bielefeld + 04.07.2015 Köln Summerjam
Sylvan Morris – 04.04.2012 Kingston

Musiker, Produzenten etc.:

Bredda Neil (King Shiloh Sound System) – 12.03.2011 Wuppertal
Bunny Lee – 27.07.2012 Garance Festival, Frankreich + 06.03.2017 Kingston
Clive Chin – 06.08.2011 Belgien Reggae Geel + 28.03.2013 Berlin + 05.04.2013 Köln
Clive Hunt – 06.03.2017 Kingston
David Rodigan – 24.07.2010 Essen + 23.07.2011 Oberhausen
Dubblestandart – 08.01.2020 Wien
Dubtonic Kru/Jallanzo – 05.07.2014 Köln Summerjam
Earl 16 – 22.01.2011 Arnheim, NL
Felix Wolter aka Dubvisionist – 14.04.2010 Hannover
Freddie McGregor – 24.07.2009 Oberhausen
Johnny Clarke – 03.03.2017 Kingston
Linval Thompson – 14.11.2010 Wuppertal + 27.08.2011 Dortmund
Lloyd Parks – 08.04.2012 Kingston
Mark Ernestus (Rhythm & Sound) – 21.06.2011 Berlin
Martin Campbell (Channel One UK) – 2014 per Mail
Natalie Deseke (Lee Perry / Soon Come Tour) – 05.04.2020 per Telefon
Nat Birchall – 26.04.2021 per Mail
Pablo Moses – 17.11.2009 Augsburg
Roger „Fatman" Lewis (Fat Man Riddim Section) – 30.07.2016 Bersenbrück Reggaejam
Roy Francis – 02.03.2017 Kingston
Style Scott (Roots Radics + Dub Syndicate) – 03.04.2012 Kingston
Tony James aka Sizzler – 03.03.2017 Kingston
Tyrone Downie (Wailers) – 16.11.2011 Pulheim/Köln

DUB KONFERENZ
Inhaltsverzeichnis

01 Über dieses Buch	8
02 Prolog: Counteraction (Dub-Wise)	12
03 Ouvertüre eines neuen Genres	26
04 Sylvan Morris: Dub hat eine kulturelle Bedeutung	32
05 Errol Thompson, Joe Gibbs und die ersten Dub LPs	40
06 Clive Chin: die Geschichte von *Java Java Java Java*	52
07 King Tubby: Genie und Mythos	60
08 David Rodigan: Erinnerungen an King Tubby	74
09 Fatman @ King Tubby's: Three The Hard Way	84
10 Pat Kelly: die Entmythologisierung des Dub	90
11 Bunny Lee: der Königsmacher	98
12 Errol Brown: Dub als musikalisches Ereignis	110
13 Channel One: Vorsprung durch Technik	122
14 Barnabas: der Junge aus der Nachbarschaft	138
15 Soljie Hamilton & Groucho Smykle: Dub-Design für Sly & Robbie	146
16 Linval Thompson: Dubtrader für Europa	154
17 Scientist: Anarchie und Furor	162
18 Scientist vs. Jammy vs. Greensleeves: Der ewige Showdown	176
19 King Jammy: Dub ist Freestyle	182
20 Lee Perry: Dubstrumentalist	196
21 Dub in England: Variationen des Themas	216
22 Epilog: Ein Echo macht noch keinen Dub	238

DUB KONFERENZ
Inhaltsverzeichnis

Dank	4
Glossar	254
Dubletten	255
Quellen	257
Index	
Personen, Gruppen, Sounds	262
Einzeltracks + Songs	268
Alben	270
Mehr zum Thema	278
Impressum	282

01 | Über dieses Buch

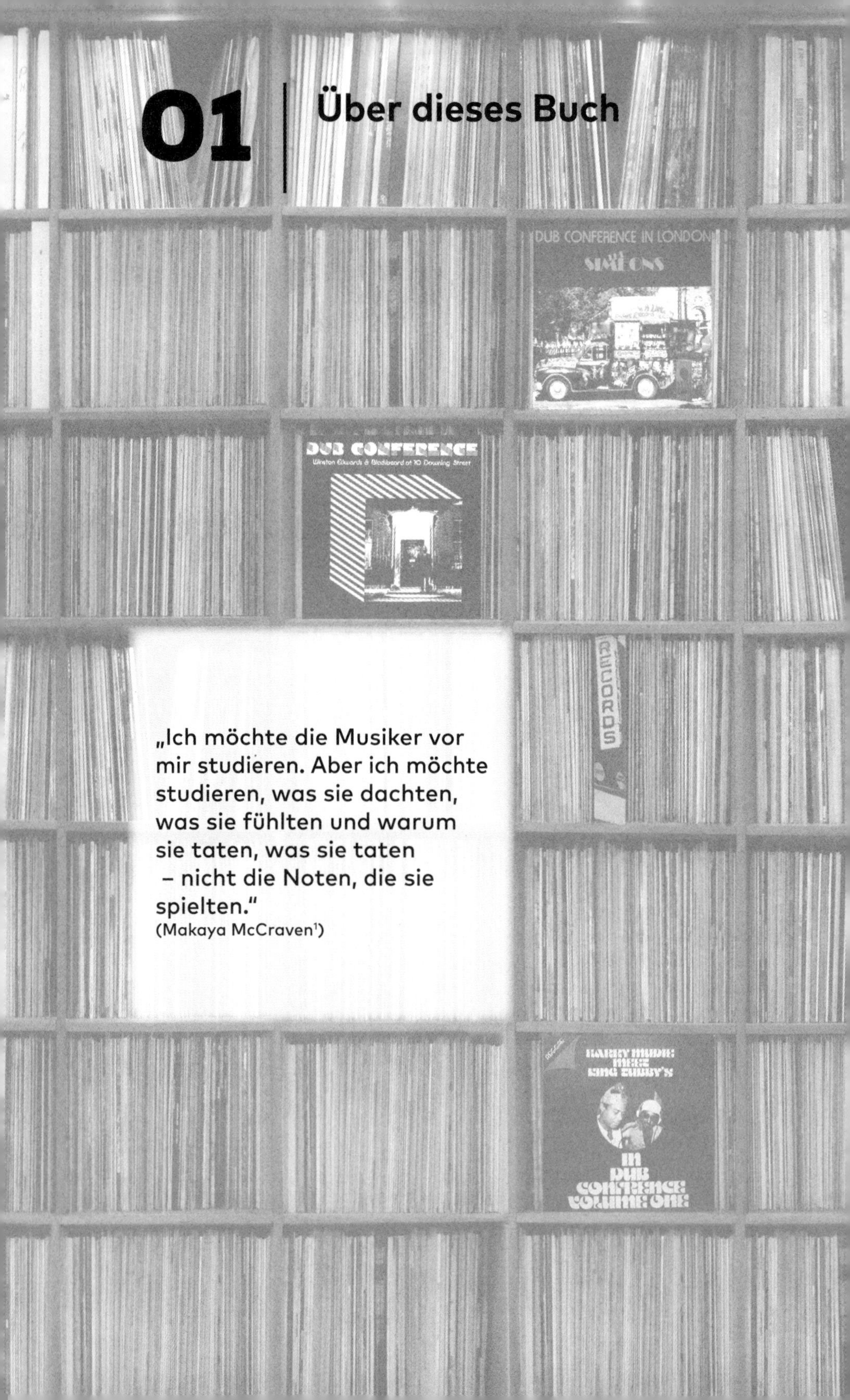

„Ich möchte die Musiker vor mir studieren. Aber ich möchte studieren, was sie dachten, was sie fühlten und warum sie taten, was sie taten – nicht die Noten, die sie spielten."
(Makaya McCraven[1])

What's dub got to do with it? scheint ein Beobachter in einem Online-Kommentar zu fragen: „Kürzlich kam ich an einer Open-Air-Veranstaltung vorbei, wo zeitgenössischer Dub aus zwei großen Lautsprechern dröhnte. Ich erinnere mich an ein großes Banner, das Samsura Dub oder ähnlichen interkulturellen Unsinn proklamierte. Himmel, es war ein Event, wo sich junge amerikanische Frauen in engen Lycra-Klamotten unter dem Vorwand, eine alte, mystische Hindu-Praxis zu trainieren, zu interessanten Posen verbogen und dabei ein Derivat jamaikanischer Dance-Musik hörten."[2] So weit weg von seinem Ursprung sei Dub mittlerweile, fügt er noch an. Hat er recht?
Anfang der 1970er Jahre beginnt in den Tonstudios von Jamaika etwas, das enormen Einfluss auf den Umgang mit Musikaufnahmen nehmen wird. Der Auslöser ist rein pragmatischer Natur, das Ergebnis eine Kombination von Technik und Musik. Jamaikas Erfindung erobert die Welt. Sie revolutioniert die internationale Charts- und Clubmusik, beeinflusst die zeitgenössische Musik in all ihren Facetten und macht selbst vor der Klassik nicht halt. 50 Jahre später ist die Innovation unter der Bezeichnung „Dub" als globales Genre etabliert. Der eigentliche Sinn, Zweck und Ursprung jedoch scheinen unterwegs verloren gegangen zu sein.
„Dub ist Drum and Bass" sagt Pat Kelly. „Nein", widerspricht Lloyd James, Dub sei mehr als das, „Dub ist eine Kreation des Tontechnikers." „Dub ist Kultur", ergänzt Sylvan Morris. Die sich hier äußern, zählen zu den Initiatoren. Sie waren als Tontechniker wesentlich beteiligt an der Genese einer Spielart, die als Reggae-Derivat in Kingston aufkam und unter der Bezeichnung „Dub" eine eigenständige Entwicklung nehmen sollte. An deren Ende eine breite Mehrheit glaubt: Dub ist Echo!
Dieses Buch erzählt die Chronik des jamaikanischen Dub. Es hinterfragt die Mythen und Legenden, die das Genre umranken, zeigt, was aus ihm geworden ist und wie es dazu kam. Dass ausgerechnet ein alter, weißer Reggae-Liebhaber und Tontechniker als Dub-Weiser antritt, nahm seinen Anfang vor vielen Jahren mit einigen importierten Schallplatten. Die Alben *Super Ape* und *Heart Of The Congos* vermittelten eine Ahnung davon, dass es zwischen Tönen und Instrumenten eine weitere, ungeahnte Ebene in der Musik gibt, zu der ein damals wenig bekannter Mann namens Lee Perry die Tür öffnete. Über die Jahre sammelten sich dann einige Hundert Platten des Upsetters im Regal an. Dazu gesellte sich ein Youth* namens Scientist, der mit seinen Mixen neue Ausdrucksmöglichkeiten eines Mischpultes offenbarte.
Seit ich die ersten Dub-Alben gehört habe, fasziniert mich diese jamaikanische Spielart. Später habe ich selbst bei Konzerten wie auch im Studio[3] Dubs gemischt und war immer der Ansicht, Dub gehöre zum Reggae wie der Blue Mountain Kaffee zu Jamaika. Ob diese These immer noch gilt, wollte

1 In: *Universal Being Documentary*, International Anthem 2020. Zitiert aus „Organische Musik" FAZ.net 19.08.2020 (zuletzt aufgerufen am 10.01.2020)

2 2013 zu dem Amazon-Angebot der CD *The Heptones – University Of Dub* (Trenchtown, JA Jahr unbekannt). https://www.amazon.de/University-Dub-Heptones/dp/B00008DI1P 2013 (zuletzt aufgerufen am 10.01.2022)

3 Unter dem Namen H.P. Setter

ich herausfinden. Angeregt von dem seit den 70er Jahren geübten Brauch, immer dann, wenn ein Produzent mit einem Studioengineer* für eine Dub-Session zusammentraf, die dabei entstandenen Alben als „Dub Conference" zu bezeichnen[4], habe ich mich als „Produzent" dieses Buches aufgemacht, mit den Vätern, Vordenkern und Erfindern der Dub-Technik zu konferieren. Straight from the lion's mouth* wollte ich hören, was sie seinerzeit bewogen hat, den Reggae in seine Einzelteile zu zerlegen, um ihn mit Hall, Echo und tiefer gelegten Bässen neu zusammenzusetzen. Ich wollte die produktionstechnischen Ursprünge des Verfahrens kennenlernen, war dort, wo es passierte, und habe mit Veteranen und Pionieren gesprochen. Darunter einige, die in der heutigen Wahrnehmung kaum mehr vorkommen, obwohl sie entscheidenden Einfluss auf die Entwicklung hatten. Andere wiederum hätten ebenfalls gut in diesen Kontext gepasst, standen aber aus unterschiedlichsten Gründen nicht für Gespräche zur Verfügung. Dazu kommt eine traurige Liste verstorbener Legenden wie Sid Bucknor, Ruddy Thomas, Osbourne Ruddock, Errol Thompson, Ossie Hibbert oder Philip Smart, bei denen Zeitzeugen und Wegbegleiter versucht haben, die Lücke zu füllen.

Historische Betrachtungen zum Reggae werden leicht zum Griff in die Lostrommel. Auch in Jamaika sind die Erinnerungen von heute nicht selten morgen schon ganz andere. Sie changieren zwischen ichbezogen und unkonkret, stecken voller Widersprüche und sind relativ bei Zeit- und Personenangaben. Gerade bei Künstlern kommt es häufig zu Verirrungen in den eigenen Lebensläufen. Das Gedächtnis ist „keine verlässliche Größe", sagt der norwegische Schriftsteller Karl-Ove Knausgård, weil „für das Gedächtnis nicht die Wahrheit am wichtigsten ist."[5] Auch der Reggae-Dokumentar David Katz räumt ein: „Bücher über Reggae haben immer ihre Tücken"[6] und meint damit, was – horribile dictu – ebenfalls für manche Zeitangabe dieser Dub-Konferenz gelten muss: Sie sind trotz ernsthafter Bemühung um Genauigkeit ohne Gewähr.

Meine Dub-Konferenz beschäftigt sich mit der Biografie des jamaikanischen Dub. Die Beschreibung der handelnden Personen konzentriert sich auf deren Beziehung zum Dub und liefert keine kompletten Lebensgeschichten. Sie hätten den thematischen Rahmen und den Umfang des Buches gesprengt.

1973 erschienen in Jamaika die ersten Dub-LPs. Die Dub-Versionen meiner Gesprächsprotokolle sind mein Beitrag zum 50-jährigen Jubiläum dieser Initialzündung.

Helmut Philipps, im Frühjahr 2022

---

4 Zum Beispiel *Harry Mudie meets King Tubby in Dub Conference Vol. 1 – 3* (Jamaika 1976), *Winston Edwards & Blackbeard – Dub Conference At 10 Downing Street* (England 1980) oder *The Simeons – Dub Conference in London* (1978)

5 Karl-Ove Knausgård: *Leben*, Roman 2014. Zitiert nach Philipp Oehmke: *Die Toten Hosen. Am Anfang war der Lärm*, Rowohlt 2014 S. 32

6 David Katz: Buchbesprechung *Reggae Going International 1967-1976: The Bunny 'Striker' Lee Story*, in *RIDDIM* 03/2012

Zum Verständnis:

Album- und Buchtitel sowie Namen von Zeitschriften oder Magazinen sind im Text *kursiv* gesetzt, einzelne Songs, Titel, Aufsätze und Zitate in „Anführungszeichen". Zitate ohne Quellenangabe stammen aus Gesprächen oder Schriftverkehr des Autors mit den Zitierten.

Zusätze in (runden) Klammern fungieren als Erklärung, Zusätze in [eckigen] Klammern stammen vom Autor und vervollständigen Halbsätze.

Details zu Plattenveröffentlichungen finden sich in den Fußnoten. Alben, die mit unterschiedlichem Namen bei gleichem Inhalt erschienen, werden – ohne Anspruch auf Vollständigkeit – im Kapitel „Dubletten" gelistet.

Da die Geschichte der Dub-Musik einhergeht mit der Entwicklung der Studiotechnologie, sind Ausflüge in den Bereich der Elektrotechnik unvermeidbar. Sie beschränken sich jedoch auf das Notwendige, ohne sie wäre der Fortgang der Ereignisse nicht zu verstehen.

Fachbegriffe, Anglizismen und Redewendungen werden im Glossar erklärt. Bei ihrer ersten Erwähnung sind sie mit einem * gekennzeichnet.

Weitere Informationen, Bilder, News und mehr unter www.dubkonferenz.de

02 | Prolog: Counteraction (Dub-Wise)

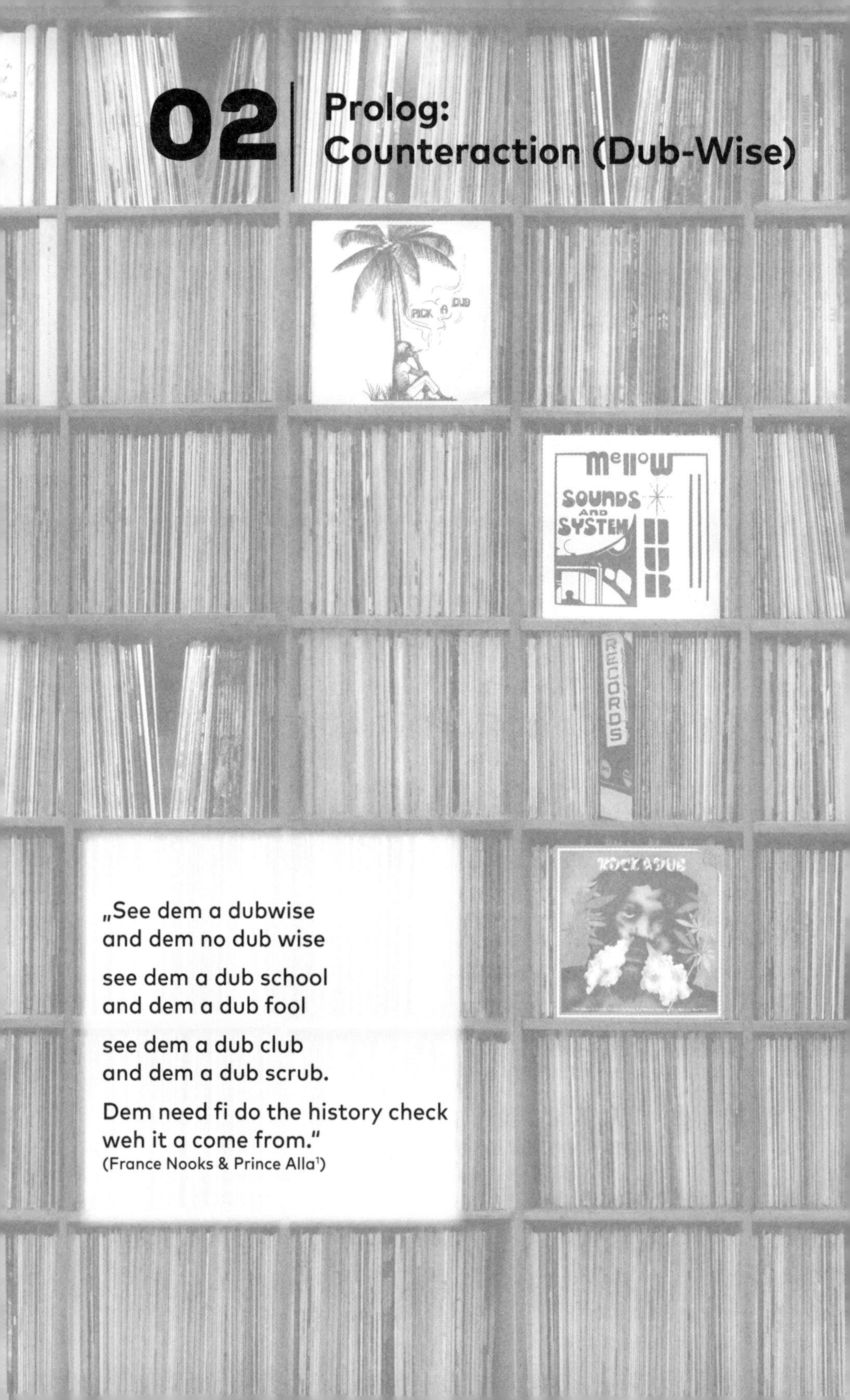

„See dem a dubwise
and dem no dub wise

see dem a dub school
and dem a dub fool

see dem a dub club
and dem a dub scrub.

Dem need fi do the history check
weh it a come from."
(France Nooks & Prince Alla[1])

„Counteraction!" heißt es in Jamaika. Der Begriff entstammt der Sound-System-Kultur eines Landes, in dem der Wettstreit um die Gunst des Publikums zu den Lieblingsbeschäftigungen des nationalen Ausgehvergnügens zählt. Man haut dieses Wort seinem Gegenüber um die Ohren, brüllt es ihm ins Gesicht oder kündigt damit süffisant eine vernichtende Maßnahme an. Es passiert, wenn Sound Systems – oder einfach nur „Sounds" – in einem sogenannten „Clash" gegeneinander antreten. Ihre Waffen sind Schallplatten, es geht um Raffinesse in der Musikauswahl und Brillanz in der Präsentation. Ein Sound legt einen Musiktitel vor, der Kombattant muss reagieren. Wenn er sich stark fühlt, tut er dies mit einer Counteraction. Die besteht aus einer sich auf die Vorgabe beziehenden oder sie gar übertrumpfenden Aufnahme, einem speziell auf den Gegner gemünzten Text oder in einer im Sound-System-Slang „Speech" genannten Gegenrede.

Das Ringen geht über mehrere Runden, über deren Gewinner das Publikum entscheidet. Es ist eine abendfüllende Veranstaltung, an deren Ende der Sieger eine Trophäe in Form eines Pokals erhält. Der englische Radio-DJ und Clash-Veteran David Rodigan nennt dieses Prozedere ein „musikalisches Schachspiel" und ein „großes Vergnügen"[1].

Der Clash ist eine spezielle Form des Reggae-Entertainments. Er bezieht seine Energie aus der Fixierung auf die Exklusivität der Musik sowie der Lust am spielerischen Konkurrenzkampf; seine Wurzeln liegen bei den mobilen, im Freien aufgebauten Discotheken, die in den 50er Jahren in Downtown Kingston als Alternative zu den Freizeitangeboten der Oberstadt entstanden. Sound Systems sind laut U Roy, dem Urvater des jamaikanischen Sprechgesangs, „das Vergnügen der kleinen Leute, zu dem die Ghettobewohner kamen, weil sie kein Geld für teure Clubs hatten."[2] Es beginnt mit kleinen Tonanlagen und Plattenspielern an Straßenkreuzungen und auf Freiflächen. Mit fortschreitender Technik wachsen die Anlagen, und es werden „Trichterlautsprecher aus Stahl mit 70 cm Durchmesser in die Bäume gehängt, damit man uns meilenweit hören konnte."[3] Jeder Sound ist darauf erpicht, etwas zu haben, was die anderen nicht bieten können. Sei es die größere Reichweite, der ausgefeiltere Klang, die virtuoseren Discjockeys, die in Jamaika „Selector" heißen, oder die schillerndsten Animateure, die man als „MC", als Master Of Ceremony, tituliert. Über allem aber steht die Musikauswahl. Sie muss sich abheben von den anderen und möglichst bestückt sein mit Aufnahmen, die sonst niemand hat.

Die Gier nach Exklusivität geht zurück bis in die Zeit vor Ska und Reggae. In den Anfängen operieren die Sounds mit importierten Schallplatten aus den USA und kratzen die Labeletiketten ab, damit Spione der Konkurrenz nicht identifizieren können, welche Titel beim Publikum gut ankommen. 1949 ersteht Ken Khouri (1917 – 2003), Sohn eines eingewanderten Libanesen und einer auf Jamaika geborenen Kubanerin, in Miami für 350 $ eine

1 „Dubwise", Album *Havana Meets Kingston*, Baco Records 2017
2 DVD Dokumentation „Return Of The Rub-A-Dub Style", Walking Road Films USA 2009
3 Scientist ebenda

Disc-Cutting-Maschine* für Hochzeits- oder Geburtstagsgrüße und bringt sie auf die Insel. Es ist der Auftakt zu Jamaikas eigener Musik- und Tonträgerproduktion. Khouri beginnt, damit in seinem Wohnhaus sowie in einem Club in St. Andrew, westlich von Kingston, Mento-Musik aufzunehmen und den Verkauf eigener Schallplatten zu organisieren.[4] Zwei Jahre nach ihm besorgt sich der Kingstoner Geschäftsmann Stanley Motta (1915 – 1993) ein ähnliches Gerät, an das man ein Mikrofon anschliessen kann, dessen Lautstärke sich regeln lässt. Was ausreicht, um in einem Hinterzimmer einer Holzfabrik auf der Hanover Street Mento-Bands aufzunehmen. Auch wenn Equipment und Lokalität noch weit entfernt sind von dem, was man später unter einem Tonstudio versteht, ist dies das erste Recordingstudio Jamaikas. Das Medium, auf dem die Aufnahmen gespeichert werden, sind sogenannte Acetate, dünne Metalscheiben überzogen mit einer Lackschicht, in die die Aufnahmen geritzt werden. Diese Scheiben lassen sich sofort auf einem Grammophon abspielen, aber da die Oberfläche sehr weich ist, haben sie nur eine kurze Lebensdauer, denn die Nadel fräst die Rille bei jedem Einsatz tiefer aus. Die Tatsache, dass die Acetate abspielbar sind, wird zum Ausgangspunkt der Dubplate-Leidenschaft des Reggae. Von Anfang an schneidet Khouri auf seiner Cutting-Maschine auch Aufnahmen für Sound Systems, umgangsprachlich „Soft Wax“ genannt. In der Regel jedoch verschiffen Khouri und Motta ihre Scheiben nach London, wo die Firma Decca daraus in einem Galvanisierungsprozess einen Stempel fertigt und damit 10 Inch große Schellackplatten für 78 Umdrehungen pro Minute presst. Die werden nach Jamaika geliefert und zum größten Teil von Touristen oder der jamaikanischen Oberschicht gekauft – die Downtown Sound Systems haben sich längst dem Rhythm & Blues und Jazz zugewandt und empfinden Mento als die Musik der zu Ende gehenden Kolonialzeit. Nicht zu Unrecht, denn der häufig als Ursprung der jamaikanischen Musik deklarierte Mento entspringt bis hin zu seiner Instrumentierung dem Wunsch europäischer Sklavenhalter nach Unterhaltung.

Im Frühstadium der Entwicklung ist es nicht ungewöhnlich, dass Sänger durch Soft-Wax-Aufnahmen zu Publikumsmagneten avancieren, ohne dass es von ihnen Schallplatten zu kaufen gibt. Als aus Mono Stereo wird und das Mehrspur-Aufnahmeverfahren gegen Ende der 60er Jahre seinen Weg in die nach der Unabhängigkeit gegründeten Studios Jamaikas findet, ändern die Sounds ihre Exklusivitätspolitik. Sie investieren nun bevorzugt in spezielle Versionen erfolgreicher Hitsingles, was bis dahin technisch nicht machbar ist. Sie ändern die Lyrics der Songs, um den Namen ihres Sounds unterbringen zu können, und verlangen einen alternativen Mix. Bald spricht man von „Dubplates“, respektive „Specials“.

4 1961 errichtet Khouri im Gründerboom der sich anbahnenden Unabhängigkeit mit Hilfe des australischen Engineers Graeme Goodall (in manchen Publikationen auch Graham Goodall genannt) in Kingston am Foreshore Drive Nr. 220, dem späteren Marcus Garvey Drive, die Firma „Federal Records Ltd.“. Ein All-Inclusive-Imperium mit Recording- und Masteringstudio, Schallplattenpresswerk und Vertrieb. Studio und Presswerk werden 1981 an die Tuff Gong Company verkauft, in deren Besitz sie sich noch heute befinden.

Parallel dazu konzentriert sich das Interesse zunehmend auf Instrumentalversionen bekannter Songs. Denn längst legen die Sounds nicht mehr nur Platten auf. Zu ihrem Unterhaltungsprogramm gehören mittlerweile auch Showauftritte von Musikern und Sängern. Für sie müssen Playbacks* her, die meist von erprobten Hits stammen. Aus diesen ursprünglich reinen Instrumentalversionen entwickeln sich durch die Möglichkeiten der Mehrspurtechnik eigenwillige Rhythmus-Reduktionen: nackte Beats von Bass und Schlagzeug, angereichert mit Hall- oder Echoeffekten, durchsetzt von Vokaleinblendungen oder Melodiefetzen. Geschaffen von den Toningenieuren der Studios, deren spezielle, exklusive Mixe „Dub" genannt werden. Ursprünglich und per definitionem ist Dub die in seine Bestandteile zerlegte und exklusiv aufbereitete Version eines existierenden Musiktitels für den Einsatz bei Sound Systems. Diese „Versionen wurden gebraucht, damit die Männer am Mikrofon sich darüber auslassen konnten."[5] Dub wird zum Live-Forum für Deejays* und Sänger in der jamaikanischen Dancehall.
Um 1970/71 presst man wegen der großen Nachfrage die ersten Dub-Mixe auf die Rückseiten neuer Singles, 1973 entsteht daraus eine eigenständige Kunstform im LP-Format. Wie dominant die immer mehr das Geschehen bestimmende Deejay-Kultur bei der Entwicklung dieser speziellen jamaikanischen Songinterpretation ist, belegt das Auftauchen vereinzelter Deejay-Tracks auf diversen frühen Dub-LPs. Schon 1973 ist Big Youth an Prince Busters *The Message Dubwise* beteiligt, 1978 noch einmal zusammen mit I Roy an Sylvan Morris' *Cultural Dub*[6]. Dazwischen erscheinen Langspielplatten, die auf der einen Seite Deejays präsentieren, auf der anderen Seite dazu passende Dubs, wie etwa:

- *U Roy – Dread In A Africa* (Hit 1976) produziert 1975 mit Dubs von Errol Thompson, veröffentlicht ein Jahr später als Pre-Release* in einem neutralen Cover, erscheint regulär erst 2022 auf Jamaican Art Records, NL
- *U Roy – African Roots* (Celluloid 1976), identisch mit *The Best Of U Roy* (Live and Love 1976), mit Dubs aus Tubbys Studio
- *Rasta Have Ambition* (Live and Love 1976) mit den Deejays Dillinger, Shortie The President, Prince Jazzbo, Dr. Alimentado und Jah Stitch plus King Tubby Dubs, die von der ein Jahr zuvor veröffentlichten *King Tubby presents Dub From The Roots* stammen
- *Dread Locks In Jamaica* (Live and Love 1976) mit den Deejays Jah Stitch, U Brown, Little Joe (= Ranking Joe), Tapper Zukie und Dillinger plus Dubs aus Tubbys Studio
- *Strictly Rockers In A Dread Land* (Live and Love 1976) mit den Deejays Jah Youth, U Brown, Dillinger, Jah Woosh, Jah Stitch, Prince Jazzbo plus Dubs aus Tubbys Studio
- *Straight To Babylon Chest* (Live and Love 1976) mit den Deejays I Roy, Prince Jazzbo, Dr. Alimentado und Jah Stitch

5 Booklet *Duke Reid International Disco Series* Doctor Bird UK 2021
6 Harry J, USA

- *I Roy – Can't Conquer Rasta* (Justice 1976) mit von Prince Jammy in Tubbys Studio gemischten Dubs
- *Lone Ranger - On The Other Side Of Dub* (Studio One 1977)

On The Other Side Of Dub ist produziert von Coxson Dodd. Der Betreiber des Studio One Labels mit angeschlossenem Studio erklärt Jahre später in einem Interview: „Die Dub-LPs halfen, neue Deejays bekannt zu machen. Denn die hatten damit Riddims* zum Üben. Sie konnten darüber deejayen, bis sie perfekt waren."[7]

Mit den Dub-Langspielplatten beginnt die globale Ausbreitung, die das lokale Phänomen Dub zur internationalen Produktionsinnovation abstrahiert. Anfänglich sind sie nur für Sound Systems gedacht, Coxson druckt 1974 auf die Cover der ersten Pressungen seiner *Mellow Dub* und *Ital Dub* LPs noch den Verwendungszweck „Sounds & System"; alsbald jedoch entwickeln sich die Alben zum Exportschlager für eine komplett andere Käuferschicht. Jamaikas Musikproduzenten, immer auf der Suche nach zusätzlichen Einnahmen, erkennen das Potenzial und verkaufen Dub im LP-Format nach England. Oft – und häufig ohne Wissen der beteiligten Engineer – in Form von Masterbändern*, die dort konfektioniert und auf Vinyl gepresst werden. In den Plattenläden Kingstons sucht man diese Produkte zumeist vergeblich, hier werden vor allem Singles verkauft. In seiner Heimat findet Dub als solitäres Ereignis nicht statt und bleibt abseits der Einbindung in die Sound-System-Kultur ein Fremder im eigenen Land. Am ehesten fündig wird man in einem vom Jamaican Tourist Board betriebenen Souvenirshop im Flughafen von Kingston, der neben T-Shirts und anderen Memorabilien auch Dub-LPs im Sortiment führt.

Dub erobert einen Markt außerhalb Jamaikas. Dort verliert er seine Wurzeln, dient dem Remix der Popmusik als Blaupause und entwickelt ein Eigenleben. 2010 analysiert Christopher Partridge in einer akribischen Recherche die (sub-)kulturelle Umdeutung der Dub-Technik, die in England ihren Anfang nimmt. Partridge, Professor für Religiöse Studien an der Universität zu Lancaster, durchforstet für sein Buch *DUB in Babylon*[8] Aufsätze und Studien über Immigrantensoziologie, Linernotes von Tonträgern sowie den Wust an Interviews und Artikeln der englischen Musikpresse, die sich ab 1974 immer wieder über das Thema auslässt. Das Interesse der Journalisten wird geweckt, als Lee Perrys damalige Lebens- und Geschäftspartnerin Pauline Morrison mit der Urversion der *Blackboard Jungle Dub* LP – die zuerst *Upsetters 14 Dub Blackboard Jungle* heisst, aber kein Cover hat – nach England kommt. Dem Perry-Biografen David Katz erzählt sie in der Rückschau: „Ich hatte 300 Stück in Jamaika gepresst, hab 100 davon mit nach London genommen und bin damit durch die Records Shops getingelt. Chris Lane (der spätere Betreiber von Fashion Records) hat dann (in der Zeitschrift *Blues and Soul*)

7 *Studio One Story*, Soul Jazz DVD 2002

8 Christopher Partridge: *DUB in Babylon. Understanding the Evolution and Significance of DUB REGGAE in Jamaica and Britain from King Tubby to Post-punk*, London 2010

geschrieben: Dieses Album wird als Klassiker in die Geschichte eingehen."[9] Lane sollte Recht behalten. 1975 wird Keith Hudsons *Pick A·Dub* als erste Dub-LP in England offiziell durch das Atra Label[10] lizenziert, in einem nachcolorierten Cover, nachdem sie zuvor als schwarz/weiß verpackter Pre-Release über Hudsons Mamba Label nach London gekommen war. Bereits 1976 wertet das tonangebende Rockmagazin *Melody Maker* die Dub-Technik unter der famosen Überschrift „The Sound Of Surprise" als „das interessanteste abstrakte Konzept seit Ornette Coleman, um das Diktat westlicher Harmonien zu unterlaufen".[11]

Auch in England verbreitet sich Dub vor allem über die Sound Systems. Die jedoch sind dort, anders als in Jamaika, kulturelle Refugien des Exilanten-Undergrounds. In diesem Umfeld wird Dub zum kämpferisch-sakralen Statement wider eine repressive, rassistische Gesellschaft. Bass und Dub fungieren an diesen Orten als spirituelle Transmitter. Die subversiv zelebrierte Vermengung von Underground und Auflehnung versprüht eine enorme Faszination auf die englische Jugend. Mittelschichtskids aus dem Hippie-Cannabis-LSD-Umfeld vernehmen im Dub den Klangteppich für ihren Trip ins erweiterte Bewusstsein. Jamaikas Hall- und Echo-Orgien lösen ihnen die Versprechen ein, die der Psychedelic Rock gemacht hatte. Als der Sex-Pistols-Sänger Johnny Rotton/Lydon im Radio bei John Peel seine Lieblingsmusik auflegt und dabei fast nur Dub und Reggae spielt[12], entdecken die Underdogpunks der britischen Arbeiterklasse im jamaikanischen Remix eine revolutionäre Haltung, die ihrer eigenen politischen Wut entspricht. Zudem hilft die Dub-Technik, die Grenzen der eigenen musikhandwerklichen Limitierung zu überwinden. Es dauerte nicht lange, bis die neuen Verehrer Dub aus seinem ursprünglichen Umfeld amputieren. Die für Reggae Sound Systems erdachte Spielart wird verklärt und zweckentfremdet.

Am Ende seiner Untersuchung konstatiert Partridge, „dass dem Dub seit der Post-Punk-Phase und vor allem in späteren Rave- und Club-Kontexten die Reggae-Kultur fehlt"[13]. Als finalen Beleg zitiert er eine englische Studie von 2006, die besagt: „Die meisten derer, die sich heute an Dub bedienen, sind wohlsituierte Mittelständler mit gesichertem Auskommen. Dies ist der grundlegende Unterschied zu der Kultur, in der Dub entstanden ist."[14]

9 Aus einer Mailkorrespondenz mit David Katz im Oktober 2011

10 Besitzer ist der aus Trinidad stammende Brent Clarke, Bruder von Sebastian Clarke, der 1980 mit *Jah Music* die erste Beschreibung der Reggae-Geschichte in Buchform vorlegt.

11 Richard Williams: „The Sound Of Surprise", Melody Maker 21. August 1976. Man muss die Größe des Vergleichs verstehen. Die Kunst- und Musikwelt ereiferte sich über Ornette Coleman, seit er vor fünfzehn Jahren den Free Jazz „entworfen" hatte. Als Coleman 1959 für den New Yorker Five Spot Club gebucht wird, werden aus zwei geplanten Wochen zehn und die gesamte Kultur-Prominenz der Stadt schlägt auf: Leonhard Bernstein, Miles Davis, James Baldwin, Norman Mailer, der Maler Robert Rauschenberg etc.pp.

12 Nach dem Ende der Sex Pistols war Johnny Lydon im Sommer 1978 sogar für Richard Bransons Plattenfirma Virgin in Jamaika als Talentscout unterwegs.

13 Christopher Partridge a.a.O. S. 249

14 Gordon Lynch & Emily Badger: The Mainstream Post-Rave Club Scene as a Secondary Institution: A British Perspective, in: Culture and Religion 7, 2006 S. 32

Dub ist ein Konzept, das als Single-B-Seite beginnt, mutiger und innovativ wird und als Langspielplatte die Musikwelt verändert. In diesem Prozess wechselt der Dub die Farbe: Das Schwarze Funktionsprodukt wird zu einer Kunstform, aus der sich ein weißes Genre entwickelt, das denselben Namen nutzt. Und sich mit jedem intellektuellen Gedankenspiel weiter von seinem Ursprung entfernt.

Fünf Dekaden nach seiner Inkarnation tobt weltweit eine degenerierte Dub-Kakophonie, in der nicht mehr erkennbar ist, was Dub ist, geschweige denn sein wollte. Es gibt Rock-Dub, Punk-Dub, Folk-Dub, Jazz-Dub, Klassik-Dub, Disco-Dub, Techno-Dub, Ambient-Dub, die Liste kennt kein Ende. Jeder musikalische Minimalismus und jedes als Stilmittel eingesetzte Echo läuft heutzutage Gefahr, als Dub interpretiert zu werden. Dub scheint aufgelöst im „heiligen Ernst"[15] begrifflicher Beliebigkeit, wird digital verortet im „Cyber Zion"[16], eingepfercht als Effekthascherei über subsonischen Tiefbässen, abgestellt in abstrakten Räumen intellektueller Dekonstruktion. Dub gerät zum Freiwild absurder Gedankenspiele. „Garvey's Ghost" und „Heidegger's Geist"[17] stehen Pate, während das durch spekulative Lesart permanent Bärendienst leistende Feuilleton noch im Jahr 2011 zeigt, wohin die Auslegung geht, indem es die „spirituell und bekifft glücklich gemeinten Leerstellen des Dub"[18] beschwört. Spirituell, bekifft und Leerstelle – nichts davon wollte Dub je sein. Derartige Attribute werden ihm erst später von einer vornehmlich europäischen Rezeption nachhaltig angedichtet. Eine Sichtweise, zu der die jamaikanische Selbstinszenierung im Verein mit der Reggae-Verwertungsindustrie ihr Scherflein beigetragen hat.

Die internationale Wahrnehmung von Dub geht einher mit dem Aufstieg des Roots und Rastafari Reggae, unterliegt somit derselben kiffseeligen Dreadlock-Klischeeisierung. 1975 bezeichnet der Produzent Pat Francis aka Jah Lloyd seine LP *Herb Dub* in den Linernotes auf der Coverrückseite als einen „Tribut an das jamaikanische Gras", der „dich weit weit weg tragen wird"[19]; 1979 wird auf die Vorderseite des bei dem englischen Label Jamaica Sound veröffentlichten (und von der deutschen Bellaphon nachgepressten) Albums *Rock A Dub*[20] unter das Bild eines drachenartig qualmenden Rastas geschrieben: „Strictly Rockers Dubbing And Rootsy Smoking 'Cos Babylon Must Fall". Im Gespräch mit King Jammy werden wir erfahren, dass engli-

15 Klaus Walter in „Punky Reggae Party mit House", *TAZ* 17.9.2012

16 Steve Goodman in: *Sonic Warfare – Sound, Affect and the Ecology of Fear*, S. 160, Cambridge 2010

17 Ian Penman: „Klang!" Garvey's Ghost meets Heidegger's Geist. In: *Experiencing The Soundtrack*, Sidney 2001

18 Diedrich Diederichsen in: „Karg, scharf, grau und genau. Zum neuen Album der stilbildenden britischen Post-Punk-Band Gang Of Four": „Die weit offenen Räume des Reggae, zumal der Dub-Produktionen der siebziger Jahre... die eigentlich spirituell und bekifft glücklich gemeinten Leerstellen des Dub...", *Süddeutschen Zeitung* Feuilleton vom 29./30.1.2011

19 Sleeve Notes LP *Herb Dub* 1975 auf Micron und auf Teem Records. Erschien im selben Jahr als *Kaya Dub* auf Kaya Records in den USA, mit identischen Mixen, jedoch in anderer Reihenfolge und mit anderen Songtiteln.

20 Produziert von Page One, einem Pseudonym des jamaikanischen Produzenten Winston Holness alias Niney The Observer

sche Dokumentarfilmer in den 80er Jahren dieses Image auf ewig zementierten, indem sie für ihre Beiträge in den Studios von Kingston die in Europa gern gesehene Kifferatmosphäre gezielt inszenierten.

Obwohl Dub seit nunmehr einem halben Jahrhundert durch Mischpulte und Musikgazetten geistert, gibt es kaum Untersuchungen zu seiner kulturellen Kalibrierung. Auch Partridge konzediert, dass eine generelle Studie zur Dub-Geschichte überfällig ist.[21] Der Erste, der sich dem Thema aus wissenschaftlicher Sicht nähert, ist 2007 der amerikanische Autor und Dozent Michael Veal mit einer Untersuchung, die den treffenden Untertitel trug: *Soundlandschaften und zertrümmerte Songs im jamaikanischen Reggae*[22]. Ein Buch, das David Rodigan im Gespräch als „zu akademisch" bezeichnet, das aber in seiner grundsätzlichen Betrachtung große Verdienste hat. Trotz diverser Errata bei technischen Beschreibungen oder personellen Verknüpfungen.[23]

Strittig sind allerdings einige Auslegungen Veals. Auch er folgt der gängigen Praxis einer afrozentrischen Interpretation, die in Amerika wie auch der Karibik bei jeglicher musikalischen Ausdrucksform der Sklaven-Nachfolge-Generationen per se afrikanische Wurzeln vermutet. Dieser willfährige Automatismus in der Ursprungsforschung zur Schwarzen Musik ist durch den Musikwissenschaftler Maximilian Hendler längst en detail widerlegt.[24] Veals Einordnung von Dub als „Ausdruck der Zerstörung einer idealisierten afrikanischen Vergangenheit"[25] oder als „elektronische Musik afrikanischer Exilanten"[26] widersprechen nicht nur Dub-Veteranen wie Soljie Hamilton oder Scientist. Dub ist ein Produkt der (elektro-)technischen Evolution in der Tonaufzeichnung und nur schwerlich als Kontinuum einer Zeit zu sehen, in der es noch keinen Strom gab. Zudem war Dub, zumindest in seiner jamaikanischen Form, nie so komplex, wie ihm posthum – auch von Veal – angedichtet wird. Er war simples Tagesgeschäft, bei dem die Mischpulte in den Studios zur Playstation wurden und Dub zu einer Spielwiese, auf der sich die Engineer im Auftrag von Soundbetreibern und Produzenten austoben sollten. Während das jamaikanische Publikum diese technischen Spielereien als Playbacks bei Sound System Dances bejubelte, wurden davon außerhalb des Landes Langspielplatten in respektablen Stückzahlen an eine Klientel

21 Christopher Partridge a.a.O. Introduction S. xi

22 Michael E. Veal: *DUB Soundscapes & Shattered Songs in Jamaican Reggae*, Wesleyan University Press 2007

23 Bspw. war Errol Browns Onkel nicht der Treasure Isle Engineer Byron Smith, sondern der Inhaber Duke Reid. *Catch A Fire* von den Wailers wurde bei Harry J auf 8 und nicht auf 16 Spuren aufgenommen (beides S.105). Lee Perry hat sein Studio 1979 nicht zerstört (S. 13), sondern nur stillgelegt. Erst 1983 wird es durch ein Feuer vernichtet. Vor allem aber hat kein jamaikanischer Engineer Dub als „low-fi production" verstanden (S.257), im Gegenteil. Leute wie King Tubby, Scientist oder Ernest Hookim waren fixiert auf High-End-Klangergebnisse.

24 Vgl. dazu die Analyse von Maximilian Hendler über die *Vorgeschichte des Jazz*, Graz 2008. Hendler widerlegt darin die gängige Annahme, nach der von Afro-Amerikanern gespielte Musiken ihre Wurzeln in Afrika haben müssen, weil ja auch die afro-amerikanischen Musiker aus Afrika kommen. Eine Sichtweise, die in der Reggae-Forschung ebenso verbreitet ist.

25 Michael E. Veal a.a.O. S. 218

26 Ebenda S. 255

verkauft, der die kulturellen Zusammenhänge fremd, um nicht zu sagen: egal waren. Bei diesen Abnehmern bekam Dub den Status einer „Musik der Toningenieure“, ungeachtet der Tatsache, dass der Ausgangspunkt für deren Kreationen bei den jamaikanischen Sound Systems lag.
Als Jamaika, wie auch der Rest der Welt, gegen Ende der 1980er Jahre Maschinen das Musik machen überlässt, führt dies zum Exitus des einheimischen Dub, gibt jedoch dem Genre in Europa den entscheidenden Schub. Aus der DNA der Überreste entstehen hier in digitalen Laboratorien geklonte Varianten wie Neo-Dub, Digi-Dub, Steppers-Dub, Hyperdub oder auch scheinbar artverwandte Evolutionen wie Jungle respektive Drum'n'Bass. Im Umfeld dieser Dancefloor-Tiefton-Kultur scheint der zu Beginn des Milleniums in den Clubs herrschende Dubstep das aktuell letzte Glied einer langen Kette von Missverständnissen zu sein. Was auch der englische Engineer Mad Professor so sieht, obwohl er 2011 ein Dubalbum mit dem Titel *The Roots Of Dubstep* auf den Markt bringt.
Eine Diskussion darüber, ob Dub eine (analoge) Improvisationskunst oder auch (digital) programmierbar ist, wird bei dieser Entwicklung nicht geführt. Die Standpunkte zugunsten der Computer scheinen klar, da die jamaikanischen Studios keinen nennenswerten Beitrag mehr leisten und der Hype aus England alle Aufmerksamkeit auf sich zieht.
2010 dann die unerwartete Wende. Zufällig stößt der damals 33-jährige Donovan „Don Corleon“ Bennett, Erfolgsproduzent aus Kingston und Schattenmann hinter Künstlern wie Protoje, Gentleman oder Rihanna, auf die alte Tradition seiner Heimat. Sein Cousin Protoje hat eine Scientist-LP im Auto, die ihn neugierig macht. Don Corleon studiert die Technik per YouTube-Videos, berät sich mit Mad Professor und beginnt auf die gleiche Art zu dubben wie in den analogen Jahren üblich. Sein Album *HD In Dub*[27] erscheint in einer Zeit der Rückbesinnung der jamaikanischen Musik, zu der auch das 2012 veröffentlichte Busy Signal Album *Reggae Music Again* beiträgt. Darin heißt es: „It's been a long long time, we no have no vibes like this“. Parallel zum Busy-Signal-Album kommt eine Vinyl-LP mit Dub-Versionen auf den Markt, so etwas hatte es in Jamaika seit zwei Jahrzehnten nicht mehr gegeben.[28] Bands und Artists wie Dubtonic Kru oder Protoje beginnen, ihre Auftritte als Dub zu bezeichnen. Die junge Musikergeneration Jamaikas rockt. Mit dem Flavour der 70er Jahre und der Lust zu improvisieren.
Der Begriff „Dub“ setzt sich für Konzerte allerdings ebensowenig durch wie der um 2013/14 in der Driftwood Bar auf der Mannings Hill Road in Kingston anberaumte „Dubwise Wednesday“. In den Hügeln oberhalb der Stadt hat sich dagegen mit Sound System und Live-Musik der 2002 gegründete „Kingston Dub Club“ etabliert. 2013 dreht Tarrus Riley dort das Video zu seinem Song „Gimme Likkle One Drop“. Viele Millionen YouTube-Klicks

27 Erscheint nur digital, einzelne Tracks werden in limitierten 10“-Vinyl-Pressungen über buyreggae.com veröffentlicht
28 *Busy Signal – Reggae Dubb'N Again*, VP Records 2012

später ist die Location ein über die Küsten Jamaikas hinaus bekannter Hot Spot der Roots-, Dub- und Reggae-Renaissance, frequentiert von Musikern, Rastas, Uptown-Bewohnern und Reggae-Touristen. Häufig zu Gast im „Dub Club" sind Suns Of Dub, zu denen der Melodika-Spieler Addis Pablo gehört. Der lässt die Tradition seines Vaters Augustus Pablo (1954 – 1999) wieder aufleben, dessen Instrumentalmusik entscheidenden Anteil an der Entstehung der Dub-Kultur hat. Der Sohn sagt: „Die meisten Leute holen die Vergangenheit in die Zukunft, wir aber beginnen in der Zukunft und führen sie in die Vergangenheit."[29]
Regelmässig legt auch Rory Gilligan im „Kingston Dub Club" auf. Der ehemalige Selector des „Stone Love"-Sound Systems will zurück zu den „Revolutionary Roots" der 70er Jahre. 2007 und 2010 produziert er mit der Band Rootz Underground die Alben *Movement*[30] und *Gravity*[31] und setzt damit nicht nur einen hohen tontechnischen Standard, sondern nimmt alles vorweg, was später von Protojes Indiggnation Band oder Raging Fyah als musikalische Ausdrucksform einer Nu Roots Bewegung ausgelegt wird. Angefangen bei Realpolitik und Rasta-Thematik in den Lyrics hin zu Gitarrensoli und kollektiven Improvisationen, mit denen die starren Song- und Klangstrukturen des Reggae aufgebrochen werden. Gilligan baut Künstler wie Samory I und Jah9 auf und initiiert ein Label unter dem nicht zufällig gewählten Namen „Black Dub Music". Er setzt gezielt auf weibliche Stimmen wie Kristine Alicia (*Songs From Zion* 2017), Keida („Ganja Tea"), Nadine Sutherland („Karma"), Indrani („Journey") oder Nelly Stharre („Find Your Roots"). Mit Dubs, Remixen und exklusiven Dub(!)-Plates sowie diversen Neuinterpretationen des in Jamaika immer wieder gecoverten Soul-Klassikers „Is It Because I'm Black"[32] sucht er den Weg zurück zu „Frequenzen, Klängen [und] Stimmen, die die Seele berühren".[33]
In der „Absicht, das Wissen um die Geschichte und das Wesen des Dub für die heutige wie für die kommenden Generationen festzuhalten,"[34] publiziert der Produzent Gussie Clarke 2018 ein üppig bestücktes Box-Set.[35] Darin neben drei CDs mit den von ihm produzierten LPs *Black Foundation Dub*[36], *Dread At The Controls Dub*[37] und *The Mighty Diamonds – Dubwise*[38] eine DVD mit einem einstündigen „Dub Talk!" genannten Gesprächskreis, in dem Clarke auf ein 16-köpfiges Panel trifft. In großer Runde diskutieren die Sound-System-Betreiber Mikey Faith von „Emperor Faith HiFi", Papa Jaro von „Killamanjaro" und Finger Man aka „Tippertone". Ferner die Selector*

29 „Addis Pablo. Suns Of Dub. Bridging The Gap" *RIDDIM* 03/2014
30 Riverstone Records 2007
31 Riverstone Records 2010
32 Syl Johnson 1969
33 „Die fantastische Metamorphose des Rory Stone Love" von Ursula „Munchy" Münch in *RIDDIM* 06/2014
34 *Gussie Clarke – Dub Anthology* Music Works Records 2018
35 Music Works Records
36 Burning Sounds UK 1977
37 Hawkeye UK 1978
38 Music Works Records JA 1981

Danny Dreadlocks und Jah Screw sowie die Studio Engineer Sylvan Morris und Soljie Hamilton. Außerdem Carolyn Cooper, Professorin für Literatur und Cultural Studies an der University of the West Indies in Kingston. Die Gesprächsleitung übernimmt Mutabaruka. Clarke stellt die These auf, Jamaika habe nicht erkannt, dass die Kreativität seiner Engineer mit Dub ein eigenständiges Musikformat hervorgebracht hat. Die Debatte gerät zum Fiasko. Vergeblich versuchen Mutabaruka und Clarke, die Runde auf das Thema „Dub als musikalische Ausdrucksform“ zu konzentrieren, doch die Soundbetreiber und Selector sehen in Dub lediglich Specials und Dubplates, an denen nur eines wichtig ist: dass darin der Sound-Name genannt wird. Danny Dreadlocks fragt: „Was soll das ganze Gerede über Dub als Musik? Dub funktioniert nicht ohne dass Deejays über den Riddim chatten*!“[39] Cooper meint in ihrer anschließenden Gesprächsanalyse, man müsse die Vertreter der Foundation* mit dem Nachwuchs von heute ins Gespräch bringen: „Wir können nicht zurück gehen. Aber es ist wichtig, dass die Youths das Fundament der Musik verstehen.“

Auf der Suche nach den Youths der Next Dub Generation dürfte Carolyn Cooper in Jamaika kaum fündig werden. Zumindest aber würde sie auf den Dancehall-Produzenten und Grammy-Gewinner Romaine Arnett alias Teflon Zincfence[40] stoßen. Er überrascht 2018 mit einem vielversprechend soundkreativen Statement-Album unter dem Titel *Dub Policy*. Das Set besteht aus sechs programmierten, basslastigen Tracks, die voller Reminiszenzen an die Goldene Ära des Dub stecken. Zincfence baut Stimm-Samples von U Roy, Prince Far I und aus dem Studio One Prince Francis ein, dazu konstruiert er aus Original Samples und neuen Overdubs ein imposantes Dub-Remake der über 40 Jahre alten Bunny-Lee-Produktion „No Wicked Shall Enter The Kingdom Of Zion“ aka „Fittest Of The Fittest“ von Barry Brown. In Erinnerung an einen monumentalen King-Tubby-Mix nennt er seine Adapation „A Ruffer Version“. Und führt damit aufs Glatteis, denn bei Tubby steckt hinter der „Ruffer Version“[41] der Johnny-Clarke-Titel „Don't Trouble Trouble“. *Dub Policy* bleibt eine einmalige Aktion und erscheint nur als MP3-Datei.

Drei Jahre später kommt der Dubtonic-Kru-Gitarrist Omar „Jallanzo“ Johnson mit *Dubbin' It & Lovin' It*. Eine im Vergleich zu Zincfence soft gemischte Kollektion weniger rabiater Riddims. Nur zu zweien davon gibt es zum Zeitpunkt der Veröffentlichung Vokal-Versionen, die Playbacks dienen vor allem als Vorlage zum Live-Dubbing. Er ist damit nicht allein. King Jammy, Mad Professor, Scientist und viele Neo-Dub Sound Systems dubben mit ProTools* und einem kleinen Mischpult live vor realem oder per Stream

39 Auch Scientist ruft 2010 bei einem Live-Dub-Set im Berliner Cafe Zapata immer wieder ins Publikum: „Someone must deejay!“

40 Romain „Teflon“ Arnett aka Zincfence aus Spanish Town ist beteiligt an den Chronixx EPs *Hooked On Chronixx* 2011 und *Dread & Terrible* 2014. Für die Produktion „Blazin'“ mit Koffee bekommt er 2020 einen Grammy.

41 Nicht zu verwechseln mit „A Rougher Version“, die auf Jackie Edwards Version von Burning Spears „Invasion“ beruht.

zugeschaltetem Publikum. In diesen Momenten wird Dub zu einem temporären Ereignis. Jallanzo macht solo das, was er auch schon mit Band praktiziert hat: „Beim Mischen entsteht ein Vibe [im Studio]", sagt Luke Dixon, Keyboarder der Dubtonic Kru, „den bringen wir auf die Bühne und [dann] passiert es direkt vor deinen Augen." Jubba White, der Drummer, ergänzt: „Die Basis ist Roots, Rock und Jamaican Rub'a'Dub." Doch von Rub'a'Dub hat sich Jallanzo entfernt. Seine Steppaz-Beats sind beeinflusst vom Neo-Dub-Style aus England.

Ein Dub-Newcomer wie Collin Bulby York, der 2017 für den US Record Store Day *Use Your Loaf Dub* gemischt hat, ist kein Youth mehr, ihn kennt man schon seit den späten 1980er Jahren als Produzent und Engineer.[42] Seine Dub-LP, eingespielt von A-Class-Musikern wie dem Drummer Kirk Bennett, wird analog im Mixing Lab Studio in Kingston gemischt und erscheint in 750er Auflage beim Lion Vibes Vertrieb. Der Titel „Use your loaf" steht für eine Redewendung, die auffordert nachzudenken, bevor man etwas tut. Doch Bulbys entfesselte Echos sind nicht dazu angetan, Jamaika den Weg zu weisen auf der Suche nach dem verlorenen Dub. Andererseits ist sein Album das einzige, das in haptischer Form aufgelegt wurde. Jallanzos *Dubbin' It & Lovin' It*, Zincfence' *Dub Policy* und Don Corleons *HD In Dub* gibt es lediglich digital. Was auch ein Hinweis auf das Interesse an realen Alben ist.

Wer heute neuen Dub auf Vinyl presst, klagt über stapelweise Platten in den Lagern, die niemand haben will. Ganz anders dagegen Nachpressungen historischer Dub-Alben, deren Auflagen innnerhalb kürzester Zeit ausverkauft sind. Diese alten LPs waren es, und weniger Single-Rückseiten, Maxi- oder Showcase-Mixe, die den Ruhm von Jamaikas Dub außerhalb der angestammten Szene verbreitet haben. Daher ist die Zahl der Alben, die aus Jamaika kamen und kommen, ein aufschlussreicher Indikator für den Einfluss des jamaikanischen Originals. In den zwölf Jahren ab den ersten LPs 1973 bis hin zum Sudden Death 1985 durch die Digitalisierung kommen aus Jamaika geschätzt um die 600 Dub-LPs. Eine genaue Zahl lässt sich nicht eruieren. Annäherungen ermöglichen Listen wie das schon lange nicht mehr aktualisierte „Dub LP Archive" von Smokey Room[43], das 358 Alben aufführt. Lücken müssen mit individuellem Wissen von Sammlern gefüllt werden. Auch wenn zuletzt Reissue*-Label wie Pressure Sounds in England oder Dub Store in Japan gesuchte Raritäten jener Zeit wieder aufgelegt haben, darf man sich nicht täuschen lassen. In den Jahren seit dem Milleniumswechsel sind aus Jamaika keine 20 neuen Dub-Alben mehr gekommen. Dabei sind die periodischen Veröffentlichungen von King Jammy sowie die Alben des „Gastarbeiters" Alborosie schon eingerechnet.

Ancient Future nennt 2015 der Sänger Protoje seinen dritten Longplayer und bezieht sich auf die Symbiose von Tradition und Innovation, die der Autor

42 Bulby hat u.a. für Artists wie Shabba Ranks, Super Cat, Sean Paul, Beres Hammond, Rihanna, Britney Spears oder Sinehead O'Connor gearbeitet.

43 http://dubwise.smokeyroom.net/

Dutty Bookman 2011 mit dem umstrittenen Marketing-Begriff „Reggae Revival" belegt hat: „Wir erleben in der lokalen Kreativ-Industrie ein starkes Comeback der bewussten, afrozentrischen Rastafari-Reggae-Ästhetik in verschiedenen Kunst- und kulturellen Ausdrucksformen. Wenig überraschend weist die Musik mit einer neuen Generation von Sängern und Musikern, die diesem Erwachen Ausdruck verleihen, den Weg."[44] Bookman registriert einen sich auf seine Wurzeln besinnenden Roots-Historismus. Auch die Zukunft des Dub liegt in der eigenen Vergangenheit, doch in diesem Segment passiert nur wenig. Jamaikas Produzenten und Engineer scheint der internationale Wettbewerb um ihre eigene Schöpfung nicht mehr zu interessieren.

50 Jahre nach seiner Inititialzündung ist der Wille nach Counteraction kaum noch zu vernehmen.

44 http://www.jamaicansmusic.com/news/Culture/Reggae_Revival_Online_Movement. Das Zitat erschien ursprünglich auf der Webseite www.reggae-revival.com, die nicht mehr erreichbar ist.

03 Ouvertüre eines neuen Genres

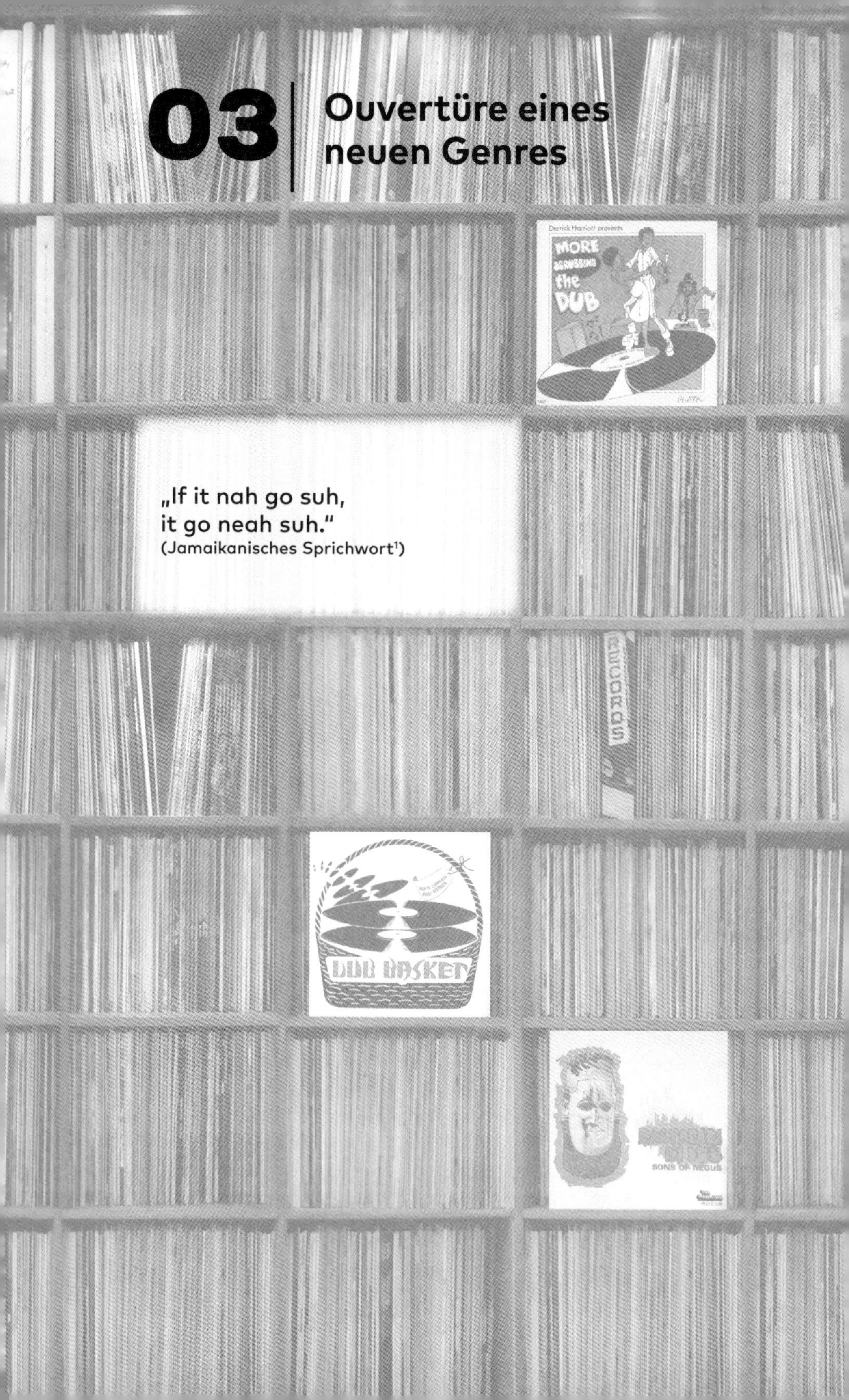

„If it nah go suh,
it go neah suh."
(Jamaikanisches Sprichwort[1])

Eine der ältesten Geschichten der Dub-Folklore berichtet von Rudolph „Ruddy" Redwood. Mit seinem „Supreme Ruler Of Sound"-System herrscht Redwood über Spanish Town, die ehemalige Hauptstadt im Südosten Jamaikas. Es ist das Jahr 1968, Redwood macht sich auf in das nur wenige Meilen entfernte Kingston. Wie immer, wenn ein Wochenende ansteht, klappert er die Studios der Stadt ab, um neue Dubplates für den samstäglichen Dance zu organisieren. Seine Route führt ihn ins Treasure Isle Studio auf der Bond Street, wo sich diesmal ein folgenschweres Missgeschick ereignet: Byron „Smitty" Smith, der Haustechniker, vergisst während der Überspielung eines Songs auf die Acetat-Schneidemaschine die Gesangsspur einzuschalten. Niemand kann sich mehr genau erinnern, von wem der Song stammte, der da gerade lief – vermutlich waren es die Paragons –, aber man weiß noch genau, dass nur die Musik zu hören war. Smitty will den Vorgang abbrechen, doch Ruddy hält ihn zurück und meint: Lass es laufen, ich nehm es so wie es ist. Gesagt, getan. Beim nächsten Dance legt Redwood zur Prime Time erst den Song auf, danach spielt er das Instrumental der Dubplate. Das Publikum tobt. Immer und immer wieder muss er diese Version spielen, die Legenden variieren von sechsmal hintereinander bis zu mehr als zwanzigmal. Am Montag bringt Ruddy den Zufallsfehler zurück zu Treasure Isle und meint: Presst das so, wie es ist, auf die Rückseite der Single. Es beginnt die Zeit der Instrumental-Version.

Bis dahin hatten jamaikanische Singles auf beiden Seiten je einen Song. Nachdem die Begeisterung, die der „Supreme Ruler" aus Spanish Town mit seinem gesanglosen Playback ausgelöst hatte, die Runde gemacht hat, gehen die Produzenten dazu über, Instrumentalversionen ihrer Songs auf die B-Seiten der Singles zu pressen. Das Instrumental halbiert die Produktionskosten, verdoppelt den Ertrag und wird vom Publikum goutiert. Weil Jamaika nach wie vor eine große Leidenschaft für Instrumentalmusik hegt. Sie ist ein Erbe der Ska-Zeit und wird wenige Jahre später noch einmal eine entscheidende Rolle spielen, wenn Augustus Pablos „Java" 1972 zum „Instrumental Of The Year" gewählt wird und daraus eine Kettenreaktion entsteht, die zur ersten Dub-Langspielplatte der Geschichte führt.

Jene zufällige Fügung aus dem Treasure Isle Studio wird als die Geburtsstunde des Dub angesehen. Ein Mann namens Osbourne Ruddock, besser bekannt als King Tubby, ist Zeuge des Vorfalls, weil er dort zusammen mit dem Produzenten Bunny Lee auf frische Dubplates wartet. Tubby ist Elektronikspezialist und baut Verstärker für Sound Systems. Nebenbei betreibt er seinen eigenen „King Tubby's Home Town Hi Fi" Sound, dessen sagenumwobener High-Fidelity-Klang bis in die heutige Geschichtsschreibung nachhallt. Was jedoch von dem mit Tubby befreundeten Bunny Lee relativiert wird, wenn er erzählt, dass die Verstärker von Seymour Williams, Betreiber von „King Stereo", dem zweiten großen Sound in Spanish Town, vor allem im Bassbereich noch weitaus besser klangen.

---

1 Wenn es nicht so war, dann war es so ähnlich.

Angestoßen durch Ruddy Redwoods Erfahrungen beginnt Tubby, bei seinen Dubplates mit der Vokalspur zu spielen. Er geht noch einen Schritt weiter, indem er den Gesang nicht komplett eliminiert, sondern ein- und ausblendet. Das Resultat versetzt seine Zuhörer in Staunen und Ekstase, weil sie nicht nachvollziehen können, was da technisch passiert. Man glaubt, Tubby habe einen geheimnisvollen Verstärker entwickelt, mit dem er die Stimme bei einer Schallplatte ein- und ausschalten könne. Seine Versuche werden begünstigt durch den Erwerb einer Schneidemaschine für Schallplatten, mit der er in seinem Wohnhaus auf der Dromilly Avenue im Waterhouse Distrikt ein eigenes Dubplate-Studio installiert. Anfangs lediglich ausgestattet mit einem 2-Spur-Tonbandgerät und einem selbstgebauten Mini-Mischpult.

Mit dieser Phase begründet sich unter anderem Tubbys Ruf als Erfinder des Dub. Doch eigentlich ist es noch zu früh, als dass man hier schon von Dub sprechen könnte. Es ist noch immer die Zeit der Soft-Wax-Acetate. Zwar wird seit den frühen 60er Jahren mit zwei Tonspuren produziert – auf eine kommt die Musik, auf die andere der Gesang –, nach der Aufnahme jedoch ist der Zugriff auf einzelne Elemente innerhalb der Musik nicht mehr möglich. Was für ein kreatives Verständnis von Dub unabdingbar ist. Bei zwei Spuren lässt sich außer dem Gesang nichts separieren. Da jedoch auch die jamaikanischen Studios das allgemein übliche Verfahren des „bouncings" nutzen, lässt sich auf Zwischenstadien einer Produktion zurückgreifen.

Bouncing war ein aus der technisch limitierten Situation geborener, in allen Studios der Welt üblicher Submix-Vorgang, für den zwei Bandmaschinen verlinkt wurden, um Aufnahmen von den beiden Spuren des einen Gerätes auf einer Spur des anderen zusammenzufassen. So erhielt man auf der zweiten Maschine wieder eine freie Spur, mit der weiter aufgenommen werden konnte. Danach wurde auch der Submix* zusammen mit der nächsten Aufnahme zu einer Spur des ersten Gerätes kombiniert, um erneut eine freie Spur zu erhalten. Dieser Vorgang war, abgesehen von dem sich dabei aufschaukelnden Rauschfaktor, beliebig oft wiederholbar. Laut David Katz berichtet Linford Anderson, der ehemalige Haustechniker des WIRL bzw. Dynamic Sounds Studios[2], dass in manchen Fällen bis zu viermal gebounct wurde: „Wir haben die Band auf zwei Spuren aufgenommen. Schlagzeug und Bass auf eine Spur, die anderen Instrumente auf die zweite. Das haben wir dann [auf einer zweiten Maschine] zusammengefasst und dort die Bläser

2 Das Studio hieß ursprünglich West Indies Records Ltd. (WIRL) und war 1958 vom dem späteren Premierminister Edward Seaga gebaut worden. 1964 verkaufte er den Betrieb an George Benson und Clifford ‚Bunny' Rae, die Ronnie Nasralla und und den aus dem Film „James Bond jagt Dr. No" bekannten Bandleader Byron Lee (1935 - 2008) dazu holen. Lees Ehefrau Sheila, eine Nichte von Ken Khouri, wird Business Managerin. Am 1. Mai 1969 erhält das Unternehmen den Namen Dynamic Sounds Recording Company Ltd., in der Folge expandiert es zu einem der bestausgestatteten Studios der Karibik mit zwei Aufnahmeräumen. Der kleinere wurde von ursprünglich 2 auf 4 auf 8 Spuren ausgebaut und hauptsächlich von lokalen Kunden gebucht. Der große Raum hatte 8/16/24 Spuren und war für internationale Produktionen gedacht. Hier nahmen neben Byron Lee selbst mit seinen Dragonaires u.a. die Rolling Stones, Eric Clapton, Paul Simon, Roberta Flack, Joe Cocker, Elton John, Cat Stevens und Stevie Wonder auf.

aufgenommen. Das alles ging dann wieder zusammen auf die erste Maschine, während wir die Vocals aufgenommen haben. Und wenn wir noch was gebraucht haben, sind wir wieder zurück zu der anderen Maschine."[3] Ähnliches bestätigt Sylvan Morris, der damals in Kingston auf der Brentford Road bei Studio One gearbeitet hat: „Wir haben sehr viel zwischen zwei 2-Spur-Maschinen hin und her kopiert."

Das Bouncing-Prinzip bietet Variabilität in der Studioarbeit. Wodurch auch Wünsche der Sounds leichter zu erfüllen sind. Sylvan Morris, der den Studio-One-Betrieb nur mit 2-Spur-Technik erlebt hat, erinnert sich: „Die Sound-Leute wollten nichts als den Rhythmus, also haben wir ihnen Bass und Schlagzeug gegeben. Jedesmal ein bisschen anders gemischt. So ist es überhaupt zu diesem Drum & Bass-Ding geworden."[4] Die Initiative kommt von den Sounds, können sie doch darüber ihre Deejays antreten lassen, die seit dem Auftauchen von U Roy Ende der 60er Jahre aus dem Sound System-Geschehen nicht mehr wegzudenken sind. Die von ihnen bei den Dances ausgelöste Hysterie in Verbindung mit speziellen Instrumental-Versionen bekannter Hits bildet den Humus für eine sich anbahnende musikalisch-technische Innovation, die den Namen „Dub" erhalten wird. Dazu bedarf es nur noch eines einzigen Schrittes: Die Aufnahmegeräte müssen mehr können, als nur auf zwei Spuren aufzunehmen.

Bis es soweit ist, wird vereinzelt auch schon der Bouncing-Vorgang genutzt, um aus einer abgeschlossenen Produktion einen neuen Titel zu kreieren. Einer der Ersten ist Clement Seymore Dodd (1932 – 2004), genannt „Coxson"[5], Inhaber der 1963 unter dem Kürzel „Studio One" auf der Brentford Road in den Räumlichkeiten des abgewickelten Jazz-Clubs „The End" angesiedelten Company „Recording & Publishing Studios Ltd". Coxson nimmt dort 1966 das Playback des Wailers-Songs „Jailhouse" und macht daraus mit dem Mundharmonikaspieler Roy Richards den Instrumentaltitel „Green Collie". In einem anderen Studio spielt Lee Perry 1968 für die B-Seite seiner Burt-Walters-Produktion „Honey Love", einer Drifters-Coverversion, den Gesang rückwärts auf und betitelt das Ergebnis ebenfalls rückwärts „Evol Yenoh". Ein Jahr später covert er zusammen mit Dave Barker den Coasters-Hit „Yakety Yak"; für die B-Seite „The Tackro" geht er zurück zum ersten Aufnahmeschritt von Bass und Schlagzeug und nimmt darüber Orgel- und Vokal-Gimmix auf. Derartige Spielereien lassen sich nur mit zwei Bandmaschinen realisieren und wären ohne Bouncing nicht möglich gewesen.

Perrys Proto-Dub-Experimente finden statt im Dynamic Studio, wo er in dem Techniker Linford Anderson einen kongenialen Kompagnon findet. Anderson (1941 – 2020), geboren in Clarendon, kommt 1959 nach Kingston, arbeitet zunächst als Buchhalter und erhält dann eine Anstellung beim Radiosender RJR. Es zeigt sich, dass er Talent für Tontechnik besitzt, was

3 Aus einer Mailkorrespondenz mit David Katz im Oktober 2011
4 *Sylvan Morris. Tales Of Brentford Road* von Tero Kaski, in: More Axe 7, Finnland 1989
5 Clement Dodds Spitzname lautete „Coxson", die weit verbreitete Schreibweise „Coxsone" ist der Name eines seiner Label.

ihn 1963 zu Edward Seagas WIRL[6] wechseln lässt. Hier wird er von Graeme Goodall ausgebildet.
Der Australier Goodall (1932 – 2014) war 1957 über den Umweg London nach Jamaika gekommen, um den Aufbau der von Engländern betriebenen Radiostation „Radio Jamaica Rediffusion“ RJR mitzugestalten. Sechs Monate nach Abschluß der drei Jahre währenden Tätigkeit beauftragt ihn die jamaikanische Regierung, die Etablierung des landeseigenen Senders „Jamaica Broadcasting Corporation“ JBC zu unterstützen. Bis zu seiner Ankunft kennt die Kolonie keine geschulten Tontechniker. Goodall wird Ausbilder, plant 1961 im Auftrag Ken Khouris das Federal Recording Studio, das später Bob Marleys Tuff Gong Studio wird, und bringt Coxsons stotternden Studio-One-Betrieb ans Laufen. In der Frühphase der jamaikanischen Musikindustrie wirkt Goodall bis Mitte der 60er Jahre an fast allen Aufnahmen mit. 1962 ist er involviert in die Gründung von Island Records, verkauft seinen Anteil nach drei Jahren an Chris Blackwell und gründet mit dem Ertrag in England die Label Doctor Bird und Pyramid. Auf Letzterem erscheint 1968 Desmond Dekkers Welthit „The Israelites“.
Als Anderson auf Goodall trifft, ist der damit beschäftigt, im Auftrag von Byron Lee das West Indian Record Limited Studio WIRL zum Dynamic Sounds Studio umzubauen. Anderson steigt in der neuen Company zum leitenden Recording-Engineer auf und man überträgt ihm das Mastering, den finalen tontechnischen Schritt von einer Aufnahme zur Schallplatte. In dieser Funktion lernt er Lee Perry kennen, als der im Auftrag von Coxson Aufnahmen aus dem Studio One zum Pressen bringt. Die beiden freunden sich an und gründen 1967, als Perry nicht mehr für Coxson tätig ist, zusammen mit dem Dynamic-Ausbilder Barrington Lambert das Upset Label, auf dem u.a. „People Funny Boy“ erscheint, was nach der Lizenzierung durch Doctor Bird Perrys erster internationaler Erfolg wird. Die Rückseite ist eine von Burt Walters gesungene, von heulenden Windböen durchzogene Version von Bob Dylans „Blowing In The Wind“. 1969 erzielt Linford unter dem Namen Andy Capp mit der Single „Pop A Top“, die auf der Bassfigur eines alten Sound-System-erprobten Mambo-Instrumentals[7] basiert, einen grandiosen Hit, von dem er durch Bouncing und diverse zusätzlich aufgenommene Spuren 13 verschiedene Versionen kreiert.[8]
Anderson und Perry ergänzen einander perfekt. Doch ihre Kreationen sind mehr Experimente, die zu neuen Musikstücken führen, als dass sie Dubs für die Sound Systems ergeben. Eines jedoch ist deutlich zu spüren: Diese Versuche sind Wegweiser. Dub liegt in der Luft.

6 Edward Seaga, von 1980 bis ’89 Jamaikas Prime Minister, kam 1930 kurz nach seiner Geburt als Kind schottisch/libanesischer Einwanderer nach Jamaika, wurde dort getauft, studierte in Harvard Anthropologie, ging zurück nach Jamaika und wurde einer der ersten Musikunternehmer des Landes. In den 50er Jahren nahm er Platten mit jamaikanischer Folklore auf und gründete die West India Records Limited Company WIRL. Zu Beginn seiner Politiker-Karriere verkaufte er den Betrieb an Byron Lee.

7 Bop-A-Loos - „South Parkway Mambo“, Mercury 1955

8 Darunter ein Derrick Morgan Remake von „Fat Man“ und das Val Bennett Instrumental „South Park Rock“

„Der wahre Dub beginnt mit vier Spuren", sagt King Jammy. 1969 wird eine derart ausgelegte Tonbandmaschine für das auf halber Strecke zwischen Brentford Road und Dromilly Avenue auf der Bell Road in Kingston 11 gelegene Dynamic Sounds Studio angeschafft. Byron Lee kauft sie in Miami zusammen mit einem gebrauchten custom-made Mischpult. Damit ist es nicht mehr nötig zu bouncen. Die einzelnen Elemente einer Aufnahme liegen nun nebeneinander: Schlagzeug und Bass auf der ersten Spur, Orgel, Klavier und Gitarren auf der zweiten, auf die dritte Spur kommen die Bläser, auf die vierte der Gesang. Jede Spur kann individuell zusammengestellt, abgerufen und bearbeitet werden. Noch im selben Jahr produziert Clancy Eccles auf dieser eine neue Epoche einleitenden Multitrack-Wundermaschine mit dem Deejay King Stitt die Single „Herb Man". Direkt im Anschluß lässt er sich von Linford Anderson eine Version des Titels mischen, bei der einzelne Instrumente ein- und ausgeblendet werden. Eccles nennt den Mix „Phantom" und veröffentlicht ihn 1970 als Instrumentalsingle unter dem Namen seiner bevorzugten Sessionband The Dynamites.[9] Es ist einer der ersten – wenn nicht der erste überhaupt – in Vinyl gepressten Dubs von einer 4-Spur-Bandmaschine. Entstanden mit einem außergewöhnlichen Mischpult, das erst King Tubby richtig ausreizen wird.

9 The Dynamites oder auch Clancy Eccles All Stars waren eine Gruppe von mehr als 20 Musikern, mit denen Clancy Eccles in unterschiedlichsten Konstellationen zum Ende der 60er zusammenarbeitete. Zu ihnen gehörten Winston Grennan, Ernest Ranglin, Gladdy Anderson, Winston Wright, Deadly Hedley, Val Bennett, Bobby Ellis, Johnny ‚Dizzy' Moore, Uziah ‚Sticky' Thompson und andere.

04 | Sylvan Morris: Dub hat eine kulturelle Bedeutung

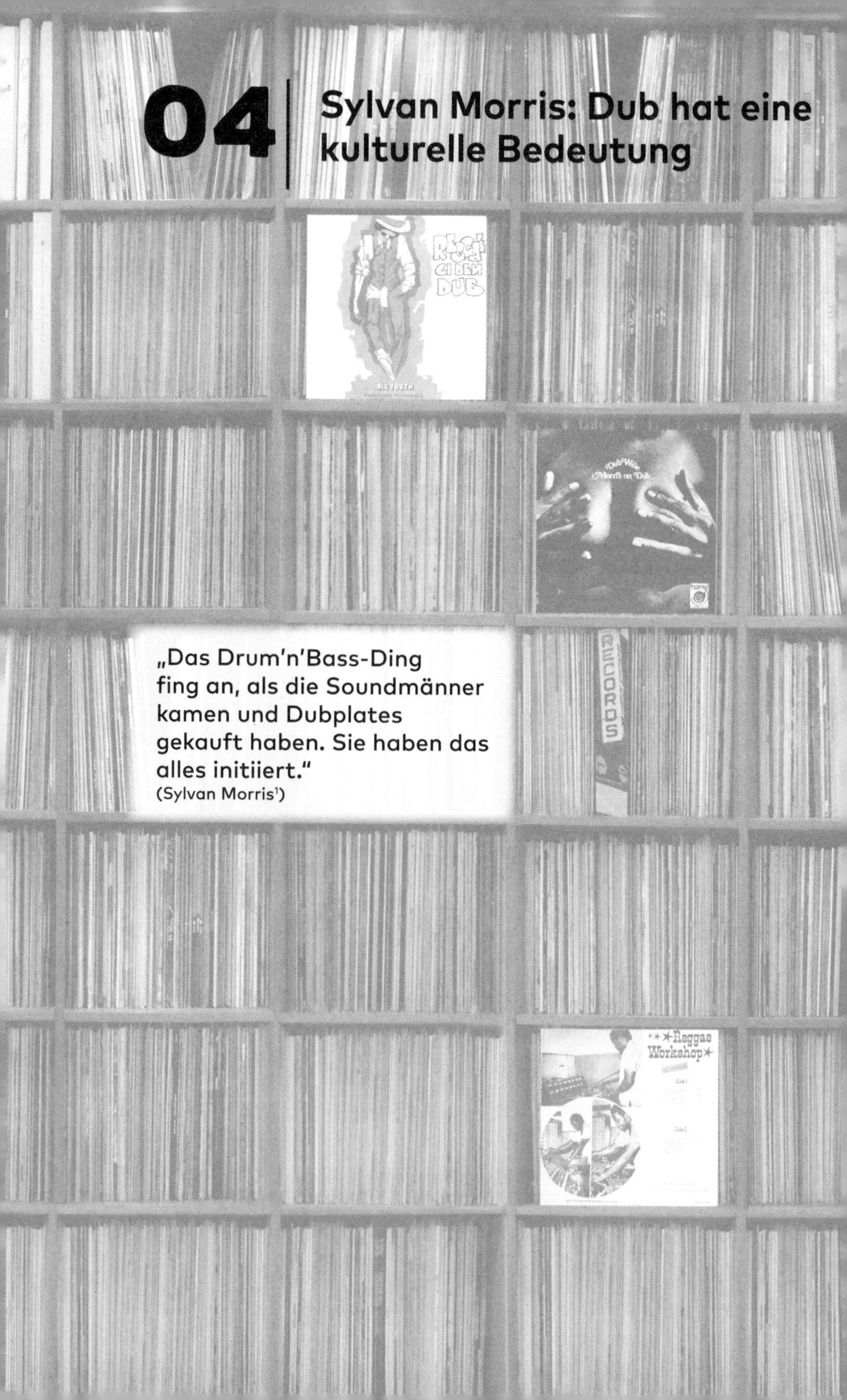

„Das Drum'n'Bass-Ding fing an, als die Soundmänner kamen und Dubplates gekauft haben. Sie haben das alles initiiert."
(Sylvan Morris[1])

Eine ältere Dame im Wartebereich einer Kingstoner Bank hat zugehört, als ich von meinem Treffen mit Sylvan Morris erzähle, und spricht mich an: „Jamaikaner sparen nicht." Im Gegensatz zur Mehrheit des Landes gibt sie nicht dem Staat die Schuld, für sie ist es eine Frage der Einstellung. „Altersvorsorge" sagt sie, „gehört nicht zu unserer Lebensart."

Sylvan Morris zählt zu den Studio-Pionieren, die schon früh dem Verlangen der Soundleute nach speziellen Dubplate-Mixen nachkommen. Mehr als vier Jahrzehnte prägt er als Tontechniker den Sound Jamaikas mit, jahrelang gilt er als einer der erfahrensten Engineer des Reggae. Davon geblieben ist lediglich ein Schatten. Nur die Veteranen aus den frühen Tagen erinnern sich noch an ihn. Ich hatte Morris gefunden in einem Haus, das einmal Byron Lee gehörte, in Richmond Park, einer recht ordentlichen Gegend von Kingston. Hier lebt er, und dieser Wohnort scheint das Einzige zu sein, was in seinem Leben noch ordentlich ist. Ein verrottetes Wrack, das einmal sein Auto war, dient ihm vor der Veranda als Handlauf. Sylvan Morris ist blind, Spätfolge einer Diabetes-Erkrankung, die ihn arbeitslos machte und vereinsamen ließ. Der Schlussakt seiner Existenz hat alle Züge einer landestypischen Tragödie, in der kein Kapitel über Altersversorgung vorgesehen ist.

Sylvan Morris wird am 13. August 1946 in Trenchtown geboren. Elektrische Geräte sind des Jungen liebstes Spielzeug, er nimmt sie auseinander und baut sie wieder zusammen. Bereits als Zwölfjähriger kommt die Nachbarschaft zu ihm, weil er Bügeleisen und Radios reparieren kann. Anfang der 60er Jahre folgt Morris dem Ruf von Graeme Goodall und heuert im Dynamic Sounds Studio als dessen Assistent an.

1967 geht Morris für sechs Monate zu Duke Reids Treasure Isle Studio. Er arbeitet dort mit dem ebenfalls von Goodall ausgebildeten, von Federal Records gekommenen Byron „Smitty" Smith, dem im Jahr drauf jenes Missgeschick mit der Gesangsspur für Roddy Rednose passieren wird.[2] Nach diesem kurzen Intermezzo verdingt sich Morris bei Reids Erzrivalen Coxson Dodd, erhält dort freie Hand und schafft mit seinen technischen Maßnahmen die Grundlage für den auf Jahrzehnte unveränderten legendären Studio One Sound. Der damalige Hausproduzent und Heptones-Sänger Leroy Sibbles, der als Bassist in Coxsons Studio eine unsterbliche Basslinie nach der anderen kreierte, schreibt nach seinem Abschied von Coxson im Studio von Joe Gibbs den an Morris gerichteten Text für den Heptones-Song „Hypocrite".[3] Darin die Zeilen: „You're just being used. When they're through you will be refused... You will get hurt somehow, I know that time will tell on you." Wie dies gemeint ist, erklärt Sibbles später an anderer Stelle: „Er (Morris) hat viel mehr gemacht als nur aufzunehmen und zu mischen.

1 Interview Babylon Falling 2008

2 Siehe Kapitel „Ouvertüre eines neuen Genres"

3 Erschien 1971 als Single auf JOGIBS Record Globe sowie 1972 auf dem Trojan-Album *The Heptones & Their Friends meet The Now Generation*, das 2009 von 17 North Parade/VP Records wiederveröffentlicht wurde. Vgl. dazu das Interview „Leroy's Gonna Fight" von Peter I auf reggae-vibes.com S. 3

Er hat sein ganzes Leben eingebracht. Dieser Mann hat alles, was er hatte, in das Studio gesteckt. Und am Ende nichts dafür bekommen."[4]
1972 wechselt Sylvan Morris zu Harry Johnson (1945 – 2013). Johnson investiert gerade viel Geld in ein neues Studio auf der Roosevelt Avenue, nachdem ihm die amerikanische Gospel & Soul-Band The Staple Singers für ihren Hit „I'll Take You There" das Intro seines in England erfolgreichen Instrumentals „The Liquidator" abgekauft hat. Für die kommenden Jahre ist das Harry J Studio State Of The Art, mit der besten Raumakustik, die Kingstons Recording-Landschaft zu bieten hat. Morris wird Resident Engineer* und nimmt hier u.a. mit Bob Marley 1974 *Natty Dread* und 1976 *Rastaman Vibration* auf. In den folgenden Jahren ist er Engineer unzähliger Dub-LPs, die im Harry J Studio entstehen. Darunter epochale Werke wie Keith Hudsons *Pick A Dub* oder Big Youth' *Reggae Gi Dem Dub*. Unter seinem eigenen Namen erscheinen auf Labeln seines Arbeitgebers 1975 die wegen ihres Nippelgate-Covers berüchtigte LP *Morris On Dub*[5] sowie 1978 der optisch völlig divergierende *Cultural Dub*.[6] Ein weiteres Album mit dem Titel *Reggae Workshop*[7] führt seinen Namen nicht im Titel, stattdessen wird Sylvan Morris auf dem Label als Arrangeur genannt. Auf der Rückseite des Covers zeigen Bilder ihn an den Gerätschaften des Harry J Studios und er wird als Engineer sowie als Schöpfer der „Sound Effects" aufgeführt. Offenbar ein Hinweis mit Bezug auf King Tubby, der zu gleichen Zeit – *Reggae Workshop* erscheint 1975 – mit dem High Pass Filter* seines Studios Furore macht. Denn Morris gelingt es, hier und auch bei späteren Mixen wie Bunny Wailers *Dubd'sco Vol. 1*[8], durch Veränderungen am Equalizer während des Mixes nahezu identische Effekte zu erzielen.
1986 kehrt Sylvan Morris zurück zu Dynamic Sounds und bleibt dort bis ins neue Millennium. Während dieser Zeit installiert und repariert er nebenbei die Vinylschneidemaschinen in Gussie Clarkes Music Works Studio, bei Black Scorpio und Tuff Gong. Die Folgen einer unbehandelten Diabetes-Krankheit schränken ihn zunehmend ein, zu guter Letzt kann er nur noch Kassetten kopieren. Er hört auf zu arbeiten, als es aufgrund seiner Erblindung nicht mehr weiter geht. Zum Zeitpunkt unseres Gespräches ist er 65 Jahre alt.

Frage: Erzähl mir von deiner Elektronik Ausbildung.
Sylvan Morris: Mit 15 hab ich bei Comtech gelernt, einer Firma auf der Eastwood Park Road, oberhalb von Half Way Tree. Die machte in VHF,

4 Leroy Sibbles in: Jim Dooley - *Interviews From The Culture Reggae Archive* London 2013 S. 38
5 Auf Jaywax, wurde zudem noch im selben Jahr als *Leslie Butler – Ja-Gan* mit zwei zusätzlichen Titeln von dem englischen Trojan Label veröffentlicht
6 Auszüge dieser beiden LPs erschienen 2012 zusammen mit drei Titeln der ebenfalls von Sylvan Morris gemischten und 1975 auf Roosevelt erschienenen LP *Joe White - Jah Jah Dub*, deren Titelsong mit 16 Minuten über die gesamte B-Seite ging, auf dem holländischen Label Dr. Buster Dynamite in einer auf 500 Stück limitierten Vinylausgabe *als Harry J The Producer, Joe White The Artist, Sylvan Morris The Engineer – Roosevelt Ave Dub 1975-1978*.
7 B & M Records, Jamaika 1975
8 Solomonic JA 1979

sogenanntem „Very High Frequency“[9] Equipment, das für Kommunikation genutzt wurde. Unsere Taxis waren damals noch Yellow Cabs und Checkered (karierte) Cabs, die waren mit VHF ausgestattet. Man konnte bei einem Büro anrufen, das hat die Taxis angefunkt, und dafür haben wir die Geräte installiert. Oder auch für Polizei und Flugverkehr. Um 1962 hab ich auf der Technical High School einen Kurs für Radio-, TV- und Audioequipment besucht. Danach bin ich direkt zu Dynamic Sounds. Da hieß es noch WIRL, West Indies Records Limited, und gehörte dem Gentleman Eddie Seaga.

Dem späteren Ministerpräsidenten der JLP, der vor seiner Zeit als Politiker im Musikgeschäft aktiv war…[10]

Genau der. Byron Lee hat ihm das Studio abgekauft. Irgendwie hatten die von mir gehört. Ich kam dahin und wurde von Graeme Goodall unter die Fittiche genommen. Wir haben sogar eine Zeit lang versucht, ein 3-Spur-Aufnahmegerät zu konstruieren. Aber so richtig los ging's für mich erst, als ich bei Coxson angefangen hab.

Vorher warst du noch kurz bei Treasure Isle.

Ja, aber um ehrlich zu sein, hab ich da nicht viel gearbeitet. Da waren Smitty und Duke Reid, deshalb bin ich schnell wieder weg.

Bei Studio One hast du dann das Aufnahmeverfahren umgekrempelt.

Ich hab einiges umgebaut, nachdem ich bei den ersten Aufnahmen gemerkt habe, dass das Studio einen bestimmten Sound hatte. Aber die Mikros waren in katastrophalem Zustand. Runtergefallen, verbogen, einige waren wieder zurechtgebogen. Da gab's zum Beispiel ein RCA-Mikrofon, eins von diesen legendären Ribbon-Bändchenmikrofonen…

Die galten damals als das Nonplusultra der Aufnahmetechnik.

Ja, aber das Bändchen war gebrochen. Ich hab deshalb einen kleinen Silberdraht gefaltet wie eine Ziehharmonika und eingebaut. Damit funktionierte das Mikro wieder, nahm aber keine hohen Frequenzen mehr auf. Wir haben es dann für den Bass benutzt. Die Bassboxen hatten damals keine stabile Rückwand und mir fiel auf, dass der Sound hinten in der Box tiefer und räumlicher klang als vorne, wo die Lautsprecheröffnung war. Also haben wir in die Rückseite ein paar Löcher gebohrt und das Mikro hinter die Box gestellt.

Daher der unverwechselbare Basssound aus dem Studio One, den niemand kopieren konnte. Ein repariertes Bändchenmikrofon und die Rückseite der Box.

Eben. Eine andere Sache war das Piano. Weil unsere Mikros nicht so gut waren, fehlten da einfach Frequenzen im Mischpult.

Was für ein Pult war das?

Ein Lang, ein japanisches Pult. Dazu hatten wir zwei Pultec Equalizer, mit denen hab ich mir die mittleren Frequenzen und was sonst noch fehlte geholt. Dafür musste ich allerdings beide benutzen, denn anders als heute konnte man damals noch nicht in die einzelnen Bereiche eingreifen. So jedenfalls ist der

9 Zu Deutsch: UKW, Ultrakurzwellen

10 Edward Seaga, geboren 1930, war von 1974 – 2005 Vorsitzender der konservativen JLP und von 1980 – 1989 Jamaikas Regierungschef

typische Sound entstanden. Dazu hab ich einen speziellen Echoeffekt gehabt. Der war kaum zu hören, den hat man mehr gespürt. Ich hab bei Gesangsaufnahmen die Stimme parallel auf eine zweite Bandmaschine geschickt, über den Wiedergabekopf zurückgeholt, die tiefen Frequenzen eliminiert und mit auf die Gesangsspur aufgenommen. Das musste sehr fein justiert werden und hat bewirkt, dass die Stimmen schön weich klangen.

Durch die Doppelung…

Genau. Du hörst es bei den Heptones, bei Alton Ellis, bei Bob Marley. Ein komplett anderer Sound als der, bevor ich zu Studio One kam. Das war absolut einmalig in der Zeit, überhaupt nicht aufdringlich. Die Echozeit war so gut, du hast es nur gespürt.

Wie hast du die Echozeit eingestellt?

Die konnte man nicht einstellen. Bei den 2-Track-Bandmaschinen gab's nur zwei Geschwindigkeiten: 7½ IPS (inches per second) oder 15 IPS. Aber dann hat Coxson gesehen, was ich mit dem Wiedergabekopf bewerkstelligt hab und hat aus den Staaten ein Sound-Dimension-Echogerät besorgt[11]…

…wonach sich 1967 seine Hausband benannte…

… darin lief ein 2 feet[12] langes Tonband als Endlosschleife und es hatte drei Tonköpfe: für Aufnahme, Wiedergabe und Löschen. Damals kannte man noch keine integrierten Schaltkreise oder so was. Das Gerät hatte einen mechanischen Hebel, mit dem konnte man den Wiedergabekopf bewegen und so die Echozeit ein wenig verändern. Das war alles.

Dazu hattet ihr noch ein Hallgerät, einen Federhall.

Space Expander hieß das Teil. Aufgenommen haben wir meistens mit 7½ IPS, weil wir dann mehr aufs Band bekommen haben. Geholfen hat uns, dass wir mehrere Bandmaschinen hatten.

Mit wie vielen Maschinen habt ihr gearbeitet?

Mal drei, mal zwei.

Und damit wurde gebounct? Wie hat das funktioniert?

Wir haben Schlagzeug und Bass auf eine Spur gepackt und den Rest auf die zweite. Das haben wir dann auf eine andere Bandmaschine gebounct (auf einer Spur zusammengemischt), wobei dann [gleichzeitig] die Vocals aufgenommen wurden.

Nachdem alles zusammengemischt war, wie waren da noch Dubplates möglich? Bist du dafür zurückgegangen zu einer Aufnahme vor dem Bouncen?

Nun, wir wussten ja, dass Sounds wie „Prince Patrick", „Black Arrows" oder „Jah Love" nach Dubplates verlangen würden. Ich hab deshalb ganz unterschiedliche Methoden gehabt. Das hing alles davon ab, wie sich der Tune angehört hat. Wenn der Tune Power hatte, haben wir alles live gemacht, inklusive Gesang, und ich habe auf zwei Bandmaschinen gleichzeitig auf-

---

11 Andere Quellen wie das Info zum Soul-Jazz-Album *Sound Dimension – Jamaica Soul Shake Vol. 1* (2006) sagen, Coxson habe das Gerät von einer Tour mit Jackie Mittoo & The Soul Vendors aus England mitgebracht

12 2 feet (Fuß) = ca. 61 cm

genommen. Bei der einen kam die gesamte Musik auf eine Spur und der Gesang auf die zweite. Bei der anderen Maschine habe ich getrennt zwischen Drum und Bass auf einer und Riddim (hier: der Offbeat) auf der anderen Spur. Dieses Band wurde dann für die Dubplates genommen.

Und wie hat sich das angefühlt, die Musik zu zerlegen und lediglich Fragmente zu nutzen?

In gewisser Weise war das schon wie verwässern. Aber wie bei so vielen Dingen beurteilt man so etwas in der Rückschau anders. Letztlich gebührt den Soundmännern die Ehre. Egal ob Song oder Instrumental, die haben da was gehört, was ich nicht gehört habe. Bezogen auf die Wirkung beim Publikum. Die Soundmänner haben ihre Leute in der Dancehall beobachtet und wussten, wie sie auf bestimmte Dinge reagieren. Deshalb kamen sie und sagten: Lass das weg. Mach dies leiser. Ihre Ideen haben mir oft nicht gefallen, aber ich muss zugeben, dass sie wussten, was sie wollten. Sie haben erkannt, was ankam. Anfänglich war ich überhaupt nicht begeistert, bis ich gemerkt habe, dass die Soundmänner da ein eigenes Ding am Laufen hatten.

Bist du selbst zu den Dances gegangen, um zu sehen, wie die Leute reagieren?

Ja. Obwohl ich nicht der große Tanzfan war. Aber manchmal wurde ich eingeladen, dann bin ich hin und hab mir angeguckt, was da abging.

Und hat das deine Meinung verändert?

Definitiv. Ohne jeden Zweifel.

Du hast mal gesagt, es waren Soundmänner, die dich auf den Trip gebracht haben. Weil jeder seine Version ein wenig anders haben wollte, musstest du immer mehr Tricks entwickeln, Dubplates unterschiedlich klingen zu lassen. Mal durch Echo, mal mit unerwartetem Hall oder durch Equalizer, die das Schlagzeug aufgepeppt haben.[13] Das klingt so, als würdest du meinen, es waren nicht die Studioengineer, sondern Soundmänner, die Dub erfunden haben.

Streng genommen ja. Um es ganz offen zu sagen: Wir haben nur die elektronische Seite bedient, die eigentliche Idee dahinter, die kam von den Soundmännern.

Gibt es denn eine Person, die man an den Anfang stellen müsste?

(Zögert mit der Antwort) In gewisser Weise mich. Ich erklär dir auch warum. Wie schon gesagt, ich mochte es anfänglich überhaupt nicht. Aber irgendjemand musste es tun und es gab niemand anderen. Die Soundleute wollten am liebsten nur Drum'n'Bass, aber die standen da zu viert, jeder wollte den gleichen Tune und alle wollten ihn anders. Also hab ich hier was eingeblendet, da was ausgeblendet.

Und das alles mit zwei Spuren.

Mit zwei Spuren. Solange ich bei Studio One gearbeitet hab, gab es dort nur 2-Track. Ich musste mein ganzes Know-how einsetzen. Hab den Pultec genommen und jede Version unterschiedlich gefiltert. Mal ein wenig den

13 *Studio One Story*, Soul Jazz DVD 2002

Bass reduziert, bei einigen Schlagzeug und Bass komplett weggelassen. Ich hab alles Mögliche versucht. Wenn da vier Leute waren, musste ich vier Varianten aus einem Song rausholen.

Das passierte aber alles nur für Dubplates. Als dann 1974 die ersten Dub-Alben aus dem Studio One kamen, da warst du schon bei Harry J, wo 1975 und '78 zwei Alben unter deinem Namen erschienen: *Morris On Dub* und *Cultural Dub*. Plus unzählige weitere Dub-LPs, die dich nur auf der Rückseite als Mixing-Engineer nennen.

Bei Harry J haben wir, wenn ein Song gemischt wurde, immer auch gleich eine Version und einen Dub gemischt. Es war nie so, dass wir gesagt haben: ‚Okay, lass uns ein Dub-Album machen.' Dub-LPs wurden aus vorhandenen Mixen zusammengestellt, das hat meistens Harry J alleine gemacht.

Das heißt, die beiden Alben unter deinem Namen waren auch nur einzelne gesammelte Dubs?

Nein, *Morris On Dub* ist tatsächlich als Album entstanden.

Und wer hatte die Idee mit der nackten Frau auf dem Cover? Für eine Dub-LP ja eher ein ungewöhnliches Artwork.

Das war Harry J mit seiner Verrücktheit. Wenn ich sage ‚verrückt', meine ich musikalisch verrückt. Was ja manchmal auch gut ist.

Der Titel *Cultural Dub* gab sich dann seriöser.

Weil Dub eine kulturelle Bedeutung hatte.

Weißt du, wie viele LPs von deinen Mixen damals gepresst wurden?

Keine Ahnung. Harry J hat sie an irgendwelche Leute weitergegeben. Ich weiß es nicht.

Vermutlich hast du für diese Releases auch nie Geld gesehen.

Davon kannst du ausgehen.

Ist das der Grund, warum du klagst, dass man dich nirgendwo gut behandelt hat?

Bei mir war es so, dass ich einfach nur gearbeitet habe. Ich liebe die Musik so sehr, ich hab immer nur für mich selbst gearbeitet und für mein spirituelles Leben. Wenn ich etwas gemacht hab, dann so, als wäre es mein eigenes Ding... Coxson hat mich, nachdem ich schon lange weg war, mal angerufen. Ich hatte das Gefühl, er wollte sich entschuldigen. Zu dem Zeitpunkt hatte er das Studio ausgebaut, besaß neben der 2-Spur jetzt auch 4- und 16-Spur Maschinen.

Wie war denn die technische Ausstattung bei Harry J während deiner Zeit dort?

Als ich kam, gab es ein 16-Kanal-Pult, das hieß Helios, und eine 8-Spur-Maschine. 16 Aufnahmespuren kamen erst später, zusammen mit einem größeren Pult. Da kann ich mich nicht mehr an den Namen erinnern. Das war ein richtig gutes High-Class-Pult. Ich glaube, Chris Blackwell hat es für Harry J besorgt.

Um damit bei euch nach *Catch A Fire* die nächsten Marley-Alben realisieren zu können?

Yeah.

Aber auch schon mit dem Helios hatte das Harry J Studio eine höhere Soundqualität im Vergleich zu Studio One.
Ja Mann, auf jeden Fall. Du musst bedenken, zu der Zeit fing es an mit Transistoren und integrierten Schaltkreisen, Darlington Paarschaltung und solchen Dingen, weg von den Vacuum Tubes hin zu Solid State Sound. Das war einfach überlegen. Auch die Bandmaschinen wurden besser.
Außerdem war bei Harry J die Raumakustik ausgereifter.
Ja, das Studio war viel größer. Und wir hatten schall-resorbierende Wände als Raumteiler. Außerdem eine Schlagzeugkabine, bei Studio One gab's das zu meiner Zeit noch nicht, erst später. Bei Harry J ließ sich das Schlagzeug viel besser separieren und es gab nicht so viel Übersprechung (von anderen Instrumenten).
Wie lange bist du bei Harry J geblieben?
Ich glaube, es waren 15 Jahre.
Es heißt, dass du in der Zeit bei Studio One den jungen Errol Thompson ausgebildet hast, der später bei Randy's und bei Joe Gibbs zum einflussreichen Engineer wurde.
Ganz ehrlich? Errol Thompson wusste schon alles. Ich glaube, er hatte irgendwie eine elektronische Ausbildung. Dem konnte ich nichts mehr beibringen. Ein paar Tipps und Tricks und Einblicke in Studioarbeit, aber nicht in Elektronik. Wir haben oft zusammengesessen, uns unterhalten und dabei hat er mich Dinge gefragt. Mehr war da nicht.

Mit einem langen Exkurs zu den spirituellen Mythen des Lebens, der Musik im Allgemeinen und des Reggae im Besonderen klingt unser Gespräch aus. Sylvan Morris, der in seinem aktiven Berufsleben Hunderte von Artists erlebt hat, Tausende Dubs gemischt und Abertausende Songs aufgenommen hat, schwärmt von außergewöhnlichen Momenten und dem Zusammenhang von Komposition, Interpretation und Situation: „Wenn die Menschen leiden, egal ob unter einem politischen Regime oder weil sie zu den Armen der Gesellschaft gehören, dann erkennst du das in der Musik, die sie spielen. Ich habe das immer gefühlt, vor allem in der Zeit bei Coxson. Da war ein Geist in der Musik, den hast du gespürt. Selbst ohne Lyrics. Bei einigen Artists, wenn die den Musikern ihre Songs vorgesungen haben, kam da etwas anderes bei raus als bei den gewöhnlichen Sängern. Sobald jemand wie Burning Spear das Studio betrat und angefangen hat zu singen, dann war das als ob sich das gesamte Studio verwandelt. Die Musiker bekamen ein anderes Gefühl und du hast die spirituelle Aura regelrecht gespürt. Bei Bob Marley oder Toots and The Maytals war das ähnlich. Aber sie waren nicht die einzigen. Damals wurden viele Songs aufgenommen, bei denen eine spirituelle Tiefe fühlbar war."

05 Errol Thompson, Joe Gibbs und die ersten Dub-LPs

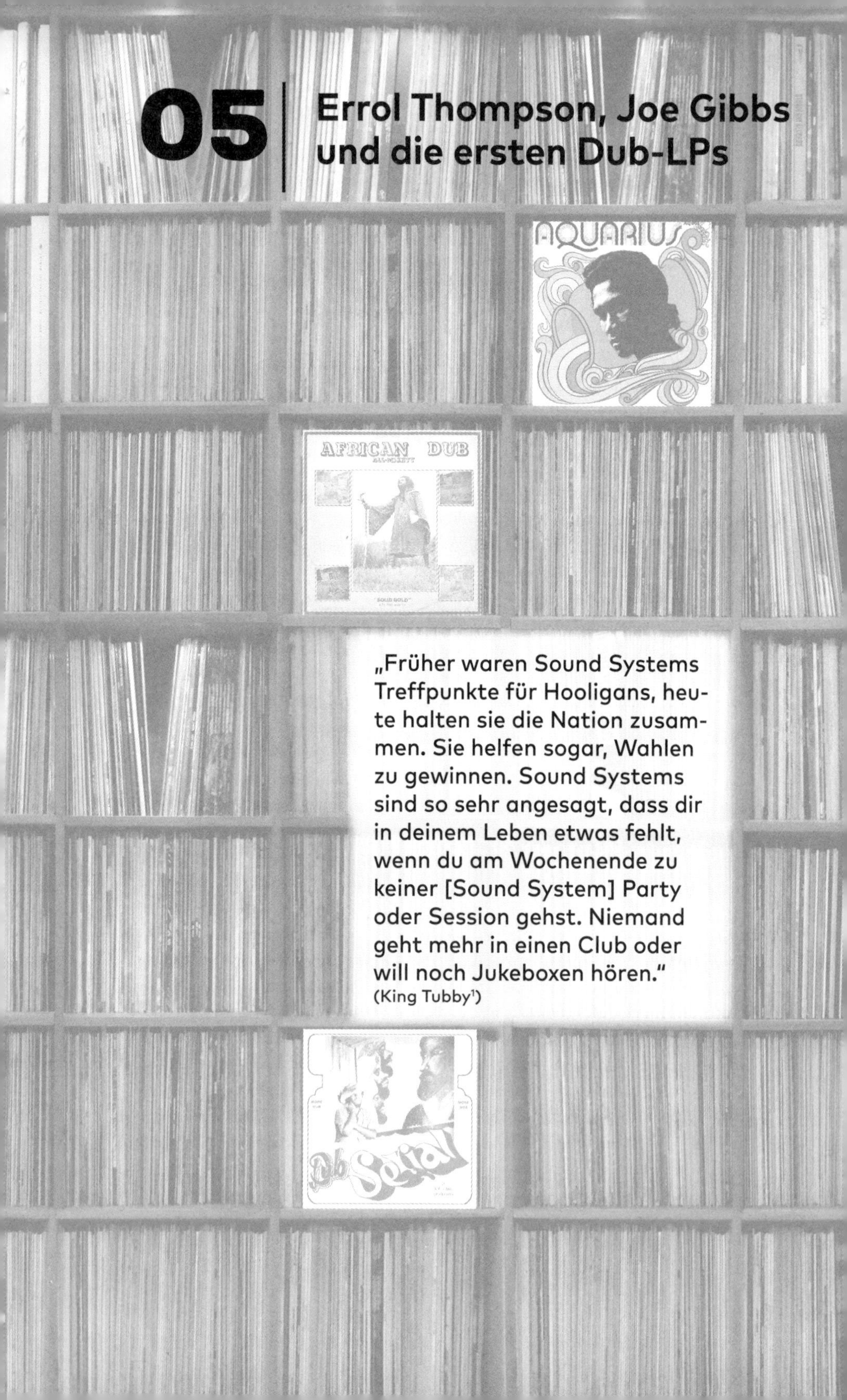

„Früher waren Sound Systems Treffpunkte für Hooligans, heute halten sie die Nation zusammen. Sie helfen sogar, Wahlen zu gewinnen. Sound Systems sind so sehr angesagt, dass dir in deinem Leben etwas fehlt, wenn du am Wochenende zu keiner [Sound System] Party oder Session gehst. Niemand geht mehr in einen Club oder will noch Jukeboxen hören."
(King Tubby[1])

„Dub-Musik beginnt mit 4-Track“, hatte King Jammy gesagt. Schon bald nachdem in Kingstons Dynamics Studio ein 4-Spur-Tonbandgerät und die damit von Clancy Eccles produzierte „Phantom“-Single die Wende in der Evolution des Dub einläutet[2], taucht Downtown eine zweite dieser zukunftsweisenden Mehrspurbandmaschinen auf, mit denen Dub überhaupt erst möglich wird. Vincent Chin (1937 – 2003), Sohn eines 1920 nach Kingston gekommenen chinesischen Zimmermanns, hat sie für seine Firma angeschafft.
Vincent beginnt Mitte der 50er Jahre als Juke Box Controller für den syrischen Jamaikaner Isaac Issa. In dessen Auftrag fährt er über die Insel, um die überall in den Bars des Landes aufgestellten Musikboxen zu warten, er tauscht Singles aus und entnimmt die Münzen. Da die Issa's Company keine Verwendung für ausgediente Schallplatten hat, ersteht Vincent sie für einen geringen Obolus und lagert sie in seiner Garage. Als diese überquillt, mietet er 1958 ein kleines Ladenlokal in Kingstons East & Tower Street und eröffnet den ersten Randy's Record Shop. Der Name ist inspiriert von einem US-Plattenladen in Nashville, der eine Radiosendung produziert, die über Kurzwelle bei klarem Wetter auch in Jamaika zu hören ist und wo genau jener R'n'B läuft, den die Sound Systems spielen und zu dem das bis dahin mit Mento feiernde Land zusehends switcht.
1962 wird Jamaika unabhängig, es beginnt eine energiegeladene Phase des Aufbruchs. Beseelt von dem Gefühl „aus uns kann 'was werden“ kommt es vor allem in den Städten und zumeist aus Reihen der Mittelschicht zu Firmengründungen und Geschäftseröffnungen, wovon auch die heimische Musikindustrie enorm profitiert. Der Kaufmann Vincent Chin wird dabei eine gewichtige Rolle einnehmen. Sein noch vor der Unabhängigkeit eröffnetes Geschäft mit Secondhand-Platten läuft bestens, schon bald ist der Laden zu klein. 1962 zieht Randy's Records Shop um in einen ehemaligen Ice-Cream-Laden, Downtown 17 North Parade. Vincent Chin wird mittlerweile „Randy“ genannt und empfiehlt sich als erster professioneller Plattenhändler und Distributor des Landes. „You name it, we have it“ lautet seine Devise, und so steht es über der Eingangstür des Shops. Hier gibt es, wonach Jamaika giert: importierte US-Platten und Produkte der jungen jamaikanischen Label. In der Regel freitags kommen neue Singles rein, dann stehen Sounds wie Privatleute Schlange, um sich für die Hauspartys und Dances am Wochenende einzudecken. Patricia, Randys Ehefrau, ist das Herz des Ladens. Sie hat das Gespür für Hits, kontrolliert die Bestände, unterstützt Artists und Produzenten. Patricia schmeißt den Laden, während Vincent weiterhin tagtäglich unterwegs ist. Inzwischen jedoch, um bei Federal, Studio One, Treasure Isle, Beverlys und all den anderen Produktionsfirmen, die im Aufschwung der Gründerjahre entstanden sind, die neuesten Tunes zu kaufen. Daneben fängt er an, selber Singles zu produzieren, und so ist es bei dem ausgeprägten Geschäftssinn der Chins nur folgerichtig, dass auch sie bald

1 in: „Marcus Garvey Meets The Rockers Uptown“ *Black Music* Februar 1976 S. 34
2 Siehe Kapitel „Ouvertüre eines neuen Genres“

über einen eigenen Studiobetrieb nachdenken. 1968 wird, nach einem Jahr Bauzeit in der Etage über dem Record Shop das Randy's Recording Studio eröffnet. Bezogen auf die Hausnummer bekommt es den offiziellen Namen „Studio 17", wird aber allgemein nur „Randy's" genannt. Es besteht aus einem Regieraum voller hochwertiger Technik sowie einem großzügigen, mit Holz ausgeschlagenen Aufnahmeraum, der eine überragende Akustik bietet. Dazu kommen ein Dub-Cutting-Raum (in dem bis 1974 Dennis Thompson arbeitet[3]), ein Aufenthaltsraum, später auch eine Schlagzeugkabine. Aufgenommen wird anfangs über eine 3-Track-Bandmaschine.

Clive Chin, der älteste Sohn Vincents, geboren am 14. Mai 1954 als Kind einer vorehelichen Liaison mit Vincents Schulliebe Yvonne Fay Lauder[4], übernimmt das Management. Er koordiniert die Abläufe, ist verantwortlich für die Verkabelung, stellt Mikrofone auf. Sein Schulfreund Errol Thompson avanciert zum Resident Engineer. Als Haus-Band fungieren zunächst Soul Syndicate mit Earl ‚Chinna' Smith, Fully Fullwood und Santa Davis, später Flesh, Skin & Bones mit Sly Dunbar, Lloyd Parks und Ansel Collins. Der am 29. Dezember 1948 geborene Errol Thompson hat zuvor im Studio One hospitiert, mit 22 Jahren übernimmt er den Chefsessel im Randy's Studio und bekommt in Clive Chin einen fünf Jahre jüngeren Vorgesetzten. Es ist das Jahr 1970 und die beiden sollen bald Geschichte schreiben.

„Randy's hatte den Sound, den die Leute wollten. Man könnte es den Ghetto-Sound nennen, den wahren Roots-Sound", sagt der Sänger Pat Kelly[5], der gelegentlich in der North Parade als Engineer aushilft. Das Studio im Herzen von Downtown ist bereits ein Jahr nach seiner Eröffnung „in full swing", es hat sich zum „wichtigsten Studio der Stadt"[6] entwickelt. Hits kommen wie vom Fließband. Vornehmlich für den lokalen Markt, dazu kommen respektable internationale Erfolge. Der Südafrikaner Hugh Masakela mietet sich ein, ebenso der französische Sänger und Schauspieler Serge Gainsbourg. Lee Perry produziert hier mit den Wailers das Album *Soul Rebel*, Burning Spear nimmt 1975 kurz vor Schließung des Studios noch das Album *Marcus Garvey* auf, ebenso Peter Tosh die Singles „Legalize It" und „Equal Rights".

Als Randy's 1971 für eigene Veröffentlichungen das Label IMPACT! ins Leben ruft, steigt Clive zum Hausproduzenten auf. Errol und er beginnen zu experimentieren. Seit Vincent ihnen eine 4-Spur-Bandmaschine ins Studio gestellt hat, betrachten die beiden jamaikanischen Youths sie als ihr Spielzeug. Errol weiß, was die Sounds wollen. Sein Onkel unterhält bei Harbour View das Sound System „El Gong", um dessen Aufbau und Verkabelung er sich kümmert. Im Studio ist Errol der phantasievolle Kopf, Clive lässt ihn gewähren. Die beiden entwickeln sich zum wegweisenden Kreativ-Duo.

3 Dennis Thompson wurde danach Tour-Engineer für Bob Marley, arbeitete nach dessen Tod für Steel Pulse, Burning Spear, Maxi Priest, Sizzla, Capleton und andere, ging in die USA und war dort u.a. für den Live Sound von P. Diddy, Missy Elliot, Busta Rhymes, 50 Cent, Marcus Miller oder Alicia Keys verantwortlich

4 Als Clive geboren wurde, war sein Vater 17, seine Mutter 16 Jahre alt

5 DVD-Dokumentation „Randy's 50th Anniversary" VP Records 2008

6 Clive Chin ebenda

Nach dem Prinzip „mehr Spuren mehr Möglichkeiten" separieren sie die Instrumente auf einzelne Spuren, sodass im Mix damit variabler umgegangen werden kann. Sie nehmen Geräusche wie berstendes Glas oder die Toilettenspülung auf und mischen sie in die Musik. Sie machen, was ihnen in den Sinn kommt und technisch möglich ist. Es gibt keine Grenzen des Erlaubten, das Duo kennt keine Hemmungen. Errol manipuliert während des Mixes an den Frequenzen und erzielt Klangeffekte, für die Tubby später durch den Einsatz seines High Pass Filters berühmt werden wird. Alles, was bei ihren Spielereien herausspringt, wird auf 2-Spur-Mastertapes konserviert. „Wir haben angefangen, mit Dub zu experimentieren, lange bevor Tubby's überhaupt daran gedacht hat", beteuert Clive. „Perry hat viel davon mitbekommen, weil er das Studio oft genutzt hat, und auch Herman Chin-Loy von Aquarius ließ sich durch uns beeinflussen."[7]

Herman Chin-Loy (nicht verwandt mit den Chins) sowie ein junger Musiker namens Horace Swaby spielen im Fortgang der Ereignisse eine nicht unwesentliche Nebenrolle. Swaby ist mit Clive seit ihrer gemeinsamen Zeit in der Kingston College School eng befreundet. Beide sind Jahrgang '54. Sie sprechen sich mit „Chinno" oder „Swabo" an und ereifern sich bereits als Jugendliche über Musik. Als der eine später innerhalb der Chin-Dynastie die Geschicke des Studios lenkt, bucht er den anderen gerne als Keyboarder. So auch der Produzent Herman Chin-Loy. Wenn Chin-Loy bei Randy's für sein Aquarius Label aufnimmt, setzt er Swaby bevorzugt bei Instrumentalstücken ein, die er dann in der Regel unter dem Phantasienamen „Augustus Pablo" veröffentlicht. Als er ihn 1971 für die Single „Iggy Iggy" nach dem gesprochenen Nonsens-Aufmacher „Good afternoon, here is the news. Great Booga Booga from Aruba, mama you dada jaffa center, my kill a brombrom locka to me snacka ugga T, while I present this iggy iggy. Here it comes!"[8] zum ersten Mal mit einer Melodika spielen lässt, übernimmt Swaby den Namen und nennt sich fortan Augustus Pablo. Es geschieht zu einer Zeit, da Jamaika versessen ist auf Instrumentalmusik mit abgedrehten Sprachintros, und die schwebenden Mollakkorde aus einem – in Deutschland von der Firma Hohner hergestellten – Blasinstrument für Kinder verzücken Land und Leute.

1972 steigert sich dies zum Hype des Jahres. Nach dem fehlgeschlagenen Versuch, mit seinem alten Freund Dennis Wright einen Lovesong aufzunehmen, und nachdem auch die Chosen Few vor dem bereits seit einem Jahr fertigen Playback kapituliert haben, veranlasst Clive seinen Freund Pablo, darüber eine seiner naiven Melodika-Melodien zu legen, um den Riddim zumindest als Dubplate für sein „Black Moses" Sound System nutzen zu können. An den Anfang basteln Clive und Errol ein dem Zeitgeschmack entsprechendes, von Scotty und Bunny Brown (einem Mitglied der Chosen Few) gesprochenes, echo-durchzogenes Spaghetti-Western-Intro: „From the east of the Rio Cobre to the west of the Rio Cobre, here's the hottest: Java!"

7 ebenda
8 Zitiert aus dem Jamaican Observer vom 30.1.2011 in „Roasting and toasting" von James Moss Solomon

Das Resultat wird auf Dubplate gezogen und stante pede im Randy's Shop unterhalb des Studios präsentiert. Womit niemand gerechnet hat: Der Tune löst einen exorbitanten Run aus. Jukebox-Aufsteller, Sound-System-Betreiber und Privatleute bestellen „Java" in Stückzahlen, bei denen drei jamaikanische Presswerke kaum hinterherkommen. Es ist die Geburtsstunde des Far East Sounds, „Java" wird zum Instrumentalhit des Jahres und zum Ausgangspunkt des ersten Dub-Albums.

Errol und Clive sind nicht die Einzigen, die Dub als Verkaufsformat interpretieren. Im Dynamics Studio spielen – wie erwähnt – Lee Perry und Linford Anderson mit dem Multitracking, und auch Ken Khouri hat die Zeichen der Zeit erkannt. Bei ihm steht eine Ampex-3-Spur-Bandmaschine sowie eine EMT-Hallplatte aus Deutschland. Auf diesem Equipment produziert Lloyd Daley aka The Matador noch vor „Java" mit dem Gesangstrio The Victors die Single „Me A Tell Yuh". Der Engineer Louis „Buddy" Davidson mischt davon eine Dubplate für „Prince Jackie's Hi-Fi"-Sound. Er lässt den Gesang weg, dreht die Picking-Gitarre extrem in den Hall und nennt das Ergebnis „More Echoe". Daley veröffentlicht den Tune und die Dubplate als B-Seite erst 1971 auf seinem Syndicate Label.[9]

Khouri selbst veröffentlicht 1972 auf dem hauseigenen Federal Label *Unlimited*, die fünfte LP des immens erfolgreichen Sängers Ken Boothe, bei der auf jeden Song eine Dub-Version folgt, was auf dem Cover mit „dub it to the very last drop" angekündigt wird. Produziert von dem Sänger und Produzenten Lloyd Charmers (1938 – 2012) wird damit erstmalig die Kombination Vocal + Dub im Langspielplattenformat exerziert, die später zur Blütezeit des Dub unter der Bezeichnung „Showcase-LP" große Verbreitung finden wird.

Es lässt sich nicht mehr ignorieren, das Interesse des Sound-System-Publikums an speziellen Mixen bekannter Tunes wächst beständig, und auch „Java" löst eine ungeheure Nachfrage nach Dubplates aus. Angestachelt durch den kommerziellen Erfolg des Titels beschließt man bei Randy's die Produktion der ersten IMPACT!-Langspielplatte, nachdem bislang auf dem hauseigenen Label nur Singles erschienen sind. Man ist sogar willens, dafür das finanzstrategische Wagnis einer noch nie dagewesenen Veröffentlichung mit ausschließlich Dub(plate)-Mixen einzugehen. Clive erinnert sich: „In den 70ern wurde heftig diskutiert: Wer war der Erste? Wer kam mit dem ersten Dub-Album? Nun, ich weiß, und Errol weiß es, wir hatten die erste Dub-LP und sie hieß *Java Java Java Java Dub*."[10] Tatsächlich taucht bei diesem Debüt das Wort „Dub" im Titel noch gar nicht auf, es steht lediglich viermal „Java" auf dem Cover, was allein dem Design geschuldet ist, damit man den Titel kreuz wie quer lesen kann. Der Titel erinnert, obwohl auch Mixe anderer Hits auf dem Album sind, an den Hype um den Instrumental-Giganten des Vorjahres. *Java Java Java Java* erscheint erstmals 1973 in einer Auflage von 200 Kopien, wird

9 The Victors hatten zuvor als The Bassies für Studio One und Sonia Pottinger aufgenommen. Ihre Single erscheint in England auf dem Escort Label von PAMA.

10 DVD-Dokumentation „Randy's 50th Anniversary" VP Records 2008

alsbald und seitdem immer wieder nachgepresst[11], während die Exemplare der Erstauflage für exorbitantes Geld in Sammlerkreisen verschwinden.[12]

Java Java Java Java bringt Dub an die LP-Börse, der erste richtungweisende Trader heißt Errol Thompson. Nach den Vorläufern Bouncing und Acetat/Soft Wax/Dubplate-Special-Mix ist durch Errols tontechnisches Geschick im Randy's Studio ein Keim aufgegangen, der Dub in Usain-Gold-Geschwindigkeit bei den Studios und Labeln von Kingston als LP-Genre verbreitet. Vier weitere Alben erscheinen 1973, dem Jahr Null in der Geschichte der Dub-LP. An vier davon ist Errol, über den man inzwischen mit den Kürzeln „ET" oder „Errol T" spricht, direkt oder indirekt beteiligt. Neben *Java Java Java Java* hat er, ohne dass man bei Randy's davon wusste, im Studio von Joe Gibbs auch die LP *Dub Serial – More Dub* gemischt. Außerdem haben ihm in den Monaten davor Herman Chin-Loy und Lee Perry während ihrer Produktionen wie Werksspione über die Schulter geschaut und sich inspirieren lassen für ihre eigenen, zum Teil von ihm bei Randy's aufgenommenen Alben *Aquarius Dub* und *Upsetters 14 Dub Blackboard Jungle.* Letztere heißt später nur noch *Blackboard Jungle Dub.* Sie ist überwiegend bei und von King Tubby gemischt worden, wurde aber komplettiert mit Perry-Mixen aus seinem um die Weihnachtszeit fertiggestellten eigenen Black Ark Studio. Dessen Verkabelung wiederum hatte ebenfalls Errol vorgenommen. Und selbst die auf einem englischen Label veröffentlichte LP *The Message* von Prince Buster kam mit einer gecoverten „Java"-Version. Angesichts der Konzentration auf eine Person liegt der Schluss nahe: Errol Thompson ist der einflussreichste Dubbist der Anfangszeit.

Aber stellt *Java Java Java Java* tatsächlich die erste Dub-LP der Geschichte? Fest steht, dass Joe Gibbs bereits im Dezember 1972 über seinen Mailorderservice die von Errol gemischte *Dub Serial*-LP als Pre-Release unter dem Namen *Dub Sequeldo* angeboten hat. Für den abenteuerlichen Preis von 50 US-Dollar, während eine normale LP nicht mal ein Zehntel davon kostet. Da dies jedoch noch kein regulärer Release war, rangeln sich zwei andere Personen um die – letztlich unbedeutende – Auszeichnung der Ersttäterschaft, denn für die Dub-Entstehung und -entwicklung spielt das LP-Format keine Rolle. Die entscheidenden Weichen sind zuvor auf Dubplates und Single-B-Seiten gestellt worden. Für die internationale Verbreitung von Dub jedoch wird die LP zum maßgeblichen Medium. Mit ihr macht Dub den entscheidenden Schritt in die Öffentlichkeit abseits der Reggae-Welt. Herman Chin-Loy reklamiert für sich, der Initiator gewesen zu sein, und wird nicht müde zu betonen, sein *Aquarius Dub* sei „die erste Dub-LP. Die Leute kamen in meinen Laden und fragten nach Dub-Platten. Sowas gab's nur auf Soft Wax

11 Die Songnamen der ersten Pressung wurden später aus unerfindlichen Gründen geändert

12 Zur Verwirrung um dieses Album trägt bei, dass Clive in Interviews zumeist von „Java Java Dub" redet, wohl weil es sich leichter spricht als viermal hintereinander „Java". Diese Formulierung wird von einigen Publikationen irrtümlich übernommen. *Java Java Dub* allerdings war ein 1989 von dem englischen REBEL-Unterlabel veröffentlichtes Album mit Gesangs-, Deejay- und Instrumentaltracks, inklusive einiger „Java"-Versionen, und sah aus wie ein original IMPACT!-Release.

und ich hab überlegt, wie man diese Art von Musik verkaufen kann. Ich hab getan, was man tun muss, um sie auf Platte zu bringen. Hab mit der Hilfe des Engineers und der Musiker gemischt und ihnen gesagt, was ich für einen Sound will. Als nächstes kam Coxson mit *Dub Store Special*, aber das war mehr Underground für die Roots-Leute. Dann wurde es kommerziell erfolgreich und Randy's brachte *Java Java Java Java*, Joe Gibbs *Dub Serial* und *African Dub Chapter One*, Rupie Edwards, Federal und dann Scratch mit *Blackboard Jungle*. All diese Dub-Alben kamen später."[13] Clive Chin hält dem entgegen, er könne anhand von Federal-Lieferscheinen belegen, dass vor *Java Java Java Java* kein vergleichbares Album gepresst wurde. Gesehen hat diese Belege allerdings noch niemand.

Unverkennbar bringt Chin-Loy die zeitliche Reihenfolge der ersten Alben durcheinander. Coxson beispielsweise folgt dem Trend erst ein Jahr später, obwohl auch er sich später in Interviews als der Erste zu positionieren sucht.[14] Seine Erinnerungen bleiben jedoch „immer sehr vage".[15] Nach Informationen seines Schulfreundes und zum fraglichen Zeitraum UK-Importeurs George Price „Peckings" kommt er mit *Dub Store Special* im Jahr 1974[16]. *African Dub All-Mighty* (aka *Chapter One*) von Joe Gibbs & Errol Thompson erscheint laut Wiederveröffentlichung[17] ebenso wie Rupie Edwards' *Dub Basket* laut Labelaufschrift im Jahr 1975. Inzwischen druckt Chin-Loy auf das Cover der *Aquarius Dub*-Nachpressungen: „Jamaica's first dub album. Originally released 1971". Dabei ist die Absicht einer nachträglichen Umschreibung der Geschichte offensichtlich, denn auf dem Label seiner ersten Pressung stand noch 1973. Auch die Aussage, er selbst habe gemischt, hat der Herausgeber inzwischen korrigiert: „Ich habe (den Bassisten) Val Douglas, (den Schlagzeuger) Michael Richards und (den Gitarristen) Mikey Chung geholt und es hat anderthalb Stunden in Dynamics zweitem Studio gedauert. Carlton Lee hat das Album gemischt, das waren nochmal anderthalb Stunden."[18]

Aquarius Dub ist ein unüberhörbarer Schnellschuss. Roh und minimalistisch. Ohne Effekte und mit Ausnahme des – nicht in dieser Session entstandenen – Dubs zu Dennis Browns „It's Too Late" ohne Vocal-Einblendungen. Im Wechselspiel von Schlagzeug, Bass und Offbeat vertraute Chin-Loy auf die Wirkung einiger starker Songs aus seinem Katalog: Alton Ellis' „My Little Daughter", Dennis Browns „Song My Mother Used To Sing" sowie Augustus Pablos „Cassava Piece", das später in der Bearbeitung durch King Tubby als „King Tubby Meets Rockers Uptown" in England zur Erfolgssingle wird. Dubtechnisch bietet die Produktion nur wenig. Dagegen ist *Java Java Java Java* von ganz anderem Kaliber. Auch Errol Thompson und Clive Chin

13 Zitiert aus dem Booklet der 4-CD-Box *Evolution Of Dub Volume 1. The Origin Of The Species*, Greensleeves Records 2009

14 Vgl. dazu David Katz 2013 „In Search of the First Dub LP", www.redbullmusicacademy.com/magazine/

15 Aus einer Mailkorrespondenz mit Steve Barrow im Juni 2014

16 ebenda

17 Carter Van Pelt im Booklet zur 4-CD-Box *African Dub Chapters 1,2,3&4 All-Mighty*, VP Music Group / 17 North Parade 2007

18 Zitiert aus David Katz „In Search of the First Dub LP" a.a.O.

bringen zweimal Dennis Brown („Cheater", „Meet Me At The Corner"), kopieren mit „Guiding Star" und „Swing Easy" zwei etablierte Riddims aus dem Studio One, haben Erfolgsnamen wie Max Romeo oder die Heptones und natürlich Pablos „Java" im Line Up. Ihre Playbacks sind ausgereifter, weil sie nicht wie bei Chin-Loy auf nachgespielten Riddims beruhen, sondern von den durcharrangierten Original-Singles stammen; dazu sind die Mixe mutiger und klingen besser. Als besonderen Gag inszenieren sie ein kleines Hörspiel über das Playback von Lloyd Parks' „Ordinary Man", bei dem Errol in der Rolle eines job-suchenden Musikers zu hören ist.
Wer aber hat von wem kopiert? Wer war der Erste? Sowohl Chin-Loy von Aquarius wie auch Clive Chin als Repräsentant von Randy's sind gewiefte Geschäftsleute, die auf dem Tonträgermarkt rivalisieren. Nicht ohne Grund agieren beide Produzenten bei der Auswahl der Riddims mit vergleichbarem Konzept und setzen auf teilweise identische Artists. *Java Java Java Java* jedoch zeugt von einem länger ausgearbeiteten und kreativeren Umgang mit dem Thema als der in Eile entstandene *Aquarius Dub*, der noch deutlich in der Tradition von Dubplate-Playbacks für Sound Systems steht. Den Streit um die Krone für das erste Dub-Album wird keiner der Kontrahenten endgültig für sich entscheiden können. Außerdem bleibt die Frage, wie man die *Dub Sequeldo*-LP bewertet. Chin-Loy selbst untergräbt seine Argumentation durch Lavieren mit Fakten und Jonglieren mit Jahreszahlen, so dass am Ende Clive Chin die schlüssigeren Argumente auf seiner Seite zu haben scheint. Doch egal wer, keiner der hier Streitenden wird zu einer Galionsfigur des Dub. Sie teilen das Schicksal vieler Innovatoren, die etwas in die Welt gesetzt haben, das erst später durch andere zu einem beachteten Phänomen wurde. So wie Elvis nicht den Rock'n'Roll erfunden hat und die Sex Pistols nicht den Punk, spielen auch Thompson, Chin und Chin-Loy in der internationalen Rezeption von Dub, wenn überhaupt, nur eine untergeordnete Rolle. Hier werden zwei andere Personen als „die Ersten" bzw. als Erfinder gefeiert. Wobei man mit dem einen – Perry – nicht so ganz falsch, und mit dem anderen – Tubby – nicht so ganz richtig liegt. Wie wir noch sehen werden. Vielleicht sollte die Geschichtsschreibung sich nicht weiter mit dieser Frage beschäftigen und statt dessen über das salomonisch-jamaikanische Urteil von Prince Buster schmunzeln, der seine ebenfalls von Carlton Lee bei Dynamics gemischte und im selben Jahr veröffentlichte LP *The Message* zwar nicht als die erste, aber als die erste gute Dub-LP bezeichnet.[19]
1975 läutet Errol Thompson den Niedergang des Randy's Studio ein, indem er zu Joe Gibbs wechselt. Sein neuer Arbeitgeber wird 1945 als Joel Gibson an der Nordküste Jamaikas geboren. Er wächst auf in Montego Bay, studiert per Fernkurs in den USA Elektronik und ist zeitweise Angestellter einer kanadischen Firma, die sich in Jamaika um die Vereinheitlichung von Sendefrequenzen kümmert. 1962 zieht Gibbs nach Kingston, um dort vier Jahre später einen Laden für Radio- und TV-Technik zu eröffnen. Direkt vis-à-vis von Leslie Kongs „Beverly's Ice Cream Parlour & Record Shop", wo

19 ebenda

er tagtäglich mitansehen kann, wie lukrativ sich das Geschäft mit Schallplatten entwickelt. Er beschließt, ebenfalls in diese Branche einzusteigen, und beginnt zu produzieren, wobei er sich anfänglich der Dienste von Lee Perry als Produzent, Lyn Taitt & The Jets als Musiker und Bunny Lee als Promoter bedient. 1968 baut Gibbs ein kleines 2-Spur-Studio hinter seinen Laden, zieht mehrfach mit dem Studio um und landet 1971 auf der North Parade Nr. 20, unweit von Randy's. Lee Perry hatte sich inzwischen selbstständig gemacht und war von Niney The Observer abgelöst worden, der empfiehlt Errol Thompson als Engineer. Gibbs und Thompson treffen sich und entwickeln sofort einen Draht zueinander, der ihr ganzes Leben Bestand haben wird. ET bleibt nach dem Treffen zunächst bei Randy's, beginnt aber nach Feierabend für Gibbs zu arbeiten. Nach dem offiziellen Wechsel zu Joe Gibbs mischt er als eine seiner ersten großen Arbeiten am neuen Arbeitsplatz auf Wunsch von Winston Rodney aka Burning Spear die noch bei Randy's aufgenommene LP *Marcus Garvey*[20] sowie mit gleicher Pulteinstellung das Dub-Pendant *Garvey's Ghost*[21]. Ein Ausnahmealbum, das durch einen staubtrockenen, innovativen Stereomix besticht, der mit kaum Hall oder Echo seinen kontemplativen Charakter vor allem aus den stoischen Beats und der Bewegung zwischen rechts und links bezieht.
Joe Gibbs ist ein Technik-Nerd, will immer die optimale Ausnutzung aller akustischen Frequenzen, um den bestmöglichen Sound zu erzielen. In Errol Thompson findet er einen Gleichgesinnten, der mit demselben Anspruch unterwegs ist. Gibbs lässt sich von Thompson überzeugen, für den Ausbau seines Studios auf 16 Spuren die größere der beiden Konsolen aus dem Dynamics Studio zu kaufen, als man dort plant, die Technik aufzustocken. Es handelt sich dabei um das gleiche Sound-Techniques-Pult, das im Randy's steht und das Errol perfekt beherrscht. Das kleinere MCI-Pult aus dem Dynamics Studio hat bereits King Tubby erstanden, und so kommt es zu der kuriosen Situation, dass die beiden Pulte, auf denen Linford Anderson, Lee Perry oder Carlton Lee die ersten bescheidenen Dub-Versuche unternommen haben, erst unter den Händen von Errol Thompson bzw. King Tubby und seiner Kohorte an Engineern richtig ausgereizt werden.
Gibbs und ET beschließen, auf Basis einer geschäftlichen Partnerschaft zu arbeiten, nennen sich fortan The Mighty Two und werden gefeiert für ihre zwischen 1975 und '84 auf fünf LPs verteilte *African Dub*-Serie. Dabei setzt Errol das fort, was er bei Randy's begonnen hat. Er integriert in seine Mixe, vor allem beim dritten Teil, akustische Applikationen wie Synthesizer-Sounds, Explosionen, Sirenen, fließendes Wasser, Kindergeschrei, Fahrrad- und Telefonklingeln etc. Das Booklet der Dub-Kompilation *No Bones For The Dogs* irrt, wenn es diese, wie es da heißt, „schrulligen Geräusche“[22] auf Joe Gibbs zurückführt. „Joe Gibbs war nur ein Investor. Was im Studio

20 Island Records 1975
21 Island Records 1976
22 „quirky noises“, zitiert aus dem Booklet der Kompilation *Joe Gibbs & The Professionels – No Bones For The Dogs. Dubs From The Mighty Two 1974 to 1979* Pressure Sounds 2002

passierte, kontrollierte ausschließlich Errol Thompson“, erinnert sich der 2006 verstorbene Joseph Hill[23], Leadsänger des Vocaltrios Culture, das den Grundstein für seine internationale Karriere mit den Alben *Two Sevens Clash* (1977) und *International Herb* (1979) bei Joe Gibbs legte. Der deutsche Reggae-Autor Hermann Moter bestätigt dies. Er hält sich im Herbst 1980 über mehrere Monate in Kingston auf und ist nahezu täglich bei Joe Gibbs: „Errol war unaufgeregt und konzentriert. Er hatte, was die Regler angeht, alles unter Kontrolle. Ihn konnte niemand ablenken und er musste nicht wie ein Derwisch durch den Control Room springen, damit man sah, dass er mit Leib und Seele dabei war. Was ET an seinem Mischpult trieb, war lange nicht so spektakulär, wie einem Lee Perry zuzuschauen. Im Gegenteil.“[24]
Sämtliche Ideen, die Errol an Dub-Kreativität bei Joe Gibbs einbringt, wurden bei Randy's vorexerziert, wenn auch noch nicht im LP-Format. Seine „Extraordinary Version“ zu Lloyd Parks‘ „Ordinary Man“ beispielsweise integriert bereits 1972 skurrile Tape- und Motorengeräusche; und auch schon die 1973er Dubs zu Hubert Lees „Something On Your Mind“ bzw. Charlie Aces Talkover-Version „Country Boy“ sind garniert mit geisterhaften Rückwärtsstimmen. Dennoch, und obwohl Lee Perry ebenfalls längst Außengeräusche unter seine Mixe mischt, gelten die Dubs aus dem Studio von Joe Gibbs als innovativ. Der Ruhm, den die Mighty Two damit generieren, gebührt allerdings allein dem Engineer ET.
Joe Gibbs und Errol Thompson bilden in der zweiten Hälfte der 70er Jahre als The Mighty Two ein national wie international erfolgreiches Produktionstandem, das zu einem Großdeal mit der amerikanischen Plattenfirma A&M für Dennis Brown führt. In ihrem Katalog finden sich Gregory Isaacs, Althea & Donna, The Mighty Diamonds, Peter Tosh, Prince Far I, Trinity, Kojak & Liza, Ranking Joe, I Roy, Luie Lepkie und viele andere. Zu den bekanntesten Dub-Alben aus dem Gibbs Studio gehören neben der legendären *African Dub* Serie die LPs *State Of Emergeny* von 1976 und der 79er *Majestic Dub*. Lange Zeit unbekannt blieb die 1975 von Errol T an nur einem Tag im Auftrag von Pete Weston für Micron Music gemischte LP *Dub I*, deren Wahrnehmung und Verbreitung darunter litt, dass Micron zu dem Zeitpunkt vor dem Ruin stand und über keine Mittel zur Promotion verfügte. Daher wurden lediglich 300 Kopien gepresst, die seitdem zu exorbitanten Kursen in Sammlerkreisen kursieren.[25] *Dub I* ist ein imposantes Album mit Playbacks des Produzenten Jimmy Radway, bei dem Errol erkennen ließ, dass auch er mit seinem Pult Klangverschiebungen erzeugen kann, mit denen gerade King Tubby für Furore sorgt. Sein „Awn Yah!“, ein Dub zu Leroy Smarts „Mirror Mirror“, klingt, als sei er durch Tubbys High Pass Filter gezogen worden.

23 Im Interview mit dem BBC-Discjockey und Moderator Mark Lamarr vom 31. August 2004. Zu finden auf der DoCD/DVD *Culture – Natty Dread Taking Over*, 17 North Parade/VP Records 2012

24 Aus einer Mailkorrespondenz mit Hermann Moter im Oktober 2011

25 2008 wurde das Album durch das englische Reissue-Label Pressure Sounds in einer remasterten Version neu auf den Markt gebracht

Anfang der 80er Jahre versäumt es Gibbs, für den von ihm mit June Lodge[26] produzierten Welthit „Someone Loves You Honey“ Lizenzen an den Songschreiber Don Devaney[27] abzuführen. Er wird verklagt, verliert vor Gericht und muss sein Studio wegen Zahlungsunfähigkeit schließen. Errol bleibt ihm trotzdem verbunden und übernimmt die Geschäftsleitung von dessen Supermarkt in Kingston. 1993 wird das ehemalige Studio an alter Stelle wiedereröffnet, woraufhin Errol abermals den Engineerposten besetzt, aber auch parallel den Shop weiterführt. Am 13. November 2004, wenige Wochen vor seinem 56. Geburtstag, stirbt Errol Thompson nach einer Serie von Schlaganfällen. Sein Partner Joe Gibbs überlebt ihn bis zum 21. Februar 2008.

26 Die in London geborene Sängerin firmiert später unter J.C. Lodge und hat 1988 mit „Telephone Love“ einen weiteren, wenn auch nicht ganz so erfolgreichen internationalen Crossover Hit.

27 Don Devaney hatte den Titel 1978 für den US Countrysänger Charley Pride geschrieben. Der wurde damit zwar Nr. 1 der Country-Charts, blieb aber international weit unter dem Erfolg der Gibbs‘ Version mit June Lodge.

06 | Clive Chin: die Geschichte von Java Java Java Java

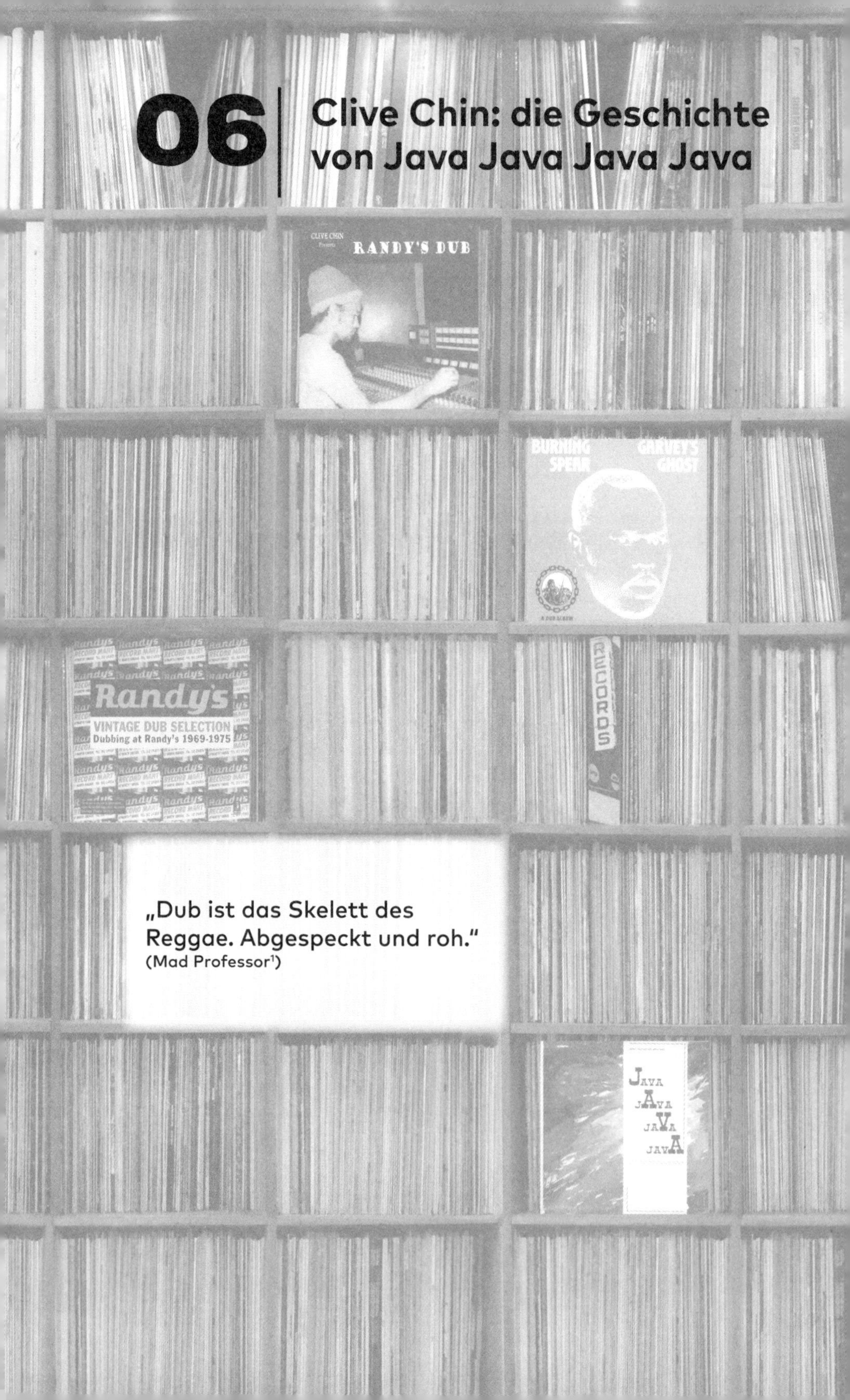

„Dub ist das Skelett des Reggae. Abgespeckt und roh."
(Mad Professor[1])

1978 stellt das Randy's Studio auf der North Parade seinen Betrieb ein. Nach gescheiterten Bemühungen, den Weggang von Errol Thompson mit Engineern wie Karl Pitterson oder Pat Kelly zu kompensieren, bleibt die Tür des Studios eines Tages verschlossen. Randy's wird abgeschrieben, das wertvolle Equipment nie mehr genutzt. Orgel, Flügel, Mischpult, Bandmaschinen, alles, was zu schwer ist, um rausgetragen zu werden, überlässt man dem schleichenden Verfall. Diese Geräte stehen nach wie vor dort, zum Teil in zerfleddertem Zustand, an einem hängen noch die Stundenpreise von 1974:

- 2-Spur-Recording 30 $ / 2-Spur-Mixing 25 $
- 4-Spur-Recording 35 $ / 4-Spur-Mixing 30 $
- 8-Spur-Recording 48 $ / 8-Spur-Mixing 40 $

Jahrzehntelang bleibt das Randy's eine Bruchbude. Eine groteske Abstellkammer verrottender elektronischer Zombies. Bewacht von einem freundlichen Faktotum[2], das für eine Flasche Red Stripe Einlass gewährt, während im Vorraum Veteranen ihren Erinnerungen nachhängen. Mitte der 2010er Jahre wird aufgeräumt. Dort, wo jamaikanische Musikgeschichte geschrieben wurde, werden Rigips-Wände eingezogen. Danach ist das Randy's eine unvollendete Baustelle, ein in Reih und Glied sortierter Elektronik-Friedhof. Das alte Preisschild vermodert weiter.

Die Begründung, die politischen Verhältnisse unter einer links-orientierten Regierung und der brutale 1976er Wahlkampf hätten zur Schließung geführt, erzählt nur die halbe Wahrheit. Tatsächlich waren Vincent und Patricia Chin zu dem Zeitpunkt bereits im Zuge der auf die Wiederwahl von Michael Manleys PNP folgenden Abwanderungswelle der wirtschaftlichen Elite Jamaikas nach New York emigriert. Dazu kam, dass man keine Antwort fand auf den Weggang Errol Thompsons und mitansehen musste, wie Randy's links von Joe Gibbs und rechts von Channel One überholt wurde. Das Randy's Studio war plötzlich out.

Für Clive Chin wird die Entwicklung zur Katastrophe. Sie trifft ihn völlig unvorbereitet. Er, ein vollbeschäftigter, erfolgreicher Produzent, seit zwei Jahren Vater eines Sohnes, mit eigener Wohnung und neuem Auto, ist auf einmal arbeitslos. „Ich war total verstört über die Entscheidung meiner Eltern. Das war keine gute Zeit für mich", sagt Clive, „genauso wenig wie für die Artists, mit denen ich nicht mehr arbeiten konnte."[3] Ein Satz, der von nun an mit unüberhörbarer Verbitterung wie ein Motto über seinem Leben steht, lautet: „Auf dem Höhepunkt meiner Karriere als Produzent beschlossen meine Eltern, das Studio dicht zu machen." Clive Chin fällt in ein tiefes Loch. Er wird depressiv, magert ab zu einem Knochengerüst, wird zu einem „bony man"[4], der feststellen muss, dass es für ihn in den anderen Studios von Kingston keine Arbeit gibt. Er folgt seinem Vater und seiner Stiefmutter nach

1 Bassline Of A City, Museum of London 2020
2 Carl Lauder, Bruder von Clives Mutter
3 In einem unveröffentlichten Interview von Adrian Nowak am 8.4.2013 in Köln
4 Interview Adrian Nowak a.a.O.

New York. Die hatten 1979 im jamaikanischen Viertel von Queens den „VP Records“ Shop aufgemacht und es zeichnete sich ab, dass der neue Laden mit den Anfangsbuchstaben ihrer Vornamen zum Grundstein werden würde für das heute weltweit größte Reggae-Label und -vertriebsnetz gleichen Namens. Clive kopiert die Namensidee und eröffnet auf der Jamaica Avenue in Queens zusammen mit seiner Frau Juliet das Restaurant „J & C Kitchen“. Das Angebot karibischer Spezialitäten erfreut sich großen Zulaufs, verlangt aber viel Arbeit, der zeitliche Aufwand ist immens. Nach acht Jahren sind Restaurant und Ehe am Ende. Clive fängt bei VP Records an, vermisst jedoch den ursprünglichen Randy's-Geist. Er fühlt sich nicht wohl, verlässt die Firma und beginnt, in „seinem“ ehemaligen Studio in Kingston unveröffentlichte Mastertapes zu sichten. Was er dabei zutage fördert, präsentiert er seitdem neben Oldies, Goodies und Anekdoten aus der guten alten Zeit als Selector auf der ganzen Welt. Mit Clive Chin lässt sich trefflich in Erinnerungen graben, auch wenn manches nicht bar von Tragik oder widersprüchlich zu anderen Interviews ist. Das hier dokumentierte Gespräch fand anlässlich eines solchen Engagements 2011 beim belgischen Geel Festival statt, 10 Tage später wird sein erstgeborener Sohn Joel, der bei VP Records u.a. für das Signing von Sean Paul verantwortlich war, in Kingston Opfer eines Mordanschlags.

Clive Chin: Lass uns zurückgehen in die Zeit um 1969/70. Es war noch nicht lange her, dass wir das Studio über unserem Plattenladen gebaut hatten, da wurde eine 4-Spur-Ampex-Tonbandmaschine angeschafft. Unser gesamtes Equipment kam aus den USA, einiges, wie unser Scully-Hallgerät, auch aus Deutschland. Der Mann, der das alles zusammengestellt und verkabelt hat, hieß Bill Garnett. Er war damals im Auftrag meines Vaters für die Technik zuständig und kam von West Indies (WIRL), hatte dort gearbeitet, bevor Byron Lee die Firma nach dem Brand übernahm. Als Bill dann in die Staaten ging, fing Errol Thompson [bei uns] als Engineer an.

Frage: Errol und du, ihr kanntet euch von der Choir High School in Kingston.

Wir sind zusammen zur Schule gegangen. Er hat danach bei einer Elektronik-Firma gelernt und ist im Anschluss zu Studio One, wo ihm Sylvan Morris gezeigt hat, wie man als Tontechniker arbeitet. Als Errol zur Eröffnung unseres Studios kam, habe ich zu meinem Vater gesagt: Er ist die perfekte Person, um hier zu arbeiten.[5] So richtig eng wurde unsere Beziehung dann, als wir die Möglichkeit hatten, mit vier Spuren zu arbeiten. Ich war quasi Errols Lehrling, hab die Mikros fixiert, Klinkenstecker nummeriert und ihm gesagt, über welches Kabel zum Beispiel der Bass kam.

Wie habt ihr den Bass aufgenommen?

Über zwei Wege. Einmal mit Kabel direkt aus dem Ampeg-Verstärker und dazu über ein Mikrofon, das wir vor die Basslautsprecher gestellt haben. So

5 In den Liner Notes zu *Impact All Stars - Forward The Bass. Dub From Randy's 1972-1975* (Blood & Fire 1998) wird Clive zitiert mit: „Nicht ich habe Errol meinem Vater vorgestellt, sondern ein Mann namens Gordon, der bei uns die Orgeln gestimmt hat.“

hatten wir sowohl die mittleren wie auch die ganz tiefen Frequenzen. Beide Signale kamen zusammen mit dem Schlagzeug auf eine Spur. Manchmal haben wir darauf auch noch die Leadgitarre aufgenommen, wenn sie parallel zum Bass spielte. Die Riddim-Gitarre kam zusammen mit Piano und Percussion auf eine andere Spur.

Über was für ein Mischpult wurde das alles aufgenommen?

Am Anfang, zur Zeit von „Java", hatten wir nur Outboard-Equipment*. Mein Vater hat erst Ende '72 / Anfang '73 ein Sound-Techniques-Mischpult angeschafft. Es war identisch mit dem Pult, das bei Dynamics stand. Als man es dort loswerden wollte, hat es Joe Gibbs gekauft, weil Errol meinte, er kenne das Pult in- und auswendig.

Das heißt, *Java Java Java Java* wurde ohne Mischpult und damit auch ohne Fader gemischt?

Yeah. Wir hatten nur einen kleinen Verteiler mit acht Ein- und vier Ausgängen, ansonsten lief alles über Outboard. Der Verteiler hatte keine Fader [sondern Drehpotis], wir haben Knöpfe gedreht. Die Vorverstärker waren von Ampex, die Limiter von Pultec. Snare und Bassdrum gingen durch einen Limiter. Die Technik war sehr roh. Der Sound war schmutzig, nicht so clean wie bei Federal, und das hat den Produzenten gefallen.

Wie habt ihr mit dieser minimalen Ausstattung dubben können?

Als ich und Errol mit den Dub-Mixen anfingen, war das noch ohne die Absicht, so etwas zu verkaufen. Wir haben einfach nur verschiedene Techniken für die Dubplates gesucht. Elemente, die wir untermischen konnten. Weil die Sound Systems alle unterschiedliche Versionen von den Titeln verlangt haben. Leute wie „Emperor Faith", die kamen und sagten: Meine Version soll anders klingen. Und weil es noch keine gesampelten Soundeffekte gab, haben wir selbst welche kreiert. So was wie splitterndes Glas. In einer Ecke des Studios lagen nur zertrümmerte Flaschen rum. Oder wir haben das Bassdrum-Mikro in die Toilette gestellt und abgezogen, damit wir diesen Sssssshhhhhh-Sound kriegten.

Für solche akustischen Gimmix wurde Errol dann später bei Joe Gibbs berühmt.

Errol war der Mann, der hinter all diesen Sounds steckte. Er hat ja damals schon nachts bei Joe Gibbs gearbeitet, obwohl er noch bei Randy's angestellt war. Als auch Gibbo (Joe Gibbs) plötzlich mit Dubs anrückte, kam die Wahrheit ans Tageslicht.

Es gibt viele auffällige Parallelen bei Dub-Effekten von Joe Gibbs und aus dem Randy's Studio. Lediglich dieser seltsame Feedbackeffekt auf Pablos „Too Late"-Version zu Alton Ellis' „Too Late To Turn Back", den gibt's kein zweites Mal. Obwohl man meinen könnte, Errol hätte es auf der *Serial Dub* bei der Version zu Nicky Thomas' „God Bless The Children" mehrfach versucht.

Nein, das war ein Fehler, den ich gemacht hab. Und über den Errol total sauer war. Er war mit dem finalen Mix [von „Too Late"] beschäftigt, während ich gerade einen frischen Spliff intus hatte und mich übers Pult gebeugt hab, weil ich ans Steckfeld wollte. Dabei hab‘ ich aus Versehen einen Fader hochgezogen, es machte „dddrrrrrrriiiiiiiee!!!“ Alle guckten zu mir: „eh, you jus’ fuck up the mix.“ Und ich: Kiss teeth! Tscho! Spezialeffekt!

Und dann habt ihr beschlossen, den Fehler als Gimmick zu erhalten?

(lacht) Every spoil is a style, you know. Jeder Fehler kreiert einen Stil.

Eure ersten Dubs hatten noch keine Echos. Sie funktionierten mehr über Veränderung von Frequenzen, hatten den Fokus auf Drum’n’Bass und das Ein- und Ausblenden bestimmter Parts.

Das stimmt, Echo kam etwas später. Und auch wieder, weil die Soundleute danach gefragt haben. Zuerst hat Errol, während das Band lief, über den Wiedergabekopf [eines zweiten Gerätes] einen Rewind Sound entstehen lassen. So ein Chrchrchrchrchr, das man in Songs wie „Westbound Train“ oder „Cassandra“ hört. Es hing immer davon ab, was die Leute für Vorstellungen im Kopf hatten. Für uns war das alles ein großer Spaß. Das hatte nichts mit Noten schreiben zu tun wie für eine instrumentale Symphonie. Wir haben einfach rumgespielt. Haben Bänder vor- und zurückgespult, langsamer laufen lassen, kleine Geräusche reingemischt… Ey, ich hab Maracas oder Shaker genommen und wir haben Echo draufgepackt, das ergab einen unglaublichen Sound… Du darfst nicht vergessen, die anderen Produzenten, Clany Eccles, Niney, Scratch oder Striker, die mussten immer auf die Uhr gucken. Wir haben nie auf die Uhr geguckt. Wir hatten Zeit ohne Ende.

Weil es euer eigenes Studio war. Zeit hat euch kein Geld gekostet.

Genau, wir mussten nicht bezahlen. Wir konnten, wenn wir wollten, einfach die Maschinen ausschalten, alles liegen lassen und essen gehen. Waren wir satt, haben wir weitergemacht. Und kein Mix wurde gelöscht. Andere hätten gesagt: Nee, das war nix, lass es uns noch mal machen. Wir haben alles behalten, wir wussten ja nicht, ob wir diesen Sound wieder hinkriegen. Wir hatten hinterher eine ganze Spule voll nur mit „Java“-Mixen. Da hätten andere längst gesagt: Bwoy, das ist viel zu viel, lass uns mal was anderes machen.

Und an diesem Reservoir habt ihr euch dann für *Java Java Java Java* bedient, oder habt ihr für das Album noch extra Tunes gemischt?

Nein. Wir haben [doch] ständig rumexperimentiert. Zum Teil schon bei der Vokal-Version, aber meistens für eventuelle Single-B-Seiten. Manchmal haben wir, wenn eine Single nachgepresst wurde, sie nicht „Reissue“, sondern „Version 1“, „Version 2“, „Version 3“ genannt, die hatten alle unterschiedliche Mixe auf der Rückseite.

Ihr hattet also genügend Material auf Lager. Was hat den Ausschlag gegeben, daraus ein ganzes Album mit Versions bzw. Dubs zusammenzustellen?

Die „Java“-Single hatte astronomische Mengen verkauft, wir mussten gleichzeitig bei Federal, Dynamics und Record Specialist pressen lassen. Und als sie dann auch noch „Instrumental Record Of The Year“ wurde, haben wir von meiner Stiefmutter Pat den Auftrag für die LP gekriegt.

Wie viele Kopien habt ihr bei der ersten Auflage pressen lassen?

200. Das war schließlich ein komplett neues Format, deshalb haben wir auch extra ein Artwork in Auftrag gegeben und bezahlt. Nicht so wie *Randy's Dub*, die ich später mit Karl Pitterson gemischt hab.[6] Die hatte gar kein Cover, nur eine Discohülle, wo man durch das Loch das Label lesen konnte. *Java Java Java Java* war ein Testballon, so wie man immer wieder von einer Ebene des Geschäftes auf die nächste wechselt. Wir hatten keine Vorstellung, wie weit das gehen würde.

Dieses neue Produkt, für wen war das gedacht?

Vor allem für Sound-System-Besitzer. Deshalb haben wir immer in den ersten Takten den Song vorgestellt, so wie Dennis Browns „Cheater" oder „Guiding Star" oder „Meet Me At The Corner" von den Heptones, und sind dann auf Bass und Schlagzeug gegangen, damit die Deejays einsteigen und über Drum'n'Bass toasten* konnten.

Wie kam es zu dem Hörspiel bei der Version zu Lloyd Parks' „Ordinary Man"?

Errol hatte immer Ideen. Für „Ordinary Version" nahm er das Mikro und tat so, als sei er ein Musiker, der einen Job sucht. Bingy Bunny[7] hat die Rolle des Engineers übernommen und ihn gefragt, ob er Bass spielen könne, worauf Errol mit Kinderstimme antwortet: Ja klar! Aber dann Gitarre spielt. (Clive amüsiert sich während des Erzählens immer noch.) Und Bingy dann: Leave the studio, man. Raus! Hahaha. So etwas entstand spontan, das hat sich niemand ausgedacht. Das kam ihm so in den Sinn.

Warum wurden ab der zweiten Auflage von *Java Java Java Java* die Songtitel umbenannt und die Reihenfolge geändert?

(Clive scheint sich nicht erinnern zu können und sagt:) Wir hätten die Titel so lassen sollen…

Und es kam ein Sticker auf das Cover, auf dem stand: „Instrumentals DUBWISE Versions".

Damit man identifizieren konnte, was das für ein Album war. Es ging ja auch an Sammler und in den Export, vor allem nach England. Aber es steckte keine Geschichte dahinter. Unser großer Vorteil war es, neben dem Studio auch über Mastering und Vertrieb zu verfügen. Wir waren in der Lage, große Mengen abzusetzen. Von manchen Platten haben wir 1000 Stück gepresst und innerhalb von zwei Sekunden verkauft. Und wenn man einmal etwas Erfolgreiches auf dem Markt hat, kommen sofort andere hinterher. Die warten nicht. Man muss einsteigen, solange der Moment günstig ist. Du darfst nie vergessen, dass wir alle untereinander im Wettbewerb standen.

Joe Gibbs kam noch im selben Jahr mit *Dub Serial*, das auch Errol gemischt hatte.

Hmmm, kann sein. Vermutlich war es dasselbe Jahr. Ich kenn das Album, es war ein Underground-Dub-Album. Als erstes kam *Aquarius Dub*, dann *Blackboard Jungle*, Prince Buster [mit *The Message*], bald stieg auch Coxson ein…

6 *Randy's Dub* erscheint 1975 auf IMPACT! mit nicht einmal 200 Exemplaren und wird 1998 von Blood & Fire unter dem Titel *Impact All Stars - Forward The Bass. Dub From Randy's 1972-1975* neu aufgelegt. Ein Original-Exemplar wird 2021 über Discogs für 2.800 $ verkauft.

7 Eric ‚Bingy Bunny' Lamont (1955 – 1993) war Gitarrist und spielte bei den Morwells und den Roots Radics

Was entgegnest du denen, die sagen, Tubby hat den Dub erfunden? Und wie siehst du all die anderen, die bei ihm oder bei Channel One gearbeitet haben? Philip Smart, Scientist, Jammy's, Professor, Barnabas, Soljie…
Nun, Tubby hat den Dub revolutioniert. Aber die ganze Dub-Idee entstand zwischen mir und Errol. Danach kamen Chin-Loy und Perry. Scientist und die anderen, bei allem Respekt, das waren Studenten verglichen mit uns.
Wieso ist Errol dann trotz eurer erfolgreichen Zusammenarbeit zu Joe Gibbs gewechselt?
Die Kombination zwischen mir und ihm war sehr dynamisch und voller Energie. Wir waren jung und hatten junge Ideen. Um das, was wir gemacht haben, richtig zu machen, brauchte es Leidenschaft, damit es aufregend wurde. An Leidenschaft hat es nicht gemangelt, versteh' mich nicht falsch. Aber dagegen stand das Angebot einer Partnerschaft (mit Joe Gibbs), nicht nur von mehr Geld. Das hat ihn letztlich bewogen zu gehen. Was mich anfänglich richtig wütend gemacht hat.
Weil so rauskam, dass er schon länger heimlich bei Joe Gibbs gearbeitet hatte.
Yeah, yeah. (voller Enttäuschung) Yeah, das habe ich so erfahren… Errol hat immer sehr lange gearbeitet, nicht nur fünf, sondern sieben Tage die Woche. Auf ihm lag die Hauptlast der Arbeit und er hat sich beschwert, dass er nicht genug Freizeit hätte. Wir mussten einen Teil der Belastung von ihm nehmen. Also hab ich an den Wochenenden die Produktionen unserer Familie gemacht und er hat an den anderen fünf Tagen die freien Produzenten bedient. Die hatten zu ihm mehr Vertrauen als zu mir. Mich hat man immer als einen Teil von Randy's angesehen.
Errol ist schließlich in einer laufenden Produktion ausgestiegen…
Er ging, während wir dabei waren, das *Marcus Garvey*-Album[8] für Jack Ruby aufzunehmen. Ich war total angepisst (zischt mit den Zähnen.) Aber egal, George Philpott[9] kam und hat das Album mehr oder weniger zu Ende gebracht. Nachdem der Gesang aufgenommen war, hat Errol es dann bei Joe Gibbs gemischt. Auf das kurze Intermezzo mit Philpott folgten andere Engineer, bis ich hörte, dass Karl Pitterson frei war. Der kam zu uns, nachdem er (mit Chris Blackwell bei Aquarius) Bunny Wailers *Blackheart Man* fertiggestellt hatte, blieb aber auch nicht lange, weil Blackwell ihn zum Compass Point Studio nach Nassau holte. Danach übernahm Pat Kelly für einige Monate. Aber inzwischen war Channel One schwer gefragt, Joe Gibbs ebenfalls… und so stand unser Studio plötzlich leer…
… und machte 1978 dicht…

8 *Burning Spear – Marcus Garvey*, Island Records 1975, produziert von Jack Ruby

9 George Philpott wird 1942 als George Phillips in Kingston geboren. Ken Lack, Besitzer des Caltone Labels, tauft ihn aus unerfindlichen Gründen um in Phil Pratt. Unter diesem Namen wird er als Produzent aktiv, gründet diverse Label und veröffentlicht einige Dub-Alben. Darunter *Dub In Blood* auf Sun Shot 1976 (identisch mit *The Best Dub Album In The World* 1976 auf Student und nicht zu verwechseln mit dem gleichnamigen Album von Scientist aus dem Jahr 1980), *The War Is In On Dub Style* auf Phil Pratt 198X, *Star Wars Dub* 1978 auf Burning Sound und *Dial M For Murder In Dub Style* 1980 auf Express. Obwohl er bei Randy's als Engineer eingesprungen war, mischte Pratt seine Dub-LPs nie selbst.

(mit großem Bedauern in der Stimme) Yeah. Es war eine Schande, aber man muss es so sehen, dass jeder seine Rolle in dem Geschäft hatte. Und Randy's hat in den 70ern einen bedeutenden Part eingenommen. Das waren die besten Jahre. Ich mochte auch noch einiges an den 80ern. Aber in den 90ern, tscho! (abfällig)

Da kam eine neue Generation von Produzenten.

Die meisten davon würde ich gar nicht Produzenten nennen. Die hatten keine Ahnung vom Produzieren, die hatten Geld, verstehst du. Die haben für Studiozeit bezahlt und kamen nur, um sich das Ergebnis anzuhören. Ich finde, ein Produzent hat von Anfang bis Ende da zu sein. Für mich war Perry der klassische Charakter. Er war sehr innovativ, wusste, was er wollte, und hat erreicht, was er wollte. Sein Zeug ist zeitlos. Und guck dir das Equipment an, das er benutzt hat. Das waren Spielzeug-Maschinen, aber er war damit äußerst kreativ. Heute ist die Musik immer nur wie ein programmierter Entwurf. Kreativität wurde durch Programmtivität (programmetivity) ersetzt.

Sehr schöne Wortschöpfung. Diese Programmtivität vernachlässigt ein wichtiges Element der Musik, nämlich den Klang des Raumes, in dem sie aufgenommen wird. Auch Randy's hatte einen unverkennbaren trocken-hölzernen Sound. Maschinen und Computer kennen keine Reflexionen von den Wänden, die den Klang eines Studios einzigartig und unverwechselbar machen.

Ja, das ist ein wichtiger Punkt, den du da ansprichst.

Wie war das, wenn Lee Perry im Randy's produziert hat, wer hat dann am Pult gesessen? (Diese Frage habe ich Clive in unterschiedlichen Zusammenhängen bei jedem Gespräch gestellt. Die Antwort war stets dieselbe.)

Immer nur Errol. Perrys Kreativität kam aus der Art, wie er sich inszeniert hat, verstehst du. Perry war ein Typ. Er kam rein mit einem Flachmann weißen Rum, hat damit die vier Ecken des Studios besprenkelt, den Rest getrunken, hat angefangen zu tanzen und ist herumstolziert. Andere haben immer von „blessings“ geredet, wenn sie wollten, dass bei unserer Arbeit ein Hit rauskommt. Perry hat Rum verspritzt.

07 King Tubby: Genie und Mythos

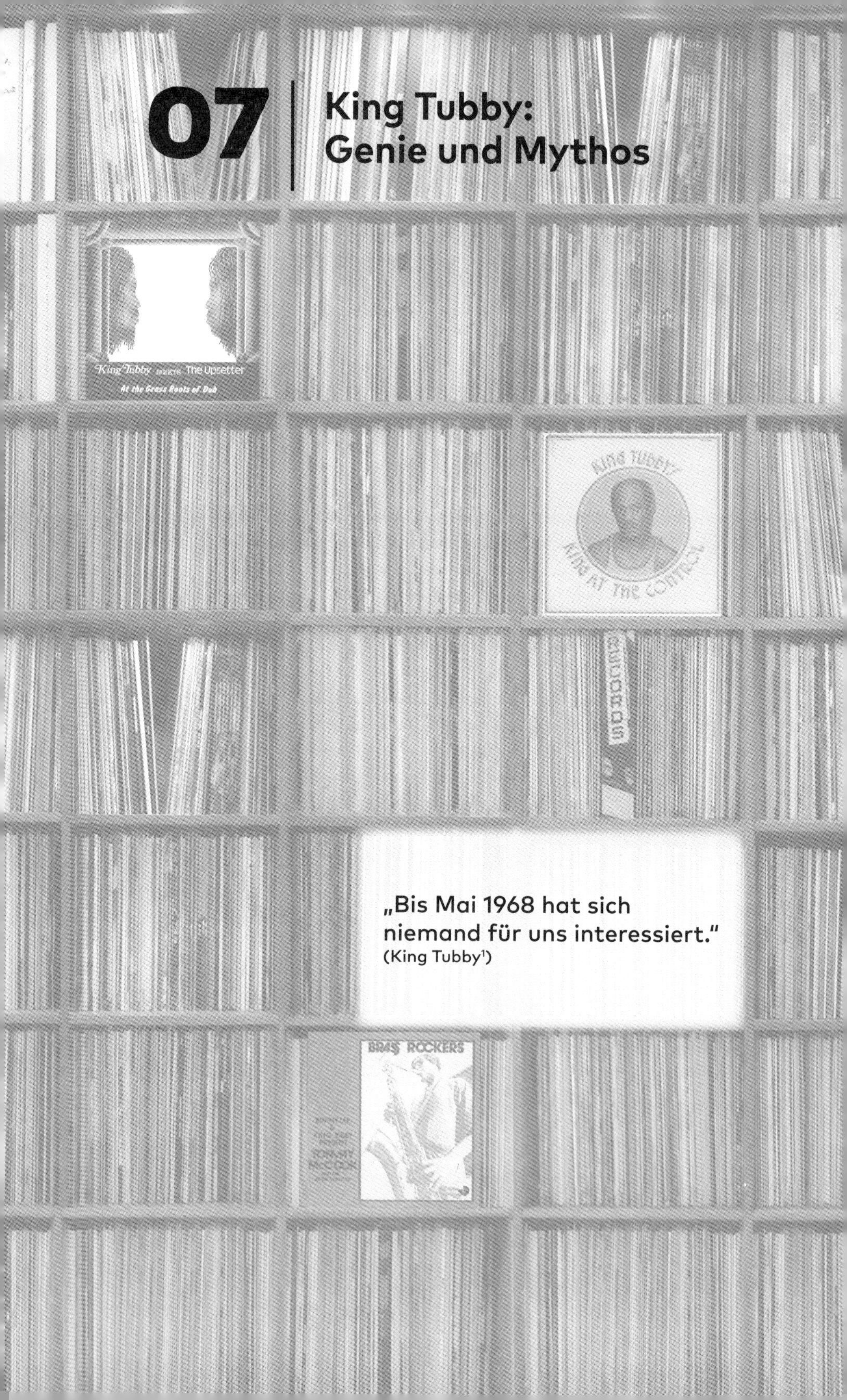

„Bis Mai 1968 hat sich niemand für uns interessiert."
(King Tubby[1])

Er, so wird gerne behauptet, habe den Dub erfunden. Zufällig soll es passiert sein, als er versehentlich vergaß, beim Schneiden einer Dubplate die Gesangsspur einzuschalten. Gemeint ist jene Geschichte um Ruddy Rednose im Treasure Isle Studio, deren realer Sachverhalt sich längst aufgeklärt hat. Trotzdem bleibt dieses Märchen in der Welt. Wie ein Schneeball rollt es durch die Dub-Mythologie und nicht nur Clive Chin führt einen nahezu aussichtslosen Kampf gegen diese falsche historische Darstellung. Richtig ist, dass der Mann, den sie „King" nannten, Dub nicht ersonnen, aber spektakulär gemacht hat. Vieles jedoch von dem, was ihn zur Legende erhob, war nicht er selbst, sondern sein Studio. Dessen Herzstück war ein Mischpult, das etwas konnte, wozu kein anderes Mischpult in der Lage war. Der Mann dahinter war ein Elektronikspezialist und ein ausgewiesener Jazzliebhaber. Es gefiel ihm, Musik mit diesem Pult anders klingen zu lassen, als man es gewohnt war. Bestärkt wurde er darin von einem Produzenten, der gerne Chicken Wings aß.

Osbourne Ruddock kommt am 28. Januar 1941 in Kingston zur Welt. Als eines von acht Kindern, die Familie lebt Downtown in der Nähe des Hafens auf der High Holborn Street. Schon früh erhält er – angeblich von einer Tagesmutter – den Namen „Tubby", in Anlehnung an den Mädchennamen seiner Mutter, die eine geborene „Tubman" gewesen sein soll. Wozu sich keine finale Bestätigung findet. Anfang der 50er Jahre zieht die Familie nach Waterhouse in die Dromilly Avenue 18. Hier beginnt der Junge, sich für Technik zu interessieren, nach seiner Schulzeit besucht er das National Technical College in Kingston. Parallel dazu baut er im Garten des Wohnhauses einen kleinen Verschlag, in dem er Radios repariert. Außerdem sammelt er Elektroschrott und bastelt Verstärker. Sein Reparaturservice ist derart gefragt, dass er einen Mitarbeiter verpflichten muss. Er findet ihn in einem Mann namens Barry Williams. Der hat, seit er die druckvollen Hercules-Aggregate des „King Edward's Giant Sound" System gebaut hat, den Ruf eines Magiers. Von ihm lernt Tubby die Geheimnisse des Verstärkerbaus.

1957 tritt Tubby erstmals mit einer eigenen Tonanlage in Erscheinung, als er in seinem Viertel bei Geburtstagspartys oder Hochzeiten Jazz und Rhythm & Blues auflegt. Ab da konsolidiert sich sein Ruf als Musikkenner sowie als Elektronikspezialist, von einem richtigen Sound System kann allerdings noch keine Rede sein. Seine selbstgebauten Verstärker und Lautsprecherboxen wachsen mit der Zeit, ab 1964 nennt er die Apparatur „King Tubby's Hometown Hi Fi". Eigentlich soll es nur ein Freizeitspaß für Waterhouse und Umgebung sein, aber dann wird er bei einem Dance auf der Antigua Road zum King der lokalen Dances ernannt. In einem seiner wenigen Interviews[2]

1 „Marcus Garvey Meets The Rockers Uptown" a.a.O. S. 34

2 Von King Tubby sind lediglich zwei niedergeschriebene Interviews bekannt, beide erschienen in England. Das erste tauchte im Februar 1976 in dem Artikel „Marcus Garvey Meets The Rockers Uptown" im Magazin *Black Music* auf und stammte von dem in Jamaika geborenen Carl Gayle, ein zweites wurde im Sommer 1977 von Dave Hendley im Magazin *Blues and Soul* veröffentlicht.

erklärt Tubby 1975 dem Autor des englischen Magazins *Black Music* Carl Gayle: „Die meisten Leute, die Verstärker bauten, versuchten, ausländische Fabrikate nachzubauen. Sie haben es nicht geschafft, einen Sound wie den meinen zu erreichen. Ich habe meine eigenen Trafos gebaut, mit allen Kleinigkeiten, die dazugehören. Die anderen müssen standardisierte Trafos kaufen, ich habe spezielle Komponenten, die man so nicht bekommen kann.“[3]

Ein bisschen Show, Bling Bling und Geheimniskrämerei zählen für Tubby auf jeden Fall auch zu den „Kleinigkeiten, die dazugehören“. Die Gehäuse seiner Verstärker sind verchromt, die Anlage garniert mit bunten, rhythmisch leuchtenden Lampen, in die Bäume hängt er trichterförmige Lautsprecher, die den Sound kilometerweit blasen. Als die Insel zum Ende der 60er Jahre durch den neuartigen Sprechgesang des Deejays U Roy in einen kollektiven Dancehall-Rausch verfällt, wirbt ihn Tubby 1968 sechs Kilometer weiter auf der Penn Street in Jones Town bei „Sir George the Atomic“ ab.[4] Mit ihm am Mikrofon präsentiert er seinen neuesten Clou: Live Echo! „You're listening to King Tubby's Hi Fi“, kündigt U Roy an und das letzte Wort scheint sich von allein zu wiederholen: „Hi Fi… Hi Fi… Hi Fi… Hi Fi…“ Es klingt wie Zauberei, so etwas hatte es noch nie gegeben. Das Publikum dreht durch vor Begeisterung, der König wird auf Schultern durch den Dance getragen. Man feiert ihn, weil niemand verstehen kann, wie er das anstellt. Dabei war es ganz simpel. Tubby hat einen Kassettenrecorder umgebaut und in der Hülle eines Verstärkers versteckt. Als am nächsten Morgen die Soundleute bei ihm Schlange stehen, um so einen Verstärker zu bestellen, verweigert er ihnen das Echo und erzählt lange Zeit nicht, wie es funktioniert.

Die Leistungsshow seines Sounds trägt Tubbys Ruf über die Insel und erweitert seinen Kundenkreis. Mitte der 60er Jahre übernimmt er die Wartung von Duke Reids Treasure-Isle-Studioequipment, inklusive der Dubplate-Schneidemaschine. Als er Carl Gayle davon erzählt, entsteht die Mär, er habe die Maschine auch bedient. „Nein, nein, nein“, entgegnet Jammy auf Nachfrage, „Tubby hat für Duke Reid Verstärker gebaut, aber er hat nie im Treasure Isle gearbeitet.“ Allerdings kooperiert er mit Reid. Nicht nur ordert er bei ihm Dubplates für seinen Sound – weshalb er auch zugegen ist, als Ruddy Rednose das Missgeschick mit der Gesangsspur passiert –, sondern borgt sich zudem von Reid Equipment für ein eigenes Dubcutting Studio. Gegen Ende der 60er Jahre nimmt er es in seiner Wohnung auf der Dromilly Avenue in Betrieb, bescheiden ausgestattet mit einem Disc Cutter der Firma Presto, einem 2-Spur-Tonband und einem selbstgebauten Mini-Mischpult. Bunny Lee, Lee Scratch Perry und Augustus Pablo gehören zu den Ersten, die seine Einrichtung regelmäßig frequentieren, da Tubby eine Downtown-freundliche Preispolitik betreibt. Sein „Musikzimmer“, wie er es nennt, ist jedoch kein Recordingstudio, sondern lediglich ein Schneideraum für Dubplates. Bunny Lee drängt Tubby, daraus ein „richtiges“ Studio zu machen, mit dem sich

3 „Marcus Garvey Meets The Rockers Uptown“ a.a.O. S. 34

4 Was auch U Roy bestätigt, wenn er erzählt, dass er schon zu „Sir George the Atomic“ gewechselt sei, als ihn Tubby persönlich angesprochen und abgeworben habe. Vgl.: „U-Roy. Godfather Of The Deejay School“ in: *RIDDIM* 01/2013

Musik mischen und zumindest Gesang aufnehmen ließe. Er kann ihn überreden, eine bei Dynamics ausrangierte 4-Spur-Bandmaschine mit einer dazu passend angefertigten MCI-Konsole zu erstehen. Dynamics hatte seine Kapazitäten erweitert, wollte die alte Technik loswerden, und so kommt Tubby 1972 in den Besitz von ausgerechnet dem Equipment, mit dem der Techniker Linford Anderson zwei Jahre zuvor mit einer Single namens „Phantom" den Dub-Zug in Bewegung gesetzt hatte.

Tubby konstruiert die Verkabelung seines neuen Pultes so, dass dessen Ausgänge wahlweise mit einem 2-Spur-Mastertonband oder mit der Acetatschneidemaschine verbunden sind. So kann er – zu diesem Zeitpunkt als Einziger auf der Insel[5] – einen Mix direkt als Dubplate schneiden, ohne zuvor ein Master anfertigen zu müssen.

Das für seine Zeit absolut hochwertige Mischpult, das ihm nun zur Verfügung steht, stammt von der amerikanischen Firma Music Centers Incorporated. Entworfen hat es der Amerikaner Groover C. „Jeep" Harned (1930 – 2003), der die Company 1982 an Sony verkauft. Ein Jahr vor seinem Tod wird Harned von der National American Recording Academy (kurz: NARAS, zuständig für die Vergabe der Grammys) wegen seiner Verdienste um die Standardisierung der Studiotechnik mit dem Titel „Held von Florida" geehrt. Byron Lee, für den das Beste gerade gut genug war, hatte das Pult von einem Studio in Miami übernommen. Es besaß neben einer integrierten Fernbedienung für die Bandmaschine zwölf Eingangskanäle, die sich auf vier Ausgänge verteilen ließen. Jeder einzelne Kanalzug war ausgestattet mit einer dreifach Klangregelung für Höhen-, Mitten- und Bassfrequenzen sowie einem Drehknopf für die Zumischung von Hall. Die Kanäle hatten keinen Stummschalter. Wollte man mit dem MCI ein Signal aus dem Mix nehmen, musste der Schieberegler des Kanals nach unten in Nullstellung gezogen werden.[6] King Jammy erzählt, dass er und Tubby die Regler des Pultes später gegen geschmeidigere, schneller bewegliche Fader ausgetauscht haben.[7] Das Besondere an dem Mischpult war ein rechts oben prangender, dicker Drehschalter. Auf Schwarz/Weiß-Fotos kaum zu identifizieren, aber beispielsweise auf dem Cover von Big Joes *At The Control*-LP[8] deutlich zu erkennen: ein roter Knopf, mit dem Tubbys Studio in den nächsten Jahren die Dub-Landschaft kontrollieren sollte. Es handelte sich um einen in zehn Stufen regelbaren High Pass Filter[9], der sich von jedem einzelnen Kanal anwählen ließ, und Soundeffekte ermöglichte, die kein anderes Pult kopieren konnte. Der Filter war eine Sonderausstattung des Herstellers und wurde nicht, wie

5 Channel One übernimmt später diese Art der Verkabelung und verbindet das Mischpult ebenso direkt mit dem Dub Cutter.

6 Der fehlende Stummschalter und die sich daraus ergebende Arbeitsweise hat zu einer Technik geführt, die zum Standard wurde und heute noch die meisten Engineer beim Dubben mit Faderbewegungen statt mit dem Stummschalter operieren lässt.

7 Linernotes *King Tubby & Prince Jammy – Dub Gone 2 Crazy: In Fine Style 1975-1979*, Blood & Fire 1996

8 Live And Love 1978

9 Das MCI-Pult besaß wählbare Abstufungen bei 70, 100, 150, 250, 500, 1000, 2000, 3000, 5000 und 7500 Hertz.

gelegentlich vorgebracht[10], von Tubby eingebaut. Was Fotos des Pultes im Dynamics Studio aus der Zeit vor dem Verkauf belegen.
Es braucht einige Zeit, bis Tubby bereit ist, den roten Knopf während eines Mixes zu betätigen, da der Perfektionist den dadurch entstehenden Effekt anfangs wie einen technischen Fehler empfindet. Zum ersten Mal hörbar eingesetzt, wenn auch nur äußerst dezent, wird der Filter auf Tommy McCooks „The Mighty Gates Of Goza“[11], einer Instrumentalversion zu Slim Smiths „Everybody Needs Love“. Bunny Lee erzählt, er habe Tubby dazu überredet, weil er als Produzent immer auf der Suche nach Neuerungen war und er Ähnliches aus dem Randy's Studio bei der Dub-Version „Different Fashion“ zu Delroy Wilsons „Have Some Mercy“[12] gehört hatte. Aus ähnlichen Gründen wies Lee im selben Jahr den Soul-Syndicate-Schlagzeuger Carlton ‚Santa' Davis an, während einer Aufnahme bei Duke Reid den Beat „spaciger“ zu spielen. Er hatte da etwas bei Sly Dunbar gehört, als der im Channel One Studio für Delroy Wilsons „It's A Shame“ den aktuellen Phillysound aus Amerika nachzuahmen suchte, indem er die geschlossenen Becken der HiHat bei jedem Akzent des Offbeats aufzog. Das so entstehende rhythmische Zischen war innovativ und ließ den Beat scheinbar vorwärts fliegen. Diesen Effekt hatte Lee im Sinn, insgeheim hatte er ihn für sich „Flyers“ genannt. Was, wie er zugibt, ein wenig um die Ecke gedacht war: „So richtig stimmte der Name nicht.“[13] Er rührte daher, dass Bunny Lee während seiner Studiosessions massenweise Chicken Wings in sich hineinzustopfen pflegte, weshalb die Musiker frotzelten: „Striker, irgendwann wirst du fliegen.“[14] Als Santa Davis Lees Wunsch nachkam und ihm die „Flyers“ spielte, entstand der Begriff „Flying Cymbals“ – „Fliegende Becken“.
Der erste Song, den Lee damit produziert, ist Earl Zeros „None Shall Escape The Jugdement“, und erneut schreibt die Unachtsamkeit eines Treasure Isle Engineers Geschichte: Als die Musik von acht auf vier Spuren gebounct wird, damit sie bei King Tubby gemischt werden kann, ist es diesmal der Techniker Sid Bucknor, der den Gesang vergisst. Was aber erst bei Tubby bemerkt wird. Der zufällig anwesende Johnny Clarke meint, er könne den Song auch singen, und nach nur einem Durchlauf ist die neue Aufnahme im Kasten. Wie üblich werden im Anschluss Dubplates gezogen, dabei bearbeitet Tubby die Flying Cymbals mit dem High Pass Filter, womit der neue Beat auch gleich einen neuen Effekt erhält.[15] Die Dancehall-Besucher in Jamaika, England und den Staaten sind hin und weg, als ihnen dieser ungehörte Sound

10 So z.B. Paul Sullivan in: *Remixology. Tracing The Dub Diaspora* London 2014 S. 31 + 46

11 Auf der LP *Bunny Lee & King Tubby Present Tommy McCook And The Aggravators* (sic!) – *Brass Rockers*, erschienen 1975 in Jamaika auf Total Sounds und Striker Lee sowie in England unter dem Titel *Cookin'* auf Horse, einem Sublabel von Trojan.

12 In Jamaika 1973 veröffentlicht auf Dee Jay, in England 1974 auf Cactus.

13 *Reggae Going International 1967-1976. The Bunny ‚Striker' Lee Story* London 2012 S. 125

14 Ebenda + S. 179 ff.

15 Als „None Shall Escape The Judgement“ 1974 allerdings für die Single-Veröffentlichung gemischt wird, lässt Bunny Lee Philip Smart den Dub für die Rückseite mischen. Worüber Tubby sehr verärgert war. Siehe *Reggae Going International 1967-1976. The Bunny ‚Striker' Lee Story* a.a.O. S. 181

in entsprechender Lautstärke vorgesetzt wird. Für die nächsten zwei Jahre sind die Weichen auf Erfolg gestellt: Johnny Clarke hat seinen ersten Mega-Hit, Striker Lee einen neuen Beat, King Tubby einen exklusiven Dub-Sound, der nur in seinem Studio möglich war. Und bei Dynamics verflucht man den Tag, an dem das MCI-Pult abgegeben wurde.

Nachdem 1973 Dub als Langspielplattenformat einen neuen Markt eröffnet hat, ordert nun auch Bunny Lee bei Tubby ein Dub-Album und nennt es *King Tubby The Dub Master Presents Dub From The Roots*. Er lässt seine jüngsten Flying Cymbal Playbacks durch den roten Knopf des MCI-Pultes jagen, da sich gezeigt hat, dass Tonsignale mit hohem Blechanteil, wie Schlagzeugbecken oder Bläser, auf dem Weg durch den High Pass Filter die wirkungsvollsten Soundvariationen erzielen. Die LP erscheint 1974 und zeigt Tubby am Mischpult als König mit einer Pappkrone. Ein Image, das er nicht mehr los werden wird. Ein Jahr später folgt eine zweite, mit Ausnahme eines Wortes im Titel identisch konzipierte LP: *King Tubby The Dub Master Presents The Roots Of Dub*. Beide Alben werden auf Lees international vertriebenem Label Total Sound veröffentlicht, die nachgelegte zudem auf dem von der Phonogram vertriebenen UK-Label Grounation mit dem aufgedruckten Hinweis: „Produziert und gepresst in mono, gemäß den Wünschen von King Tubby und seinem Produzenten Bunny Lee.“ Die LPs verkaufen sich vor allem über England. Dub ist auf bestem Wege, sich in Europa zu etablieren.

Den letzten entscheidenden Schub liefert ein jamaikanischer Immigrant. Winston Edwards, geboren 1953 in Buff Bay, ist mit Lee Perry befreundet und steigt Ende der 60er Jahre, initiiert durch Joe Gibbs, ins Plattengeschäft ein. 1974 kommt er nach London, gründet das Fay Music Label und reagiert auf die Dub-Signale aus dem Untergrund der Stadt mit der LP *Natty Locks Dub*. Die Aufnahmen und Mixe stammen aus den Studios von Joe Gibbs und Lee Perry respektive King Tubby und werden im Londoner Berry Street Studio mit Bläseroverdubs aufgepeppt. Der Erfolg des Albums ist mäßig. „Es fehlte an Werbung“, erklärt Edwards die anfänglich bescheidene Beachtung, „Schwarze wären bereit gewesen, Dub zu kaufen. Aber die Weißen verstanden diese Musik nicht ohne entsprechende Promotion.“[16] In den regulären Londoner Plattenläden spielt jamaikanische Musik mit ihren halboffiziellen Pre-Release-Importen zu diesem Zeitpunkt noch keine Rolle, und in den Reggae-Shops werden für Dub-LPs horrende Summen verlangt. *Natty Locks Dub* ist die falsche LP zur falschen Zeit. Durch Artikel von Carl Gayle im *Black Music*-Magazin und erste Hinweise in *Blues and Soul* oder *Melody Maker* wächst jedoch allmählich das Interesse an den neuen Klängen aus Kingston. 1975 eröffnet Edwards den Fay Music Record Shop im Südosten Londons und kündigt, unterstützt von Carl Gayle, mit Flyern, Anzeigen und Postern ein Album an, das den Durchbruch bringen sollte: *King Tubby Meets The Upsetter At the Grass Roots of Dub*, veröffentlicht 1975, sprengt alle Grenzen des bis dahin limitierten Marktes. Durch kluge Vertriebspromotion ist es überall erhältlich und wird das am meisten verkaufte Reggae-Album des

16 Zitiert aus den Linernotes zur 4-CD-Box *Evolution Of Dub Volume 7*, VP Records 2012

Jahres. Edwards hat es produziert, die Aufnahmen persönlich überwacht und behauptet, King Tubby und Lee Perry hätten je eine LP-Seite gemischt. Später muss er zugeben, dass es auch anders gewesen sein konnte.[17] Die Tracks jedenfalls waren wie gehabt bei Joe Gibbs und Lee Perry entstanden, waren aber keine Dubs zu existierenden Songs, sondern vornehmlich Instrumentaltitel mit Vin Gordons Posaune als Leadinstrument. Die finalen Mixe, von wem auch immer sie stammten, hatten durchaus dubbiges Flair, konnten aber kaum auf den Konsolen gemischt worden sein, von denen es auf der Rückseite des Covers hieß, die dort abgebildeten Mischpulte ständen in den Studios von King Tubby und Lee Perry. Denn bei King Tubby stand definitiv ein anderes Pult.

Ungeachtet dieser Widersprüche etablieren sich außerhalb Jamaikas mit dem Erfolg von *King Tubby Meets The Upsetter At the Grass Roots of Dub* nun unwiderruflich das Mischpult als Instrument und Dub als innovative Kunstform. Als Island Records ebenfalls 1975 in England den Dub-Mix „King Tubby Meets Rockers Uptown" zur A-Seite einer Single macht und Jacob Millers Gesangsversion „Baby I Love You So"[18] auf die B-Seite verbannt, wird der König mit der Pappkrone zum Hauptdarsteller des neuen Genres. Er ist der erste Popstar, der weder singt noch tanzt oder ein Instrument spielt, sondern Knöpfe, Regler und Equalizer bedient.

Im selben Jahr lässt Bunny Lee den Skatalites-Mitbegründer Tommy McCook (1927 – 1998), der mittlerweile Bandleader der Treasure-Isle-Hausband Supersonics ist, mit seinem Tenorsaxofon in Tubbys Studio über eine Auswahl an Flying Cymbal Playbacks improvisieren. Dabei entsteht das Album *Bunny Lee & King Tubby present Tommy McCook and The Aggrovators – Brass Rockers*, veröffentlicht 1975 auf Total Sounds und auf Striker Lee. Ein Projekt, das erstmalig die technischen Verformungen des Dub mit musikalischen Overdubs kombiniert. Die perfekte Spielwiese für Tubbys Jazzleidenschaft. Seine Mixe verbinden die improvisatorische Freiheit des Instrumentalisten mit der gestalterischen Freiheit des Tontechnikers. Tubby improvisiert am Mischpult und bedient es virtuos wie ein Musikinstrument.

Dennoch ist nicht zu verkennen, dass seine Lust an Studioarbeit nachlässt. Das englische Magazin *Blues and Soul* diagnostiziert bei ihm im Laufe des Jahres 1975 zunehmenden Qualitätsverlust sowie eine gewisse „Müdigkeit"[19]. Als in Jamaika ähnliche Stimmen laut werden, weil er nicht mehr regelmäßig mit seinem Sound auflegt, reagiert Tubby mit demonstrativer Wucht. Am 26. September 1975 tritt er in der National Arena zu Kingston an und spielt, nachdem das Vorprogramm mit Liveacts wie den Wailers und anderen Sounds abgespult ist, einmal rund um die Uhr. Zwölf Stunden nonstop, von sechs Uhr abends bis zum nächsten Morgen früh um sechs. Einige der extra für diese Nacht gezogenen Dubs erscheinen kurze Zeit später auf dem Album *King Tubby Surrounded By The Dreads At The National Arena*, zuerst veröffentlicht

17 Ebenda

18 Beide Tracks waren Versionen zu Augustus Pablos Instrumental „Cassava Piece"

19 Zitiert nach „King Tubby – Mister Dub" von Dave Hendley in *Natty Dread* Nr. 19, Frankreich 2003

1976 in England auf Winston Edwards Fay Music Label. Danach wurde die LP mit wechselndem Artwork immer wieder neu aufgelegt, darunter auch eine Version mit weiß-buntem Vinyl auf dem belgischen EMI Bestseller Label. Die allererste Ausgabe hat kein Cover, ist lediglich bestückt mit einem Infoblatt, auf dem die Linernotes stehen, die bei den folgenden Pressungen auf die Rückseite des Covers gedruckt werden. Darin schreibt Carl Gayle: „Die Dreads bejubelten den König. Er bleibt in seinem Musikzimmer der König des Dub Rock."

Doch auch diese aufsehenerregende Aktion kann nicht verhehlen, dass Tubbys Hauptinteresse auf ganz anderem Gebiet liegt. Er ist kein Tontechniker aus Leidenschaft, sondern vielmehr ein passionierter Elektronikspezialist. Zur Arbeit im Studio hat ihn Bunny Lee überredet, der in ihm das bezahlbare Soundgenie sah. Tubby jedoch will, mit dem Lötkolben in der Hand, elektronisches Gerät reparieren, verbessern, neu entwickeln. Es interessiert ihn weitaus mehr, über die Konstruktion eines neuen Mischpultes zu sinnieren, statt es zu bedienen. Als der ähnlich gepolte Scientist bei ihm arbeitet, diskutieren die beiden bei jeder sich bietenden Gelegenheit über die Vorzüge von Fader-Automation, lange bevor dies technisch überhaupt denkbar war. So ist es schließlich konsequent, dass sich Tubby zunehmend aus der aktiven Studioarbeit zurückzieht. Er überlässt einer Armada von Schülern und Angestellten das Tagesgeschäft und setzt sich nur noch für ausgewählte Kunden wie Mikey Dread oder Yabby You ans Pult. Für Letzteren macht Tubby 1976 eine seltene Ausnahme und mischt, assistiert von Pat Kelly, dessen – halb Vocal halb Dub – LP *Prophets – Walls Of Jerusalem*[20] in stereo. Obwohl der Dub in seiner Frühzeit keine zwischen links und rechts aufgeteilte, breitgefächerte Ausdrucksform kennt, da die Musik der Sound Systems traditionell mono ist. Aus demselben Grund wird auch der von Tubby für Lee Perry gemischte *Upsetters 14 Dub Blackboard Jungle* nur in der ersten Auflage stereo gepresst, alle späteren Ausgaben als *Blackboard Jungle Dub* sind mono.

Laut Bunny Lee bleiben *The Roots Of Dub*, *Dub From The Roots* und *Brass Rockers* die einzigen von Tubby als Longplayer konzipierten Dub-Alben: „Von all den Alben, die es von Tubby gibt, sind die meisten Betrug. Denn Tubby hat nur drei Alben gemacht."[21] Der von Tubby gemischte ultrarare *E-E Saw Dub*, der identisch ist mit dem ebenfalls seltenen *ABC Dub* und dem 2006 von Motion veröffentlichten *King Tubby Meets Jacob Miller In A Tenement Yard*, spielt in diesem Zusammenhang keine Rolle. Denn egal unter welchem Titel, es war nicht mehr als ein nie zur Veröffentlichung vorgesehenes Projekt von Touter Harvey, dem Keyboarder der Fat Man Riddim Section, der einen neuen Synthesizer ausloten wollte. Alle anderen mit dem

20 Veröffentlicht 1976 zuerst ohne Cover mit wenigen Exemplaren auf Prophets. Ein Jahr später erschien sie in England in apokalyptischem Coverdesign mit teilweise anderen Songtiteln unter „Yabba Youth" auf Nationwide als *Chant Down Babylon Kingdom*. Später presste Yabby You sie auf seinem blauen Prophet Label nach und nannte sie *King Tubby Meet Vivian Jackson (Yabby You)*. 2013 legt Pressure Sounds die LP mit Bonustracks als *Walls Of Jerusalem* neu auf.

21 *Reggae Going International 1967-1976. The Bunny ‚Striker' Lee Story* a.a.O. S. 134 sowie im Gespräch mit dem Autor, siehe Kapitel „Bunny Lee: der Königsmacher"

Namen „King Tubby“ bestückten LPs sind entweder Zusammenstellungen von Single-Rückseiten, die er gemischt hat, oder es handelt sich um Arbeiten aus seinem Studio, bei denen er gar nicht selbst am Pult saß. Weit über 100 Dub-Alben sind bis dato unter der Trademark „Tubby“ erschienen, nicht selten wird dabei mit dem Namen Schindluder getrieben. Denn „mixed at King Tubby's“ bedeutet keineswegs automatisch „mixed by King Tubby“. Oder mit anderen Worten: Nicht überall, wo King Tubby draufsteht, ist auch King Tubby drin.

Tubbys wachsendes Desinteresse an den fließbandähnlichen Studioabläufen von Voicing*, Mixen und Dubplates wird forciert, als auch er Opfer der gewalttätigen Unruhen wird, unter denen Jamaika seit der Wahl von 1972 leidet. Die links-orientierte PNP unter Michael Manley hatte Hugh Shearers konservative JLP abgelöst. Beide Parteien unterhalten Kampftruppen, die sie angeworben und mit Waffen – sogenannten „vote-getters“ („Stimmenfängern“) – versorgt haben, deren Kontrolle ihnen aber längst entglitten ist. Die Gangs sind zu einer Seuche geworden, haben Stadt und Land in Bezirke aufgeteilt und terrorisieren den politischen Gegner. Die in der Hauptstadt am meisten gefürchtete Gefolgschaft der PNP ist die Spanglers Posse, die der JLP hieß zunächst Tivoli Gang und ab 1980 Shower Posse. 1975 spürt Jamaika die Vorwehen eines weiteren blutigen Wahlkampfes und bewegt sich in Richtung Ausnahmezustand. Auch der amerikanische CIA und der kubanische Secret Service beteiligen sich an dem tödlichen Roulette der politischen Interessen. Im Sog dieser Stimmung zerstört die örtliche Polizei bei einem Dance in St. Thomas Tubbys Sound System mit der Begründung, „King Tubby's Home Town Hi Fi“ sei ein Badman Sound aus dem Kingstoner Ghetto. Obwohl Tubby als einer der umgänglichsten und freundlichsten Menschen des Musikbusiness gilt, hat sein Sound den Ruf, Anlaufstelle für üble Gestalten zu sein. „Pure bad man follow the sound“, berichtet der Deejay I Roy später[22].

Am Haus installiert Tubby eine Kamera, damit er sehen kann, wer draußen am Tor steht. Sein Studio liegt in einer neuralgischen Gegend, wo der Einflussbereich von PNP (Waterhouse) und JLP (Tower Hill) dicht an dicht grenzt und Politgangster die Wege kontrollieren. Wer zur Dromilly Avenue will, stößt nicht selten auf Straßensperren und darf nur mit der Parole „Musiker“ passieren. Von dieser Atmosphäre bleibt auch Tubbys Sound nicht unberührt. Bei ihm pflegen Sympathisanten der Spanglers Posse aufzuschlagen und üben gelegentlich, wie ein Mitschnitt eines Dances aus dem Jahr 1974 erkennen lässt, Druck auf das Musikprogramm aus. An jenem Abend sieht sich U Roy gezwungen, einen Titel anzukündigen mit den Worten: „Ein ehrenwerter Bruder hat mich gebeten, diese Scheibe aufzulegen.“ Woraufhin Tubby einen unveröffentlicht gebliebenen Dub zu Delroy Wilsons „Have Some Mercy“ auflegt, den er „Spanglers' Shower“ genannt hat[23] und der nicht die einzige Tubby-Version zu dem Tune mit einem „Spangler's“-Namen blieb. Auch

22 Linernotes zu *I-Roy – Don't Check Me With No Lightweight Stuff (1972-75)*, Blood & Fire 1997

23 Zu hören u.a. auf dem Mitschnitt „King Tubbys 1974 Home Town Daddy U Roy“

Augustus Pablo hat ihm einen exklusiven „Hometown Hi Fi"-Dub mit dem Titel „Spangler's Clap" über den Delroy-Wilson-Song eingespielt. Tief getroffen von der Zerstörung überlässt Tubby die Überreste seines Sounds U Roy, der die Anlage jedoch nie mehr zum Einsatz bringt. Sie endet als Sitzgelegenheit für die Abhänger im Vorgarten des Studios.

Tubby konzentriert sich fortan auf die Konstruktion von Verstärkern, ab Mitte der 70er Jahre sind zwei Drittel aller jamaikanischen Sound Systems mit Equipment ausgestattet, das er gebaut hat. Den Hauptteil der Studioarbeit übernehmen andere. Der Erste, dem Tubby Zugang zu seinem Pult gewährt, ist Philip Smart. Smart stammt aus dem Kingstoner Mittelschichts-Stadtteil Havendale, ist mit Augustus Pablo befreundet, hat schon Errol Thompson bei Randy's über die Schulter geschaut und hält sich jeden Tag nach der Schule bei Tubby auf. Als der Hauptkunde Bunny Lee signalisiert, dass er gut mit dem Neuen klarkommt, erhält Smart den Studioschlüssel inklusive Dub-Prokura. Er mischt den Dub der Single-B-Seite von „None Shall Escape The Judgement", woraufhin ihn Lee zum Prinzen an des Königs Hof kürt. Er sollte nicht der einzige Prinz bleiben. Doch erst einmal frönt Lee mit Smart seiner Vorliebe für gekrönte Häupter sowie ausufernde LP-Titel und kompiliert 1975 Dubs von King Tubby und Prince Philips (sic!) für ein Album unter dem Titel *Bunny Lee The Version Master presents Creation Of Dub*[24]. Ein Jahr später emigriert Smart in die USA, um in Brooklyn 1982 das HCF Studio zu eröffnen, wo später Shaggys „Mr. Boombastic" entsteht. In die Prinzenrolle schlüpft nun Tubbys alter Jugendfreund Lloyd James. Den zwischenzeitlichen Leerstand füllt Pat Kelly aus. Er mischt u.a. für The Prophets, hinter denen Vivian Jackson alias Yabby You (1946 – 2010) mit wechselnden Harmoniesängern[25] steckt. So entsteht das Album *King Tubby's Prophecies Of Dub*, veröffentlicht 1976 auf Prestige und nicht zu verwechseln mit dem coverlosen, tatsächlich von Tubby gemischten *King Tubby's Prophesy of Dub* auf dem englischen Prophets Label aus demselben Jahr.[26]

Als Lloyd James 1976 zum neuen Haustechniker avanciert, ist Bunny Lee von dessen Mischkünsten derart begeistert, dass er ihn umgehend als neuen „Prince" ausruft. Der frisch Gekrönte schafft sich durch Produktionen mit Black Uhuru eine eigene Soundidentität und verlässt den Hof erst, als zum Ende der 70er Jahre der 17-jährige Hopeton Overton Browne alias Scientist beginnt, am Thron zu rütteln.

Neben den Resident Engineern und gelegentlichen Aushilfen wie Gussie Clarke lernt Tubby – erst recht nachdem sich auch Scientist verabschiedet hat – immer wieder junge Nachwuchskräfte an, die für ihn den Platz am Mischpult übernehmen: Phantom, Banton, Peego, Professor... Letzterer weder zu

24 Zuerst veröffentlicht auf Total Sounds, danach in England mit veränderten Titeln auf Live And Love unter *Tommy McCook & The Aggrovators* als *King Tubby Meets The Agrovators At Dub Station.* 2011 wiederveröffentlicht durch Jamaican Recordings.

25 In der Regel Alrick Forbes und Dada Smith, mal aber auch Willi Williams mit Bunny Rugs oder die Gladiators

26 1985 von Blood & Fire unter dem Namen Yabby You wiederveröffentlicht

verwechseln mit dem englischen Engineer Mad Professor[27] noch mit dem Deejay Ranking Dread, der wie Professor im wahren Leben Winston Brown hieß. Brown hat von seinem Bruder gelernt, wie Trafos gewickelt werden, kommt mit diesem Wissen 1978 zu Tubby und landet am Mischpult. Er betreut unzählige Produktionen, mischt Hits wie Johnny Osbournes „Ice Cream Love" und bleibt trotz der LP *Scientist v The Professor – Dub Duel At King Tubby's*[28] ein weitgehend vergessener Engineer, der – obwohl es von ihm kaum Fotos gibt – kurioserweise auf dem Cover von *King Tubby's Lost Treasures*[29] abgelichtet ist. 1983 erzählt Brown dem kanadischen *Reggae Quarterly* Magazin: „Tubby gebührt die Ehre für alles, was ich gelernt habe. Für alles."[30] Nachfolger von Professor wird ein Youth namens Fatman, über den noch zu reden sein wird.

Tubby weiß Studio und Werkstatt in guten Händen und widmet sich einer neuen Leidenschaft. Er hat genug davon, sich nur mit Gesang beschäftigen zu können oder von anderen aufgenommene Musik reduziert auf vier Spuren abzumischen. Tubby will selbst produzieren und träumt von Multitrack, 24 Spuren sollen es sein. Er verschlingt Fachliteratur über Akustik und Studiobau, versteigt sich in akribische Planungen und beginnt im Garten des Hauses in der Dromilly Avenue mit dem Neubau eines zweiten Studios. Von der handverlesenen Holzverkleidung bis zur Technik soll hier alles Maßarbeit sein. Das Projekt wird Tubbys „ultimative Obsession". So zumindest empfand es der englische Radio-DJ David Rodigan. Er ist in dieser Phase mit Tubby freundschaftlich verbunden, hat das neue Studio kurz vor der finalen Fertigstellung erlebt, kann sich aber nicht erinnern, dass darin jemals aufgenommen oder produziert worden wäre. Auch der seit seiner Jugend mit Tubby befreundete King Jammy erzählt, dass dieses Studio nie über den Status von Testläufen hinauskam. Damit widersprechen beide der Darstellung des englischen Reggae-Historikers Steve Barrow, nach dem das Studio 1985 in Betrieb genommen worden sei und Tubby darin seinen ersten eigenproduzierten Hit „Tempo" aufgenommen habe.[31] Vielleicht ist Barrow dem Cover der in England auf dem Star Label Mitte der 80er Jahre veröffentlichten LP *King Tubby – Majestic Dub*[32] auf den Leim gegangen. Es zeigt das Gemälde eines Studios mit 24-Spur-Tonbandmaschine und ausladender Konsole. Dahinter sitzt, auf einem Thron mit Krone und Zepter, King Tubby. Das Bild des New Yorker Malers Jamaal Pete ist jedoch eine gemalte Kopie eines Fotos mit Bunny Lee am Mischpult des Dynamics Studios, die das Cover der LP *Bunny Lee & The Aggrovators Presents Super Dub Disco Style*[33] ziert.

27 2011 erschien auf Jamaican Recordings ein zur Namensverwirrung beitragendes Album mit dem Titel *Scientist meets The Crazy Mad Professor at Channel One,* angeblich mit Dubs von Professor und Scientist

28 Produziert von Roy Cousins, Kingdom UK 1983

29 Jamaican Recordings 2001

30 *Reggae Quarterly Vol. 1 No. 3* by Beth Lesser S. 23

31 Booklet zu *Dub Gone Crazy. The Evolution of Dub at King Tubby's 1975-1979*, Blood & Fire 1994

32 Eine Bunny-Lee-Produktion mit Mixen von Scientist und Prince Jammy aus den 70ern

33 Jamaica Sound 1979

In jenem Jahr 1985 erlebt der Reggae seine größte musikalische Umwälzung. Der zu dem Zeitpunkt noch unter „Prince" fungierende Jammy besitzt mittlerweile ein eigenes Studio, in dem er mithilfe des Musikers Noel Davey auf einem billigen Casio-Keyboard Jamaikas ersten digitalen Riddim produziert hat. „Sleng Teng" heißt die Kreation, benannt nach der Single von Wayne Smith, mit der dieser innovative Beat auf die Dancehall losgelassen wird und sie mit seinem Klang für die Zukunft neu definiert. Derselbe Noel Davey liefert Jammy kurz nach „Sleng Teng" einen zweiten, ähnlich gestrickten Riddim, aus dem Jammy jedoch keinen Hit formen kann. Das gelingt erst King Tubby mit dem Sänger Anthony Red Rose. Dessen „Tempo" gibt dem digitalen Neuklang analoge Wärme und karikiert mit seinen Lyrics den neuen Basssound als „an idiot sound we call that low-fi". Es wird Tubbys größter Erfolg als Produzent.

Der Stilbruch aus dem Computer verändert Jamaikas Musiklandschaft. Eines der prominentesten Opfer der Digitalisierung wird der Dub, ohne dass es sofort auffällt. Die Begeisterung über den neuen Sound lässt die Produzenten die nackten Digital-Riddims auf die Rückseiten der Singles pressen, womit man zurückkehrt zu den Instrumental-Versions aus der Zeit vor Dub. Plötzlich sind die Dub-Skills obsolet. Der neue Digi-Sound ist spektakulär genug, erfüllt, roh wie er ist, seinen Zweck in der Dancehall und bietet mit seinen spartanischen Arrangements zu wenig, aus dem sich ein wirkungsvoller Dub gestalten lassen könnte.

Auch Tubby verlegt sich nun aufs digitale Produzieren. In den nächsten vier Jahren veröffentlicht er Hunderte Singles und zahlreiche Alben auf fünf verschiedenen Labeln.[34] Doch der digitale Tubby ist nicht zu vergleichen mit dem analogen King. Trotz veritabler Hits wie Courtney Melodys „Ninja Mi Ninja" oder Red Rose & King Kongs „Two Big Bull In A One Pen" überwiegt Masse vor Klasse. Was auch darin seine Ursache hat, dass sich Tubby auf die Rolle des Financiers beschränkt und die künstlerische Seite seinen Leuten und den jungen Musikern der Firehouse Crew überlässt. Er frickelt lieber an der Fertigstellung des neuen Studios. Meist fährt er erst spät in der Nacht nach Hause. So auch am 6. Februar 1989. Kurz nach eins erreicht er seine Wohnung auf der Sherlock Crescent Nr. 85. Er parkt sein Auto in der Einfahrt, als jählings ein Gunman vor ihm steht. Der presst ihm eine Waffe an den Körper und drückt ab. Ein einzelner Schuss und Osbourne Ruddock, Jamaikas größte Sound- und Dubkapazität, ist tot. Der Mörder raubt Tubbys Wertsachen – Geld, Uhr, Kette, eine registrierte Waffe – und verschwindet im Dunkel der Nacht. Sein Opfer stirbt mit 48 Jahren, der Mörder wird nie gefasst.

Am Tag seines Todes wird King Tubby unsterblich. Er steigt auf zur Ikone einer personifizierten Mythologisierung, die mit der tatsächlichen Historie nur wenig in Einklang steht. King Tubby war nicht der Erfinder des Dub. Auch wenn er es Carl Gayle gegenüber selbst behauptet hat.[35] Es ist fraglich,

34 Firehouse, Waterhouse, Taurus, Pioneer Muzik, Kingston 11

35 In „Marcus Garvey Meets The Rockers Uptown" a.a.O. S. 34 erzählt Tubby die Treasure-Isle-Geschichte mit Ruddy Rednose, als sei es seine Geschichte

ob überhaupt eine einzelne Person diese Auszeichnung verdient. Die Genese des Dub war eine Folge der Obsession der untereinander rivalisierenden jamaikanischen Unterhaltungsindustrie auf Exklusivität in Form von Dubplates. Dazu kam der technische Fortschritt, den die Mehrspurtechnik brachte. Beide Faktoren haben bereits vor Tubby andere Tontechniker wie Linford Anderson, Buddy Davidson, Sylvan Morris oder Errol Thompson dazu gebracht, Musik während des Mischvorgangs abseits der Songnorm zu gestalten. Während seine Vorläufer sich dabei zum Teil skurrilen Experimenten hingaben, ist es Tubbys Verdienst, Musikalität in die Dub-Abläufe gebracht zu haben. Dazu kamen eine gehörige Portion elektrotechnischer Genialität sowie der Glücksfall eines außergewöhnlichen Mischpultes. Alles zusammen machte Tubby zum Prototyp einer Klangästhetik, die zu weitgreifenden Veränderungen in der zeitgenössischen Populärmusik geführt hat, besonders in der Club- und Dance-Szene. In diesem Umfeld wird Tubby verehrt wie ein Heiliger. Sein Andenken ist umflort von angedichteter Folklore, die ihre Ursache auch darin hat, dass viele, die sich über ihn auslassen, es eigentlich gut meinen, aber nicht besser wissen, da ihnen Studiotechnik fremd ist. So wird dann ein kleiner Zusatz wie „old", der die besondere Raffinesse Tubbys belegen soll, indem darauf hingewiesen wird, dass er selbst altes Gerät für seine Neuerungen einzusetzen wusste, zum Ausdruck von Verklärung. Wenn es etwa heißt: „Tubby baute sich sogar sein eigenes Echo, indem er eine Bandschleife über die Köpfe einer alten 2-Spur-Maschine laufen ließ"[36], wird übersehen, dass dieses Verfahren schon in der frühen analogen Zeit zum weltweit gängigen Standard von Studioarbeit gehörte. Die zitierte Maschine war keine alte, sondern schlicht eine zweite 4-Spur-(!)-Maschine. Tubby hatte in seinem Studio drei Tonbandgeräte: zwei Halbzoll-4-Spur-Maschinen[37], von einer kam die Musik, die andere nutzte er als Echogenerator, außerdem eine 2-Spur-Maschine für die (Master-)Aufnahme des Mixes. Dazu besaß er erst ein Grampian 636 Spring Reverb, das er gegen einen Fisher Spring Reverb Hall eintauschte, mit dem er die für ihn typischen explosionsartigen Effekte generierte, und zu guter Letzt ein AKG Echo Chamber, das ihm im Elektronikshop von Stanley Motta empfohlen worden war. Außerdem einen Kompressor, den er bei Gesangsaufnahmen einsetzte. Zum Abhören dienten ihm Tannoy-Lautsprecher. Das „alte" oder „limitierte"[38] Equipment, mit dem Tubby gerne bei unterschwelliger Dritte-Welt-Romantik in Verbindung gebracht wird, gehörte zum Besten, was die Zeit zu bieten hatte, und war zudem von ihm zusätzlich elektronisch getunt. King Tubbys Technik war „Hi Fi", nicht „Low Fi".

Vieles von dem, was Tubby als Erfinder zugeschrieben wird, wie der Schlag gegen die Hallspirale oder die Zuspielung von Fremdgeräuschen, passierte parallel auch im Studio One, bei Randy's, Joe Gibbs und in der Black Ark von Lee Perry. Wer da von wem abgekupfert hat, lässt sich im Nachhinein

36 Booklet zu *Dub Gone Crazy. The Evolution of Dub at King Tubby's 1975-1979*, Blood & Fire 1994, oder auch *Remixology. Tracing The Dub Diaspora*

37 eine Scully und eine Ampex

38 David Toop: *Ocean Of Sound* London 1995 S. 117

angesichts der zeitlichen und örtlichen Dichte der Ereignisse nicht eruieren. Es ist auch nicht vonnöten. Selbst wenn die Geschichtsschreibung im Falle von King Tubby ein wenig sorgfältiger sein dürfte und weniger auf Copy-and-paste basieren sollte, sein Status als König der Dub-Kunst bleibt, unabhängig davon, ob er dieses und jenes als Erster getan hat oder nicht, unbestritten. Wie weit sein Einfluss reicht, beschreibt der New Yorker Musikkritiker Greg Milner in seinem Buch *Perfecting Sound Forever*[39]. Milner interpretiert Tubbys musikalische Inszenierung des Studios und die Art, wie er Musik in Einzelteile zerlegt und wieder zusammengefügt hat, als Vorwegnahme dessen, was in späteren digitalen Prozessen gang und gäbe wurde. Seitdem Computer die Tonbandmaschine als Aufnahmemedium abgelöst haben, ist es normal, aufgenommene Segmente beliebig zu verschieben, zu zerlegen und neu zusammenzusetzen. Milner resümiert daher: „Tubbys Erbe geht weit hinaus über die musikalischen Genres, die mit Dub verlinkt sind. Der entscheidende Punkt ist nicht, dass er den Remix erfunden hat. Vielmehr hat das Remix-Konzept die moderne Musik neu erfunden."[40]

Bleibt nachzutragen, was nach Tubbys Tod mit dem Studio und dem MCI-Pult geschah. Das Equipment inklusive Pult wurde von Byron Lees Bruder Neville für sein Plattenpresswerk Sonic Sounds gekauft und zur Bearbeitung von Masterbändern genutzt. Von dort erstand es Mitte der 90er Jahre Tappa Zukies Bruder ‚Blackbeard' Sinclair, der damit in seinem Haus in Portmore ein provisorisches Studio betrieb, bis er das Pult nach Seattle verkaufte. Seitdem steht es im dortigen Museum of Pop Culture und wird gelegentlich als Ausstellungs- und Anschauungsobjekt um die Welt geschickt. Das zweite Pult aus dem Studio-Neubau blieb bei Sonic Sounds.

39 Greg Milner: *Perfecting Sound Forever. The Story Of Recorded Music*, Granta Books UK 2009, Paperback 2010

40 Ebenda. S. 302

08 David Rodigan: Erinnerungen an King Tubby

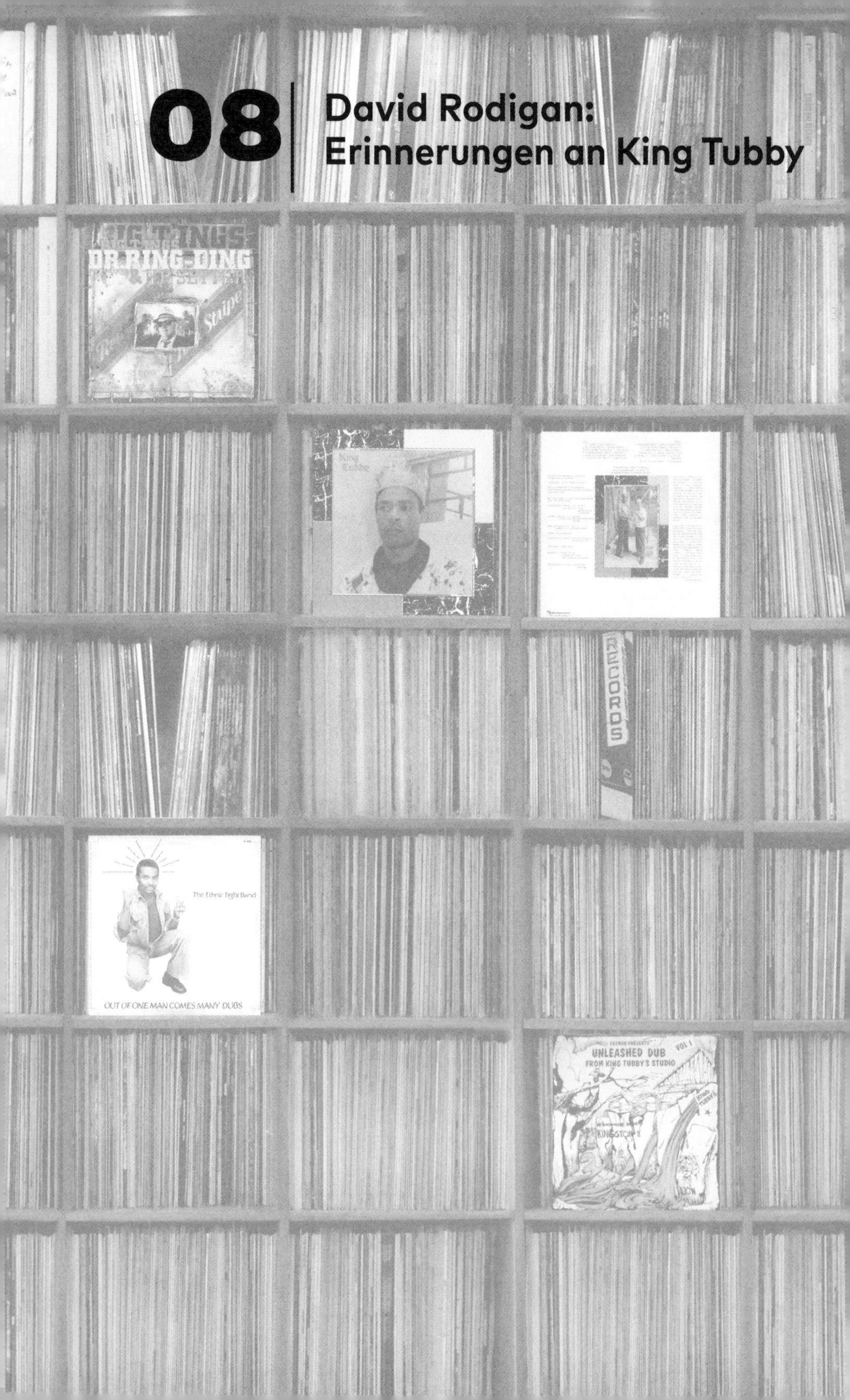

David Rodigan ist der Mann mit dem Plattenkoffer, weltweit unterwegs als UN-Bevollmächtigter des internationalen Reggae-Movements. Insider zählen ihn zu den einflussreichsten Plattenauflegern der Welt, selbst in Jamaika folgt sein Ruf als Reggae-Botschafter gleich dem von Bob Marley. David Rodigan wird 1951 in Deutschland als Kind eines schottischen Soldaten geboren. Als er sieben Jahre alt ist, zieht die Familie nach London. Schon als Teenager beginnt er, Platten zu sammeln, früh ist er fasziniert vom Radio und entwickelt schnell eine Vorliebe für Soul und Ska-Musik. Obwohl er eine Ausbildung zum Schauspieler absolviert, bei Shakespeare-Aufführungen auf der Bühne steht und zahlreiche Rollen im englischen Fernsehen übernimmt, wird sein Leben von Radio und Reggae bestimmt. Er gibt die Schauspiellaufbahn auf und moderiert bei BBC Radio London, bei Capital Radio und dem BFBS. Es folgt 1990 eine tägliche Sendung auf Kiss FM, die er 1999 bis zu seinem Abschied 2012 auf einmal wöchentlich reduziert. Seitdem geht er bei BBC 1Xtra on air.

2005 wird David Rodigan in die „Radio Academy Hall Of Fame" aufgenommen, 2012 verleiht ihm die Queen den „Order of the British Empire". Seitdem darf sich der Mann, der nicht nur Reggae im Radio populär gemacht hat, sondern auch mit seiner Dubplate-Sammlung als One-Man-Sound-System-Show auf dem gesamten Globus ein gefürchteter Clash-Gegner ist, „Sir" nennen.

In Jamaika genießt Sir David sowohl auf der Straße als auch bei Sängern, Deejays, Musikern, Produzenten und Studiobesitzern größten Respekt. Seit den 70er Jahren kommt er immer wieder hierher, lernt 1979 Osbourne Ruddock alias King Tubby kennen und besucht dessen Studio regelmäßig auf der Jagd nach neuen Dubplates. Dabei entwickelt sich eine intensive Freundschaft.

Frage: Darf man sagen, du und Tubby, ihr wart eng befreundet?

David Rodigan: Ich glaube, das kann man so sagen, ja. Und ich bin sehr stolz darauf. Tubby war es, der mich gefragt hat, ob er ein Foto mit mir haben könnte. Er fragt mich! Ich werde diesen Moment nie vergessen. Ob er überhaupt eine Vorstellung hatte, was das für mich bedeutet?

Du sprichst von dem Foto, das auf der Rückseite der Tribut-LP *A Salut To King Tubby*[1] zu sehen ist, die nach seiner Ermordung rauskam?

Ja, es ist, glaube ich, von 1985. Du siehst an meiner Kleidung, dass es ein sehr altes Foto ist. Als er mich gefragt hat, ob ich mit ihm für ein Bild posieren würde, da ist mir fast der Kopf explodiert. Pffhh! Denn Tubby war zurückhaltend und öffnete sich nicht ohne Weiteres. [Später] haben wir oft miteinander telefoniert, haben viel Zeit miteinander verbracht, und er hat mir ausgiebig von seinem neuen Studio erzählt. Ich denke, man kann sagen, wir waren enge Freunde. Mit gegenseitigem Respekt und Bewunderung. Tubby hat mich fasziniert. Als ich ihn das erste Mal traf, da gab er sich sehr cool,

1 Veröffentlicht auf dem Taurus Label 1989

fast schon reserviert. Jahre später hat er mir gesagt: „Ich hab dich zuerst nur beobachtet".

Ausgecheckt...

Yeah. Er sagte: „Jammy hat mir erzählt, was du machst und warum du es machst. Er hielt dich für aufrichtig. Jammy meinte: Tubbs, der Mann hat echte Leidenschaft. Der ist wie wir. Aber ich kannte dich nicht, musste dich erst mal kennenlernen." Man hatte mir erzählt, dass ich bei Tubby Geld tauschen könne, englische Pfund in jamaikanische Dollar. Wir waren in seinem Hinterzimmer, er nahm den *Gleaner* und suchte den aktuellen Wechselkurs. Ich hab ihn angeguckt und gesagt: „Ich hab gehört, dass ich bei dir einen günstigeren Kurs bekommen würde." Und er: „Nein, nein, so ist der Kurs." Das war das erste Mal, dass ich gedacht hab: Dieser Mann ist sehr geerdet, der ist kein Hustler. Das war kein Schwarzmarktgeschäft nach dem Motto „Klar kann ich dir Geld tauschen". Es war: „Wenn der Kurs so steht, dann ist der Kurs eben so." Ich hab ihn dann gefragt, ob ich ihn interviewen könnte. „Interview? Jetzt nicht." Jeder andere Engineer hätte sofort eingewilligt: „Yeah man, klar kannst du mich für BBC Radio London interviewen." Tubby hielt sich bescheiden zurück. Ich bin mir sicher, ich wurde zunächst getestet.

Was sich dann bei eurer ersten Dubplate-Session fortsetzte.

Da hat er ein Band aufgelegt und mir einen Tune angeboten, und ich: „No!". Das wiederholte sich mit drei, vier anderen Songs, bis er mich anguckte, als wolle er sagen: „Du vergeudest meine Zeit." Ich hab zurückgeguckt.

Jamaikaner lieben dieses Spiel. Er hat dir schwache Songs vorgesetzt, um zu sehen, wie du reagierst.

Genau. Die Situation war die, dass überall Koffer mit Bändern rumstanden. Viele Artists lagerten ihre Bänder bei ihm in der Hoffnung, Tubby könnte davon Dubs verkaufen. Irgendwo mussten sie ja ihre Tapes lassen, und so bestand vielleicht die Möglichkeit, promotet zu werden und etwas Geld zu verdienen. Tubby hatte mir irgendwas von irgendwem aus einem der vielen Koffer von Bunny Lee vorgespielt. Mir hat's nicht gefallen und er hat geschmunzelt. Hat 'nen Schlüssel rausgeholt, ihn einem der Jungs zugeworfen und auf den Schrank am Boden gezeigt. Der Junge schloss auf, holte ein Mehrspurband raus, Tubby sagte zu ihm „Leg auf!" und drückte auf „Play". Und dann habe ich diese Stimme gehört, es war wie ein Schauer. Ich hatte keine Ahnung, wer da sang, ich hab nur gesagt: „Oh mein Gott, kann ich bitte davon einen Dub haben?!" Es war Michael Prophet aus dem ersten Album mit Yabby You. Ich hab den Dub gekriegt und „Yes!" gesagt. Daraufhin haben sich Jammy und Tubby grinsend angeguckt, als hätte ich den Test bestanden. So zumindest hat's sich für mich angefühlt. Ich erinnere mich noch genau an das schwarz-weiße Logo meiner Dubplate, an das Label und die braun-weiße Hülle mit dem gezackten Stern. Später gab's die berühmten Full-Colour-Hüllen mit „Waterhouse" auf der einen und „Firehouse" auf der anderen Seite. Tubby liebte Artwork, hat viel Wert auf Details gelegt. Er wollte immer, dass alles perfekt war.

Der englische Sound-System-Besitzer Fatman hat sich ja damals schon an dem Design für seine Dub-LPs bedient: Die Hülle mit dem Stern z.B. nahm er für die *King Tubby, Prince Jammy And Scientist – First, second and third generation of Dub*[2] und seine *Unleashed Dub From King Tubby's Studio*[3] steckte in einem blauen „Waterhouse"-Cover[4]... Hat man Tubby eigentlich angemerkt, dass Studioarbeit allein ihn nicht zufrieden stellte? Dass er mehr wollte?

Als ich nach Jamaika kam, war Tubby bereits dabei zu delegieren. Jammys war sein Assistent, weil er nicht mehr alles allein machen konnte. Er war ja auch noch mit all diesem elektronischen Zeug beschäftigt. Tubby war ein Elektronikgenie. Einmal kam ich dahin, als er gerade unterwegs war. „Wann kommt er zurück?" – „Wir finden ihn." – „Ihr findet ihn?" – „Ja, wir erreichen ihn per Telefon." Tubby war dauernd unterwegs, oft mit dem Fahrrad. Wenn sein Sound in Waterhouse gespielt hat, ist er hingeradelt, hat alles eingestellt und verschwand wieder. Im Garten seines Hauses war eine Antenne, über die man ihn anrufen konnte. 1979 hatte Tubby schon eine Zwei-Wege-Antenne! „Yo Tubbs, Rodigan ist da." – „Ok." Ich hab danebengestanden und gedacht: Oh shit, der Mann ist in einer ganz eigenen Liga.

Wie war Tubby, wenn er gedubbt hat? Hat er improvisiert oder wusste er, was er wollte?

Wenn ich ihm zusehen konnte, wirkte er sehr entspannt, konzentriert und wusste genau, was er tat. Trotzdem, Dub ist der Moment, der Augenblick in dem es passiert. Es kann nicht wiederholt werden. Wie wir wissen, wurde meistens ja gar keine Kopie gemacht, sondern nur ein Master gezogen, von dem die Dubplate geschnitten wurde.

Deshalb verheddert sich ja auch Michael Veal bei seiner Analyse[5] in dem Versuch, Dub-Ereignisse in Takten und Zeiten zu messen.

Ich würde sagen, er folgt zu sehr einer akademischen Doktrin. Und er ist sehr anstrengend zu lesen. Veal spricht nicht zu den Leuten auf der Straße. Ich denk da immer an eine Geschichte von Jackie Mittoo[6]. Jackie erzählte, dass er im Studio geübt und dabei Jazz gespielt hat. Plötzlich lag eine Hand auf seiner Schulter und Coxson (der Studiobesitzer) beugte sich zu ihm runter: „Jackie, denk dran. Es ist nur Reggae." Mit anderen Worten: Halte es einfach. Keep it simple.

Dieser unwiederbringbare Moment in der Entstehung eines Dub findet sich auch in den Improvisationen des Jazz.

Tubby hatte sicherlich einen Sinn für Jazz. Als unsere Freundschaft intensiver wurde, nahm er mich mit in einen Raum seines Hauses und sagte: „Da ist etwas, das ich dir zeigen möchte." In diesem Zimmer war die größte

2 1981 auf dem englischen KG Imperial Label
3 1991 auf dem englischen Fatman Label mit Mixen aus den 70ern
4 Seit 2002 findet das Design der „Firehouse"-Dubplate-Hülle Verwendung bei Maxiauskopplungen der Pressure-Sounds-LP *Firehouse Revolution – King Tubby's Productions in the Digital Era 1985 - 89* und bei Single-Re-Releasen des japanischen Dub-Store-Labels
5 Michael E. Veal: *DUB Soundscapes & Shattered Songs in Jamaican Reggae, a.a.O.*
6 Jackie Mittoo (1948 – 1990), Gründungsmitglied der Skatalites, Keyboarder und musikalischer Leiter im Studio One

Sammlung an Jazzplatten, die ich je gesehen hab. Unglaublich. Tubby hatte alle Alben, alle Originale von den Großen dieser Musik. Später kam mir der Gedanke, wenn Tubby am Pult saß, dann hat er gejazzt... Mir fällt gerade ein, in manchen Dubs hört man „Red Light", und wenn ich mich richtig erinnere war das, weil es gar kein Red Light gab.

Die rote Lampe, die mit dem Aufnahmeknopf am Tonband verbunden ist?

Yeah. Es war alles sehr klein. Hier das Pult, daneben der Schrank [mit den Tapes] und ein sehr kleiner Raum mit Eierkartons und Schaumstoff [an den Wänden] mit Platz für eine, vielleicht zwei Personen [um Gesang aufzunehmen]. Dort ist normalerweise ein rotes Licht...

...um den Musikern zu signalisieren, dass jetzt aufgenommen wird...

... aber weil es das nicht gab, sagte Tubby – deutlich zu hören – „Red Light" oder „Ready". Oder am Anfang von „Firehouse Rock" von den Wailing Souls, da hörst du ein Räuspern. Solche Dinge hat man gelassen, es war natürlich. Und genau das war Dub: ein Herumspielen, Spaß für die Engineer. Ich glaube nicht, dass ihnen die Bedeutung dessen, was sie taten, klar war. Aber gerade dieses unschuldige Neuland machte es so erregend. Ein gutes Beispiel für King Tubby ist „Cow Town Skank" von [dem Deejay] I Roy[7]. Da hört man am Anfang ein hupendes Auto mit quietschenden Reifen vorfahren und einen Dialog zwischen Bunny Lee und I Roy: „Wha' happen I Roy, what a nice car the man have." – „Where the man go forward to?" – „Is Cow Town I man rest right now..." Das Auto gehörte Bunny Lee, Tubby hat ein Mikrofon nach draußen geschleppt, ein Kabel durchs Fenster am Haus vorbei in den Garten gelegt und alles dort aufgenommen.

Perry hat Ähnliches veranstaltet, mit Kindern oder Ziegen, die er draußen aufgenommen hat.

Yeah, irrsinnige Sachen. Big Youth und Keith Hudson haben ein Motorrad ins Dynamics Studio gebracht. Ins Studio![8] Es gab keine Soundeffekte, also mussten sie selbst welche kreieren.

Sounds, die in Jamaika allgegenwärtig waren.

Genau. Quietschende Reifen, aufheulende Motoren, wrooom, wrooom. Abgefahren und verrückt, total inspirierend. Wenn du überlegst, was alles gemacht wurde, warum war es so inspirierend? Warum hauen einen diese Dubs heute noch um? Warum sitze ich allein zu Hause, drehe die Lautstärke auf Anschlag – Tut mir leid, Nachbarn. Zehn Minuten. Ich flieg mal kurz zum Mond. – und dann spiele ich ein paar Tubby Dubs und habe das Gefühl geduscht zu werden. Warum? Vielleicht war es der Umstand, dass alles möglich war. Nimm nur „Stalag". Reden wir gar nicht von all den Dubs und Songs, allein der Original Riddim, was für Sounds damals kreiert wurden. Tubbys Studio war eine Quelle, ein Treffpunkt, und alles dort war picobello. Tubby war penibel in Bezug auf Sauberkeit. Alles musste aufgeräumt sein, es

7 Erschien zuerst 1972 als einzige Veröffentlichung auf I Roys eigenem Label Royco Inc. mit der Pablo-Version „Fiat 125" auf der Rückseite. Danach auf Justice, auf Move & Groove und ein Jahr später auf der LP *Presenting I Roy* auf Gussie und Trojan.

8 1972 für das Intro der Big-Youth-Single „S90 Skank/Ace 90 Skank", einer Deejay-Version zu Hudsons „We Will Make It Up" auf dessen Mafia Label

durfte nicht geraucht werden. Der Boden war geputzt, oft hat es angenehm geduftet. Wenn er nicht im Haus war und die anderen haben sich getraut zu rauchen, gab's ein Warnsystem: Tubby kommt! Tubby kommt! Dann wurden Fenster aufgerissen und die Klimaanlage hochgefahren. Ich werde nie vergessen, wie er reinkam, wie ein Lehrer dastand und sagte: „Wer hat geraucht?" – „Ich nicht, Mr. Tubbs, ich nicht." Was für eine Frage: Wer hat geraucht? In Jamaika! Ich musste so lachen, er aber war todernst.

Kannst du dich an die ersten Aufnahmen erinnern, die du als Dub wahrgenommen hast?

Meine erste Entdeckung von Dub war auf der B-Seite einer Joe-Gibbs-Single, Joe Gibbs & The Destroyers, die voll war mit merkwürdigem Echo.[9] Die A-Seite war nicht so aufregend, aber die B-Seite war verrückt. Ich hab mich damals gefragt, was das ist. Dann war da „Tek a lick, tek a lick" mit King Stitt und „Herbman Shuffle", das war auf jeden Fall schon dubby.

Die Version dazu hieß „Phantom" und war von Linford Anderson noch sehr zurückhaltend gemischt. Tubby hat sich das später noch einmal offensiver vorgenommen.[10]

Niemand kannte am Anfang das Wort „Dub". Wir reden hier über die Zeit, als es nur „Version" hieß, einfach nur „Version". Die Soundleute von damals haben mir gesagt: Das Instrumental war das was zählte. Orgel-Instrumental, Piano-Instrumental, Geige...

...Repeater Drumming...

...alles, was anders war. Dann fingen die Engineer mit leichten Veränderungen an. Als nächstes kam ein bisschen Echo dazu und so ist es passiert. Da hat sich nicht jemand hingesetzt und gesagt: Ich habe ein Geheimnis entschlüsselt.

Sylvan Morris sagt, es waren die Soundleute, die mit der Idee kamen. Nicht die Engineer.

Dem würde ich komplett zustimmen. Ich habe ihn Ende der 70er Jahre mehrfach getroffen, ein sehr sanftmütiger Charakter. Er hat für mich bei Harry J gemischt. Ich bewundere ihn sehr, ohne ihn hätten wir all diese Studio-One-Aufnahmen nicht. Noch vor wenigen Tagen habe ich ein Interview mit ihm gelesen, in dem er beschreibt, dass Dub im Grunde eine Weiterentwicklung war von dem, was mit den Instrumentals gemacht wurde. Er sagte, die Soundleute haben uns verrückt gemacht. Die wollten immer was Besonderes. Das hat uns, die Engineer, genötigt zu überlegen, was man anders machen könnte.

Was der landläufigen Theorie widerspricht, Tubby habe Dub erfunden. Das käme zeitlich ja auch gar nicht hin. Denn als nach diversen Single-B-Seiten 1973 die ersten Dub-LPs auftauchten, hatte Tubby gerade erst

9 Gemeint ist „Nevada Joe", 1969 auf dem blauen - englischen - Amalgamated Label, die Version hieß „Straight To The Head" und hatte obskure Vokal-Echoeffekte

10 Sowohl der Mix von Anderson als auch der von Tubby sind zu finden auf der 1976 durch Clan Disc veröffentlichten *Sound System International Dub LP* der Clancy Eccles All Stars, 2009 mit gleichem Titel neu herausgebracht von Pressure Sounds als *King Tubby & The Clancy Eccles All Stars*

das 4-Spur-Equipment von Dynamics gekauft, das ihm Dub überhaupt ermöglichte. Bis dahin war sein Studio lediglich für das Schneiden von Dubplates eingerichtet. Zu dem Zeitpunkt hatten Linford Anderson und vor allem Errol Thompson mit ihren technischen Möglichkeiten aber bereits die Weichen gestellt.
Was du sagst, ist richtig. Tubby kann nicht der Erfinder sein, denn er hatte nicht das Equipment dafür. Sind wir mal Sherlock Holmes und Dr. Watson: Wenn wir die Fakten abwägen und die Zeit berücksichtigen, kann es nur Errol Thompson gewesen sein. Meine Errol-Thompson-Story geht übrigens so: Es war ein Sonntag in der Mittagszeit, Gussie Clarke hatte mich zu Errols Haus gebracht. Ich ging hinein und hab mich darauf gefreut, ihn zu treffen. Aber Errol Thompson war nicht daran interessiert mich zu treffen, hahaha. Er saß an seinem Esstisch und zählte Geld. Geld, das er Downtown mit seiner Eisdiele eingenommen hatte. Das hat ihn viel mehr interessiert.
Zurück zu Tubby…
Soweit ich mich erinnere, kamen Tubbys Dub-Alben später. Der erste Tubby-Dub, den ich wahrgenommen hab, war 1974 „Watergate Rock“, eine Version zu Larry Marshalls „I Admire You“[11].
In dem Jahr erschien auch *King Tubby The Dub Master Presents Dub From The Roots* und spätestens ab da war Dub ein internationales LP-Format.
Yeah, da sind wir uns doch einig, dass die Vorstellung von Dub als [für sich stehendes] Erlebnis eine Albumerfahrung war, oder?
Nicht in Jamaika, nur in Europa.
Aber wir müssen anerkennen, dass in erster Linie die Erfahrung mit den Alben den signifikanten Wechsel bestimmt hat.
Über die Alben wird eine jamaikanische Sound-System-Errungenschaft zu einer weißen, europäischen Musikkultur.
Und zwar in erstaunlicher Geschwindigkeit.
Dabei entwickelt jeder seine eigene Interpretation, die meist ihren Ausgang in England hat. Der spirituelle Dub von Jah Shaka, die University Of Dub mit Steppers Dub, später Drum'n'Bass und Dubstep.
Es ist eine Evolution. Wobei ich mich immer frage, warum Dub diesen besonderen Reiz bei jungen Menschen hat. Das Dub-Publikum besteht größtenteils aus Teenagern und Menschen Anfang Zwanzig. Verrückt. Ich glaube, diese jungen Leute erleben die gleiche Obsession, die wir hatten, als wir diese Musik zum ersten Mal gehört haben. Sie sind jüngere Ausgaben von dir und mir, und dieses Entdecken ist einfach aufregend. Aber sie wollen sich etwas Eigenes schaffen. Dubstep ist ihre Interpretation.
Hat aber mit Reggae nichts mehr zu tun.
Nein, nein, nein. NEIN! Es ist nicht das, was du und ich darunter verstehen. Trotzdem – ich spiele sehr oft in diesem Umfeld – wenn ich da meine King Tubby Dubs auflege, dann flippen sie aus. Wegen der Energie und dem Bass.
Es stimmt, Dubstep bringt über die Basswellen die gleiche körperliche Erfahrung. Was aber dabei unter den Tisch fällt, sind das Original, der

11 Erschienen auf Black & White, produziert von Carlton Patterson

menschliche Faktor und der kulturelle Zusammenhang. Dub beruht in seinem Ursprung auf echten Instrumenten, ist analog und basiert auf Improvisation, nicht auf Programmierung.
Auf jeden Fall ist Dub eine analoge Erfahrung.
An der Tubby irgendwann nicht mehr interessiert zu sein schien. Er hatte eine neue Leidenschaft gefunden.
Tubbys eigentliches Interesse galt dem Multitrack. 16- oder 24-Spur-Studios, die hatten es ihm angetan. Er hat Bücher gekauft und studiert, wie ein Studio konstruiert wird. Er ist zum Kingstoner Hafen gefahren und hat dort jedes einzelne Stück Holz für sein Studio selbst ausgesucht, handverlesen. Er hat sich damit beschäftigt, wie man es formen und anbringen muss, um die beste Akustik zu erzielen. Ich glaube, das war seine ultimative Obsession: sein eigenes, individuelles Multitrackstudio zu entwerfen. Das hat ihn angetrieben und er hat es mit seinen eigenen Händen zu Ende gebracht. Als es fertig war, hat er mich mit hinein genommen. Schon die Tür war eine reich verzierte Schnitzarbeit in jamaikanischem Mahagoniholz. Darauf stand „King Tubby's Studio". Ich erinnere mich an das dunkle Mahagoni-Rosenholz, dunkelbraune jamaikanische Zypressen, wunderbar lackiert. Wir sind reingegangen und es war gigantisch. „Phantastisch", mehr konnte ich nicht sagen. Ich hab dann da mit Tubby gesessen und er hat mir genau beschrieben, wie er es mit eigenen Händen so gebaut hat, als bestünde es nur aus einem einzigen Brett.
Es gibt Leute, die sagen, Tubbys digitale Produktionen wie „Tempo"[12] seien in dem neuen Studio im Hinterhaus entstanden. Für mich klingt „Tempo" jedoch nach dem MCI-Pult.
„Tempo" war viel früher und war von der Firehouse Crew, einer jungen Band, die Tubby entdeckt hatte, in seinem alten Studio kreiert worden. Ich bin nicht sicher, ob in dem 24-Spur-Studio, auch nachdem es mehr oder weniger komplett ausgestattet war, jemals irgendetwas aufgenommen worden ist.

Zwischenbemerkung: Nach Tubbys Tod wird das nie in Betrieb genommene, neue Studio leergeräumt und das Equipment verkauft, nur die Mahagoni-Tür bleibt wo sie ist. Knapp 30 Jahre lang interessiert sich niemand für sie. Als der französische Reggae-Historiker Thibault Ehrengardt 2020 eine King-Tubby-Biografie veröffentlicht[13], greift er Gerüchte auf wie: Japaner hätten die Tür gestohlen. Oder: Sie stünde im Jamaica Music Museum von Herbie Miller. Auch die Familie von King Tubby hätte Interesse an der Tür bekundet. Fakt ist, weder das Jamaica Music Museum noch die Nachkommen von King Tubby haben je etwas unternommen, um die Tür vor dem Verfall zu retten. Ehrengardt erwähnt Leroy Fatman Thompson, der ihm erzählt hat, er sei „unlängst mit einem deutschen Journalisten dort gewesen"[14], da war die Tür noch, wo sie immer war. Es stimmt, im Jahr 2017 waren der Autor

12 Anthony Red Rose – „Tempo", 7" Firehouse 1985
13 *King Tubby The Dub Master. The Official Biography* Dread Editions, Frankreich 2020
14 a.a.O. S. 10

dieses Buches und Leroy Fatman gemeinsam dort und haben die Tür an ihrem Platz gesehen. 2021 wird das Vorderhaus, in dem Tubbys 4-Spur-Studio untergebracht war, entkernt. Das Gebäude dahinter mit der geschnitzten Tür ist davon unbetroffen.

Du hast gesagt, Tubby habe dich fasziniert. Seine Faszination hat viele erfasst, auch wenn man ihn nicht persönlich kannte, und sie ist bis heute ungebrochen. Daher ranken sich so viele Legenden um sein Wirken. Wie eben die Geschichte, er habe in dem neuen Studio seine digitalen Produktionen aufgenommen. Diese Faszination hat einen fragwürdigen Blick auf die Geschichte des Dub bewirkt.
Oh ja! Tubby wurde ein Symbol, eine Ikone.
Wie Bob Marley…
Ganz genau! Die perfekte Analogie! Tubby war, was er war, und hat getan, was er getan hat. Und das war sehr, sehr wichtig. Soweit ich das beurteilen kann, ist er immer noch der beste Engineer, bei allem Respekt für die anderen. Der Sound, den er mit seinem Pult kreiert hat, war einzigartig. Auch weil er alle Bestandteile seinem Studio angepasst hat. Und auf dem Höhepunkt seiner Kreativität waren seine unaufdringlichsten Dubs die coolsten. Einige davon sind wunderbar zurückhaltend, einfach nur grandios. Wie die Dubs, die Augustus Pablo mit Tubby gemacht hat: „Cassava Piece", „Up Wareika Hill", „King Tubby Meets Rockers Uptown". Als ich das zum ersten Mal von der Island Single gehört habe mit „Baby I Love You So" auf der Rückseite, da habe ich gedacht, ich sei im Himmel. Die Pressung war fantastisch, der Sound großartig. Das war wie ein Nirvana.
Ein perfektes Schlusswort, vielen Dank. Lass uns noch kurz reden über *Rockers Arena*[15], die LP, die unter deinem und Tony Williams' Namen erschien.
Die ist ein kompletter rip-off. Der Mann, der sie herausgebracht hat, hieß Larry Lawrence (1947 – 2008), ein Mann mit einer sehr dominanten Persönlichkeit. Ein Jamaikaner, der enge Freundschaft mit den Wailers pflegte, besonders mit den Barrett-Brüdern. Wann immer die nach England kamen, hat er irgendwas mit ihnen aufgenommen und dann mit jungen britischen Artists gevoict*. Allein der Name seines Labels sagt schon, was er für ein Mann war: Ethnic FIGHT!
Mit Boxhandschuhen als Logo.
Lawrence war ein auffälliger Charakter, der sehr energisch sein konnte. Sehr fordernd, wollte immer, dass seine Platten im Radio gespielt werden. Er war ein harter Knochen, aber ich mochte ihn. Es war die Zeit, als ich bei Radio London war. Lawrence hatte einen Plattenladen in Brixton und kam plötzlich mit diesem Dub-Album. Er hatte dafür weder eine Erlaubnis eingeholt noch Geld gezahlt.
Er hat deinen Namen aufs Cover geschrieben, ohne zu fragen?

15 *Rodigan-v-Williams - Rockers Arena*, 1980 auf Ethnic Fight laut Cover, lt. Label auf Exclusive

Yeah, er sagte, das wäre Promotion. Er würde uns damit einen Gefallen tun, haha.

„Uns" heißt dir und Tony Williams? Ihr hattet eine gemeinsame Radioshow.

Williams und ich haben uns eine Show geteilt. Am Anfang zusammen, später haben wir uns abgewechselt. Er war Jamaikaner, ich Engländer. Niemand hatte mich je gesehen, alle nahmen an, ich sei schwarz. Und dann ging's los. Unsere Zuhörer, vor allem die Jamaikaner, die es, wie man weiß, lieben zu kommentieren, begannen zu reden: Rodigan ist besser als Williams, Williams ist besser als Rodigan. Es war das Gerede der Straße: Rodigan badda dan Williams… Williams war ein Freund von mir und wir haben immer noch gelegentlich Kontakt. Aber Lawrence hat die Situation ausgenutzt und kam mit diesem Album *Rodigan versus Williams*. Ich weiß gar nicht, was das für Riddims waren. Vermutlich alles Larry-Lawrence-Riddims. Ich hatte damit nichts zu tun und war peinlich berührt, als ich es gesehen hab. Ich besitze dieses Album gar nicht. Es ist nichts, was ich brauche... Lass uns nicht weiter darüber reden.

09 | Die Geschichte von Fatman: Three The Hard Way @King Tubby's

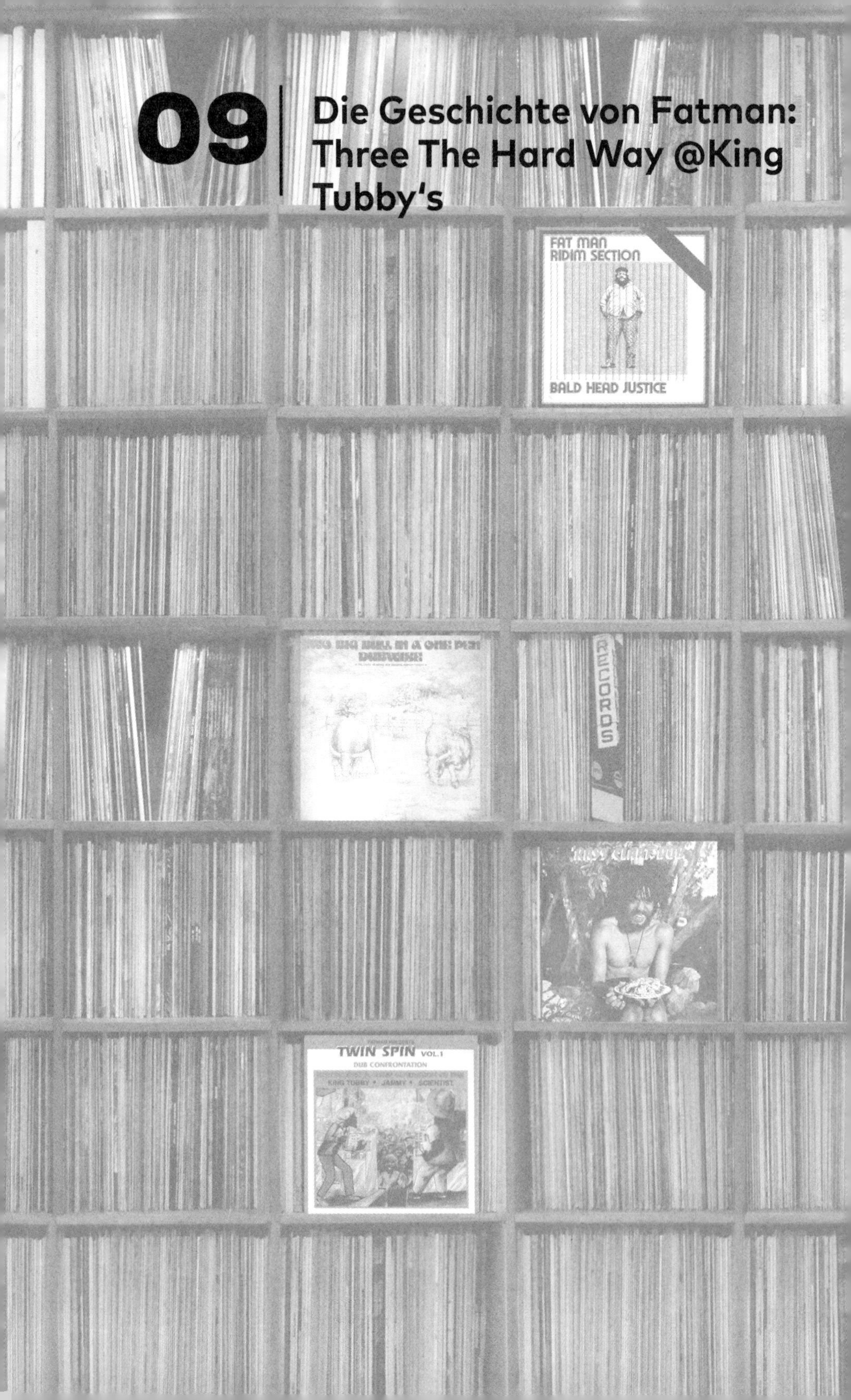

Seinen Beinamen verdankt er einer stattlichen Wampe, die in jungen Jahren seinen Körper umkränzt. Alle rufen ihn „Fatman", nur Tubby nicht. Der nennt ihn „Jackson", Tubby spricht jeden so an. Eine Marotte mit Hipness-Faktor, die seit den 40er Jahren weitverbreitet ist unter den Jazzern New Yorks und die sowohl Tubby wie auch Coxson übernehmen. Leroy „Fatman" Thompson zählt zu den in der Geschichtsschreibung notorisch unterbeleuchteten Akteuren an King Tubbys Hofstaat, die in vielen Erinnerungen oft nicht mal einen Nachnamen haben. So wie Barry, der für Tubby Verstärker gebaut hat. Oder Ervin, der vermutlich Robinson hieß, aus Jones Town kam und alles reparieren konnte, was irgendwie reparabel war. Fatman ist ein solider Studiohandwerker, ohne den Glamour von Engineern wie Scientist oder Prince Jammy. Vier Jahre lang erledigt er seinen Job voller Leidenschaft und beherrscht die Abläufe perfekt. Verwirrend nur, dass er nicht der einzige Fatman auf Tubbys Terrain ist. Es sind derer drei, jeder mit einer eigenen Rolle.

Am offensichtlichsten verkörpert der Gitarrist Roger Lewis diesen Namen. Zusammen mit seinem Bruder, dem Bassisten Ian Lewis, gründet er Ende der 60er Jahre die Band Inner Circle, die gut drei Jahrzehnte später den Welthit „Sweat (A La La La La Long)" verzeichnet. Mit den Brüdern als Kern existieren Inner Circle bis heute als eigenständiger Reggae-Act. In den ersten zwei Jahrzehnten nach ihrer Gründung jedoch agieren sie vor allem als Backing- und Producer-Band unter dem Namen Fat Man Riddim Section. Sie spielen unter anderem für Bob Marley den Riddim von „Stir It Up" ein und veröffentlichen auf ihrem eigenen Label Top Ranking eine Serie spektakulär druckvoller Dub-Alben: *Baldhead Justice*, *Israel Tafari*, *Heavyweight Dub*, *Killer Dub* (alle 1978), *Tough Guys In Dub* (1979), *Is It War Or Is It Peace?* (1980) sowie *Wagon Of Dub* und *Tribulation Dub* (beide 1982). Nicht eines dieser Alben wird in der Dromilly Avenue gemischt. Bei Tubby entsteht lediglich der kuriose *E-E Saw Dub* von 1976[1], ein Spaßprojekt des Keyboarders Bernhard „Touter" Harvey, das Tubby im Vorbeigehen mischt, ohne dass es veröffentlicht werden soll.[2] Touter hatte seinen ersten (ARP Odyssey) Synthesizer erstanden und das monophone, elektronische Instrument dudelnd über einige Riddims von Jacob Miller ausgecheckt, die von der Fat Man Riddim Section stammten und an denen auch Augustus Pablo mitgewirkt hatte. Pablo führt Roger „Fatman" Lewis bei King Tubby ein, der dann oft und begeistert neben dem Mann, „who was the don man", am Pult sitzen darf, um ihm beim Mischen zuzusehen. „Ich hab nie einen Knopf angefasst", schwört er, „ich hab immer nur kommentiert: Bwoy Tubby, dat bad man!"

Der nächste Fatman, ebenfalls ein stattliches Mannsbild, das dem Namen alle Ehre macht, ist Kenneth Gordon. Aufgewachsen in Waterhouse emigriert er 1963 nach London und beginnt 1967, in Tottenham ein Sound System aufzubauen, das 1974 den Namen „Fatman HiFi" erhält. Wie alle in

1 Erschien ebenfalls unter ungeklärten Umständen als *ABC Dub* auf dem Penetrate Label

2 Offiziell wurde die in Ministückzahl gepresste LP erst 2006 mit ausführlichen Hintergrundinformationen von dem englischen Motion Label als *King Tubby meets Jacob Miller – Ina Tenement Yard* aufgelegt

England aktiven jamaikanischen Soundmänner produziert Fatman Gordon in Kingston Material, um es in England auf eigenen Labeln zu veröffentlichen. Er pflegt eine enge Verbundenheit mit Prince Jammy, der ihm großen Einfluss auf die englische Dub-Rezeption attestiert: „Fatman hat Dub in England populär gemacht." Gordon kommt regelmäßig zu Tubby und lässt sich von Jammy Dubs mischen, die er erst als Dubplates für seinen Sound nutzt und später zu LPs wie *First, Second & Third Generation Of Dub* (1981) oder *Unleashed Dub From King Tubby's Studio* (1991) für seine eigenen Label KG Imperial und Fat Man kompiliert. 1979 veröffentlicht er *Fatman Dub Contest: Crucial Bunny Versus Prince Jammys* auf dem englischen Star Label.
Weder Lewis noch Gordon legen je bei einem Dub selbst Hand an. Beide sind nur gelegentlich vorbeischauende Gäste.
Anders dagegen Leroy Thompson. Der ist noch jung, lebt in fußläufiger Entfernung der Dromilly Avenue und besucht die Pembroke Secondary School auf dem Ken Hill Drive. Wenn die Schüler nach Sommerjobs für die Ferien Ausschau halten wollen, erhalten sie Bescheinigungen ihrer Schule. Mit einem solchen Schreiben wird Leroy bei Tubby vorstellig und fragt nach einem Praktikumsplatz. Doch Tubby schickt ihn weg, er will keine Lehrlinge, er braucht Profis. Leroy ist enttäuscht, schließlich hat er in der Schule einen Lehrgang für Elektroinstallation belegt, zudem nimmt er an einen Fernkurs der Nationalen Technischen Schule in Tennessee teil. Die Weiterbildung in den Staaten finanziert er mit dem Geld, das er zu Hause für Essen bekommt. Als der jamaikanische Dollar nach dem Regierungswechsel 1980 rapide an Wert verliert, kann er den Kurs nicht mehr bezahlen. Erneut geht Leroy zu Tubby und erhält dieselbe Antwort: Keine Lehrlinge, nur Profis. Vier Jahre später, er hat die Schule gerade abgeschlossen, versucht er es ein drittes Mal. Wieder vergeblich.
Zum Zeitpunkt des letzten Versuchs sind Peego und Professor die aktuellen Dirigenten an Tubbys Pult. Doch Professor will mit seiner Familie in die USA, also braucht Tubby einen Nachfolger. Er erinnert sich an den jungen Mann, der schon mehrfach angefragt hat, und bestellt ihn über einen gemeinsamen Bekannten eines Montagmorgens im Frühjahr 1985 in sein Studio. Kurz zuvor hat Prince Jammy die „Under Mi Sleng Teng"-Bombe gezündet, Tubby ist dabei, mit Anthony Red Rose und „Under Mi Fat Thing" zu reagieren. Der Gesang ist bereits im Kasten, Professor sitzt am Mix und Tubby stellt ihm Leroy zur Seite, damit er Professor assistiere. Der begrüßt ihn mit den Worten: „Youth, nächsten Donnerstag bin ich weg. Bis Mittwoch musst du alles gelernt haben."
Als der Song fertig ist, hat Leroy „Fatman" Thompson den Job. Er ist 19 Jahre alt und am Ziel seiner Wünsche, er arbeitet für King Tubby. Schnell ist er integriert in die tagtäglichen Studioabläufe, die so bleiben, als wäre nichts geschehen, obwohl Jamaika musikalisch eine eruptive Veränderung durchlebt. Die Entwicklung von Ska über Rock Steady zu Reggae ist nichts im Vergleich zu dem Umsturz, den „Sleng Teng" auslöst. Der Sound des Reggae ändert sich radikal und mit ihm ändern sich die Beats. Noch wird

nicht programmiert, doch digitale Tongeneratoren ersetzen zunehmend herkömmliche Instrumente. Fatman Thompson ist Repräsentant einer Zeit im Wandel. Er erlebt den Übergang von analog zu digital, in dem der Reggae von Musikern wie Steely & Clevie, Asher, der Firehouse Crew oder Mafia & Fluxy in den Studios nun auf Synthesizern und Drummaschinen per Hand gespielt wird.

Frage: Als du endlich bei Tubby untergekommen warst, haben sich deine Vorstellungen erfüllt?
Fatman: Es war mir ein solches Vergnügen bei Tubby. Er war „der Mann" und ich wollte unbedingt bei ihm arbeiten, egal was. Jetzt durfte ich Songs aufnehmen und mischen. Ich war fertig mit der Schule und konnte morgens gar nicht abwarten. Sobald es hell wurde, bin ich hin. Zu Fuß zum Studio, zu Fuß nach Hause. Mit großer Freude.
Verglichen mit heute, fiel es schwer, die Arbeit im Studio zu lernen? Bei vier Spuren dürfte das nicht allzu kompliziert gewesen sein.
Tubby war ein großartiger Lehrer. Er hat ja selbst nicht mehr gemischt. Er hat nur gesagt: „Ruf mich, wenn du meinst, es richtig eingestellt zu haben." Dann kam er, und weil's nur vier Spuren waren, hat er einen Fader ein bisschen nach oben, einen anderen etwas nach unten geschoben, genickt und gesagt: „Yeah! So ist es gut, Jackson." Haha, das war's. Er hat mir gezeigt, wie man auf der Dubplate erkennt, wenn die Nadel des Dubcutter abgesplittert ist. Tubby hatte seinen Cutter modifiziert, er konnte die Wärme der Nadel verändern. Jammy, für den ich später gearbeitet habe, konnte das nicht. Bei seinem Cutter war die Wärme fest eingestellt. Wir [bei Tubby] dagegen konnten sie erhöhen und deshalb auch alte Rohlinge schneiden, die eigentlich schon zu hart waren. [Mit unseren vier Spuren] hatten wir kein wirkliches Multitrack. Die Riddims kamen [meist] aus dem Channel One. Dort wurden sie auf 16 Spuren aufgenommen und dann auf zwei Spuren gebounct. Drum'n'Bass auf eine Spur, Riddim-Section mit Piano, Gitarre, Orgel und Bläsern auf die andere Spur. Das haben wir dann von zwei auf vier Spuren übertragen, sodass wir eine Spur für Gesang und eine für Backing Vocals hatten.
Ihr habt aus den anderen Studios ein ¼ Inch 2-Spur-Tape gekriegt und es auf eine eurer 4-Spur-Maschinen überspielt?
Richtig.
Bei Dubs und Dubplates hört man jedoch mal den Bass, mal das Schlagzeug alleine. Also muss es eine Trennung gegeben haben.
Für die Dubs haben wir ein 4-Spur-Tape gekriegt. Drums auf einer Spur, Bass auf einer Spur, Riddim-Section und Bläser auf jeweils einer Spur. So hatten wir vier Spuren, mit denen wir spielen konnten. Manchmal haben wir auch beim Mixen Gesang aufgenommen.
On the fly*?
Genau, hahaha. Da durften keine Fehler passieren.
Ehrlich gesagt, hört man hier und da Fehler. Beim Mix wie auch beim Gesang.

Klar. Haben wir auch gemerkt. Aber on the fly kann man nichts rückgängig machen. Wir haben es hingenommen. Damals hat man es nicht als so schlimm empfunden. Das ist eben der Unterschied zwischen der Musik damals und heute. Heute ist alles zu perfekt, zu computerisiert.

... und alles klingt ähnlich.

Weil alle eimerweise Plug-Ins kaufen. Wir hatten ein AKG Spring Reverb, damit haben wir Hall gemacht. Und wir hatten drei Bandmaschinen. Eine 4-Spur für Recording, eine 4-Spur zum Mischen. Die, mit der wir aufgenommen haben, wurde beim Mix für Echos genutzt. Alles ohne Plug-Ins. Ein AKG Hallgerät und eine Bandmaschine für Echos. Dazu eine 2-Spur-Maschine, auf der wir den Mix aufgenommen haben.

Dubplates habt ihr zum Teil direkt auf die Cutting-Maschine gemischt.

Weil es keine freien Spuren für Voicings von Dubplates gab.

Und weil sich niemand um Fehler geschert hat.

Die Dubplate an sich war wichtig. Die Artists waren hungrig nach dem Geld und sie waren gut in dem, was sie taten. Wenn wir gefragt haben: Fertig? Dann waren sie fertig! Sie wussten, Fehler kann man nicht löschen. Oder wie heute in der digitalen Welt auf „undo" drücken.

Was hat die digitale Entwicklung für den Dub bedeutet?

(Fatman überlegt lange) Well. Alright. Es ist heute leichter – und weniger kreativ. Zu meiner Zeit musstest du deine Tontechniker-Skills benutzen, um Sound zu kreieren. Jetzt gibt es Plug-Ins, die jeden Effekt erzielen, den du willst. Für alles gibt es ein Plug-In. Verglichen mit unserer Zeit: Wir hatten den Hall, das Echo und den High Pass Filter, und damit ist Magie entstanden. That created magic. Dazu kommt der Unterschied in den Ideen. Heute hast du eine Person, die den Riddim baut. Der Entwurf eines Einzelnen bestimmt die Aufnahme. Damals waren es ein Drummer, ein Bassist, ein Gitarrist, ein Pianist, ein Organist, die Bläser – bis zu acht Einfälle vereinten sich in einem Riddim. Ein einzelner Mann ist natürlich billiger, aber es fehlt an Dynamik, an Gefühl. Acht Musiker, die sich einbringen, klingen einfach besser.

Lass uns weiter über Tubby reden. Nachdem Professor aufgehört hatte, blieben du und Peego.

Professor habe ich nur drei Tage erlebt. Danach waren Peego und ich allein. Zusammen mit Banton, ihn haben wir angelernt. Als ich nach vier Jahren gegangen bin, hat er meine Position übernommen. Peego hat mehr gemacht im Studio als ich. Ich war viel unterwegs für Tubby, hab für seine Produktionen die Sessions bei Channel One oder Tuff Gong geleitet, wo wir *Two Big Bull Ina One Pen*[3] aufgenommen haben. Tubby selbst ist in keinem anderen Studio gewesen. Ein einziges Mal war er bei Dynamics, das hat gleich für Aufruhr gesorgt. Tubby war nur in seinem Studio. Und wenn er kam, war es immer das gleiche Ritual. Als Erstes zog er sein Hemd aus, er lief ja den

3 Anthony Red Rose & King Kong, Firehouse 1986. Der komplette Titel lautet *King Tubby's presents Two Big Bull Ina One Pen*. Gemischt wurde das Album, ebenso das Dub-Pendant *Two Big Bull Ina One Pen Dubwise*, bei King Tubby von Fatman & Peego.

ganzen Tag im Unterhemd rum. Dann ist er in sein Büro, hat eine Jazzplatte aufgelegt und Schaltkreise entworfen.

Er hat sein zweites Studio geplant, mehr hat ihn kaum noch interessiert?

Genau. Das neue Pult war schon da, eine große MCI-Konsole. Er hielt an der Marke fest. Dann kam Outboard Equipment, die Urei Boxen... Außerdem hatte er sich einen Piratensender gebaut, vor der Tür war eine große Antenne. Da hat er nächtelang Dubplates gespielt.

Tubbys Studio lag wenige Meter neben einer heiklen Grenze zwischen JLP- und PNP-Gebiet. Man weiß, dass sich das auf einige Titel seiner Dubs ausgewirkt hat. Auch U Roy machte bei den Dances mitunter entsprechende Bemerkungen. Wie hat Tubby sich da positioniert?

Schwer zu sagen, Tubby hat nicht über Politik gesprochen. Aber auch er konnte die Spanglers oder Shower Posse nicht ignorieren. Das waren die wichtigsten Gangs damals, die verlangten nach Big Ups. Das Studio lag auf der PNP-Seite, direkt an dem Grenzstreifen, alle nannten ihn „the border".

Im Studio hat man oft von draußen Schüsse gehört, wird erzählt. Und dass man sich nicht rausgetraut hätte. Aber wenn Tubby in sein Auto stieg und losfuhr, war für einen Moment Waffenruhe.

Richtig. Und auch alle, die zu Tubby wollten, hatten keine Probleme. Da wurde jeder durchgelassen: „Alright, da vorne, rechts..." Es waren merkwürdige Zeiten, aber bei Tubby zu arbeiten, war wunderbar. Nice times! Wir mussten das Haus nicht verlassen, wenn wir Hunger hatten. Da kam ein kleiner Kerl mit einer kleinen Tasche voller Essen. Du hast ihm gesagt, was du möchtest, und hast es gekriegt.

Was war nach den vier Jahren bei Tubby?

Danach bin ich zu Jimmy Cliff. Da stand schon eine 8-Spur-Maschine und ein feines TASCAM-Pult. Bei ihm konnte man Schlagzeug und eine ganze Band aufnehmen. Bunny Lee hat mich von da zu Jammy gelotst. Bei Jammy war alles Computer, keine Instrumente. Nur Drum-Maschine, Keyboards, höchstens mal ein echter Bass.

Fatman arbeitet neun Jahre bei Jammy. Parallel beginnt er mit Live Engineering. Er tourt bis in die 2010er Jahre mit Jimmy Cliff, den Wailers, Cocoa Tea, Junior Kelly, Sanchez, Ky-Mani Marley, Baby Cham und vielen anderen. Als Bounty Killer 1997 zum ersten Mal nach Europa kommt und dabei auch in Deutschland auftritt, verlangt er Leroy Fatman als Engineer.

10 Pat Kelly: die Entmythologisierung des Dub

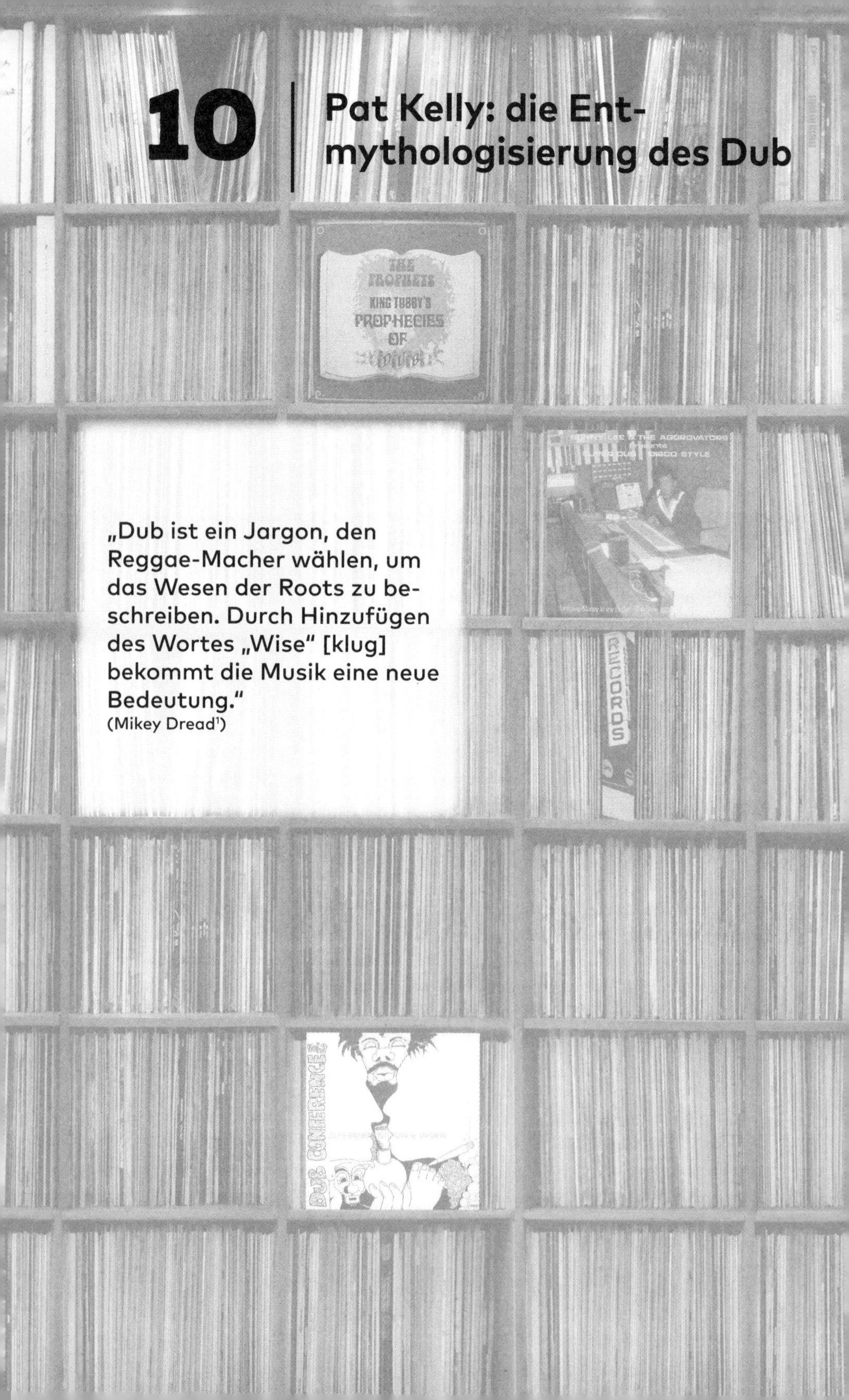

„Dub ist ein Jargon, den Reggae-Macher wählen, um das Wesen der Roots zu beschreiben. Durch Hinzufügen des Wortes „Wise“ [klug] bekommt die Musik eine neue Bedeutung.“
(Mikey Dread[1])

Man nannte ihn „Jamaica's Sam Cooke", sein offizielles Geburtsdatum datiert auf den 6. September 1944. Es ist allerdings der Tag, an dem ihn sein Vater registrieren ließ, nicht sein Geburtstag. Zur Welt kam Pat Kelly schon einen Monat früher. Der in die Wiege gelegte Widerspruch zwischen (Geburts-) Schein und Sein wird in seinem Leben eine durchgängige Rolle spielen.
Pat Kelly führt lange Zeit beruflich ein Doppelleben. Er lernt Elektrotechnik und verdingt sich bisweilen als Studiotechniker, vor allem aber ist er dank seiner Falsettstimme ein äußerst erfolgreicher Rock-Steady-Sänger. Einer der Großen aus der Hall Of Fame jamaikanischer Stimmen. Trotzdem nennt er das Singen nur ein Hobby, das sich verselbstständigt hat. 1967 lässt er sich von Bunny Lee überreden, die Nachfolge des legendären Slim Smith bei den Techniques anzutreten, dem zu jener Zeit populärsten Vokaltrio Jamaikas. Gleich zum Einstieg übernimmt Kelly den Leadgesang für deren Hit-Giganten „You Don't Care", trotzdem bleibt er nicht lange. Nach nur einem Jahr mit weiteren Monstersongs wie „Queen Majesty" oder „Love Is Not A Gamble", die allesamt zu Klassikern werden, entschließt er sich, solo weiterzumachen. 1968 singt er für seinen Freund und Entdecker Bunny Lee „Somebody's Baby". Es ist die erste Aufnahme mit einem One Drop, jener Schlagzeugfigur, bei der Snare und Bassdrum gleichzeitig geschlagen werden und die zum Grundbeat des Reggae werden wird. Kreiert hat ihn Winston Grennan, Sly Dunbars Trommellehrer, der den One Drop bei diesem Song zum ersten Mal für eine Schallplatte spielt. 1969 singt Kelly für Lee „How Long Will It Take", es wird die meistverkaufte Single des Jahres in Jamaika. Zwischenzeitlich transformiert er Curtis Mayfields „Little Boy Blue" in einen Rock-Steady-Evergreen, drei Jahre später liefert er dem Produzenten Phil Pratt mit „Talk About Love" einen weiteren unsterblichen Hit. Daraufhin macht ihm das Beatles-Label Apple ein lukratives Angebot, aus dem nichts wird, weil ihn die englische Firma Pama Records nicht aus einem Vertrag lässt. Kelly hatte sich für ein Jahr an die Pama-Brüder Harry, Jeff und Carl gebunden und die waren nicht bereit, ihn für eine Abstandszahlung von 25.000 Pfund frei zu geben.
Enttäuschungen dieser Art wie auch die Tatsache, dass vor allem andere durch seine Fähigkeiten über die Jahre Anerkennung und Geld eingeheimst haben, lassen Pat Kelly desillusioniert wirken. Trotz zahlloser Hits und mehr als 20 Alben gibt es in seinem Leben häufig Leerlauf, den er für seine eigentliche Leidenschaft, die Studioarbeit, nutzt. Nirgendwo jedoch erreicht er den Status eines Resident Engineer, weil sich das nicht mit seiner Karriere als Sänger koordinieren lässt. Egal, für wen er arbeitet, Pat Kelly bleibt zeitlebens der unbekannte Engineer im Schatten seiner Auftraggeber. Dennoch sitzt er immer wieder bei Randy's, Joe Gibbs oder King Tubby am Pult. Für Letzteren ist er an zahlreichen Dub-Produktionen beteiligt, wird aber nur selten in den Credits erwähnt. Oder man verwechselt ihn gar mit Tubby, weil Kelly es nicht darauf anlegt, etwas Neues zu kreieren, sondern sein Sound im Gegensatz zu den anderen für Tubby arbeitenden Engineern nahezu identisch ist mit dem

1 Linernotes zur LP *Dub Merchant*, Dread At The Controls 1983

des Hausherrn. Was dazu führt, dass heute Singles mit angeblichem Tubby-Dub gehandelt werden, wie etwa die der Palmer Brothers „Stept It Out A Babylon“ (sic!), auf deren Labeletikette deutlich zu lesen steht: „Engineer: Pat Kelly“.[2]
Nur in Ausnahmefällen steht Kelly für eine eigene Dub-Sprache. Am nachhaltigsten gelingt ihm dies beim Mix des Albums *Bunny Lee & The Aggrovators Presents Super Dub Disco Style*[3], eines kleinen Meisterwerks der Dub-Kunst, dessen Aufnahmen aus dem Channel One kamen und das vom Submix des dortigen Engineers Barnabas profitiert. Vergleicht man den Sound des Mixes sowie das Anlegen der Effekte, dürfte auch *Page One – Rock A Dub*[4] auf Kellys Konto gehen. Pat Kelly selbst konnte in dieser Frage nicht weiterhelfen, er hatte keinerlei Erinnerungen an irgendein Album, das er gemischt hat. Fest steht jedoch, dass von ihm eine der spektakulärsten LPs der Dub-Geschichte stammt, deren Titel bezeichnenderweise nicht seinen, sondern den Namen des Studiobesitzers führt: *The Prophets - King Tubby's Prophecies Of Dub*. Die LP wurde 1976 als einziger Release in kleiner Auflage auf dem jamaikanischen Prestige Label veröffentlicht, heute ist diese Pressung ein hochpreisig gesuchtes Sammlerstück.[5]

Frage: Du hattest gar nicht vor, Sänger zu werden, sondern hast Elektrotechnik an der Kingston Technical High School studiert.
Pat Kelly: Drei Jahre (in den frühen 60ern), danach (1966) in Springfield, Massachusetts. Ich wollte Elektroingenieur werden und wurde es auch. So war mein beruflicher Werdegang. Entertainment war nur ein Hobby, das abgehoben hat. Ich hab's nicht darauf angelegt, Sänger zu werden. Tontechniker war mein Ziel, schon als Kid. Bis ich dann meine erste Platte gemacht habe, das hat alles verändert. Diese Karriere hat mich verschlungen.
Du hast aber nebenbei immer auch als Engineer gearbeitet?
Ich habe damit erst angefangen, als ich schon ein etablierter Entertainer war. Es begann bei King Tubby...

---

2 Die von Brent Dowe produzierte Single mit dem Sänger Clifford Palmer aka Junior Ross und dem Hinweis „Engineer: Pat Kelly“ erscheint 1975 auf dem jamaikanischen Sweet City Label und hat auf der B-Seite keinen Dub, sondern einen alternativen Vocal-Mix. Der Vocal-Mix der A-Seite erscheint ein zweites Mal unter dem Künstlernamen The Palm Threes auf dem kanadischen Maica Label mit dem Titel „Step It Out“. Diesmal gibt es einen Dub auf der B-Seite, der von Tubby stammen, aber auch genauso gut von Pat Kelly zusammen mit den Vocal-Tracks hätte gemischt worden sein können. Als die Palm-Threes-Single 2008 von Hawkeye nachgepresst wird, wird Pat Kelly auf dem Label nicht mehr erwähnt.

3 Jamaica Sound 1979

4 Jamaica Sound 1979

5 Aus demselben Jahr existiert eine zweite, von Tubby gemischte und ähnliche betitelte LP: *King Tubby's Prophesy Of Dub*. Um die Verwirrung komplett zu machen, heißt in dem Fall das Label „Prophets“. Es gehört dem Sänger und Produzenten Yabby You, von dem die Songs des *Prophesy*-Albums stammen. Das *Prophecies*-Album dagegen basiert auf Riddims von Bunny Lee. Der hatte seine Tapes bei King Tubby eingelagert und so bekam Vivian Jackson aka Yabby You Zugriff auf das Material. Lediglich einer der 12 *Prophecies*-Riddims stammt von Yabby You. Ein Sticker auf einem großen Teil der LPs mit dem Hinweis auf „Prince Tony“ Robinsons International Record Mart Shop auf der Slipe Road Nr. 45 deutet darauf hin, dass die Pressung von Robinson finanziert wurde. 2019 wird das Album von Pressure Sounds neu aufgelegt.

Nachdem Philip Smart dort aufgehört hatte...
Als ich hinkam, hab ich nur Jammy und Tubby erlebt. Die beiden waren enge Freunde. Von Phillip habe ich erst erfahren als ich ihn in den Staaten traf und er mir erzählte, dass [auch] er Engineer bei Tubby war. Von Jamaika kannte ich ihn nicht.

Wie hast du Tubby erlebt? War er zu deiner Zeit auch schon mehr an Reparaturen und Verstärkerbau interessiert als an Studioarbeit?
Nun, ich glaube, sein Hauptinteresse galt dem Dub. Er hat damals noch keine eigenen Produktionen gemacht, das kam erst später. Wenn er einen Song gehört hat, von Bunny Lee oder anderen Produzenten, und er gefiel ihm, dann hat er gefragt: Willst du einen Dub?

Reden wir über Dubplates für Sounds oder über Dubversions für Singlerückseiten?
Dubplate, Dubversion, das gehörte doch alles zusammen und passierte gleichzeitig. Zuerst haben wir Dubplates gemischt. Dann hat Bunny Lee noch ein paar Mixe bekommen und sie in England veröffentlicht, noch bevor wir die Dubplate hatten. Diese Hits außerhalb Jamaikas haben ihn doch erst richtig berühmt gemacht.

Gab es in der Art der Mixe Unterschiede zwischen Dubplates und Dubversions für Singles? Wurden Effekte beispielsweise unterschiedlich eingesetzt?
Es war alles das Gleiche. Der eine Mix wurde veröffentlicht, ein anderer war exklusiv für Sound Systems. Dubplates waren deshalb ein wenig anders, weil sie eine Version (eines Songs oder Instrumentals) waren. Dub (dagegen) basiert auf Drum'n'Bass...

...mit Einwürfen von Offbeat oder Melodien...
Ab und zu, ja. Aber das ursprüngliche Format ist Drum'n'Bass. Wenn wir Sänger die Vokalseite fertig hatten und es hieß: „Gib mir eine Version", dann wurde die gewürzt mit ein wenig Gesang sowie hier und da Riddim-Section (Offbeat). Aber in den meisten Fällen, auch bei den Alben, war die Basis immer Drum'n'Bass. Natürlich hat es jeder auf seine Art gemacht. Ich konnte nicht mischen wie Scientist. Und Scientist konnte nicht mischen wie ich. Jeder hatte seine eigene Identität. Auch Tubby hatte seine Identität. Trotzdem war es immer dasselbe Format.

Dein Sound klang sehr nach King Tubby. Die Art, wie du den High Pass Filter eingesetzt hast...
Ja, weil... Jedes Studio hatte seinen Sound. Dynamics, Randy's, Joe Gibbs, alle haben Dubs gemacht. Aber Tubby war derjenige, den die Leute am meisten wollten. Und der Filter war [einfach] da. Scientist, Jammy, ich, wir alle haben ihn benutzt. Ich glaube ja, der eigentliche Effekt entstand durch das Bandecho. Unsere Echos kamen über eine zweite Maschine, auf die wir aufgenommen und das Signal zurückgespielt haben. (Zur Erklärung: Ein Signal wurde auf ein zweites Tonband aufgenommen, von dort über die Hinterbandkontrolle ins Pult geholt und direkt wieder zurückgeleitet. Die sich so bildende Feedbackschleife ergab Echos, deren Länge mit dem Kanalfader kontrolliert

werden konnte. Die Echozeit wurde geregelt über die Geschwindigkeit, mit der das Band lief.) Solche Echos gibt es heute nicht mehr. Mit anderen Worten: Wer auch immer bei Tubby am Pult saß, alle benutzten denselben Effekt. Jeder hatte seinen eigenen Style, aber man hört immer denselben Effekt.

Hat man als Engineer bei Tubby versucht, einen eigenen Sound zu kreieren? War das überhaupt erwünscht?

Der Sound war doch immer derselbe. Es war der Sound des Studios. Man kann nur den Style des Mixes verändern. Wenn du den King-Tubby-Sound wolltest, war es egal, welcher Engineer gemischt hat. Der Sound war da. Den konnte man nicht verändern. Aber wie man ihn manipuliert, das machte den Unterschied.

Die Aufnahmen, die bei Tubby gemischt wurden, entstanden in anderen Studios. Hat sich das nicht auf den Sound ausgewirkt? Bei Tubby wurden schließlich nur Vokals aufgenommen. Abgesehen von Bläsern ab und zu oder Gitarren-Overdubs wie mit Carl Harvey[6].

Die Songs kamen immer aus anderen Studios. Von Randy's, Dynamic, von überallher. Aber sie klangen alle gleich, nachdem sie durch Tubbys Pult gegangen waren. Danach wusstest du nicht mehr, Joe Gibbs? Dynamic? Das einzige Studio, das man heraushören konnte, war Channel One. Wegen des typischen Schlagzeugsounds. Die meisten Studios haben damals [teure, hochwertige] Neumann Mikrofone benutzt, Tubby benutzte ganz ordinäre AKG Mikros. Und bekam damit einen fantastischen Sound hin. Es war das Pult. So ein Pult wie das von Tubby gab's kein zweites Mal.

An dem auch nicht lang herumgeschraubt wurde bis es gut klang. Es lief wie am Fließband. Ein Band wurde aufgelegt und sobald man den Intro-Roll hörte, begann der Mix.

Was sollte man denn groß einstellen? Es war ein äußerst simples Pult. Das simpelste, das ich je gesehen habe. Nicht kompliziert, keine großartigen Features. Es hatte diesen feinen Effekt (den High Pass Filter), das war's. Ich glaube, großartige Dinge müssen einfach sein, wer weiß. Der Filter war ein Drehknopf, das war unser Vorteil. Es gab sowas in jedem Studio, wurde dort aber gedrückt…

… und war nicht variabel in den Frequenzen…

Ein drehbarer Filter ist viel effektiver, als wenn du nur eine einzelne Frequenz schalten kannst.

Gab es einen Unterschied zwischen einem Vocalmix und einem Dub? Ist man da anders rangegangen?

Es war anders. Dubs wurden speziell für Sound Systems gemacht und sie sollten etwas haben, was kein anderer hatte. Sonst war's kein Dub.

Hast du beim Mix ein bestimmtes Ergebnis im Sinn gehabt oder es dem Zufall überlassen, was dabei rauskommt?

Wenn ich gemischt hab, dann so, wie ich den Song gefühlt hab. Die Energie, die aus dem Song kam, hat den Mix gemacht. Und jeder Mix war anders, weil

6 Im Januar 1978 für das von Bunny Lee produzierte Album *Carl Harvey – Ecstasy Of Mankind*, das nach diversen Bootleg-Veröffentlichungen erstmals offiziell 2005 auf Makasound erscheint

es immer eine andere Zeit war, in der du gemischt hast. Es ist unmöglich, dass alle Songs gleich klingen. Das hat die Natur nicht vorgesehen. Bewusst oder unbewusst, jeder Dub ist anders. Ich verstehe nicht, warum die Leute darum so ein Gewese machen, es ist einfach so. Keine zwei Dubs klingen gleich.

Aber zwei Vokalmixe können durchaus gleich klingen.

Das stimmt. Weil das etwas anderes ist. Da geht es nicht um Kreativität. Die entsteht durch den Dub, wenn du Instrumente ein- oder ausschaltest. Das macht den Unterschied. Der Moment, in dem es passiert, und wie es sich anfühlt. Jeder Tag ist anders, je nachdem wie du dich fühlst, wie du die Dinge siehst. Genauso ist es mit Dub.

Hat Dub einen spirituellen Vibe?

Spiritualität ist etwas Individuelles. Es hängt davon ab, wie du es empfindest. Du hörst etwas und fühlst Spiritualität – ich hör denselben Song und bei mir kommt die Energie nicht an. Wir empfinden unterschiedlich, aber es ist dasselbe Ding. Geschaffen von demselben Gott. Dahinter steckt kein Wunder oder etwas Ähnliches. Ich hab die Musik nicht gemacht. [Als Engineer] reproduziere ich nur die Energie der Musik. So, wie ich sie empfinde. Und das ist anders als du es empfindest. Deshalb kannst du meine Art auch nicht kopieren. Weil du eine andere Energie spürst. Dub ist deine persönliche Momentaufnahme.

Erinnerst du dich an die drei Alben *Harry Mudie meets King Tubby in Dub Conference*[7]? Du warst ja auch daran beteiligt, obwohl in den Credits nur Tubby und Harry Mudie angegeben sind.

Ich meine, ich hätte da ein paar Titel zusammen mit Tubby gemacht. Einige sind von mir allein, Scientist wird ein paar gemacht haben, genauso wie Jammy oder Tubby selbst. Wir Engineer waren vom Studio angestellt und wurden vom Studio bezahlt. Heute behaupten viele, Dub sei ihr Werk gewesen. Aber ich weiß nicht... Wenn es hieß „Tubby meets" wen auch immer, dann waren wir die Engineer und Tubby hat die Credits bekommen. Um die Wahrheit zu sagen, für uns war das nicht so etwas Besonderes wie ihr das empfindet. Die ganze Aufregung und das Gerede über Dub war uns fremd. Wir wussten, dass man damit Platten verkauft, aber das passierte im Ausland. Es gab jede Menge Dubs und sie zu mischen war für uns normale Arbeit. Da kam niemand und sagte: Wir wollen es auf eine bestimmte Art. Man sagt einem Engineer nicht, wie man es will. Wir wussten, was Dub ist: 80, 90 Prozent Drum'n'Bass und dazu ein kleines bisschen von den anderen Instrumenten. Jeder hat einen einzigartigen Dub gekriegt. Denn egal wie viele Dubs wir pro Woche gemischt haben, sie klangen niemals gleich. Fatman aus England erzählt mir heute noch von einem fantastischen Dub, den er von mir besitzt. Für mich ist es nur einer von vielen. Ich habe ihn gemischt wie jeden anderen. Aber bei den Dances, so hat man mir erzählt, soll er eine enorme Wirkung haben.

Hattest du beim Mischen eine Vorstellung davon, wie es im Dance wirken würde?

Nein, ich hatte keine Ahnung, was da draußen abging.

---

7 Erschienen zwischen 1976 und '78 auf Moodisc, wurden mehrfach nachgepresst

Bist du denn nie auf Dances gegangen?
Ich war in Jamaika so gut wie nie auf Dances. Wenn, dann nur, weil Bunny Lee uns mitgenommen hat. Ich hab auch nie geraucht oder Bier getrunken, ich bin so erzogen worden. Dieses Weed-Rauchen im Studio hab ich nicht mitgemacht. Nie. Mir hat mal jemand gesagt: „Kein Wunder, dass du so großartig singst, das kommt vom Gras-rauchen." Ich hab ihn in dem Glauben gelassen, ich will doch keine Illusionen zerstören. So bin ich nicht.
Wann und wie lange hast du bei King Tubby gearbeitet?
(Kelly fährt sich mit der Hand über den Kopf, als suche er in den Winkeln des Gehirns nach der richtigen Jahreszahl.) In den frühen 70ern, genau weiß ich das nicht mehr. Es war sehr unregelmäßig und ging über fünf, sechs Jahre.
Danach bist du zu Randy's und zu Joe Gibbs.
Aber auch da nur on'n'off. Es hing immer davon ab, was gerade mit mir als Sänger passierte.
Hast du auch im Channel One gearbeitet?
Nein. Ich war da zwar oft und man wollte mich dort als Engineer. Aber ich hab das Angebot abgelehnt. Da war jemand, mit dem hätte es Probleme gegeben.
Wäre es nicht finanziell lukrativ gewesen, dort zu arbeiten? Das Studio wurde immerhin zur einflussreichsten Produktionsstätte der 80er.
Wir haben damit doch nichts verdient. Man kann wirklich nicht sagen, dass es um Geld ging. Es ging eher darum, etwas zu tun zu haben. Niemand hat Geld damit gemacht. Genauso wie viele Sänger nie für ihre Aufnahmen bezahlt wurden. Ich weiß gar nicht, wie wir existieren konnten. Es gab ja auch kaum Shows. Außer an den Feiertagen. Christmas Morning, Valentines Day...
Also war es Leidenschaft?
Muss wohl so gewesen sein. Ich hab jedenfalls gerne im Studio gearbeitet. Und es brachte zumindest etwas Geld ein.

Das Gespräch fand am 31.08.2010 statt. Als Pat Kelly am 16.07.2019 infolge einer Nierenerkrankung kurz vor seinem 75. Geburtstag verstirbt, schreibt der *Jamaica Observer*: „Er soll Anfang 70 gewesen sein."[8]

---

8 „Singer Pat Kelly is dead", *Jamaica Observer* 16.07.2019

11 | Bunny Lee: der Königsmacher

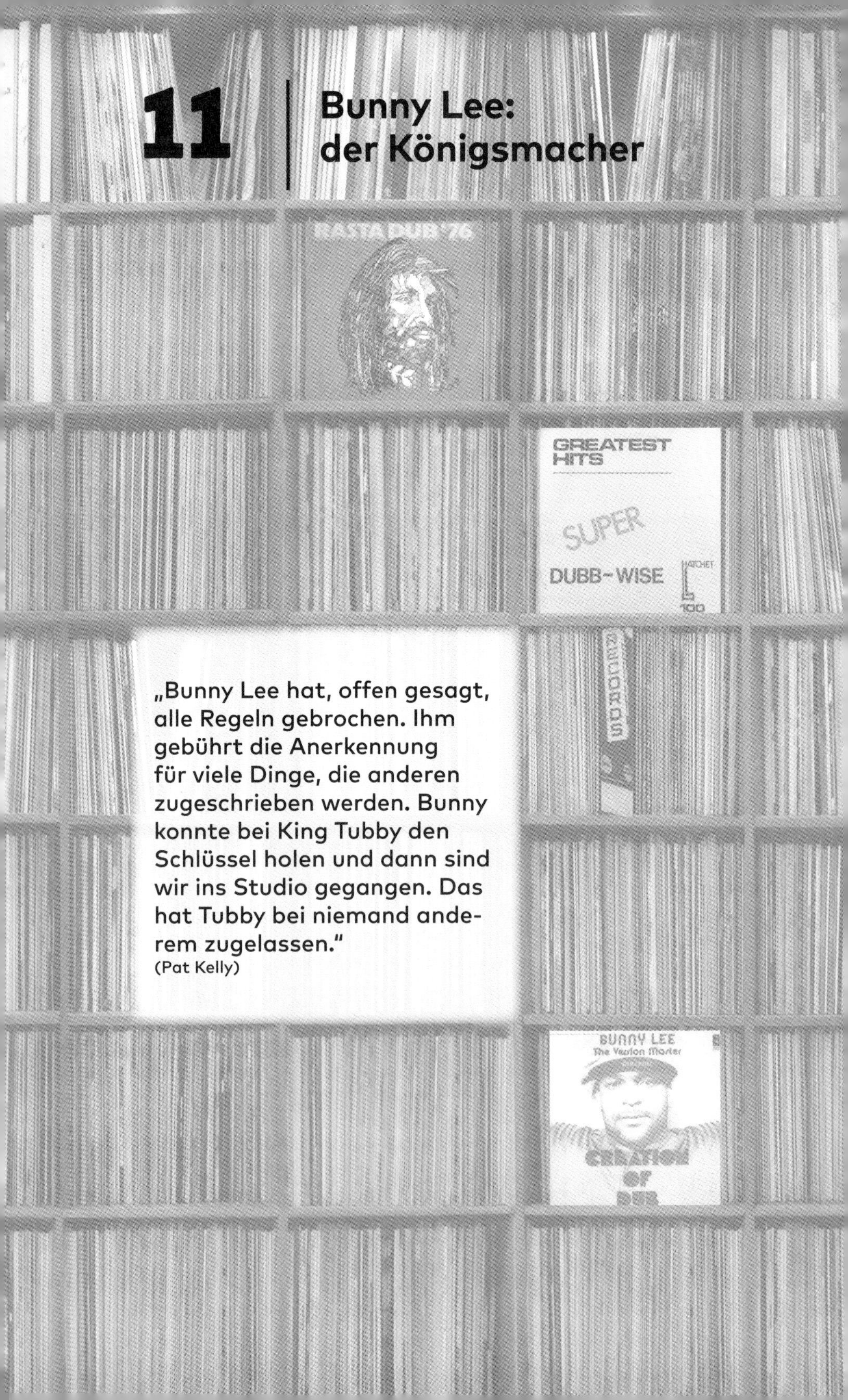

„Bunny Lee hat, offen gesagt, alle Regeln gebrochen. Ihm gebührt die Anerkennung für viele Dinge, die anderen zugeschrieben werden. Bunny konnte bei King Tubby den Schlüssel holen und dann sind wir ins Studio gegangen. Das hat Tubby bei niemand anderem zugelassen."
(Pat Kelly)

Edward O'Sullivan Lee wird am 23. August 1941 in Greenwich Town im Westen von Kingston als sechstes von zehn Kindern eines Schuhmachers geboren. Nach dem Ende der Schulzeit beginnt er eine Ausbildung zum Elektriker, mit Anfang 20 lebt er von Reparaturen an Mopeds und dem Verkauf von Autoteilen. „Mit seiner gewinnenden Persönlichkeit und seinen guten Manieren hätte aus ihm bestimmt der erfolgreichste Autohändler der Insel werden können, wäre da nicht die Liebe zur Musik gewesen"[1], wird der junge Mann beschrieben, den man aufgrund seiner freundlich-bärigen Erscheinung „Bunny" nennt. Später kommt der Spitzname „Striker" dazu, was zurückgeht auf den Film „The Hitch-Hiker" von 1953 und zum geflügelten Wort wird, je erfolgreicher sich Bunny im jamaikanischen Musikgeschäft positioniert: „Striker strike again!"

Bunny Lee beginnt als Promoter. Er kümmert sich um Airplay für neue Produktionen von Coxson, Duke Reid und Leslie Kong. Im Gegenzug erhält er freie Studiozeit. Mit den letzten 20 Pfund, die er als Automechaniker verdient, bezahlt er 1967 den Gitarristen und Arrangeur Lyn Taitt und dessen kleine Band für eine Handvoll Playbacks. Bei der Session entstehen u.a. Roy Shirleys „Music Field" und „Listen To The Music" von Loyd Jackson & The Groovers. Der eine Tune erreicht Platz 5 der National Charts, der andere Platz 1. Nach diesem Auftakt wird Bunny Lee vier Jahre in Folge ausgezeichnet als „Jamaica's Top Producer". In kürzester Zeit ist er auf den Olymp des jamaikanischen Musikgeschäfts geklettert und wird diese Position für Jahrzehnte nicht mehr preisgeben, weitere vier Mal wird ihm die Würdigung als bester Produzent noch zuteilwerden. Der Striker pflegt den Kontakt zu Musikern und Artists. Er hängt mit ihnen ab, agiert als leutseliger, freundlicher Geschäftspartner und hat das sichere Gespür für erfolgreiche Platten. Er setzt Trends, statt ihnen hinterherzulaufen, unterhält Ende der 60er Jahre eine eigene Radiosendung: „Bunny Lee At Randy's A Go Go", gründet im In- und Ausland an die 20 Label für seine Veröffentlichungen, mit Namen von „A" wie Agro Sound oder Attack über Explosion, Hatchet, Hot Stuff, Jackpot, Justice, Rude Pigeon, Soul oder Total Sound bis hin zu „U" wie Unity. Er lizenziert seine Aufnahmen in England an Trojan, Island und PAMA und regelt bei Verhandlungen auch die Belange anderer Produzenten und Musiker. So auch für Bob Marley, der ihm zum Dank 1970 den Song „Mr. Chatterbox" überlässt.[2] Bunny Lee kürt Slim Smith zu seinem Lieblingssänger und haut mit ihm einen Hit nach dem anderen raus: „Let Me Go Girl", „Everybody Needs Love", „Ain't Too Proud To Beg", „My Conversation", „Love And Devotion" und viele andere mehr. 1969 lanciert er mit „Wet Dreams" seinen ersten britischen Top-Ten-Hit, ohne dass er dort im Radio gespielt wird, weil er als unanständig gilt. Lee selbst hat den Text geschrieben und muss lange suchen, bis er in Max Romeo einen Sänger findet, der bereit ist, den aus heutiger Sicht harmlos-schlüpfrigen Text zu singen. Die Aufnahmen finden im Studio One statt, doch weil Coxson mit Zeilen wie „Lay down girl, let me push it

1 „Bunny ‚Striker' Lee – Reggae Gone International" *RIDDIM* 02/2012 S. 54ff
2 Bunny Lee veröffentlicht den Song in Jamaika auf Lee pre und in England auf Jackpot

up" nichts zu tun haben will, stellt er ihm für den finalen Mix lediglich einen Azubi zur Verfügung. Dessen Name: Errol Thompson.

1971 produziert Lee Eric Donaldsons „Cherry Oh Baby" und gewinnt damit den seit 1966 bis heute jährlich stattfindenden, staatlich geförderten Festival Song Contest. Er ist verantwortlich für Delroy Wilsons „Better Must Come", das zur Wahlkampfhymne der PNP wird, die damit 1972 die regierende JLP deklassiert. Zwei Jahre später entwickelt er mit dem Drummer Santa Davis den erwähnten Flyers Style, der Johnny Clarke zum Star, Bunny Lee vermögend und Tubbys Art zu dubben berühmt macht. Mitte der 70er Jahre entfacht er eine die ganze Insel unterhaltende Verbalschlacht zweier Deejays, indem er einen zufällig bei Tubby aufgenommenen Mikrofoncheck veröffentlicht, bei dem I Roy über den ebenfalls anwesenden Prince Jazzbo gealbert hatte: „Jazzbo, wärst du 'ne Jukebox, ich würde nicht einen Groschen in deinen Schlitz werfen." Jazzbo fand's nicht lustig. Hat aber keine Wahl. Er muss reagieren und antwortet eine Woche später mit „Straight To I Roy's Head", ebenfalls produziert von Bunny Lee. So inszeniert der Striker einen sich über viele Singles hinziehenden Clash[3], in den sich später auch noch Derrick Morgan einschaltet, der 1963 schon in einen ähnlichen Zwist mit Prince Buster verwickelt war. Was aber bei Weitem nicht solche Ausmaße angenommen hatte.

Bunny Lee ist Dauergast in Tubbys Studio. Hier voict er den größten Teil seiner Produktionen und lässt sie von einem der dort arbeitenden Engineer mischen. Er ist es, der Philip Smart und Lloyd James zu Prinzen ausruft und dazu beiträgt, dass Osbourne Ruddock mit den Alben *Dub From The Roots* und *The Roots Of Dub* zum international gehuldigten King Of Dub aufsteigt. Lee besitzt die Gabe, Zufälle der Studioarbeit in Erfolg umzumünzen. Für ihn gilt: „Every spoil is a style!" – Jeder Fehler kreiert einen Stil. Diesem Motto folgend gibt er dem jungen Dub-Genre entscheidende Impulse, nachdem Tubby in seiner Elektronik- und Dub-Cutting-Werkstatt das ausrangierte 4-Spur-Equipment aus dem Dynamic Studio installiert hat. Denn jetzt kann bei ihm auch gemischt und Gesang aufgenommen werden. Jamaikanische Sänger treffen allerdings nicht immer den richtigen Ton, was in der Vergangenheit bedeutete, dass die Aufnahmen für eine Veröffentlichung in so einem Fall nicht geeignet waren. Bunny Lee macht sich die Mehrspurtechnik zunutze und schlägt vor, bei einer Kollision von Gesang und Harmonie die entlarvenden Melodieinstrumente an den problematischen Stellen aus dem Mix zu nehmen. „Tubby meinte, das funktioniert nicht. – Doch Tubbs. Wenn wir zu der Stelle kommen, schalte die Gitarre aus, lass nur das Schlagzeug mit Effekten laufen. Mach den Bass aus und chiiinnnggg! Es hat funktioniert. Niemand hat gemerkt, dass der Sänger off key gesungen hat. Weil man es mit Schlagzeug allein nicht wahrnimmt. Alle haben gedacht, es sei

3 Die ganze Story findet sich auf dem 2009 von Pressure Sounds veröffentlichten Album *Once Upon A Time At King Tubbys*. Darauf sind die bekanntesten Titel aus diesem Streit plus dazugehörende Dubs, was aber nur der offizielle Teil der Inszenierung war. Daneben gab es weitere, als Pre-Release oder Dubplate gepresste, gegenseitige Anwürfe.

ein neuer Style, und haben angefangen, ebenfalls den Riddim (Offbeat) aus dem Mix zu nehmen und Echo aufs Schlagzeug zu geben."[4]
Der Trick mit dem variablen Einsatz des Offbeats verhilft nicht nur dem 4-Spur-Dub zu einer ersten Struktur. Aus der dubbigen Unterlegung von Gesang oder Toasting entsteht bald der Sound einer Epoche, die Dancehall als musikalische Gattung interpretiert. Es dauert nicht mehr lange, dann wird aus dem Channel One Studio der Hookim-Brüder ein neuer Style kommen, der Jamaika im Sturm erobert. Der Produzent Junjo Lawes wird die Szenerie mit seinem „Volcano Sound System" und den Roots Radics als Riddim-Lieferanten beherrschen, während das englische Label Greensleeves dem getrimmten Reggae mit seiner Melange aus Roots, Dub und Dancehall den europäischen Markt erschließt. Eine Entwicklung, die kurz bevorsteht, für die hier die Basis gelegt wird.
Bunny Lee konzentriert sich weiter auf den originären Reggae-Markt und hat dabei stets die jamaikanischen Communities außerhalb der Karibik im Blick. Er wird einer der ersten Produzenten, die im Channel One Studio aufnehmen und befeuert den aufkommenden Konkurrenzkampf zwischen Channel One und King Tubby mit zahlreichen Dub-LPs. Als Scientist von Tubby zu den Hookims wechselt, erhält der Wettstreit eine besonders pikante Note, die Bunny Lee ebenfalls auszunutzen versteht.
1977 veröffentlicht er in Jamaika über das Dynamic Sounds Label Weed Beat die LPs *Ranking Dellinger Superstar* sowie *Johnny Clarke - Superstar Roots Disco Dub* und verkauft sich als Erfinder der Kombination von Vocal & Dub im Langspielplattenformat. Obwohl schon im Vorjahr diverse LPs mit diesem Konzept erschienen waren[5], schreibt er in die Credits der Johnny-Clarke-LP: „Produce (Sic!) by Bunny Lee with a new trend six vocal and Six Dub on side B the very first of ist (Sic!) kind in Jamaica". Er beginnt, Dub-Alben in beträchtlicher Zahl zu produzieren, frönt seiner Vorliebe für ausschweifende Titel und bringt sie, in manchen Fällen zeitgleich, über eigene sowie lizenzierte Label in England, Jamaika, den USA oder Kanada auf den Markt:

- *Greatest Hits Super Dubb - Wise Doctored For Super Sound* (Hatchet JA 197X)
- *Tommy McCook & The Agrovators - King Tubby Meets The Agrovators At Dub Station* (Live And Love UK + Striker Lee JA, beide 1975)
- *Rasta Dub '76* (Grounation UK + Attack JA, beide 1976)
- *Agrovators Meets The Revolutioners At Channel One Studios* (Third World UK + Justice JA + Gorgon JA, alle 1977)
- *Kaya Dub* (Third World UK, 1978)
- *Agrovators Meets The Revolutionaries Part II* (Micron CAN 1979)
- *Jack Ruby Hi-Power vs. Gemini Discotheque* (Tad's US 1980)

4 *Reggae Going International 1967 – 1976. The Bunny ‚Striker' Lee Story* a.a.O. S.133
5 Vgl. Kapitel „Prolog"

- *Dub War: Coxsone vs Quaker City* (Attack, Imperial CAN 1981)
- *Dub War Vol. 1* (Vista Sounds UK 1985)[6]

Bunny Lee schlüpft bei den Alben gerne in die Rolle des MCs und spricht Intro-Jingles zu den Tracks, etwa bei:

- *Allied Dub Selection* (Tad's USA, 1980)
- *King Tubby Studio verses Channel One Studio* (Bumb USA, 1980)
- *King Tubby – Majestic Dub* (Star UK, 1983)[7]
- *Sly & Robbie - Masters Of Ceremony Dub* (Imperial Canada, 198X)

Und er lässt sich selbst – allein oder zusammen mit anderen – auf den Covern abbilden:

- *Bunny Lee The Version Master presents Creation of Dub* (Total Sounds JA 1975)
- *Bunny Lee & The Aggrovators Presents Super Dub Disco Style* (Jamaica Sound UK 1979)
- *Sly & Robbie - Masters Of Ceremony Dub* (Imperial Canada 198X)
- *King Tubby's and The Agrovators – Dubbing In The Back Yard* (Black Music UK 1982)
- *King Tubby The Dubmaster With The Waterhouse Posse* (Vista Sounds UK 1983)

In den 80er Jahren zieht sich Bunny Lee aus dem Geschäft mit neuen Künstlern zurück. Er produziert zwar noch das LP-Debüt eines 10-jährigen Wunderkinds namens Beenie Man[8], ist jedoch nun vornehmlich als Handelsvertreter in den Ländern unterwegs, in denen er seine Platten veröffentlicht bzw. veröffentlichen lässt. In Jamaika sieht man ihn in dieser Zeit selten. Eine seiner letzten LP-Produktionen ist der Versuch, mit dem Various Artists/One Riddim-Album *More Ideas 1988*[9] am weltweiten Erfolg des „Rumours/Telephone Love"-Riddims von Gussie Clarke zu partizipieren. Von nun an konzentriert er sich auf die Auswertung seines unermesslichen Backkataloges. Nach all den Jahren ist er im Besitz des vermutlich größten Kontingents an Musikaufnahmen aus Jamaika, unsortiert und chaotisch untergebracht im Gebäude des ehemaligen Joe Gibbs Studios in Duhaney Park. 1972 hatte Lee es für 30.000 US$ gekauft, nachdem Gibbs seinen Standort zur North Parade Nr. 20 verlegt hatte. Seitdem lagern in den Räumlichkeiten nicht nur Lees eigene Master- und Mehrspurbänder, sondern auch Aufnahmen, mit

6 Wird oft gelistet unter „King Jammy", weil dessen Name auf beiden Label-Etiketten und vielfach auf dem Cover steht. Läuft jedoch nur unter *Dub War Vol. 1* und wurde laut Credit gemischt von King Jammy und Scientist. Wer tatsächlich gemischt hat, ist unklar.

7 Mono-Version von *Jack Ruby Hi-Power vs. Gemini Discotheque* Tad's US 1980

8 *The Invincible Beany Man – The 10 Year Old D.J. Wonder*, erschien 1983 auf Justice

9 Erschienen 1988 auf dem englischen Label World Enterprise Records, mit u.a. Vin Gordon, Delroy Wilson und Beany (sic!) Man

denen er im Auftrag anderer gedealt hat. Am 9. März 2015 zerstört ein Feuer das Obergeschoß mit Computern und Bandmaschinen, wo Lee die Bänder sortieren und zum Teil nachbearbeiten ließ. Der Brand erreicht nicht das Archiv mit den historischen Aufnahmen in der darunter liegenden Etage. Wie sehr jedoch Ruß, Hitze und Löschwasser hier Schäden hinterlassen haben, wird sich von Fall zu Fall zeigen.
Manches von dem, was aus diesem Fundus bis dahin veröffentlicht wurde und weiterhin wird, ist dubios. Eine besonders undurchsichtige Rolle spielen dabei die von England aus operierenden Label Jamaican Recordings und Kingston Sounds, die sich als „Jamaica's Best Kept Secrets" bzw. „Original Jamaican 1970's Dub Specialist" sowie „Outstanding Artists In Their Greatest Performances" präsentieren. Mehr als 200 Zusammenstellungen sind hier seit 2001 respektive 2003 erschienen, mit denen sich die Betreiber den Ruf einer „Bogus Company", einer Fälscherwerkstatt, erwirtschaftet haben. Zwar lassen sich auf beiden Labeln neben regulären Wiederveröffentlichungen großartige Oldies & Goodies wiederfinden, man ist aber gut beraten, der jeweiligen Etikettierung mit Skepsis zu begegnen. Häufig werden Songtitel umbenannt; Angaben zum Zeitpunkt der Aufnahmen sowie der beteiligten Musiker und Engineer sind nicht selten verkaufsfördernde Erfindungen. Besonders dreist ist der Informationsgehalt im Falle einiger Dub-Alben, die als „verschollen & wiederaufgetaucht" oder als „bislang unveröffentlicht" deklariert werden. Sound wie Konzeption lassen in den meisten Fällen zweifelsfrei erkennen, dass diese Dubs nicht in den 70er Jahren, sondern mit digitaler Hilfe in der Neuzeit entstanden sind.
Bunny Lee wäscht bei diesen Vorkommnissen seine Hände in Unschuld. Obwohl er selbst in der Vergangenheit vergleichbare Praktiken an den Tag gelegt hat. So war schon 1980 die LP *Jack Ruby Hi-Power vs. Gemini Discotheque* nicht das, was sie laut Cover vorgab zu sein. Weder handelte es sich um einen Clash zweier Soundschwergewichte mit den Deejays Nicodemus und Welton Irie am Mikrofon noch hatten die Roots Radics mit dem Bassisten Flabba Holt am Schlagzeug die Riddims eingespielt. Ebenso wenig stammt der Mix von „King Tubby himself". Es handelt sich vielmehr um ein von Scientist gemischtes Dub-Album mit Aufnahmen der Soul Syndicate Band, und Bunny Lee selbst spricht bei einem Track das Intro. Drei Jahre später veröffentlicht er die Mixe mit anderen Titeln in England als *King Tubby – Majestic Dub*[10].
Dem Ansehen des Mannes, der eine Kapitänsmütze zu seinem Markenzeichen gemacht hat, können derartige Vernebelungen nichts anhaben. Gewiefte Geschäftsmänner wie er werden vom Volksmund seiner Heimat als „Gorgon" verehrt. Am 20. Oktober 2008 überreicht ihm Jamaika für seine Verdienste um die nationale Musikindustrie den Order of Distinction, ein Pendant zum Deutschen Verdienstorden. Zur Verleihung erscheint Bunny Lee im goldgestreiften kolonialen Dreiteiler mit Gehrock und Zylinder, woraufhin ihn

10 Star UK, 1983

die Presse als „the most dapper", den elegantesten Herrn der Zeremonie, bejubelt.[11]
Zu diesem Zeitpunkt hatte der Gorgon den Striker bereits abgelegt und eine neue Rolle in der Reggae-Arena eingenommen: Bis zu seinem Tod am 06. Okt. 2020 tourt er, begleitet von seinen Kindern, als wandelnde Enzyklopädie durch die Welt und erzählt, was wann wo wie passiert ist und wer was mit wem warum aufgenommen oder produziert hat. Kein Interviewwunsch wird abgelehnt, keine Gelegenheit seine Geschichte(n) zu erzählen, ausgeschlagen. Bunny Lee war gesegnet mit einem phänomenalen Gedächtnis und profitierte von der Tatsache, dass er seit den 60er Jahren bei allen Reggae-Trends die Finger im Spiel hatte, solange sie analog waren. Er kannte alle und jeden; und diejenigen, mit denen er über die Jahre Geschäfte gemacht hat, haben ihn als fairen Partner in Erinnerung. Überall, wo er auftauchte, feierte man ihn als gern gesehenen Gast. Denn auch wenn Bunny Lee nicht unbedingt immer der Garant für gesicherte Fakten war, so war er doch Garant für einen unterhaltsamen Blick in die Vergangenheit. Und da er den Vorfall mit Ruddy Rednose im Treasure Isle Studio publik gemacht hat, blieb es unverzichtbar, ihn die Ereignisse noch einmal zusammenfassen zu lassen.

Bunny Lee: Ruddy hatte einen angesagten Sound in Spanish Town („The Supreme Ruler Of Sound"). Er und Stereo[12] – „Seymour Stereo" haben wir ihn genannt – haben Spanish Town kontrolliert, während Coxson, Duke und „King Edward The Giant" die Top Sounds in Kingston waren. Stereo war ein ruhiger Mann, der Sound Systems gebaut hat. Mit noch besseren Verstärkern als die, die Tubby gebaut hat. Seine hatten mehr Tiefe. Stereos Sound war heavy. Wenn da der Bass aufgedreht wurde, Mann, ich sag's dir... Ruddy kam regelmäßig zu Duke Reid und Coxson. Er hatte genug Geld und war immer auf der Suche nach verrückten Tunes oder Songs, die noch nicht draußen waren. Wenn Ruddy bei Duke war, schauten viele Leute vorbei, um seine Selection zu hören. Auch Tubby war an jenem Tag da.

Frage: Aber nicht, um die Cutting-Maschine zu bedienen?
Nein, Tubby war da, weil auch er Tunes von Duke Reid haben wollte. Von Coxson bekam er nichts mehr. Coxson hatte ihm Songs gegeben, die waren 2-Track, eine Seite Riddim, eine Seite Vocals. Er dachte, das sei stereo. War's aber nicht. Man konnte mit dem entsprechenden Equipment davon nur die Seite mit dem Riddim abspielen und darüber andere Artists chatten lassen. Coxson hat es erst verstanden, nachdem ich ihm erklärt hab, dass 2-Track und stereo nicht dasselbe sind. Er war sauer auf Tubby, weil der fremde Artists über Studio-One-Riddims voicen ließ. Die Folge war, dass die Leute nicht mehr zu Coxson, sondern zu Tubby strömten, weil der Coxson-Riddims hatte und sie bei ihm noch geiler klangen. Duke war da cleverer. Bei ihm bekam man richtig gemischte Songs, wie für Singles. Nur kriegte man sie

11 http://jamaica-gleaner.com/gleaner/20081021/ent/ent1.html (zuletzt aufgerufen 15.10.2014)
12 Gemeint ist Seymour Williams, Besitzer des „Stereo" Sound Systems

Wochen oder Monate, bevor sie veröffentlicht wurden. Das war die beste Werbung für eine Platte... Ich erzähl dir jetzt, wie es mit den Versions losging.

Wir schreiben das Jahr 1968...

Yahman. Und was ich erzähle ist die Wahrheit, denn ich war dabei. Tubby und ich saßen in Duke Reids Studio, Smitty Byron Smith war der Engineer und Ruddy war da. Wir haben übers Sound-System-Geschäft geplaudert, währenddessen wurde ein Dub geschnitten. Ich meine, es war ein Paragons Tune, und Smitty vergaß, die Vocals einzuschalten. Es lief nur der reine Riddim. Als Smitty stöhnte: ‚Der Dub ist versaut', sagte Ruddy: ‚No man, mek it play. Lass laufen, aber gib mir auch eine Version mit den Vocals.'

Damals hieß es offiziell noch nicht „Dub", sondern „Version".

Zuerst sagte man „Part One, Part Two". Dann hat U Roy den Namen „Version" aufgebracht. Danach haben alle Deejays „Version 1, Version 2, Version 3" usw. gesagt.

Das war, als Linford Anderson die ersten Version-Experimente begonnen hatte.

Linford Anderson war ein Pionier. Er hat [für mich] Tunes wie „My Conversation" gemischt, aber auch sämtliche Clancy-Eccles-Versions. Alles noch mit 2-Track. [Davor] war er ein wichtiger Mann bei der Radiostation RJR[13], zum Schluss hat er für die UN gearbeitet. Schon in Jamaika war er ein sehr guter Engineer. Heute lebt er in Amerika und ist pensioniert.

Nach RJR hat er bei Dynamics angefangen...

Das war da noch WIRL. Als der Betrieb bankrott war, hat Byron [Lee] ein paar Fäden gezogen und ihn übernommen. Er ließ den Kontrollraum vergrößern, hat aber den Aufnahmeraum so gelassen, wie er war. Wegen des Sounds. Für mich gab's da den besten Basssound der Karibik. Nur Studio One konnte einigermaßen mithalten.

Lag's an der Raumakustik?

Genau. Byron Lee hat daran nie was geändert. Alles ist heute noch so, wie es von WIRL gebaut wurde. Eben wegen des Basses. Den Bass von einem Song aus dem Dynamics Studio konntest du aufdrehen bis zum Anschlag. Er hat dir die Lautsprecher zerfetzt, war aber nie verzerrt. Du hattest immer ein klares Signal. In anderen Studios war der Bass oft nur ein Wummern und hat gezerrt, sobald man ihn laut gemacht hat. Nicht so bei Dynamics. Da blieb der Sound sauber.

Vielleicht kam die Qualität ja auch daher, dass dort damals die besten Engineer Jamaikas gearbeitet haben. Linford Anderson, Sylvan Morris, Graeme Goodall...

Morris hat ja sogar versucht, selbst ein 3-Spur-Gerät zu bauen, um eine Extra-Spur für den Gesang zu haben. Was aber daran gescheitert ist, dass das Tape nur für zwei Spuren ausgelegt war. Und Graeme Goodall war einer der größten Engineer, die je gelebt haben. Er war Australier, lebte aber in England.

---

13 RJR (Radio Jamaica and the Re-diffusion Network) war eine Tochtergesellschaft der Londoner Re-diffusion Group und ging am 9. July 1950 von Kingston aus on air

Und war involviert in die Gründung von Island Records.
Er war überall involviert und hat allen geholfen, die etwas aufbauen wollten. Duke, Federal, Coxson, jedem Studio. Er hat beim Radio gearbeitet, unterhielt ein eigenes Label namens Doctor Bird und hatte einen Deal mit WIRL, durch den alles, was auf West Indies Records rauskam, automatisch [in England] über Doctor Bird veröffentlicht wurde. Byron hat ihn, als er West Indies übernommen hatte, geholt, um das Studio neu aufzubauen. Graeme Goodall war brillant.
Auch Tubby hatte Mitarbeiter, die viel zu seinem Ruhm beigetragen haben. Und von denen man zum Teil nicht mal die Nachnamen kennt. Da war Barry, der ihm gezeigt hat, wie man Verstärker baut. Oder Ervin, von dem es hieß: „Wenn Tubby es nicht reparieren kann, lass es Ervin machen. Wenn Ervin es nicht reparieren kann, hau es in die Tonne."[14]
Oh Mann, Ervin. Lebt auch nicht mehr. Ervin war ein Genie. Er konnte alles reparieren, was nicht mehr funktionierte, jeden Verstärker. Viele von diesen Typen waren, was Elektronik anging, besser als Tubbs. Trotzdem hab ich Tubby in meiner Radiosendung promotet. Da sieht man, dass Werbung dich groß machen kann, obwohl es andere gibt, die besser sind als du. Selbst die Verstärker von Jammy hatten einen kraftvolleren Bass als Tubbys. Beide haben den Verstärkerbau von Barry gelernt, den wir damals „Gott" genannt haben, denn Gott hatte die „Hercules Unchained"-Verstärker für King Edwards entwickelt. Die konnten Frequenzen separieren und haben mit ihrem Bass alles gekillt. Wenn Barry seine „Hercules Unchained" aufgedreht hat, wurde das für andere Sounds zum Desaster. Trotzdem, wenn ich mir einen Sound bauen lassen wollte, würde ich Stereo von Spanish Town fragen. Selbst heute noch, wo er ein alter Mann ist.
Was ist aus Barry geworden?
Barry ging nach Amerika, obwohl er [in Jamaika] berühmt war. Er war sehr talentiert, hat dort Autos getunt und bei Rennen mitgemacht. Gott war ein Mann, der auf der Überholspur gelebt hat. Manchmal abseits der Gesetze, mit Drogenexperimenten und solchen Dingen. Aber die meisten großen Männer [aus jener Zeit], so wie sein Schüler Tubby, hatten damit nichts zu tun.
Als Tubby bald nach der Geschichte mit Ruddy Rednose sein eigenes Dubplate-Studio besaß, hat er angefangen, mit den Vocals in den Dubs zu spielen. Ab wann gab es überhaupt sein Studio?
Ich kann mich an das Jahr nicht mehr erinnern, aber der erste Tune, bei dem er das gemacht hat, war „Ain't Too Proud To Beg" von Slim Smith[15]. Es war eine 2-Spur-Aufnahme, und als Tubby das Soft Wax geschnitten hat, ließ er am Anfang den Gesang mitlaufen, ist dann auf den puren Riddim gewechselt und hat den Gesang später wieder zugegeben. Die Leute haben damals gedacht, er hätte einen speziellen Verstärker, mit dem man den Gesang wegschalten könne. Selbst Randy Chin kam und fragte mich: „Bwoy Bunny, was

14 „If Tubby cyaan fix it, mek Ervin fix it. If Ervin cyaan fix it, throw it in the basket." (Scientist im Interview)
15 Offiziell veröffentlicht 1969 auf Lees Unity Label

ist das für ein Amp, mit dem man den Gesang aus dem Riddim nehmen kann?"

Aus dem Randy's Studio kam ja die Inspiration für Tubbys Experimente mit dem High Pass Filter.

Delroy Wilson hatte gerade im Randy's „Have Some Mercy" aufgenommen und die hatten da [externe] Equalizer, mit denen Niney (der Produzent des Titels) rumgespielt hat. Und die Leute meinten: „Klingt verrückt – madness dat." Genau zu der Zeit hatte Byron Lee sein 4-Spur-Equipment ausgebaut und wollte es loswerden. Also haben wir es zu Tubby gebracht. Das neue Pult besaß diesen Filter, mit dem man den Sound verändern konnte. Ich hatte einen Tune mit Tommy McCook – „The Mighty Gates Of Goza"[16], eine Version zu Slim Smiths „Everybody Needs Love" – und hab zu Tubby gesagt: „Lass mich was ausprobieren. Du stellst alles ein, startest das Tape und ich spiel damit rum." So haben wir's gemacht und es war der gleiche Effekt. „Tubbs, das ist der Killer-Sound!" Ich habe es „Squawki" genannt und Tubby hat angefangen, ihn zu benutzen. Der Rest ist Geschichte. Einige Tunes mit dem Squawki-Filter klingen, als würde ein Messer in die Riddims schneiden. Besonders bei den Flying Cymbals in den Hochtönern der Sound Systems. Heute findest du überall King-Tubby-Alben, aber er persönlich hat nur drei Dub-Alben gemacht, für die er sich ans Pult gesetzt und gemischt hat: *Roots Of Dub*, *Dub From The Roots* und *Brass Rockers*. Außerdem gibt's noch *Shalom Dub*[17]. Da hat Tubby die Tracks gemischt, aber nicht [am Stück] als LP, sondern [einzeln] für Single-B-Seiten. Trotzdem könnte man hier von einem echten Tubby-Album sprechen. Alle anderen Tubby-Alben, die du findest, sind Betrug.

Gutes Stichwort. *Shalom Dub* wurde 2010 auf Jamaican Recordings wiederveröffentlicht. Einem Label, auf dem vieles erscheint, was man ehrlicherweise als Fälschung bezeichnen müsste. Nehmen wir zum Beispiel *Augustus Pablo Dubbing On Bond Street*[18]...

Das sind Treasure Isle Riddims.

Ja, aber es ist niemals Augustus Pablo, der da spielt.

Unter uns, einige der Titel sind vielleicht von Pablo. Die anderen sind von Pablo, dem Zweiten. Das war ein Typ, der mit Pablo auf Tour war. Wir haben ihn „Keezy" genannt. Das ist wie mit Glen Brown, der hat genauso gespielt wie Pablo. Peter Tosh auch, Joe White... viele andere. Ich habe jemanden in Venezuela gehört, der klang wie Pablo. Hätte man ihn nicht gesehen, hätte man glauben können, es sei Pablo. Pablo war ein guter Freund von mir und hat oft auf meinen Tunes Piano gespielt. Niemand hat vorausgesehen, dass er so groß werden würde.

16 Bunny Lee spricht hier, wie auch zuvor bei Slim Smith' „Ain't Too Proud To Beg", von Dubplate-Mixen. Die offizielle Version von „The Mighty Gates Of Goza" findet sich auf der 1975 veröffentlichten LP *Tommy McCook & The Aggravators* (sic!) – *Brass Rockers* (Total Sounds und Striker Lee).

17 1975 auf dem englischen Klik Label, 2010 wiederveröffentlicht auf Jamaican Recordings

18 2012 auf Jamaican Recordings

Nachtrag: Den Bandnamen The Agrovators – mal mit einem, mal mit zwei „g“ und manchmal auch The Aggravators – verdankt Bunny Lee indirekt dem im Gespräch mit David Rodigan erwähnten Larry Lawrence, Produzent u.a. der Dub-Alben der Ethnic Fight Band *Out Of One Man Comes Many Dubs*[19] und *Music Explosion*[20]. Anfänglich waren die Agrovators dieselbe Band, die als The Hippy Boys begann, dann zu den Upsetters wurde und als The Wailers endete. Bunny Lee war so vernarrt in den Namen, dass er nicht nur ein Label und seinen Record Shop auf der Orange Street Nr. 101 „Agro“ taufte, sondern auch jedwede Konstellation an Musikern, die für ihn spielte, unter The Agrovators führte. Auf die Idee kam er in einem Gespräch mit Eddy Grant, dem ehemaligen Frontman der Popgruppe The Equals und Sänger weltweiter Erfolgshits wie „Gimme Hope Jo'Anna“ oder „I Don't Wanna Dance“. Grant war für sein Torpedo Label einen Deal mit Lawrence eingegangen und jammerte: „Bunny, dein Freund Larry, der macht mich agro, Mann.“ – „Was soll das heißen?“ – „Er macht mir Probleme.“ – „Mir gefiel das Wort. Und als ich wieder in Jamaika war, habe ich angefangen, meine Musiker The Agrovators zu nennen.“

19 UK 1975
20 UK 197X

12 Errol Brown: Dub als musikalisches Ereignis

„Dub ist das Spiel mit dem Fader. Dieses Rein und Raus von Gitarre und Bass, oder einfach nur Schlagzeug und Bass. Genau das ist Dub."
(Coxson Dodd[1])

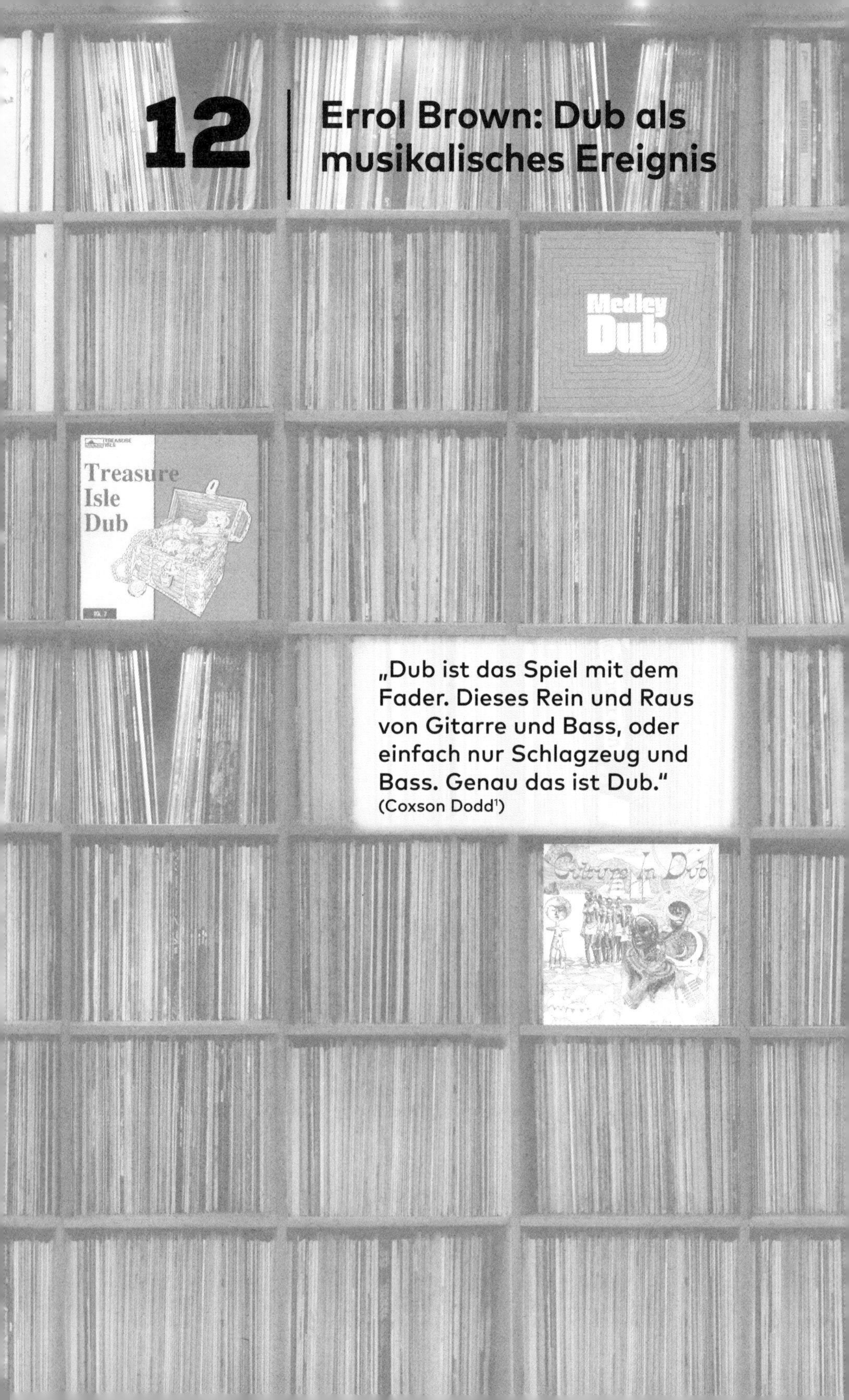

Errol Brown bügelt. Als ich sein Hotelzimmer betrete, faltet er einen weißen Pullover, den er am Abend überziehen will, wenn er für Ziggy Marley am Mischpult stehen wird. Der Marley-Sohn tritt bei einem großen Festival auf, Errol weiß, dass es bei derartigen Veranstaltungen keine Soundchecks gibt. Ihm wird nur die Möglichkeit bleiben, die Kanäle während des Bühnenumbaus voreinzustellen, ohne dabei etwas zu hören. In solchen Situationen hilft Erfahrung und Errol hat diesen Blindflug schon hundertfach praktiziert. Als das Konzert beginnt, legt er einen sensationellen akustischen Start hin, von null auf hundert binnen weniger Sekunden und weit über dem zulässigen Grenzwert von 93 dB.
Der Mann, der es versteht, Lautstärke in Genuss zu verwandeln, wird am 26. September 1950 in Kingston als eines von vier Kindern eines Fleischers und einer Verkäuferin geboren. Er gehört im Musikgeschäft zu jenen Akteuren außerhalb des Scheinwerferlichts, die von Insidern wie Kennern geschätzt, vom Gros der Konsumenten jedoch kaum wahrgenommen werden. Als Recording & Mixing Engineer mischt Errol Brown zig Dub-Alben, bei denen sein Name allenfalls im Kleingedruckten der Cover-Rückseiten erwähnt wird. Sein Status im Dunkeln ändert sich auch dann nicht, als man ihn aufgrund seiner Fähigkeiten ins Konzert-Geschäft lotst. Er tourt zunächst mit Culture im Anschluss seiner Arbeit an deren Album *Harder Than The Rest*[2] und macht dann Karriere als Haus- und Hof-Engineer der Marley-Familie. Im April 1980 mischt Errol Brown bei den Unabhängigkeitsfeierlichkeiten in Simbabwe zum ersten Mal ein Konzert von Bob Marley, danach umrundet er mehrfach die Welt als Live-Engineer. Erst mit dem Vater bis zum letzten Tag der „Uprising"-Tour, später mit dessen Söhnen Julian, Stephen und Ziggy. Nach jahrzehntelangen Diensten für jamaikanische Arbeitgeber lässt er sich genauso wie Soljie Hamilton[3] in die amerikanische Reggae-Liga abwerben. Beide stehen lange für US-Topscorer am Mischpult. Soljie bei SOJA, Errol bei Rebelution – zwei weiße Bands, die in den Staaten bezogen auf Publikumszuspruch, Konzertaufkommen, Verkaufszahlen und Charts-Notierungen jamaikanische Acts weit hinter sich lassen. 2019, beim Come-Back-Konzert von Buju Banton im Stadion von Kingston, macht Errol Brown auch wieder in Jamaika den Live-Sound.
Errol lernt sein Handwerk, als ihn „Uncle Arthur" ins Treasure Isle Studio holt. Onkel Arthur ist der Produzent und Studiobesitzer „Duke" Arthur Stanley Reid (1923 – 1976), Errol Brown ist sein Neffe. Errols Mutter und Reid sind Geschwister. Ihm gehört das Treasure Isle Recording Studio, er betreibt das „Trojan" Sound System und er führt, unweit des berüchtigten Ghettos Back O' Wall[4], einen Getränkeshop auf der Bond Street Nr. 33.

1 *Studio One Story*, Soul Jazz DVD 2002
2 Frontline/Virgin UK + High Note JA 1978
3 Siehe Kapitel „Soljie Hamilton & Groucho Smykle: Dub-Design für Sly & Robbie"
4 Das Back-O'-Wall-Ghetto galt als der gruseligste Slum der Karibik. Viele der gesellschaftlich geächteten Rastafarians hatten sich dorthin zurückgezogen. Am Morgen des 12. Juli 1966 lässt Premierminister Seaga die Anwohner vertreiben, ihre Hütten durch Bulldozer niederwalzen und beginnt, dort Betonburgen zu bauen. Der Stadtteil erhält den Namen Tivoli Gardens und ist nach wie vor geprägt von Armut und Kriminalität.

Das Startkapital für all diese Unternehmungen erbrachte ein Lotteriegewinn seiner Frau Lucille. Im Stockwerk über dem Shop hat Reid Anfang 1966 ein Studio eröffnet, die Erstausstattung bestand aus einem – wegen seiner Klangfülle heute noch legendären und hoch gehandelten – Altec 250 SU Röhrenmischpult aus den 50er Jahren mit handtellergroßen Drehknöpfen aus Bakelit, einem Ampex-Tonbandgerät und einem Pultec-Equalizer. Das Equipment übernahm er von Lyndon O. Pottinger, der sich gerade von der Frau getrennt hatte, die später Reids Betrieb übernehmen sollte. Was aber zu dem Zeitpunkt weder geplant noch abzusehen war. Die Pottingers hatten sich 1961 hinter ihrem Haus auf der Molynes Road eine kleine Produktionsstätte eingerichtet, inklusive einer Plattenpresse. Auch die erwarb Reid.
Eine der ersten mit diesem Equipment aufgenommenen LPs ist der Sampler *Greatest Jamaican Beat* mit dem Untertitel *Rock Steady Baba-Boom Time*[5]. Er zeigt auf der Rückseite ein Foto des Regieraumes, darunter steht: „Well designed and boosting the modern recording studio equipment in the island is Treasure Isle Recording Studio".
Im Oktober 1963 hatte Coxson Dodd knapp zwei Kilometer entfernt vorgelegt und das Studio One aufgemacht. Obwohl privat befreundet, sind Coxson und Reid in den Tagen von Ska und Rock Steady erbitterte Rivalen im Wettbewerb um die Gunst der Jamaikaner. Sie befehden sich mit Sound System, Dubplates und Musikproduktionen, für die beide anfänglich das Federal Studio mieten, bevor sie sich eigene Aufnahmemöglichkeiten schaffen.
In der Rückbetrachtung wird Studio One ehrfurchtsvoll und völlig zu Recht als „home of good music" bezeichnet. Die langlebigsten Riddims, die schönsten Melodien und die großartigsten Stimmen der jamaikanischen Musikgeschichte, so sagt man, seien aus der Produktionsstätte an der Brentford Road gekommen. Objektiv betrachtet jedoch entstehen während der Rock-Steady-Ära in der Bond Street technisch wie musikalisch ausgereiftere Produktionen. Was nicht nur daran liegt, dass die Reflexionen der Holzverschalung im Aufnahmeraum des Treasure Isle Studios großen Einfluss auf die Soundqualität haben. Während bei Studio One mehr nach dem Fließbandprinzip gearbeitet wird und einmal gefundene Aufstellungen der Mikrofone sowie Einstellungen am Mischpult über Monate hinweg unverändert bleiben, ist Duke Reid immerzu auf der Suche nach dem perfekten Sound. Er hat die Musik nicht gelernt. Der frühere Polizist ist einfach nur ein besessen penibler Arbeiter mit außergewöhnlichem musikalischen Gespür. Er dirigiert seine Musiker kreuz und quer durchs Studio, experimentiert mit Mikrofonabständen und gibt hartnäckig neue Anweisungen. So lange, bis sich die Aufnahmen so anhören, wie es ihm vorschwebt. Der unbedingte Wille, sich nur am bestmöglichen Ergebnis zu orientieren, führt bereits in den ersten Jahren nach der Treasure-Isle-Gründung zu Aufnahmen von zeitloser Klasse, deren Klangqualität den Produktionen aus der Brentford Road überlegen ist.
Trotzdem überlässt Reid um 1973 seinem Kontrahenten Coxson das Feld. Ihm sind die neuen Spielarten Roots und Dub sowie der wachsende Einfluss

5 Erschien1968 in Jamaika auf Treasure Isle, in England auf Doctor Bird

der Rastafarians mit ihren Lyrics zuwider. Überdies hat eine Krebsdiagnose seine Kampfeslust gedämmt. Es zeichnet sich ab, dass er den Treasure-Isle-Betrieb abgeben muss.
Drei Jahre zuvor hatte Duke Reid seinen Neffen von dem Telekommunikationsunternehmen Cable & Wireless losgeeist, wo Errol seit Beendigung der Schulzeit neben einem Studium an der Kingston Technical Highschool sein Geld verdient. „Wir sind eine Familie“, überredet er ihn, „komm in mein Studio und lern diesen Kram richtig.“ Der Studiotechniker Byron „Smitty“ Smith übernimmt die Ausbildung, der Onkel als ehemaliger Polizist den Drill, was Errol nicht immer leichtfällt. Es ist offensichtlich, dass Reid Smitty loswerden und durch ihn ersetzen will. Errol behagt das nicht: „Byron hat mir alles gezeigt, ich wollte nicht, dass er gefeuert wird. Also bin ich gegangen und nicht mehr zurückgekehrt.“
Vier Monate später wirft Smitty von allein das Handtuch. Auch er will sich, so wie Reid und viele andere, mit einem Getränkehandel (auf der Molynes Road) selbstständig machen. Obendrein übernimmt er für Alvin Ranglins Presswerk „Record Spezialists“ das Mastering. Unerwartet steht das Treasure Isle Studio 1973 ohne Techniker da. Duke Reid interveniert bei seiner Schwester. Als Errol nach Hause kommt, sagt die Mutter nur: „Mr. Smith ist gegangen.“ Der Sohn spricht sich mit seinem Onkel aus, und „natürlich bin ich wieder bei ihm eingestiegen.“
Reid hat seinen Shop mittlerweile auf die andere Straßenseite verlegt und das Studio mit einem 12-Kanal-Mischpult aufgerüstet. An das Fabrikat kann sich Errol nicht mehr erinnern, ist sich aber sicher, dass es aus Deutschland kam. Daran angeschlossen eine Ampex 2-Spur und eine 8-Spur Bandmaschine, einige Pultec Equalizer und Kompressoren, ein Fisher Reverb sowie vorübergehend ein Roland Space Echo[6], als es gerade brandneu auf den Markt kam.
Die Rückholung von Errol Brown ins Treasure Isle Studio – für den mageren Wochenlohn von 100 JA$, was in etwa 70 US$ entsprach – geht einher mit Reids Wissen um seinen Gesundheitszustand. Der Duke will den Betrieb in der Familie halten und hofft, dass Errol die Firma übernehmen wird. Doch dazu kommt es nicht. Letztlich traut Reid es Errol nicht zu, ihm eine monatliche Apanage von 2.000 US$ zu zahlen. 1974 verkauft er das Studio mitsamt den Rechten an seinem Produktionskatalog an Sonia Pottinger. Am 26. September 1976 stirbt Duke Arthur Reid im St. Joseph's Hospital in Kingston.
Sonia Pottinger (1931 – 2010) hatte sich schon vor der Übernahme als erste Frau und Produzentin im jamaikanischen Musikgeschäft etabliert. Sie besitzt nicht nur eine Reihe erfolgreicher Label wie Gay Feet oder High Note, sondern mit ihrem Tip Top Record Shop auf der Orange Street auch einen Umschlagplatz unweit der Bond Street. Zudem verfügt sie über Kontakte

6 Das „Roland Space Echo“ ist ein Bandechogerät der Firma Roland mit dem Kürzel RE-201. Es kam 1974 auf den Markt und funktionierte mit einer ¼ Zoll-Tonbandschleife, die an mehreren Aufnahme-, Wiedergabe- und Löschköpfen vorbeigeführt wurde, die alle einzeln angesteuert werden konnten. Roland hat mehrere ähnliche Geräte auf den Markt gebracht, aber nur das RE-201 brachte es zu zeitüberdauernden Ruhm.

nach England, wo ihr Trojan Records mit High Note ein gut laufendes Sub-Label eingerichtet hat.
Die erfolgreiche Unternehmerin zeigt nach dem Kauf wenig Interesse, die glanzvolle Vergangenheit eines Studios, das sie nicht selbst gegründet hat, für die Nachwelt festzuhalten. So hinterlässt Duke Reids frühes Ableben in der Reggae-Geschichtsschreibung eine kaum zu füllende Lücke. Ganz im Gegensatz zum Wissen um Studio One, wo Coxson Dodd nach der Blütezeit seines Studios fast 30 Jahre blieben, um persönlich durch Wiederveröffentlichungen, Interviews und Dokumentationen an seiner Legende zu feilen.
Errol Brown ist tief getroffen von dem Verkauf an Mrs Pottinger. Getrieben von Enttäuschung rafft er alle wichtigen Mastertapes zusammen, schleppt sie zu sich nach Hause und wartet ab. Die neue Besitzerin ist jedoch nicht auf Streit aus. Sie will kooperieren, kommt zu ihm und fragt, wie sich der Backkatalog zu Geld machen ließe. Errol rät zu Compilations und vor allem zu Dub-Alben, was er auch schon seinem Onkel vergeblich angetragen hatte. Mrs Pottinger willigt ein. Errol trägt alle Tapes zurück zur Bond Street, kuratiert *Treasure Isle Hottest Hits Volume 1 – 3* und beginnt das zu tun, was Duke Reid vehement abgelehnt hat: Er mischt Dub-Alben von dessen Produktionen. Für die ersten LPs *Treasure Dub Vol. 1 + 2* und *Pleasure Dub* nutzt er Hits aus Duke Reids Rock-Steady-Katalog. Da diese Titel nun Sonia Pottinger gehören, wird sie auf den Alben als Produzentin genannt, obwohl sie die Dubs lediglich in Auftrag gegeben hat. Erst ab dem vierten Album *Medley Dub* verarbeitet Errol Playbacks, die Sonia Pottinger vor ihrer Übernahme in den Jahren 1968 – '71 als Kundin im Treasure Isle hat aufnehmen lassen. Außerdem mischt er Dub-LPs für den ehemaligen Gaylads-Sänger und Produzenten Harris „B.B." Seaton, der bevorzugt im Treasure Isle produziert und Errol auf seinen Vocal- wie Dub-Covern als „Roots Brown" betitelt.
Wie schon zuvor bei den regulären Produktionen übertrumpfen auch die Rock-Steady-Dubs aus dem Treasure Isle die zeitgleich erscheinenden Rock-Steady-Dub-Alben aus dem Studio One an Klang und Finesse und belegen ein weiteres Mal die hohe Qualität der Duke-Reid-Produktionen. Errol Brown versteht es, mit deren Musikalität in seinen Dubs zu spielen, wozu ihm die ausgetüftelten Playbacks von Tommy McCook & den Supersonics, die bis zum Verkauf des Studios als Hausband fungieren, perfekte Vorlagen bieten. Neben brillanten Mixen auf Single-B-Seiten[7] bringt er es während seiner Zeit auf der Bond Street zwischen 1974 und '79 auf mindestens 11 Dub-LPs:

- *Treasure Dub* (Treasure Isle Records 001 Dub Series 1975)
  Produzent: Sonia Pottinger, Riddims: Duke Reid
- *Pleasure Dub* (Treasure Isle Records 002 Dub Series 1976)[8]

7 Eine kleine Auswahl findet sich auf der DoCD *Dub Over Dub: 27 Track Dub Extravaganza*, Heartbeat 1996 oder unter den 25 Bonustracks der DoCD *Errol Brown & The Revolutionaries – Culture Dub & Medley Dub* Doctor Bird 2019, sowie der DoCD *Errol Brown & The Revolutionaries - Tip Top Dub* Doctor Bird 2021

8 2009 wiederveröffentlicht von Pressure Sounds UK als *Tommy McCook & The Supersonics – Pleasure Dub*

Produzent: Sonia Pottinger, Riddims: Duke Reid

- *Treasure Dub Vol. 2* (Treasure Isle Records 002 Dub Series 1976)
  Produzent: Sonia Pottinger, Riddims: Duke Reid
- *Medley Dub* (High Note 1976)
  Produzent: Sonia Pottinger, Riddims: Sonia Pottinger
- *Dubb Everlasting* (High Note 1977)
  Produzent: Sonia Pottinger, Riddims: Sonia Pottinger
- *Dub Expression* (High Note 1978)
  Produzent: Sonia Pottinger, Riddims: Sonia Pottinger
- *Culture Dub* (High Note Jamaika 1978) bzw. *Culture In Dub* (Sky Note UK 1978)
  Produzent: Sonia Pottinger, Riddims: Sonia Pottinger/Culture
- *Orthodox Dub* (Magic Fire Records JA 1978)
  Produzent: Harris Seaton, Riddims: Harris Seaton

Orthodox Dub ist ein Album rätselhafter Provenienz, das erst 2016 durch das japanische Dub Store Label einen offiziellen Release erlebt. Unstrittig finden sich darauf Playbacks, die von Errol Brown für B.B. Seaton im Treasure Isle aufgenommen und gemischt wurden. Wer hingegen die LP kompiliert bzw. produziert und veröffentlicht hat, bleibt ein Rätsel. Ende der 70er Jahre kommt sie auf ungeklärtem Weg nach New York, wo einzelne Exemplare mit Wackies[9]-Aufdruck auftauchen. Der Produzent Clive Hunt erzählt[10], er habe die LP zusammengestellt, in Jamaika 1.000 Kopien gepresst und ohne Cover an das englische Label D-Roy verkauft. Die Zahl der in den Jahren bis zur Wiederveröffentlichung aufgetauchten Exemplare weist auf eine niedrigere Auflage als 1.000 hin. Nicht ausgeschlossen, dass auch einige Exemplare nach New York gingen. Irgendwo bekam die LP ein gedrucktes Cover, auf dem Errol Brown als Produzent genannt wird. Als 2020 die Hunt-Kompilation *Bad Bad Bad*[11] erscheint, heißt es in den Linernotes, Hunt habe *Orthodox Dub* produziert und „in a very limited pressing" auf seinem Magic Fire Records Label veröffentlicht. Gut erhaltene Exemplare dieser Blanc-Label*-Pressung werden inzwischen im vierstelligen Bereich gehandelt. Unklar bleibt, wer die LP produziert hat. Hunt charakterisiert sich mir gegenüber als „kein Freund von B.B. Seaton" und bezeichnet ihn als „Manipulator", der dafür gesorgt habe, dass Duke Reid nicht an Errol Brown verkauft. Errol Brown jedenfalls hat neben *Orthodox Dub* weitere Dub-LPs für B.B. oder Jah Seaton gemischt, die trotz geringer Stückzahlen einen offiziellen Release mit außergewöhnlichem Cover-Artwork erhielten und zu hochpreisigen Schätzen auf dem Sammlermarkt wurden:

- *Gun Court Dub* (Love, UK 1975)
- *Revolutionary Dub* (Trenchtown UK 1976)

9 Von dem nach New York ausgewanderten Jamaikaner Lloyd „Bullwackie" Barnes betriebenes Studio und Label in der Bronx, wo Barnes neben Vocal- und Showcase-Alben mehr als 10 Dub-LPs produziert

10 2017 während eines nicht aufgezeichneten Gesprächs in Kingston

11 *Clive ‚Azul' Hunt presents Bad Bad Bad*, VP Records 2020

Verführt von der positiven Rezeption der immer wieder nachgepressten Erstausgabe (die man daran erkennt, dass noch nicht „Vol. 1" auf dem Cover steht) stellt Seaton 19 bzw. 26 Jahre später altes Material aus den Jahren 1976-78 zu zwei weiteren *Gun Court Dub* LPs mit Mixen von Errol Brown zusammen:

- *Gun Court Dub Vol. 2* (Soul Beat UK 1994)
- *Gun Court Dub Vol. 4* (Soul Beat UK 2001)

An der mit digitalen Riddims und divergierendem Artwork aus dem Rahmen fallenden *Gun Court Dub Vol. 3* auf Seatons Soul Beat Label ist Errol Brown nicht beteiligt. Dagegen hat er wohl auch die in Europa in den späten 70ern kursierende LP *Bag-O-Wire* gemischt. Den Auftrag dazu erteilte der Produzent Sydney Crooks, der für die Overdubs eines unbekannten Mundharmonikerspielers verantwortlich sein dürfte, die den Playbacks der Revolutionaries expressive Dramatik verleihen. Crooks ist der Gründer des Gesangstrios The Pioneers, das seit der Eröffnung des Studios häufig auf eigene Rechnung im Treasure Isle aufgenommen und schon früh mit Errol Brown zusammengearbeitet hat. Er veröffentlicht *Bag-O-*Wire 1975 auf dem englischen Klik Label; zwei Jahre danach lizenziert er es über CBS/Epic nach Frankreich, wo der Titeltrack, ein Remake von Burning Spears „Marcus Garvey", als Single ausgekoppelt wird. 1976 erscheint *Bag-O-Wire* mit identischen Mixen, anderen Titeln und anderem Cover in den Niederlanden auf dem Roots Music International Label als *Marcus Garvey*. Mit diesem Namen wird das Album seitdem zumeist unter Sonia Pottinger gelistet. Die allerdings veröffentlicht die Playbacks von *Bag-O-Wire* erst 1977 mit anderen, zweifellos von Errol Brown inklusive der Mundharmonika gemischten Versionen auf ihrem High Note Label unter dem Namen *Dubb Everlasting*.

Errol Brown: Ich hab für keine einzige meiner Dub-LPs Geld erhalten. Ich hab sie gemischt, aber sie erschienen weder mit meinem Foto noch unter meinem Namen. Mein Fehler war, auf sowas nicht zu achten, ich hatte keine Ahnung vom Geschäft. Vielleicht hätte es Royalties gegeben bei einem Foto von mir auf dem Cover. Aber [die Alben] liefen unter „Treasure Dub" und obwohl es meine Kreationen waren, stand lediglich auf der Rückseite „mixed by Errol Brown". Mit Burning Spears *Living Dub* (*Vol. 2*, 1982) bei Tuff Gong war es nicht anders.
Frage: Da stand sogar „arranged by Winston Rodney" auf dem Cover. Dein Name wurde nur auf dem Vokal Pendant *Hail H.I.M.* erwähnt.
Das war weil... Ach, ich bin zufrieden und Treasure Isle ist lange her...
Abgesehen von Anerkennung und Bezahlung, wie lief es damals ab, wenn du gedubbt hast?
Es war ein Wettbewerb, Wettbewerb ist wichtig in Jamaika. Jeder wollte einen anderen Dub, und ich habe jedem einen anderen Dub gemischt. Live! Nichts war vorbereitet auf Band. Dub war ein Riesending in Jamaika, big, big. Die

Sound Systems kamen... Jammy's, Tubby's... für alle haben wir Dubplates gezogen. Damals hat Tubby noch nichts Vergleichbares gemacht. Alle reden immer über Tubby, Tubby kam nach mir! Ich habe für Tubby Dubs gemischt. Ich hab für viele Sound Systems Dubs gemischt, Tubby's war eines davon. Mir liegt es fern zu prahlen, aber alle wollten von mir lernen. Selbst JoJo und Ernest [Hookim] von Channel One kamen, um mir zuzusehen.
In den frühen 70ern wurde Dub zu einem Single-Geschäft. Bis dahin hat man für die Rückseiten Versions gemischt. Zuerst hatten wir nur ein kleines Radiomischpult, später dieses deutsche Pult und jede Menge Outboard-Zeug wie Pultec Equalizer und Limiter. Was ich an dem Pult besonders mochte, war, dass es einen eingebauten Lautsprecher hatte, wo man Spuren hören konnte, ohne dass sie in den Mix gingen. Ich hatte anfangs ja kaum Ahnung von Musik und hab mir deshalb beim Dubben zur Orientierung die Vocals auf diesen Speaker gelegt. So wusste ich immer, an welcher Stelle im Song ich war und was im Arrangement gerade passierte, das ich dubben konnte. Ich habe dieses Pult geliebt. Ich erinnere mich nicht mehr an das Fabrikat, aber ich habe lange, lange damit gearbeitet. Bis ich bei Treasure Isle ausgestiegen bin. Das Pult hatte einen Drei-Band-Equalizer mit fest eingestellten Höhen und Bässen sowie einen Mittenregler mit wechselbaren Frequenzen. Ich hab meist während meiner Dubs die Mitten angehoben und abgesenkt, um so Soundeffekte [zu kreieren]. Außerdem hatten wir einen Federhall, den hab ich angetriggert und dann ... pfuuuh ... gab's kleine Halleffekte.
Es klingt oft so, als hättest du mit der Rückführung des Halls gespielt.
Yeah, yeah, manchmal hab ich das getan. Es gab keine andere Technik, die man hätte nutzen können. Alles, was wir hatten, war der Federhall und ein Space Echo.
Du hast tatsächlich mit dem Roland Space Delay gearbeitet? Abgesehen von Lee Perry hat das doch in Jamaika kaum jemand ernsthaft benutzt.
Ja, ein paarmal habe ich es benutzt. Aber es hat mich schnell gelangweilt und ich hab ein 1-Spur-Ampex-Tonband gekauft. An dem hab ich die Tonköpfe verschoben, um unterschiedliche Echozeiten zu kriegen. Ich sehe das noch ganz klar vor mir, all diese Hektik. Der Kontrollraum im Treasure Isle war klein, kleiner als dieses Hotelzimmer. Da vorne waren die Boxen, ich dazwischen am Pult und die Schneidemaschine direkt dahinter. Alles war straight. So wie ich es im Studio gehört habe, wurde es geschnitten und zur Galvanik gebracht...
Wo aus dem Acetat der Stempel, der sogenannte „Stamper", gemacht wurde, mit dem die Platten gepresst wurden.
... nur so habe ich meinen Sound realisieren können. Ich mag Dub, wenn er musikalisch ist und ich Effekte auf die Musik legen kann. Mir gefällt es nicht, wenn Dub nur Drum and Bass ist. Das gibt der Musik nichts. Mein Sound hat Höhen und Mitten. Mitten bringen Leben in die Musik. Drum and Bass allein können das nicht. Und Höhen bringen Klarheit in den Sound. Deshalb will ich meine HiHat definiert haben. Was aber bei der alten Musik damals ein Problem war. Da gab es kein Hi-End.

Weil die Technologie es noch nicht konnte.
Mag sein. Es gab jedenfalls noch keine Mikrofone dafür. Aber ich habe versucht, das zu ändern. Ich hab gekämpft, hab den Equalizer benutzt, um die Höhen zu pushen. Du hörst das auf all den Various-Artists-Alben, die ich gemacht habe. Teilweise war [auf den Aufnahmen] kein Rimshot oder keine HiHat zu hören. Ich hätte heulen können. In manchen Fällen hat mein Onkel die HiHat später dazu gespielt und ich hab sie reingemischt. Auf *Alton Ellis Greatest Hits*[12] zum Beispiel.
Duke Reid an der HiHat? Nachträglich?
Duke, yahman. Mein Onkel hat mir die Bänder überlassen und gesagt: „Mach, was zu tun ist, damit sich alles so anhört, wie es sein soll." Das Wichtigste jedoch, was er mir hinterlassen hat, war das Wissen um solche Dinge. Auch wenn er mich derbe rangenommen hat. Jedes Mal, wenn ich was gemischt hab, bin ich rüber auf die andere Straßenseite, in seinen Getränkeladen, und hab es ihm vorgespielt. Manchmal wurde er regelrecht wütend: „Hör richtig hin, Mann! Fang an, Musik zu mischen!" Ich dann „alright", und wenn ich gedacht hab, jetzt ist es aber gut, kam immer noch „Nein!". Als ich mir mal erlaubt habe, beim Weggehen die Stirn zu runzeln, kam er hinter mir her, die Treppe rauf bis in den Kontrollraum und schrie: „Meister, wenn ich sage, etwas stimmt nicht im Mix, dann meine ich: Es ist nicht gut gemischt!" Der Mann war nicht einfach. Er hatte immer drei Knarren dabei, zwei [in 'nem Holster] rechts und links im Gürtel und ein Gewehr in der Hand. Er kam rein mit dem Ding und Boom! Boom!
Er hat im Kontrollraum geschossen?
In die Wand. Um mich zu erschrecken.
War das Attitüde? Oder war Duke Reid ein gefährlicher Mann?
Nein, er hat dabei nicht auf mich gezielt. Er zielte auf die Wand, ins Studio, auf Flaschen. Standen ja genug rum, draußen an den Tischen vor seinem Laden. Und er brachte immer welche mit zu den Sessions. Das führte dazu, dass er auch drinnen auf Flaschen schoss, wenn ihn die Musik begeisterte. Je nachdem, wie ihm gerade so war.
Was hat dich veranlasst, zu Tuff Gong zu gehen? Lag das an Sonia Pottinger?
Tja Mrs Pottinger... Ich hab halt alles gemacht bei Treasure Isle. Hab produziert, mich um das Studio gekümmert und überhaupt. Ich hab [zwei Alben mit] Marcia Griffiths gemacht[13], die LP mit Culture (*Harder Than The Rest* s.o.) und viele andere Artists, aber Anerkennung als Produzent gab's nie.
Obwohl du für sie nicht nur Engineer, sondern auch musikalischer Leiter warst?
Yeah... Ich hab immer gesagt, wenn mir was nicht gefallen hat, und dann wurde nochmal gespielt. Wenn ich fand, dass das, was die Bläser wollten, nicht passt, hab ich es gesagt. Die Bläser haben mich oft verflucht. Einmal,

12 Count Shelly UK 1973, wurde von Sonia Pottinger als *Alton Ellis – Mr Soul Of Jamaica* nachgepresst
13 *Naturally* 1978 + *Steppin'* 1979, beide auf Sky Note, UK. Zwei aufwendige Produktionen mit gedoppelten Bläsersätzen und in Stereo gemischt.

ich werde es nie vergessen, wir haben an einem der Culture-Songs gearbeitet, hat Cedric Brooks, der Saxofonist, gespielt wie Woody Woodpecker: BaBa-BaBa! Ich hab das Tape gestoppt und gesagt: „Ey man, dieses Woody Woodpecker funktioniert nicht." Er ist total ausgerastet, hat mich beschimpft und ist abgehauen. Zu Mrs Pottinger in den Record Shop. Ich hab das Studio abgeschlossen und bin hinterher. Er war vor mir da und hat sich beklagt: „Dieser kleine Junge hat gesagt, ich spiele wie Woody Woodpecker, was für eine Respektlosigkeit." Ich hab nur geantwortet: „Mrs Pottinger, so hat es sich für mich angehört." Es ist mir egal, wie bedeutend jemand ist, wenn es mir nicht gefällt, gefällt es mir nicht. Schließlich bezahlen wir dafür, dass er spielt, er tut mir doch keinen Gefallen. Und wenn ich finde, es hört sich an wie Woody Woodpecker, sage ich es. Und weil ich mich um all diese Dinge gekümmert habe, wollte ich mehr Geld. Da gab es aus der Zeit von Tommy McCook den Altsaxofonisten Herman Marquis, einen Mann mit gutem Gehör, den Duke immer geholt hat, wenn es um Gesänge ging, weil er sich gut mit Harmonien auskannte. Als Mrs Pottinger übernahm, habe ich empfohlen, Marquis anzustellen, weil er sich im Gegensatz zu mir mit Musik auskannte. Also wurde er als Hilfskraft verpflichtet. Als ich nach der Gehaltserhöhung gefragt hab, meinte sie, dann werde sie Marquis entlassen und mir dessen Geld geben. Falsche Antwort! Also hab ich nach einer anderen Arbeit gesucht, obwohl es mir schwergefallen ist. Treasure Isle war ein Teil von mir.

1979 verlässt Errol Brown, nach der Verstimmung wegen Smitty und nach dem Verkauf an Mrs Pottinger, zum dritten Mal Treasure Isle im Zorn, diesmal unwiderruflich. Mit fatalen Folgen für das Studio. Es stellt den Betrieb weitgehend ein, bis es 1985 endgültig schließt. Errol dagegen trifft sich mit Bob Marley. Marcia Griffiths hat das Treffen arrangiert. Schon länger schwärmt sie von „ihrem" Treasure-Isle-Techniker, der seit den zwei gemeinsamen LP-Produktionen auch bei ihren Konzerten am Mischpult steht. Es kommt zu einem Treffen im neuen Tuff Gong Studio, bei dem Errol zum ersten Mal mit einem großen, modernen Mischpult konfrontiert wird: „Ich hab mir nichts anmerken lassen, aber ich war regelrecht geschockt. Bislang kannte ich nur das kleine Treasure-Isle-Pult mit 12 Kanälen. Und jetzt dieses Riesenschiff. Ein MCI 500, mit 36 Kanälen, Computer und allem, was man sich vorstellen kann. Ich war verwirrt und ängstlich und hab mich vorsichtig ran getastet." Das Studio ist brandneu, noch nicht in Betrieb und hat Probleme mit der Basswahrnehmung. Errol findet heraus, dass die Ursache in der erhöhten Position des Mischpultes liegt, was Bob endgültig von ihm überzeugt. Ein Schreiner versetzt die Boxen, Errol steigt bei Tuff Gong ein, zunächst als Assistent von Alex Sadkin bei der *Survival*-Produktion. Danach übernimmt er selbstständig die Arbeiten an Rita Marleys *Who Feels It Knows It*-LP von 1980. Als Bob Marley das fertige Ergebnis hört, fragt er: „Warum hat meine Musik nicht solch einen Sound?" und überträgt Errol die Arbeit am *Survival*-Nachfolger *Uprising*. Unter der Regie des Wailers-Bassisten Ashton „Family Man" Barrett erfolgt direkt im Anschluss mit den Musikern der Wailers die

Produktion der Burning-Spear-LP *Hail H.I.M.*, die zu der von Errol angesprochenen Dub-LP *Living Dub Vol. 2*[14] führt.
Obwohl Errol Brown nach seinem Abschied von Treasure Isle an den Alben *Dub Out Her Blouse & Skirt Vol. 1* und *Cultural Roots Dub* des späteren Penthouse-Gründers Donovan Germain mitwirkt und auch von den Produktionen im Tuff Gong regelmäßig Dubs mischt, bleibt die große Überraschung aus. Die stilistischen Veränderungen des Reggae verhindern, dass sich die musikalische Magie seiner Dub-Mixe aus dem Treasure Isle fortsetzt. Nach wie vor wird nichts unter seinem Namen rausgebracht. Manches erscheint erst Jahre später, als der große Dub-Hype längst nur noch vor sich hin dümpelt. So wie

- *Chinna Smith presents... DUB IT!* (Nature Sounds US 2004)
  (Counterpart zu Mutabarukas 1983er LP *Check It!)*
- *Familyman In Dub* (Heartbeat 1999),
  (Counterpart zur Compilation *Ashton Familyman Barrett – Cobra Style: Productions From The Wailers' Musical Director* Heartbeat 1999)

Errol Brown bleibt dem Tuff Gong Studio auch während seiner vorübergehenden Demission in die Staaten verbunden. 2012 mischt hier die LP *Busy Signal – Reggae Dubb'n Again*[15], den Counterpart zu dessen Album *Reggae Music Again.* Trotz des auf dem Cover abgebildeten Analog-Equipments ist er da längst ein glühender Anhänger moderner Technik. Er träumt von einem digital gemischten Dub-Album aus dem mit Bob Marley aufgenommenen Material. Was Marley zu Lebzeiten immer abgelehnt hat. Weil Dub, wie der Wailers-Keyboarder Tyrone Downie mir Jahre später offenbart, für ihn „eine andere Kultur war". Eine andere Kultur? „Dancehall-Kultur. Die hat Bob nicht interessiert." Errol ist davon überzeugt, dass durch einen digitalen Mix die alten Aufnahmen heute besser wirken würden als zum Zeitpunkt ihrer Entstehung. „Damals war die bessere Zeit für unsere Musik." Und auch wenn „die Leute heute nicht mehr langsam und laidback tanzen", betont er, „für Dub-Musik braucht es Live-Musik, nichts Programmiertes."

14 *Living Dub Vol. 2* wurde zigfach aufgelegt, die Dubs wurden mehrfach gemischt. Nur die erste Ausgabe von 1980 enthält sicher die Mixe von Errol Brown.

15 VP Records 2012

13 | Channel One: Vorsprung durch Technik

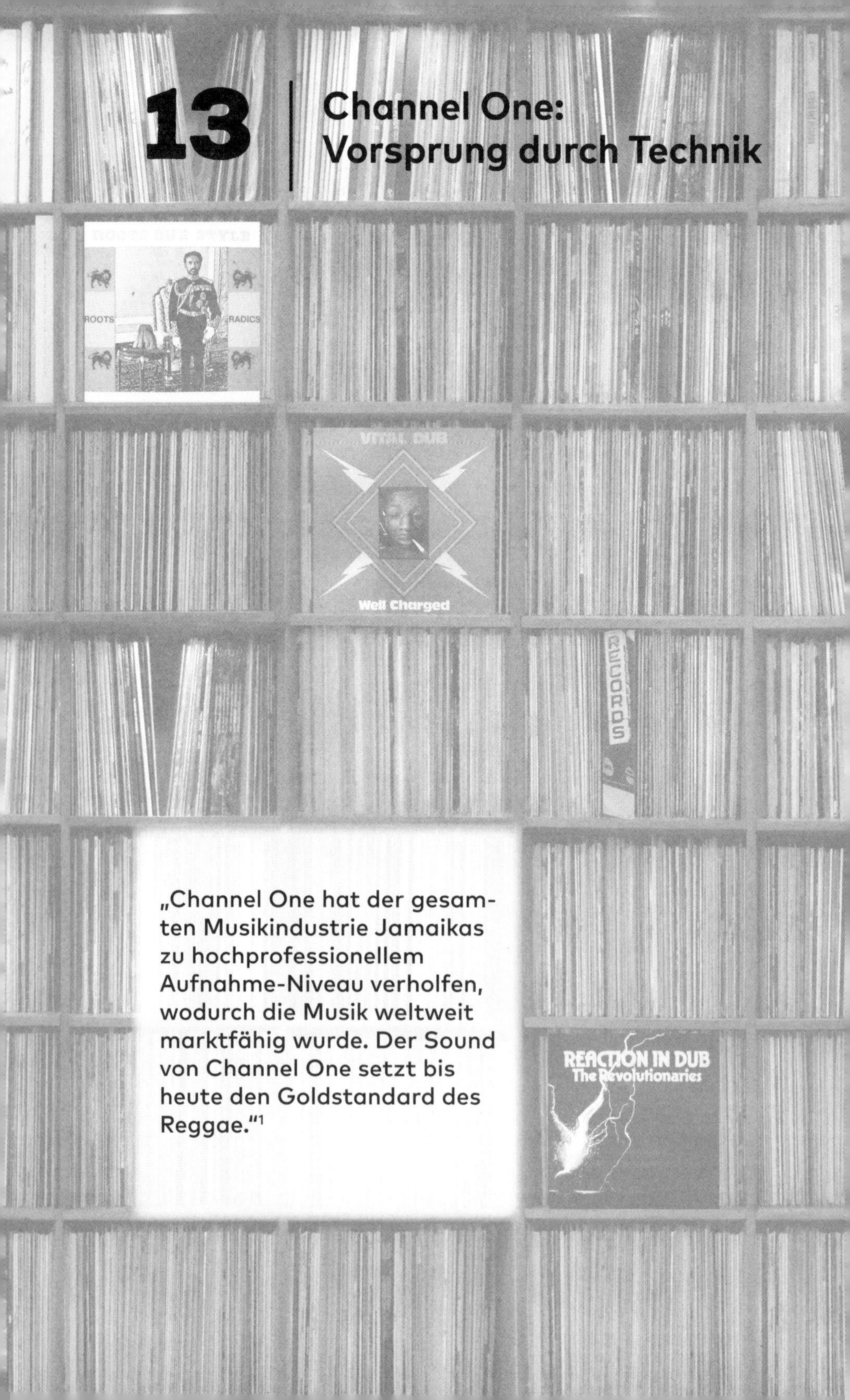

„Channel One hat der gesamten Musikindustrie Jamaikas zu hochprofessionellem Aufnahme-Niveau verholfen, wodurch die Musik weltweit marktfähig wurde. Der Sound von Channel One setzt bis heute den Goldstandard des Reggae."[1]

1971 beginnt in Kingston der Bau eines Tonstudios, das in der Folgezeit die Koordinaten der Dub-Landschaft entscheidend verändern wird. Bauherr ist Joseph „JoJo“ Hookim. Bislang verdienten er und seine Brüder Ernest, Kenneth und Paul („Paulie“) ihr Geld als Automatenaufsteller. Mit Slot Machines, sogenannten „Einarmigen Banditen“, und Jukeboxen, die JoJo von eben jener Firma Issa's, bei der auch Randy Chin beschäftigt war, erworben hatte, als diese 1960 begann, sich aus dem Geschäft zurückzuziehen. 1970 verbietet die jamaikanische Regierung Glücksspielautomaten; auch Musikboxen erwirtschaften kaum noch Gewinn, da als Folge der zunehmenden Verbreitung von Plattenspielern private Hauspartys das Feiern in der Rum-Bar ersetzen. Die Hookims müssen sich neu ausrichten. JoJo (1942 – 2018) ist der Älteste, er soll bestimmen, wie es weitergeht. Durch Zufall wird er Zeuge einer Aufnahme-Session im Dynamic Studio. Der Sänger John Holt, ein guter Freund seit Kindertagen, hat ihn dorthin mitgenommen. Fasziniert von der Atmosphäre eines Studios beschließt JoJo, ins Produktionsgeschäft einzusteigen.

Die Eltern der vier Brüder hatten sich in China kennengelernt. Die Mutter, eine Frau jüdischer Abstammung aus Jamaika, war mit ihrem ersten chinesischen Mann in dessen Heimat ausgewandert. Als der dort stirbt, heiratet sie erneut einen Chinesen und kehrt mit ihm während des 2. Japanisch-Chinesischen Krieges (1937 – 45) zurück nach Kingston. Das Paar verkauft zunächst Eis in Papine, zieht dann zur Spanish Town Road und landet schließlich auf der Maxfield Avenue, einer von Halfway Tree nach Greenwich Town führenden Verbindung entlang der Ghettobezirke Trenchtown im Osten und Whitfield Town im Westen. Im Eckhaus Nr. 29 eröffnen die Eltern unter dem Namen „Cool Paris“ einen Eissalon mit angeschlossener Rum-Bar, 1966 erwerben sie die Immobilie. In dieses Gebäude will JoJo nun ein Studio bauen. Eines mit der besten und neuesten technischen Ausstattung.

JoJo ist bewusst, dass man dabei vieles falsch machen kann. Daher lässt er sich von einem kanadischen Techniker beraten: „Wir sind mit ihm zu Duke Reid, zu Dynamics und zu Harry J gegangen. Er hat sich überall die Racks [mit dem Outboard Equipment] angesehen und meinte, das alles braucht man nicht unbedingt. Ich konnte das nicht nachvollziehen, denn in den Studios, die ich kannte, waren die Racks vollgepackt mit Unmengen an Zusatzgeräten. Er aber riet: Kauf dir lieber ein Pult von der Qualität eines API.“[2] JoJo vertraut dem Mann, investiert eine für die damalige Zeit enorme Summe von 38.000 US-Dollar und ersteht in Miami ein modernes 16-Kanal-API-Pult, dessen Ausstattung zusätzliche Vorverstärker oder Equalizer überflüssig macht.

---

1 VP Records im Nachruf für JoJo Hookim 21.09.2018: https://www.vprecords.com/vp-records-celebrates-the-life-of-producer-and-businessman-joseph-jo-jo-hoo-kim/ (zuletzt aufgerufen 10.10.2018)

2 Covernotes *Hitbound! The Revolutionary Sound Of Channel One*, Heartbeat LP/CD 1989. JoJo erwähnt hier „someone from Canada, he was an engineer“. Andere Quellen sagen, es sei Bill Garnett gewesen, was aber Ernest Hookim verneint. Garnett kommt erst später ins Spiel.

Die entscheidenden Bausteine der API-Konsole werden 1967 von dem Amerikaner Saul Walker entwickelt, ein Jahr später gründet er die Firma Automated Processes, Inc. (API). Das Pult basiert auf einem Modulsystem und bestückt die einzelnen Kanäle mit innovativen High-End-Vorverstärkern sowie semi-parametrischen 3-Band-Equalizern. Jedes Band hat fünf (in späteren Versionen sieben) anwählbare Frequenzen, die gefiltert werden können. Die Technik ist nicht neu, auch Tubbys MCI-Pult hatte an seinem High Pass Filter bereits selektierbare Frequenzen. Die Aussage von Barrow & Dalton in ihrem Buch *Reggae. The Rough Guide*, das Channel One Studio sei ebenfalls mit einem MCI High Pass Filter ausgestattet gewesen[3], ist allerdings ein Irrtum und dürfte zurückzuführen sein auf eine Verwechslung der Kürzel MCI und API in Verbindung mit der ähnlichen Arbeitsweise beider Equalizer. Das MCI von King Tubby besaß nur einen einzigen durchwählbaren Filter für das gesamte Pult, das API nutzt das Prinzip für die Höhen, Mitten und Bassbereiche jedes einzelnen Kanalzugs. Zusammen mit den Eingangsverstärkern liefert es eine noch nie dagewesene Klangqualität, deren Fülle und Wärme einzigartig ist. Schnell hält das API Einzug in amerikanische Fernseh- und Produktionsstudios. Frank Zappa, Stevie Wonder, Marvin Gaye, Bob Dylan, um nur einige zu nennen, nahmen darüber auf, Lauryn Hill oder Rick Rubin tun es heute noch. API-Pulte mit der „alten“ analogen Technik werden nach wie vor weiterentwickelt und hergestellt, auch die Konsolen der ersten Generation sind immer noch im Umlauf, gehandelt für ein Vielfaches ihres ursprünglichen Preises.

Das von JoJo gekaufte Pult hat 16 Eingängskanäle, die bei Aufnahmen auf acht Einzelausgänge und beim Mix auf zwei Stereoausgänge gelenkt werden können. In der Dub-Literatur findet sich häufig die Formulierung, JoJo habe mit einer „four track API console“ angefangen, etwa bei Michael Veal[4] oder in einigen der in der Regel gut recherchierten Booklets der Pressure-Sounds-Veröffentlichungen[5]. Ein Fehler, der darauf beruht, dass Channel One in den ersten Jahren nur ein 4-Spur-Studio ist. Das API-16in8in2-Mischpult gehört von Anfang an zur Ausstattung und wird nie ausgetauscht. Warum auch? Es ist für Jahre das beste Pult, das auf der Insel zu finden ist.

Nach sechs Monaten Bauzeit fliegt JoJo aus New York den Techniker Bill Garnett ein, der schon das Randy's Studio verkabelt hatte und auch beim Aufbau der Studios von Harry J und Joe Gibbs in Duhaney Park involviert war. Garnett bleibt für zwei Wochen und installiert das Equipment: eine Halbzoll-4-Spur und zwei 2-Spur-Bandmaschinen, eine für den Mixdown, die andere für Echos, alle aus der Ampex-440-Serie. Dazu ein Fisher Federhallgerät, das gleiche, das auch Tubby anfangs benutzte. Mehr nicht. Eine rudimentäre, aber exquisite Standard-Ausstattung, verbunden mit einem Hochleistungspult, in das noch zwei Keypex Noise Gate Module einge-

3 Steve Barrow & Peter Dalton - *Reggae. The Rough Guide*, London 1997 S. 213

4 Michael E. Veal a.a.O. S. 135

5 Z.B. in *Channel One – Maxfield Avenue Breakdown. Dubs & Instrumentals 1974 – 79*, Pressure Sounds 2001 oder *Drum Sound - The Revolutionaries. More gems from the channel one dub room*, Pressure Sounds 2007

baut sind, mit denen sich Übersprechungen anderer Instrumente verhindern lassen und die später für den typischen Snare Sound aus dem Channel One wichtig werden. 1972 öffnet das Studio die Tore.

Der Anfang verläuft schwierig. Keiner der Brüder weiß, wie in einem Studio gearbeitet wird. Eigentlich hat JoJo nicht vor, es zu vermieten, sondern will es hauptsächlich für eigene Produktionen nutzen. Aber da er hofft, von anderen lernen zu können, gibt er die Devise aus „Free Try Before You Buy" und verpflichtet Sid Bucknor als festen Engineer. Unter den Ersten, die das Angebot einer kostenlosen Test-Session annehmen, sind die Produzenten Phil Pratt, der hier mit Gregory Isaacs' „All I Have Is Love" direkt einen Nr. 1 Hit landet, und der allgegenwärtige Bunny Lee. Der nimmt an der Maxfield Avenue mit der Soul Syndicate Band Delroy Wilsons „Can I Change My Mind" auf und berichtet von Problemen.

Der Haustechniker Sid „Siddy" Bucknor – Geburtsjahr unbekannt, gestorben 2010 in London – ist seit der Stunde Null ein integraler Bestandteil der jamaikanischen Recording-Landschaft. Als Cousin des Studio-One-Besitzers Coxson Dodd beginnt er in dessen Betrieb und bleibt, bis er von Sylvan Morris abgelöst wird. Danach führt ihn eine Odyssee durch die Kingstoner Studios. Es gibt keines, in dem er nicht gearbeitet hätte. Musiker und Sänger mögen seine ruhige Art. Er trifft auf alle Größen der Insel, ist 1974 an den Aufnahmen zu Bob Marleys *Natty Dread*-Album für Island Records beteiligt und emigriert anschließend nach London. Auch dort kommt er in den Studios unter, arbeitet im Roundhouse, Islands Basing Street und der Chalk Farm[6], wo er unter anderem Keith Hudsons *Nuh Skin Up Dub*-LP[7] mischt. Gelegentlich versorgt er seinen Cousin Coxson mit Aufnahmen britischer Reggae Artists. In der zweiten Hälfte der 70er Jahre lässt Bucknor bei Dynamic Sounds eine Handvoll LPs mit unbedrucktem Logo pressen, steckt sie in ein neutrales Cover und stempelt diese mit dem Aufdruck *Dub Sensation*. Die Dubs – darunter eine übertrieben basslastige Version des Jackie-Mittoo-Titels „Cold Blood"[8] aus dem Channel One – sind ein obskures Sammelsurium seiner Stationen in Kingston und London. 40 Jahre später ist die LP ein im vierstelligen Bereich dotiertes Sammlerstück.

Sid Bucknor hat ein Problem: Er arbeitet sehr bedächtig. „Sid war lahm", sagt Bunny Lee, „deshalb hatte er sich schon mit Coxson zerstritten. Er war ein guter Engineer, aber zu langsam. Als die Dub-Versions populär wurden, arbeitete er mit 'ner Stoppuhr, um Vocals wegzuschalten. In der Zeit, in der andere einen Dub gemischt haben, war er immer noch mit Schlagzeug und Bass beschäftigt. Er hat sich den ganzen Tag damit aufgehalten, sodass niemand mehr mit ihm arbeiten wollte."

---

6 Ein 24-Spur-Studio in der Belmont Street, das von 1968-82 existierte und häufig für Reggae-Produktionen genutzt wurde

7 *Nuh Skin Up Dub* ist das Pendant zu Keith Hudsons LP *From One Extreme To Another*, die identisch ist mit *Black Morphologist* auf KEJA. Vocal wie Dub wurden von Bucknor in der Chalk Farm gemischt und erschienen 1979 in England auf Joint International, der Dub in einem neutralen Cover. 2007 wird er durch Pressure Sounds neu aufgelegt.

8 Den Mix findet man auch auf der B-Seite der jamaikanischen I-Roy-Single „Proud Black" auf Well Charge von 1974

Zudem hat Sid Bucknor bei Channel One noch ein zweites, viel gravierenderes Problem: Er kommt mit dem Pult nicht klar. Vor allem die Semi-Parametric ist ihm ein Rätsel. „Das sind alles nur Dekorationen, psychedelische Lichter", behauptet er und projiziert sein Unvermögen auf den Hersteller. Bucknor baut einen Kanalzug aus und veranlasst JoJo, damit nach Miami zu fliegen. Er möge bei API reklamieren, dass die Klangregelung nicht richtig arbeite. JoJo wird dort jedoch ausgelacht: „Euer Engineer ist verrückt. Wenn er nicht weiß, wie Parametric funktioniert, muss ihm das jemand zeigen." Sie demonstrieren ihm, wie's geht, damit er es an Sid weitergibt. Doch als JoJo zurückkommt, hängt der vorm Fernseher und will grad nicht gestört werden. Nicht nur Bunny Lee moniert den schlechten Sound. Viele der „free sessions" schlagen fehl, der Ruf des neuen Studios steht auf dem Spiel. „Studio not good" wird bereits kolportiert. JoJo selbst hat eine komplette LP-Produktion mit dem Sänger Alton Ellis, die er nicht veröffentlichen kann, weil sie nicht ordentlich aufgenommen wurde. Man hat das teuerste Mischpult der Insel, erzielt damit jedoch keinen guten Sound und zieht die Konsequenzen: Nach gut einem Jahr wird die Zusammenarbeit mit Sid Bucknor beendet.

Was tun? JoJo will, dass Ernest Bucknors Stelle besetzt, um sich unabhängig von fremdem Personal zu machen. Ernest, geboren 1948, ist der jüngste der Brüder, ein leidenschaftlicher Automaten-Mechaniker und absolut nicht begeistert: „Ich kannte mich mit Elektronik aus, hatte aber keine Ahnung, wie man ein Mischpult bedient. Die Parametric war nicht das Problem, dafür benutzt man seine Ohren. Aber wie verkabelt man Instrumente, wenn man sie aufnehmen will?" Ernest lässt sich von Errol Thompson ein Grundwissen an Aufnahmetechnik zeigen, und während JoJo das Kaufmännische regelt, übernimmt Ernest schließlich doch den Platz am Pult. Er informiert sich über Schlagzeug-Mikrofonierung in amerikanischen Studios und versucht, genauso zu arbeiten. Unterstützung kommt von Sly Dunbar, der ihn noch viele Jahre danach voller Respekt als seinen „Ex-Boss" bezeichnet und ebenfalls ständig auf der Suche nach Verbesserung des Drumsounds ist. Wann immer es die Zeit zulässt, verbringen die beiden ganze Tage mit Equalizer-Einstellungen, Mikrofon-Positionierungen und absurd anmutenden Fell-Abklebe-Dämmungen, wie sie auf dem Cover der LP *Sly & The Revolutionaries – Go Deh Wid Riddim*[9] zu sehen sind. Fast zwei Jahre währen die Experimente, am Ende klingt das Schlagzeug aus den Lautsprecherboxen besser als in natura. Wurde früher aufgrund der limitierten Technik das gesamte Schlagzeug mit nur einem einzigen Mikrofon abgenommen, mikrofoniert Ernest jede einzelne Trommel und jedes Becken des Schlagzeugs und filtert die Signale getrennt in jeweils einem Kanal des Mischpultes. Dadurch wird sein Sound deutlich differenzierter als in der Vergangenheit. „Ernests Mix war brillant", schwärmt der Roots-Radics-Drummer Style Scott, „die Höhen waren crisp und sweet, der Rimshot setzte sich kraftvoll durch und die Bassdrum hatte Bauch." Mit der gleichen Akribie wird am Bass gearbeitet, was selbst Bunny Lee, der an den meisten jamaikanischen Studios kein

9 Veröffentlicht 1977 in Jamaika auf dem Derrick Harriott Label Crystal Records

gutes Haar lässt, zu dem Urteil bringt: „Der Bass kam wie eine Leadgitarre. Fast so gut wie aus dem Dynamic Studio." Der Sound von Bass und Schlagzeug wird entscheidend für den Aufstieg von Channel One. „Ernest Hookim hat [dafür] nie die Anerkennung bekommen", beklagt Jahre später der Sänger und Produzent Roy Cousins. „Als er bei Channel One übernommen hat, hat er den Reggae-Sound 20 Jahre nach vorne gebracht."[10] Wozu auch der Austausch des Fisher-Hallgerätes gegen ein AKG BX10 beiträgt, mit dem Channel One ab 1975 den Hallsound in den Dancehalls revolutioniert.

In der Zwischenzeit hat sich der Reggae verändert. Die Nähe zur Black-Power-Bewegung in den USA, die Erfahrung neokolonialer Okkupation durch IWF und Weltbank, die zunehmende Verbreitung rebellischen Gedankenguts der Rastafarians und der Panafrikanisten Marcus Garvey (1887 – 1940) und Walter Rodney (1942 – 1980)[11] sowie nicht zuletzt die Visite des äthiopischen Kaisers Haile Selassie 1966 haben à la longue einen Wandel bewirkt. Weg vom Rude-Boy-Habitus des Ska und der Euphorie des Rock Steady hin zu Roots & Culture und zum bassgetriebenen Offbeat als Kulturexport. Die englische Plattenfirma Island Records nimmt 1971 die Wailers unter Vertrag, der Film „The Harder They Come" mit Jimmy Cliff in der Hauptrolle legt 1972 den Grundstein für eine weltweite Erfolgsgeschichte. Reggae entwickelt sich zum Sound eines grenzüberschreitenden kollektiven Bewusstseins: Global Prayer versus Global Player.

Die neuen Inhalte finden im jamaikanischen Radio nicht statt. Ihre Verbreitung erfolgt über die Sound Systems, bei denen sich eine neue Generation an Wortführern etabliert hat. Sie bringen die brennenden Themen von Selbstbewusstsein, afrikanischem Erbe und Repatriierung unters Volk und kommentieren aus diesem Blickwinkel die in Jamaika aufmerksam verfolgten Befreiungskämpfe der afrikanischen Staaten. Während Bob Marley und Jimmy Cliff mit einem etwas anderen, von Rock und Pop durchsetzten Sound dem Reggae die Welt erobern, bestimmt daheim weiterhin die Dancehall das Geschehen. Die Hookims reagieren. Sie verpflichten den Deejay I Roy als In-House-Produzenten*, um bei ihren Produktionen verstärkt die Trends der Dancehall zu berücksichtigen. „Wir haben Riddims ausgewählt und I Roy entscheiden lassen, welche wir davon aufnehmen", beschreibt Ernest dessen Aufgabe. Roy Reid (1944 – 1999) war Beamter, ehe er sich 1966 als I Roy ans Mikro traut und in Spanish Town beim „Supreme Ruler Of Sound" und „Stereo" zum redegewandten Top Deejay aufrückt. Bevor er 1975 zu Channel One kommt, verbringt er mehrere Monate in London, weiß daher um die

10 Aus dem Booklet *Drum Sound - The Revolutionaries. More gems from the channel one dub room*, Pressure Sounds 2007

11 Walter Rodney kam aus Guyana. Er studierte in Kingston, lehrte im Anschluss afrikanische Geschichte und verfasste die Standardwerke *Grounding With My Brothers* (über die Black-Power-Bewegung in der Karibik) sowie *How Europe Underdeveloped Africa* (deutsch: *Afrika. Die Geschichte einer Unterentwicklung*). Rodney war international gefragt, lehrte u.a. 1978 für ein Semester in Hamburg. Im Oktober 1968 – da war er 26 – verwehrte man ihm die Wiedereinreise nach Jamaika, was in Kingston zu schweren Unruhen mit Todesopfern und Schäden in Millionenhöhe führte. Rodney wurde 1980 im Alter von 38 Jahren in Guyana ermordet.

Verbreitung der jamaikanischen Kultur in der Diaspora wie auch um das wachsende europäische Interesse an jamaikanischen Musikexporten. Ein Jahr später unterschreibt er bei der englischen Plattenfirma Virgin Records einen Vertrag über fünf Langspielplatten. Am Ende werden es acht.[12]
Im selben Jahr, in dem I Roy seine Arbeit auf der Maxfield Avenue aufnimmt, wird auch der Pianist und Organist Ossi Hibbert als Mitarbeiter in das Kreativteam des Channel One geholt. Hibbert (1951 – 2012) ist ein gefragter Musiker, der hohes Ansehen unter Kingstons Produzenten genießt, seit er 1972 mit seinem Orgelspiel dazu beigetragen hat, dass Big Youth mit der Biker-Hymne „S90 Skank" einen Riesenerfolg für Keith Hudson einfahren konnte. Hibbert ist Mitglied der Soul Syndicate Band, arbeitet viel im Studio von Joe Gibbs und spielt für Bunny Lee bei den Aggrovators. Im Frühjahr 1975 bittet JoJo Bunny Lee, Hibbert zu Channel One zu lotsen. Er steigt bei den Revolutionaries ein und arrangiert zusammen mit Sly Dunbar Unmengen an Tunes, die bei ihrem Release als Produktionen von JoJo Hookim ausgewiesen werden. Auch Hibbert wird Opfer der in den Studios von Kingston gepflegten Praxis, dass sich der bezahlende Auftraggeber Produzent nennt. Beeindruckt von seinem musikalischen Gespür macht Ernest aus dem Musiker einen Engineer und überlässt ihm für Fremdbuchungen, auf die er selbst keine Lust hat, den Platz am Pult. Hibbert ist begeistert von der Art, wie Errol Thompson Dub angeht, und möchte Ähnliches versuchen. Die Hookims haben damit kein Problem, solange es den betrieblichen Ablauf nicht behindert. 1975 mischt Ossi Hibbert seine erste Dub-LP. Er beginnt morgens um 6.30 Uhr und hat gut drei Stunden Zeit, bevor um 10 Uhr die Kunden kommen. In zwei Frühschichten entsteht so ein Album, das er nach dem Namen seines Labels *Earthquake Dub* nennt und zunächst als Pre-Release ohne Cover und Titel in Ministückzahl presst. Da er jedoch ein Auge auf das Auto geworfen hat, mit dem Thompson durch Kingston cruist, tauscht er das Album zusammen mit einer Handvoll Songs, die er in Eigenregie bei Channel One mit Dennis Brown, Gregory Isaacs, Earth & Stone, Freddie McKay und anderen Artists produziert hat, gegen das Auto. Vereinbart wird ein offizieller Release auf dem Label von Joe Gibbs. Einige der Vokal-Versionen werden 1977 als *United Dreadlocks Vol. 1* auf Joe Gibbs veröffentlicht, *Earthquake Dub* folgt ein Jahr später.[13] Hibbert mischt während seiner Zeit bei Channel One noch die ultra-raren, coverlosen LPs *Meditation In Dub* für sein zweites Label Flames und *Crueshal Dub* für Earthquake sowie *Dub In Blood* für Phil Pratt (alle 1976), außerdem 1978 für Burning Sounds *Guerilla Dub*. Im selben Jahr erscheint auf Cash And Carry die LP *Leggo Dub*, größtenteils bestückt mit Dubversionen zu der von Hibbert produzierten Gregory-Isaacs-LP *Mr. Isaacs*, deren Geräusch-Applikationen mit allem, was das Archiv hergibt – von Hundegebell über Kuckucksuhren bis hin zu

12 *Crisus Time* (1976), *Musical Shark Attack* (1976), *Heart Of A Lion* (1978), *World On Fire* (1978), *Ten Commandments* (1978), *Cancer* (1979), *The General* (1979), *Whap'n'Bapn* (1980)

13 1979 bringt Ossi Hibbert das Album selbst unter dem Titel *Satisfaction In Dub Strictly Yard Music* in New York auf Flames und in London als *Satisfaction in Dub* bei Live & Love auf den Markt

Schnipseln fremder Musik – verdeutlichen, wie stark Ossi Hibbert von Errol Thompson beeinflusst ist.
1976 beginnen sich die personellen Entscheidungen und Investitionen der Hookims auszuzahlen. Auf Empfehlung des Produzenten, Deejays und Sängers Pat Francis (aka Jah Lloyd aka Jah Lion) produzieren JoJo und Ernest das Debütalbum eines Gesangstrios, das den neuen Geist des Reggae repräsentiert. Die Mighty Diamonds sind, obwohl ihr gepflegter Harmoniegesang in der Tradition des Phillisounds der Stylistics anderes vermuten lässt, radikale Vertreter der Garvey- und Rastafari-Bewegung. Sie singen „Natty Dread will never run away“, haben einen militanten Blick auf die Geschichte und prangern in ihren Liedern die Ghettopolitik des Landes an. Ihr Album *Right Time* wird zum bis dato größten Erfolg der Hookims und stellt die Weichen für die nächsten Jahre. Virgin Records lizenziert *Right Time*, bringt im selben Jahr die damit korrespondierende Mono-LP *Vital Dub* auf den internationalen Markt, lässt es sich aber nicht nehmen, den Dub mit dem Abbild eines kiffenden Jamaikaners zu garnieren.[14] Anders die jamaikanische *Vital Dub*-Pressung. Die steckt unspektakulär in eigens hergestellten Normhüllen mit einem vierzackigen Stern und dem Aufdruck „Well Charged“. Aufschrift wie Stern sind zum Logo des gleichnamigen outputreichsten Label der Hookims[15] geworden. Beides geht zurück auf Bruder Paulie, der unter diesem Namen und mit diesem Signum das Channel One Sound System betreibt. Um den Stern herum bzw. in sein Zentrum wird der Titel der LP geschrieben, so wie auch bei den Alben *Revival Dub Roots Now* (1976) und *Satta Dub Strictly Roots* (1978). Ein kleiner Teil der *Vital Dub*-Auflage erscheint zuvor in einem Cover mit dem Aufdruck „Super Boom Super Charge", das vermutlich für Testpressungen/Pre-Releases genutzt wurde. Worauf weitere Channel-One-Dub-LPs hindeuten, die ebenfalls zuerst mit dieser Hülle auftauchen. Darauf angesprochen, kann Ernest dies aber nur vorsichtig bestätigen, denn „so was hat alles JoJo gemacht".
Ernest Hookim hat sich unterdessen mit Stanley „Barnabas“ Bryan einen wissbegierigen Jungen aus der Nachbarschaft als Lehrling herangezogen: „Wenn wir gemerkt haben, dass die Youths, die hier abhingen, sich interessieren, haben wir ihnen gezeigt, wie's funktioniert.“ Auf diese Art arbeitet auch der Hookim-Neffe Donovan Philips vorübergehend im Studio mit, doch der durchgängige 24-Stunden-Betrieb macht es erforderlich, weitere Engineer zu rekrutieren. Lancelot „Maxi“ McKenzie und Anthony „Crueshal/Crucial Bunny“ Graham alias Bunny Tom Tom kommen von Paulies Sound. Der eine hat an den Verstärkern mitgebaut, der andere war Selector. Ossie Hibbert ist fest involviert, Sly & Robbie setzen auf Soljie Hamilton. Als später Scientist

14 Die Mighty Diamonds waren eine Entdeckung von Jah Lloyd (1947 – 1999). Im Gegenzug für dessen Vermittlung an die Hookims wurde der von ihm 1974 für sein eigenes Teem Label produzierte Titel „Shame And Pride“ mit auf die LP der Hookims gepackt. Bei der nachfolgenden Dub-LP *Vital Dub* fehlt der Titel, findet sich aber auf der Jah-Lloyd-LP *Herb Dub* (Micron + Teem Records, 1975), die identisch ist mit *Kaya Dub* (Kaya Records, USA).

15 Neben Well Charge besaßen die Hookims noch die Label: Cord, Disco mix,Vital, Hitbound, J & J, Channel One und Empire

von King Tubby rübermacht, lernt auch er einen neugierigen Youth namens Donovan an, der mit seiner Mutter ins Studio kommt, wenn die dort putzt. Der Junge mit den Nachnamen Thompson fährt später als „Peter Chemist" am Mischpult einen puristisch kantigen Flow. Niemand sonst gestaltet den Dub derart minimalistisch: reduziert auf Bass, Kick und Snare, die HiHat verbannt hinter der Wahrnehmungsgrenze. Dazu singuläre Offbeat-Tupfer mit modernistischen Elektro-Effekten und Echos, die er mittels Hold-Funktion einfriert, während er das Tempo der Wiederholungen verdoppelt oder halbiert. Mit dieser Technik liefert Peter Chemist seine auffälligste Dub-Tat ab, als er bei der Maxi des Songs „Illegal Gun" der Midnight Riders[16] zwischen die Lyrics „illegal gun fires more than the licenced one" Salven aus dem Echogerät abfeuert.

Mit diesem Stammpersonal nimmt die Channel-One-Dub-Fabrik ihre Arbeit auf. Stets die Dancehall im Blick erhält nun jede hausproduzierte Single eine custom made Dub- oder Instrumental-B-Seite, besonders beliebt werden Overdub-Versionen mit Bläsern. Man führt die 12"-Single auf dem Reggae-Exportmarkt ein[17] und nutzt deren längere Laufzeit für 4-track Dub-EPs[18] wie die „Fatal Dubs"[19], „Scanking Dub"[20], die „Hertz"-Dubs[21] oder die sogenannte „Painful Disco Dub"[22]-EP der Revolutionaries. Der Versuch, EPs auch im 7"-Format mit 33 U/Min zu lancieren, scheitert hingegen, weil die Tonqualität im Gegensatz zur 12" nicht überzeugen kann und den mittlerweile hervorragenden Ruf des Studios konterkariert.

Mit der *Vital Dub*-LP erobert der jamaikanische Remix internationales Terrain. Das Ausland giert nach Dub, und die Hookims liefern. In den folgenden Jahren schwappen aus ihrem Studio so viele Dub-LPs wie aus keinem anderen Studio in Kingston. Channel-One-Dubs werden zur Massenware und zur Ware für die Massen. Die erste große Welle produzieren die Hookims mit ihrer Hausband, den Revolutionaries, selbst und auf eigene Rechnung:

- *Vital Dub – Well Charged* (Well Charge + Virgin UK 1976)
  Mix: Ernest + Ossie Hibbert
- *The Revolutionaries – Revival Dub Roots Now* (Well Charge 1976)
  Mix: Ernest
- *The Revolutionaries – Revolutionaries Sound* (Well Charge + Channel One 1976)

16 1985 auf Thunderbolt, eine Version des Joe Frazier Riddims

17 1976 mit den Jays und deren Remake der '68er Studio One Single „Truly" von Marcia Griffiths, plus Dub und Deejay-Version von Ranking Trevor

18 EP = „Economic Package"

19 „Cardiac Arrest", „Heart Failure", „Rigor Mortis", „Post Mortem". Die Titel finden sich ebenfalls auf der Showcase LP *Errol Scorcher – Rasta Fire* (LP wie 12"Ballistic 1978)

20 Scanking Dub 1978: „Rema Scank", „Dunkirk", „Jungle Scank", „Tivoli Scank"

21 Crown 1977: „Mega Hertz", „Geiger Hertz", „Killo Roit", „Herz"

22 1978 als „Disco Dub" und als Island-12" unter dem Titel „Headache" erschienen. Der Name „Painful Disco Dub" ist lediglich eine inoffizielle Bezeichnung aufgrund der Titel „Heartache", „Bellyache", „Toothache" und „Headache".

Mix: Ernest + Barnabas (bei späteren Auflagen ändern sich einige Songtitel und es heißt: Mix: Ernest + Ossie Hibbert)

- *Don't Underestimate The Force. The Force Is Within You* (J&L 1977 + Channel One) Mix: Ernest + Barnabas + Maxi
- *The Revolutionaries – Jonkanoo Dub* (Cha Cha 1978)
  Mix: Ernest + Barnabas + Maxi
- *The Revolutionaries – Reaction In Dub* (Cha Cha 1978 + Channel One)
  Mix: Ernest + Maxi
- *The Revolutionaries – Satta Dub Strictly Roots* (Well Charge 1978)
  Mix: Ernest
- *The Revolutionaries – Revolutionaries Sounds Vol. 2* (Ballistic 1979)
  Mix: Ernest + Barnabas, 1. Auflage mit Che-Guevara-Poster
- *The Revolutionaries – Dutch Man Dub* (Burning Vibrations 1979)
  Mix: ?
- *Back To The Channel* (Free LP zu *The Mighty Diamonds – Deeper Roots*, Virgin 1979)
  Mix: Ernest
- *Spider's Web* (Free LP zu *I Roy – The General*, Virgin 1979)
  Mix: Ernest
- *The Revolutionaries – I Came I Saw I Conquered* (Channel One 1980 + J&L 1981) Mix: Ernest + Barnabas + Maxi

Die Gestaltung der Hookimschen Dub-Produktionen spiegeln die Pole des nationalen Zeitgeists. Rasta-Symbole ziehen in Jamaika immer größere Kreise, flankiert von einer durch die afrikanischen Befreiungskämpfe und den Vietnamkrieg inspirierten militanten Ästhetik. B.B. Seaton kommt im April 1976 mit *Revolutionary Dub*[23] und Titeln wie „Riot in Soweto", „Dread in Johannesburg" oder „Forward The Battle Dub". Keith Hudson veröffentlicht *Rebel Dub*[24], die Fat Man Riddim Section *Is It War Or Is It Peace* mit Panzern hinter Stahlhelm bewehrten Soldaten[25]. Roy Cousins veröffentlicht mit seinem Dub-Projekt The Force Of Music zwei Dub-LPs unter den Titeln *Freedom Fighters Dub*[26] und *Liberated Dub*[27] in Endzeit- und Schlachtfeld-Optik. Deejays jonglieren mit der Attitüde „militant", bezeichnen sich als Militant Barry[28], *Militant Dread* (Prince Ras Murray[29]) oder *Militant Man* (Errol Dunkley[30] und Big Joe[31]). Abbildungen von Waffen werden salonfähig, desgleichen Uniformen und Gefechtsszena-

23 Trenchtown 1976
24 Third World 1976
25 Top Ranking International 197X
26 Ballistic UK 1978
27 Ballistic UK 1979
28 LP *Militant Style*, Rasta Connection, Belgien 197X, mit Bildern von Ayatollah Chomeini und Ronald Reagan auf der Rückseite
29 Third World, UK 1977
30 Lovella International, Kanada 1980
31 „Natty Dread is a militant man", Textzeile aus der Deejay-Version zu Delroy Wilsons „Have Some Mercy", Hot Disc 12"

rien. Die Dancehall probt den Aufstand und inszeniert ihn als Dubokalypse. Niemand jedoch inszeniert das Genre so konsequent „revolutionär" wie Channel One. „Das Land war dabei, sich zu verändern. Wir bewegten uns in Richtung Sozialismus, Revolution war angesagt", beschreibt Ernest die Zeit. Er und JoJo benennen ihre Tracks mit Politschlagworten („Leftist", „Angola", „MPLA"), biblischen Termini oder Typenbezeichnungen von Handfeuergeräten. Ihre Cover zieren waffenstarrende Designs, Bilder von Che Guevara und Haile Selassie. Doch so martialisch die Optik, so harmlos die Mixe. Ernests Dubs sind biedere Instrumentalversionen mit Echos als Soundapplikationen, weit entfernt von der Fader-Virtuosität eines King Tubby, dem kreativen Unsinn eines Lee Perry oder den absurden Geräuschadditionen eines Errol Thompson.

Die Hookims sehen ihre Produktionsstätte als zeitgemäßes Erbe der Studio-One-Tradition. Was Coxson in den 60ern war, wollen sie in den 70er Jahren fortführen. Um ihren Anspruch zu zementieren, haben sie sich den Namen Channel One gegeben und revitalisieren – man könnte auch sagen: kopieren – begünstigt vom nicht existierenden Urheberrecht auf Jamaika bewährte Riddims aus dem Studio One. Coxson reagiert erbost, stellt JoJo zur Rede, wird handgreiflich und kann nur mit Mühe durch den Sänger Leroy Smart zurückgehalten werden. Er kontert den Riddim-Klau, indem er seine alten Aufnahmen von dem Drummer Leroy „Horsemouth" Wallace mit Syndrums auf modern trimmen lässt. Was dem Erfolg der Channel-One-Remakes jedoch keinen Abbruch tut und die Nachfrage nach deren Dubs nicht schmälert. Die leben fast alle trotz der braven Mixe von den Interpretationen der Revolutionaries und dem innovativen Schlagzeugspiel Sly Dunbars, das als „militant drumming" oder „Rockers Style" bezeichnet wird. Der Bassist Lloyd Parks hatte der Band den Namen gegeben, nachdem Sly und er mit wechselnden Musikern zuerst als Flesh, Skin & Bones im Randy's Studio und dann als The Professionals bei Joe Gibbs zusammen gespielt hatten. Im Channel One werden die Revolutionaries zur Band von Sly Dunbar. Als Parks aussteigt, die We The People Band formt und von Dennis Brown in Dienst genommen wird, übernimmt zeitweise der Gitarrist Ranchie McLean (1948 – 2012) den Bass. Solange, bis Robbie Shakespeare (1953 – 2021) die vakante Stelle besetzt. Mit ihm werden die Revolutionaries zu Sly & Robbie. Unter der Trademark „The Riddim Twins" gründen die zwei das Taxi Label und verfolgen zunehmend eigene Interessen. Sie avancieren als Word Sound & Power zur Backing- und Tourband von Peter Tosh, danach steigen sie bei Black Uhuru ein. Die Hookims müssen feststellen, dass die ehemaligen Revolutionaries nicht mehr alles geben, wenn sie für Aufnahmen verpflichtet werden, und suchen Ersatz. Den finden sie in den Roots Radics. Die aus den Morwells hervorgegangene Band um den Bassisten Errol „Flabba" Holt (geboren 1950) und den Drummer Style Scott (1956 – 2014) hatte als exklusives Outfit für Gregory Isaacs begonnen, ist jedoch längst auch bei anderen Produzenten gefragt. Wenn die Radics, was immer häufiger vorkommt, im Channel

One aufnehmen, werden die Revolutionaries als Hausband zunächst noch bevorzugt behandelt. Sly erhält ein nagelneues Ludwig-Drumset mit großer 24-Zoll-Bassdrum, Style muss auf einem alten Schlagzeug trommeln. Scientist macht dem schließlich ein Ende. „Style wurde verrückt, als er mit dem neuen Set spielen durfte. Von dem Moment an wurde alles niedergemäht. Wir Radics haben nur noch Hits eingefahren", prahlt Flabba Holt.
Kontinuierlich verbessern Ernest und JoJo das Equipment. Sukzessive ersetzen sie ihren Mikrofonpark durch hochwertige Kondensatormikros von Sennheiser, Sony und Neumann, wovon Ernest am liebsten Sennheiser nutzt, da die Stromversorgung der Neumänner nicht so recht mit dem Pult kompatibel ist. 1979 erweitern sie ihr Studio mit einer 2-Zoll-Ampex-MM1200-Bandmaschine von 4 auf 16 Spuren und tauschen auch das Hallgerät noch einmal gegen die größere Variante AKG BX20E mit Fernbedienung aus. Mit diesen Maßnahmen und den Roots Radics als neuer Hausband krönt das Channel One seine Vormachtstellung.
Die Erweiterung auf 16 Spuren, die API-Konsole, die modernen Mikrofone und der monströse Hallgenerator implementieren die globale technische Evolution der Studiotechnik in die Musik Jamaikas, geben dem Wandel vom Soundtrack der Rude Boys zum heiligen Zorn der Rastafarians ein akustisches Äquivalent in der Dancehall und machen den Sound des Reggae international kompatibler. Jamaikas Produzenten stehen Schlange, den Hookims bleiben für ihre eigenen Produktionen nur noch die Sonntage. Während der Woche wird vermietet und durchgearbeitet, 24 Stunden nonstop bis zum Morgengrauen. Auch deshalb, weil das Studio in einer Gegend liegt, in der niemand nachts gerne auf den Straßen unterwegs sein will.
Die Roots Radics als Playback-Lieferanten nehmen auf wie am Fließband, jeder Produzent will sie haben. Der Sänger und Produzent Linval Thompson vermittelt Ende der 70er Jahre ein Vertriebsabkommen mit dem neuen englischen Independent-Label Greensleeves und bringt Henry ‚Junjo' Lawes ins Spiel, einen 1960 geborenen und im Alter von 39 Jahren in London aus einem Auto heraus erschossenen mysteriösen Geschäftsmann, der wegen krimineller Aktivitäten sechs Jahre im New Yorker Riker's Island einsaß. Zu einer Zeit, in der jamaikanische Gangs wie die Shower Posse oder Spanglers Posse im hochlukrativen Crack/Kokain-Geschäft der amerikanischen Ostküste aktiv sind.
Lawes steigt auf zum großen Profiteur des Vertriebsdeals. Als Nutznießer der Verbindung Roots Radics / Channel One / Greensleeves wird er die nationale wie internationale, und vor allem europäische, Reggae-Landschaft vorübergehend beherrschen und ein gigantisches musikalisches Vermächtnis anhäufen. Lawes ist ein Mann voller biographischer Geheimnisse. Er taucht als Hustler in Downtown Kingston auf und entwickelt sich zum Impresario einer produktionstechnischen Volte, die heute unter der Bezeichnung „Foundation Dancehall" für die Hochzeit der prädigitalen Phase steht. Sänger wie Barrington Levy, Cocoa Tea oder Yellowman

werden unter seiner Ägide zu Hauptdarstellern, flankiert von den machtvollen Sounderuptionen Scientists. Der führt ab 1981 im Channel One die Aufnahmen durch, geht jedoch für den finalen Mix bis 1983 weiterhin zu King Tubby. Junjo hat den Instinkt für erfolgreiche Artists und bringt das Geld. Als Financier und Talentförderer fährt Junjo Lawes in der ersten Hälfte der 80er Jahre mit seinem „Volcano" Sound System und seinen Produktionen Erfolge ein, denen die Konkurrenz nur hinterherhecheln kann. Tagelang blockiert er das Channel One Studio, überlässt das musikalische Procedere allerdings seiner „tödlichsten Waffe"[32], den Roots Radics. Die werden ebenso von etablierten Artists wie den Heptones, Sugar Minott oder Bunny Wailer gebucht, um ihre neuen Alben dem Stilwechsel anzupassen. Wer auch immer in dieser Zeit aufnimmt, egal ob Newcomer oder Etablierter, Sänger oder Deejay, kommt an den Radics nicht vorbei. Die Band arbeitet schnell, rasend schnell. Sie hat den neuen Stil derart verinnerlicht, dass nicht selten fünfzehn Minuten ausreichen, um einen Song respektive Riddim zu entwerfen und aufzunehmen. Oft ist nach vier Stunden die nächste LP im Kasten. Hunderte von Alben entstehen in diesem Tempo während der nächsten Jahre. Ein Output, den es so noch nie und nie wieder gegeben hat. Dessen Zahl aber auch deshalb so hoch ist, weil der „Dancehall-Style" einen Schwarm frischer Deejays gebiert und das Versioning* respektive Remixen durch die Möglichkeiten des Multitrackings wesentlich effektiver ausfällt.

Den neuen Sound prägt eine dubbige Mixästhetik, designt und perfektioniert von Channel-One-Engineern wie Barnabas, Peter Chemist oder Scientist. Als Dividende des Trends werden in dieser Zeit Dub-LPs zuhauf auf den internationalen Markt geworfen, darunter auch sechs von Linval Thompson bzw. Junjo Lawes produzierte LPs mit den Roots Radics, die Greensleeves in England unter dem Namen Scientist veröffentlicht. Über diese Alben entbrennt zwischen der Plattenfirma und Scientist ein bis heute währender erbitterter Rechtsstreit, über den an anderer Stelle berichtet wird.[33] Unabhängig davon wird gerade mit diesem Sixpack das Channel One Studio nun auch jenseits der Reggae-Welt als Dub-Station wahrgenommen, ungeachtet des Umstandes, dass die Mixe mit einer Ausnahme noch aus Tubbys Studio kommen. Ab sofort will jeder, der im Channel One aufnimmt, auch eine Dub-LP. Egal ob Produzenten wie Roy Cousins, Jah Lloyd, Jah Thomas, Bunny Lee, Linval Thompson, Don Mais, Philip Fraser, Roy Francis, Mandingo, Al Campbell, Phil Pratt, Alvin Ranglin, Mikey „Dread At The Control"… englische Firmen wie Trojan, Greensleeves Records oder das durch farbiges Vinyl auffällige Burning Sounds Label… Bands wie die Fat Man Riddim Section oder Sly & Robbie… wer ins Channel One kommt, verlässt die Maxfield Avenue nicht ohne ein Dub-Master-Tape unter dem Arm. Mal werden die LPs unter dem Namen eines Engineers (es muss nicht zwangsläufig der sein, der sie gemischt hat) veröf-

32 „The law according to Junjo", Howard Campbell im *Jamaica Observer* 2.11.2012
33 Siehe Kapitel „Scientist versus Jammy versus Greensleeves: Der ewige Showdown"

fentlicht, mal kommen sie ohne personelle Zuordnung auf den Markt und heißen schlicht *Burning Dub, Guerilla Dub, Green Bay Dub, Beware Dub, Heavy Metal Dub, Dawn Of Creation, Phase One Dub-Wise, Afrikan History, Star Wars Dub, Black Foundation Dub, Three Dreads From Zion Dub* etc. Waren zuvor die Revolutionaries die namensgebende Attraktion, erscheinen nun auch Dub-LPs unter dem Signum Roots Radics, wie etwa:

- *King Tubby Meets Roots Radics – Dangerous Dub* (Copasetic 1981)
  Produzent: Jah Screw & Ranking Joe, Mix: @Tubby's
- *Scientist Meets The Roots Radics* (Selena 1982 + PicDisc 2014)
  Produzent: Flabba Holt, Mix: @Tubby's
- *Roots Radics Meet Mighty Revolutionaires – Outernational Riddim* (FORM 198X)
  Produzent: Burning Sounds, Mix: Scientist, Crucial Bunny, Danny Allen
- *Roots Radics - Radicfaction* (Cha Cha 1982)
  Produzent: Bingy Bunny & Blacka Morwell, Mix: Scientist
- *Roots Radics At Channel One Kingston Jamaica* (Live And Love 1982 + Abraham 1982)
  Produzent: Jah Thomas, Mix: Tubby, Barnabas, Scientist
- *Roots Radics Featuring Gladstone Anderson – Radical Dub Session* (Solid Groove 1982)
  Produzent: Gladstone Anderson, Mix: Barnabas + Maxi
- *The Roots Radics – Roots Splashdown* (Body Music 1983)
  Produzent: Jah Thomas, Mix: Barnabas, Scientist, Soljie, Peter Kemist (sic!)
- *The Roots Radics – Roy Cousins Presents The Kings And Queens Of Dub* (Tamoki Wambesi 198X)
  Produzent: Roy Cousins, Mix: Scientist
- *Roots Radics – Roots Dub Style* (Scorpio 1984)
  Produzent: The Heptones, Mix: Scientist

Kurz vor dem Kollaps durch Überstrapazierung des nur bedingt variablen Klangspektrums findet die Erfolgsgeschichte des Studios ein unerwartetes Ende. Maschinensounds hatten sich in der Musik breitgemacht und plötzlich bringt der technische Fortschritt, bislang die sichere Bank der Hookims, das Todesurteil für ihr Studio. 1985 bricht die Zeitenwende über das Channel One herein, als King Jammy mit seinem „Sleng Teng" die Büchse der Pandora öffnet. Von jetzt auf gleich ist mit herkömmlichen Instrumenten gespielte Musik in der Dancehall nicht mehr gefragt.
JoJo hatte sich da schon länger aus der aktiven Mitarbeit zurückgezogen. Paulie war 1977 bei einem Überfall während eines nächtlichen Dominospiels am Greenwich Town Beach ermordet worden. Der Verlust setzte JoJo arg zu, sodass er seinen Lebensmittelpunkt nach Brooklyn verlegte, dort einen Record Store und die Pressing Plant „Hitbound" aufbaute und nur noch nach Kingston kam, um Geschäftliches zu regeln. Bruder Kenneth

(1947 – 2013) war erst später eingestiegen, hatte u.a. mit Frankie Paul produziert und betreute hauptsächlich Compilations wie die 1983 initiierte hauseigene Showdown-Serie[34], spielte jedoch im Channel-One-Gefüge nur eine Nebenrolle. Die Leitung des Studios hatte Ernest übernommen. Der jedoch mag die musikalische Entwicklung nicht, der Digitalsound ist ihm zu dünn. Zudem verliert er zunehmend die Lust an den Produktionsabläufen. Mischen ja, gerne. Doch die ständigen Wiederholungen des Aufnehmens, des Korrigierens einzelner Passagen durch Ein- und Ausdroppen nerven ihn. Er sehnt sich zurück in seine Werkstatt, wo er für sich alleine prötteln, löten und reparieren kann. Auch ist er das ewige Schaulaufen mit Joe Gibbs leid, dessen Verhältnis zu Channel One dem von Cassius Clay zu Joe Frazier gleicht. Dazu tritt 1984 durch die Neueröffnung des Tuff Gong Studios, mit 24 Spuren und neuster Technik, ein ernst zu nehmender Konkurrent auf den Plan, der auf dem Marcus Garvey Drive verkehrstechnisch günstiger liegt als das Channel One Studio im Herzen eines Ghettos.
„Ich hatte keine Lust mehr", erklärt Ernest das Ende des Familienbetriebs, „JoJo war nicht mehr da. Dazu die Gewalt in unserer Gegend..." Der Channel-One-Komplex schließt Anfang der 90er seine Pforten. Das technische Inventar wird, anders als bei Randy's, ausgebaut und vorübergehend fein säuberlich aufgereiht bei JoJo eingelagert. Irgendwann geht der größte Teil davon in den Verkauf. Nur von dem Klavier, dem API-Pult sowie einem noch kurz vor Toresschluss angeschafften Digitalpult der englischen Firma NEVE, das nie zum Einsatz kam, mag sich JoJo nicht trennen. Diese drei Überbleibsel verrotten – Stand 2017 – in einem Nebenraum von Ernests Werkstatt und sind genauso ihrem Schicksal überlassen wie das ehemalige Studiogebäude. Das vermodert zu einer Ruine, wird zum Refugium für Obdachlose und zum Wallfahrtsort für Reggae-Touristen, die den fortschreitenden Verfall auf zahlreichen Seiten des Webs festhalten.

34 Barry Brown & Little John, Sugar Minott & Frankie Paul, Don Carlos & Gold & The Gladiators, Yellowman & Fathead & Purpleman, Frankie Paul & Little John, Wayne Smith & Patrick Andy. Es erscheinen weitere „Showdown" Alben aus dem Channel One, die aber wurden nicht von den Hookims produziert.

14 Ranking Barnabas: der Junge aus der Nachbarschaft

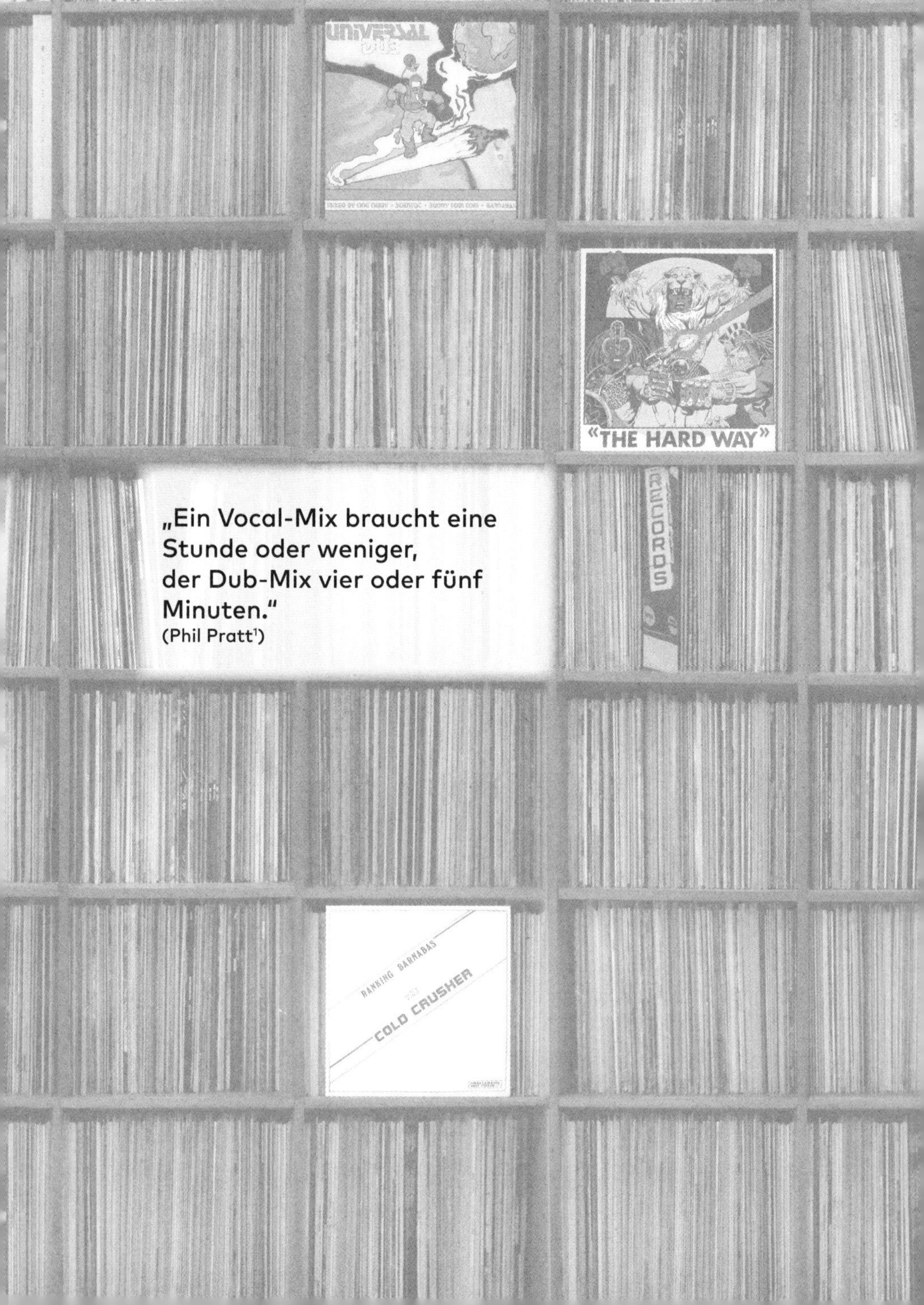

„Ein Vocal-Mix braucht eine Stunde oder weniger, der Dub-Mix vier oder fünf Minuten.“
(Phil Pratt[1])

Chinesisch stämmige Geschäftsleute in Kingston sind im Verlauf des 20. Jahrhunderts mehrfach Ziel von Anfeindungen. Bereits 1918 und 1938 kam es zu schweren Unruhen, 1965 brechen sie in Downtown erneut aus, als das Gerücht aufkommt, ein chinesischer Ladenbesitzer hätte seinen jamaikanischen Kassierer verprügelt. Drei Tage lang schwelen Krawalle. Fahrzeuge brennen, Lokale gehen in Flammen auf, ihre Besitzer werden bedroht. Einige verlassen daraufhin fluchtartig das Land, so wie Mister Ten, der auf der Maxfield Avenue einen Großhandel unterhält. Nach seiner Räumung steht das Gebäude leer, die Stromleitungen werden gekappt, das Haus verwittert. In Anlehnung an einen Film, der 1970 die internationalen Kinos erobert (in Deutschland unter dem Titel „Das Schloss der Vampire"), wird die Ruine im jamaikanischen Volksmund zum „House Of Dark Shadow". Das B-Movie erzählt, wie auch eine gleichnamige TV-Serie, von einem Untoten, der zufällig bei Renovierungsarbeiten eines verrufenen Hauses befreit wird, in dem ihn eine Hexe aus enttäuschter Liebe festgesetzt hat. Eine Geschichte wie gemacht für Kinder, die sie, vom fahlen Licht der Straße beleuchtet, in dem verfallenen Gemäuer nachspielen. Dem 10-jährigen Stanley Brian aus der Nachbarschaft fällt dabei die Rolle des Hauptdarstellers zu. Er wird zu Barnabas, dem Blutsauger. Da es ihm diebisches Vergnügen bereitet, kleine Mädchen zu erschrecken, nennt man ihn bald auch in der Schule so. Er wird den Namen nie mehr los.

Der 1960 geborene Stanley lebt mit seiner Mutter am oberen Ende der Maxfield Avenue. An einem Freitagabend im Jahr 1972 schickt ihn eine Frau, die dort eine Bar betreibt, die Straße runter zu Channel One. Ihre Jukebox funktioniert nicht mehr, was für eine Bar an einem Wochenende einer Katastrophe gleichkommt, und Stanley möge dort unten Bescheid sagen. Als er ankommt, ist es schon spät. Wer helfen könnte, hat längst Feierabend. Der Türsteher lässt den Jungen passieren, er soll direkt mit JoJo sprechen. Stanley ist 12, als er zum ersten Mal den Aufnahmeraum betritt, gerade wird an Boris Gardiners „Every Nigger Is A Star" gearbeitet. Nachdem er sein Anliegen vorgetragen hat, verlässt er das Studio nachhaltig angefixt, denn wie alle Kinder liebt er jamaikanische Musik. Der Zufall will es, dass seine Mutter kurze Zeit später mit ihm umzieht und Stanley nun direkt gegenüber dem Channel One wohnt. Eine Straße weiter auf der Whitfield Avenue geht er in die All Age School. Der Name „Barnabas" ist da bereits gesetzt. Jeden Tag hängt der kleine Vampir nach Erledigung seiner Hausaufgaben nun am Studio ab. Inmitten von Hustlern und Gamblern, Domino-Spielern und auf der Straße posenden Artists. „Channel One war der Ort, wo sich alle Musiker getroffen haben," beschreibt der finnische Fotograf Pekka Vuorinnen die Szenerie. „Draußen lungerte eine Riesenmenge von Hoffnungsvollen. Nur wer Glück hatte, kam an dem Türsteher vorbei durch den schmalen Eingang."[2] Auch dem Jungen gewährt er Zutritt, er wird zum „little studio

1 Booklet *Skin Flesh & Bones – Dub In Blood*, Pressure Sounds Reissue 2016
2 Pekka Vuorinnen 2013 im Midnight Ravers Blog

boy", geschätzt als ehrlicher Kerl, den man für Besorgungen losschicken kann und der stets brav das Wechselgeld zurückgibt.
Barnabas saugt alles auf, was im Studio passiert. Er beobachtet Ernest bei den Aufnahmen und schaut ihm beim Mixen zu. Er imitiert, wie alle jamaikanischen Youths, die ein- und ausgehenden Deejays. Er schaut Sly Dunbar beim Trommeln zu und übt am Schlagzeug, wenn gerade nicht aufgenommen wird. Es ist nur eine Frage der Zeit, bis er selbst vor oder hinter dem Mischpult aktiv werden wird.
Mit 15 sitzt er auf Empfehlung von Ansel Collins zum ersten Mal bei einer Aufnahme eines Freundes von Earl Zero am Schlagzeug, mit 17 traut er sich das auch öffentlich zu und trommelt bei einem Konzert des zwei Jahre jüngeren Hugh Mundell (1962 – 1983). Ein Jahr zuvor erlebt er seine Deejay-Premiere. Sein Initial-Tune unter dem Titel „Sister Fay" ist ein Toast zu dem Song „Effort in Yourself" der Chantells[3]. Etwa zur gleichen Zeit mischt er seinen ersten Dub, operiert allerdings noch sehr zurückhaltend und blendet nur den Gesang ein und aus. Es wird die B-Seite der ebenfalls von ihm gemischten Earth & Stone-Single „In Time To Come"[4]. Beide Debüts erscheinen 1976 als Single.
Stanley „Barnabas" Brian ist nun Teil des Kingstoner Recording- und Dancehall-Geschehens. Der Allrounder wechselt nach getaner Studioarbeit in die Dancehall und improvisiert live mit dem Namenszusatz „Ranking" bei Sound Systems. In der Rolle als Deejay erscheinen von ihm in den kommenden Jahren rund 20 Singles, Maxis oder Album-Beiträge. Es bleibt eine überschaubare Menge, ein komplettes Deejay-Album will niemand mit ihm produzieren, nur hier und da mal aus dem Stand heraus eine Version. Falls erforderlich bedient er das Schlagzeug, wie etwa für die Fat Man Riddim Section[5] oder bei diversen LPs der Gladiators[6]. Doch seine Hauptbeschäftigung gehört dem Produktionsablauf: Aufnehmen, Mischen, Dubben. Die von ihm kreierten Mixe sind geprägt von einer auffallend rhythmischen Struktur, weil ihm der Geist des Trommlers die Fader führt. Barnabas wird der anonyme Schöpfer zahlloser Dubs auf Greensleeves-Maxis und ist darüber hinaus neben den hauseigenen Channel-One-Produktionen an Dub-LPs externer Produzenten beteiligt, unter anderem an:

- *Kings Dub* (Manzie, JA 1980) Produzent: Dudley Swaby
- *Scientist & Barnabas & Maxie - Three The Hard Way* (Silver Camel, UK 1981) Produzent: Al Campbell

3 The Chantells waren ein Gesangstrio und wurden wie auch die Barnabas-Version von Roy Francis produziert, auf dessen Label Phase One beide Titel erschienen. Prince Buster hatte den Riddim unter dem Namen „Yusuf Ali & The Revolutionaries" als Instrumental mit Bläser-Overdubs unter dem Titel „Uganda" zuvor schon auf seinem Prince Buster Label veröffentlicht.

4 Veröffentlicht auf dem Channel One Label Disco Mix

5 *Fat Man Riddim Section Meets Downtown Horns At Channel One* und *Jacob Miller – Mixed Up Moods*, beide Top Ranking 1979

6 1982 *Back To Roots* und *Symbol Of Reality*, 1984 *Serious Thing*, 1985 *Country Living*, alle aufgenommen im Harry J Studio

- *Heavy Metal Dub* (Clocktower, US 1982) Produzent: Brad Osbourne
- *Roots Radics At Channel One Kingston Jamaica* (Live & Love, UK und Abraham, CAN 1982) Produzent: Jah Thomas
- *The Roots Radics – Roots Splashdown* (Body Music, UK 198X) Produzent: Jah Thomas
- *King Tubby & Scientist & Bunny Tom Tom & Barnabas – Universal Dub* (Zola & Zola, NL 1995)[7]

„He was a killer dub man", adelt Pat Kelly den Kollegen. Als Zeichen der Anerkennung nennt er 1976 den Dub seiner für Yabby You produzierten Single „How Long" schlicht „Barnabas"[8], doch nur selten schafft es der so Gepriesene auf den Titel eines Covers. Und wenn, dann nicht alleine. Nur ein einziges Mal prangt sein Name exklusiv auf der Hülle einer LP: *Ranking Barnabas – The Cold Crusher*, ein Dub-Album aus den späten 70ern, produziert von Phil Pratt für das US Label Express, auf dem ansonsten nur noch das von Bunny Tom Tom bei Channel One gemischte Album *Dial M For Murder in Dub Style*[9] erscheint. Barnabas ist kein Plattenstar, eher ein Zuarbeiter, der überall dort das Tagesgeschäft erledigt, wo er gefragt wird. Nachdem Ernest Hookim ihn angelernt hat, bevorzugt Junjo Lawes, der große Zampano jener Epoche, zunächst ihn als Engineer im Channel One. In seinem Auftrag recorded, mischt und dubbt er 1981 den Eek-A-Mouse-Klassiker „Wah Do Dem": Ein Tag Arbeit, zwei Tage später ein Hit in den lokalen Dancehalls, kurz darauf in ganz Europa. Als Scientist kommt, wird er der neue Favorit Junjos. Ohne Murren tritt Barnabas zurück ins zweite Glied.
Mit dem Ende von Channel One stirbt auch die Mischpult- und Deejay-Karriere des Ranking Barnabas. Er verlegt sich aufs Trommeln, tourt die Welt mit den Gladiators, Sugar Minott, Max Romeo… lebt einige Jahre in New York… kehrt im New Millennium zurück und wohnt zum Zeitpunkt unseres Gesprächs unter bescheidenen, aber nicht unglücklichen Umständen wieder in Kingston. Im Yard von Sugar Minotts (1956 – 2010) Youth Promotion.

Frage: Unter all dem, was du gemacht hast, was warst du am liebsten? Deejay, Drummer oder Engineer?
Barnabas: Um die Wahrheit zu sagen, mir hat alles Spaß gemacht. Sly (Dunbar) hat mir mal gesagt, ich müsse mich für eines entscheiden. Er hat mir ein paar Dinge [beim Trommeln] erklärt und mir gezeigt, wie's geht. Aber erst im Computerzeitalter habe ich das Engineering sein gelassen und beschlossen, [nur noch] bei den Drums zu bleiben.
Wie kamst du vom „best boy" zum Engineering?
Ich war noch ein Junge, am Anfang meiner Karriere, Ernest Hookim war der Hauptengineer im Studio. Er hat mir [die Equalizer und Pegel für] den

7 Hierbei handelt es sich um Mixe aus dem Jahr 1979. Die zugrunde liegenden Aufnahmen entstanden zwischen 1974 und 1978 im Randy's und dem Channel One Studio. Die Dubs blieben bis zu dem Release durch das niederländische Label unveröffentlicht.
8 Prophets 7" 1976
9 Ebenfalls produziert von Phil Pratt, 2011 von Pressure Sounds wiederveröffentlicht

Earth & Stone-Song „In Time To Come" eingestellt und ich durfte dann [per Fader] die Instrumente rein- und rausfahren. Das wurde meine erste Erfahrung und ich war begeistert.

Du hast alles von Ernest gelernt?

Ich hab ihn beobachtet. Jeden Tag nach der Schule war ich da und hab ihm zugeschaut. Wie er die Mikrofone verkabelt und derlei Dinge. Ich hab geguckt und gelernt. Und ich lerne schnell, wie mir immer wieder attestiert wurde. Mit der Zeit hat man mehr Erfahrung gesammelt und wurde besser. Auch weil man umgeben war von Leuten wie Sly, Robbie, Ranchie, den Revolutionaries... Alles fing in den 70ern an. Ab 1972 hab ich da jeden Tag abgehangen. Ab '76, so kann man sagen, war ich professioneller Engineer.

Du hattest, was Sound angeht, in Ernest einen sehr guten Lehrer. Einen der besten dieser Zeit. Aber was Dub angeht, war er sehr zurückhaltend. Bei ihm wurde Dub mehr zu einer Instrumentalversion.

Das stimmt, er hat nicht viel Dub gemischt, dafür war er nicht der richtige Mann. Er hat nur die A-Seite [der Singles] gemischt. Wenn eine Dub-Version gebraucht wurde, hat er nach mir gerufen.

Ab wann hast du allein gearbeitet und auch die A-Seiten gemischt?

Das fing an, als JoJo auf die Idee mit den Maxis kam.

Die aber nicht für den heimischen Markt, sondern als Exportprodukte gemacht wurden.

Nein, die waren nicht für Jamaika, die waren für den Export. JoJo hat dieses Format eingeführt. Unsere erste 12" war „Truly" (1976) mit den Jays und Ranking Trevor. Ernest, mein Lehrer, hat das Original gemischt und ich den Dub, über den Trevor gedeejayt hat. Bis dahin hat Ernest immer alles [am Pult vor-]eingestellt, ich war noch zu jung. Aber er hat mich mehr und mehr machen lassen und ist rausgegangen. So hab ich mich entwickelt, bis er irgendwann meinte: ‚Verdammt, der Junge kann das besser als ich.' Er hat den Produzenten gesagt, ab jetzt wär ich der Mann, und blieb immer häufiger weg vom Studio.

So konntest du deinen eigenen Style entwickeln.

Ich hab dann damit begonnen, auch schon bei den A-Seiten ein bisschen Echo auf die Riddim-Section und den Gesang zu geben. Außerdem Hall aufs Schlagzeug. Ich hab das in die Musik gebracht. Aber ich glaube nicht, dass das noch jemand weiß. Der Hauptgrund war damals, wir haben ständig Dubs für Sound Systems gemischt. Weil die im Dance immer gewaltige Resonanz bekamen, wollte JoJo, dass wir auch die [regulären] Forty-Fives (Singles) so mischen. Die Idee kam aus der Dancehall. Sie hat mich sehr beeinflusst. Wenn ich mit den Dubs im Studio fertig war, bin ich nach Hause, hab geduscht und ab in die Dancehall. Da habe ich dann über dieselben Riddims gedeejayt, die ich eben noch im Studio gemischt hatte. Wegen dieser Erfahrung kam immer mehr Dub in die Singles. Das Publikum ging darauf total steil. Besonders wegen der Halleffekte beim Schlagzeug. Dann hab ich, auch so eine Erfindung von mir, das langsame 7 ½-Echo aufs Schlagzeug gegeben.

Das hörte sich an wie Pferdegetrappel. Es passte nur zu einem bestimmten Tempo. Aber das hatte ich mit der Zeit raus.

Du meinst die langsame Bandgeschwindigkeit des Tonbandgerätes, mit dem damals die Echos gemacht wurden.[10]

Ja, so hat es damals angefangen. [Regelbare Echogeräte wie] Lexicon existierten noch nicht. Es gab nur zwei Geschwindigkeiten. 15 oder 7 ½ [ips[11]]. Wenn wir ein langsames Echo wollten, haben wir [das Tonband] auf 7 ½ gestellt, wenn wir ein schnelles wollten, auf 15.

Wurde bei Channel One mit Bouncing gearbeitet?

Nicht immer. Als ich angefangen hab, hatten wir nur 4-Track. Schlagzeug und Percussion kamen zusammen auf eine Spur, der Bass auf eine andere, und die gesamte Riddim-Section – Piano, Orgel, die zwei Gitarren – kam auf die dritte Spur. Man musste immer gut hinhören und auf ein ausgewogenes Verhältnis [der Instrumente auf] einer Spur achten. Bei den meisten Aufnahmen war es so, wenn die Riddim-Section kompakt rüberkam, lag es an der guten Balance. Gesang und Backing Vocals wurden immer gleichzeitig aufgenommen, denn meistens hatten wir für den Gesang nur eine Spur.

Was war mit Bläsern? Oder mit den Deejay Versions? Wie habt ihr das aufnahmetechnisch organisiert?

Wir hatten irgendwann zwei 4-Track-Maschinen, JoJo hatte noch eine Studer aus der Schweiz dazu gekauft. Damit konnten wir transferieren, was wir meistens wegen der Bläser gemacht haben. Dabei kamen Bass und Schlagzeug zusammen auf eine Spur, die Riddim-Section (der Offbeat) auf die zweite und alle Gesänge auf die dritte Spur. So hatten wir dann eine [freie] Spur für Bläser.

Die dann als Satz gleichzeitig aufgenommen wurden.

Du musstest es so austarieren, dass die drei Bläser [zusammen] auf eine Spur konnten. Wir alle haben damals viel von Lancelot McKenzie (i.e. Maxi) gelernt. Er war wie ein großer Bruder für uns. Leute wie er haben mir in den ersten Jahren sehr geholfen. Maxi hat [die Kanäle am Pult] für mich eingestellt, bei den Vocals und auch bei den Horns. Ich hab immer gut aufgepasst und gelernt.

Später, mit 16 Spuren, konnte man sagen: „There‘s no problem I can‘t fix, cause I can do it in the mix. Es gibt kein Problem, dass man nicht beim Mischen lösen könnte.“[12] Das war aber in den Anfängen noch ausgeschlossen. Da musste alles sorgfältig aufgenommen werden. Nachträgliche Korrekturen waren nicht möglich.

Ganz genau. Du musstest von Anfang an konzentriert sein. Es gab keine zweite Chance. Vor meiner Zeit wurde sogar nur auf zwei Spuren aufgenommen. Niemand in der Band durfte einen Fehler machen, sonst hätten alle noch einmal spielen müssen. Es waren unterschiedliche Entwicklungsstadien.

10 Echos wurden, wie im Kapitel über Pat Kelly beschrieben, über ein Tonband erzeugt

11 ips (= inch per second) ist die Länge eines Tonbandes, die in einer Sekunde zurückgelegt wird. Das deutsche Maß lautet cm/s (Umdrehungen pro Sekunde).

12 Indeep mit Rapper Genius in „Last Night A DJ Saved My Life“ 1981 US

In anderen Studios hast du nicht als Engineer gearbeitet?
Ich war in anderen Studios – Tuff Gong, Harry J, Dynamics – und hab ein bisschen Schlagzeug gespielt. Aber als Engineer war ich nur bei Channel One, in keinem anderen Studio. Dafür war keine Zeit. Ich hatte zu viel zu tun, alle haben pausenlos nach mir gefragt. Weil das alles damals ein großer Spaß war, bin ich immer gekommen. Wegen der Liebe zur Musik, auch wenn es manchmal fast zu viel wurde.
Und wenn es sich ergab, hast du auch noch selbst die Deejay-Version gevoict.
Ich hab immer wieder mal gedeejayt. So wie bei „Tumbling Tears" von Gregory Isaacs. Da saß ich draußen und hab Chalice geraucht, während drinnen Jah Thomas den Deejay Part übernehmen wollte. Aber er ist nicht klargekommen. Weil man mich vom Sound kannte, hat man mich gerufen.[13] Die Deejay-Vibes entstanden damals aus dem, was die Sänger gesungen haben. Auch ich habe darüber gerappt und es war jedes Mal eine spontane Kreation. Die Liebe zu all dem, was ich gemacht habe, hat mich inspiriert.
Wie war die Zusammenarbeit mit Scientist? Gab es da Konkurrenzkampf?
Wir haben uns nicht als Konkurrenten gesehen. Für ihn war es ja ein ganz neues Spiel, bei dem er mich mehr brauchte als ich ihn. Als er zu Channel One kam, war er ein 4-Spur-Engineer, konnte nur Gesang aufnehmen und mischen. Aber hier waren jetzt 16 Spuren. Am Anfang haben wir immer gemeinsam gearbeitet. Bei der ersten Session, die er allein durchziehen sollte, war ich zu Hause und hab geschlafen, weil ich die ganze Nacht durchgearbeitet hatte. Er sollte die Roots Radics aufnehmen, aber die haben nach mir geschickt und mich geweckt, weil er nach zwei Stunden immer noch keinen Drumsound hinbekommen hatte, der dem Channel-One-Standard entsprach. Also bin ich, müde wie ich war, rüber und hab ihm das Pult eingestellt. Danach wusste er, wie's geht, und konnte es schneller.
Hat er nicht auch versucht, Teile des Pultes und Transformatoren auszutauschen?
Er hat es versucht, ja. Er hat ständig experimentiert. Er hat das geliebt. Wegen der Experimente hat er schließlich ja auch den Job im Channel One wieder verloren. Denn wann immer er gemischt hat, hat er die Hochtöner durchgeblasen. Wegen ihm wurden Limiter zum Schutz der Lautsprecher installiert.[14] Irgendwann war ich richtig sauer und hab ihn gefragt: ‚Damn, what's wrong with you, man? Was ist los mit dir? Du bist der einzige Engineer, der hier reinkommt und ständig die Tweeter abschießt. Bis die Lautsprecher keine Höhen mehr haben.' Aber er fand das gut, daher hatte er auch seinen Namen. Ein Scientist muss immer experimentieren. Und er hat dem Namen alle Ehre gemacht. Er war ein Mann, der die Musik wirklich geliebt hat.

13 Die Kombination Gregory Isaacs/Ranking Barnabas erschien 1977 als 12"auf den Alvin Ranglin Labeln Hit und GG's Records

14 Ernest Hookim bestätigt dies und muss dabei herzlich lachen: „Mann, das ist ihm andauernd passiert. Wir haben wegen ihm ALTEC Limiter [auf die Abhörlautsprecher] gepackt. Aber es war nicht die Lautstärke. Er hat mit Rückkoppelungen rumgespielt und dabei sind die Spulen [in den Speakern] durchgebrannt."

Scientist hat viel für Junjo Lawes gearbeitet. Bevor er zu Channel One kam, hast du jedoch alles für Junjo gemacht.
Junjo war mir einer der Liebsten, für ihn bin ich sogar am Sonntag ins Studio gegangen. Normalerweise waren Samstag und Sonntag meine freien Tage. Samstags hab ich die Pferderennen gecheckt. Das war mein kleines Hobby... Junjo war ein großartiger Produzent. Anders als die anderen. Er war ein Vibes-Mann, keiner von denen, die nur Geld auf den Tisch gelegt haben. Er sorgte für die richtige Stimmung, kam rein, setzte sich und ließ die Dinge gewähren. Dann fing er an zu tanzen, lief durchs Studio und rief: ‚Yahman, das sind die richtigen Vibes.' Er verstand es, die Musiker anzuspornen.
Dennoch war er mehr der Produzent mit dem Geld und dem richtigen Gespür als der musikalische Direktor.
Well, ab und zu machte er auch einen [musikalischen] Vorschlag. Aber du hast recht, de facto waren es die Engineer und Musiker, die für die Produktion sorgten. Nur haben wir das damals nicht so empfunden. Wir haben es gar nicht gemerkt, weil wir es aus Leidenschaft getan haben. Ich hab alles Mögliche gemacht im Business, eben weil ich die Musik geliebt habe. Es ging nie um Geld. Als ich im Channel One anfing, habe ich 12 Dollar pro Stunde gekriegt. 12 jamaikanische Dollar, später wurden es 15, dann 20 jamaikanische Dollar. Als ich aus Amerika zurückkam, kriegte ein Engineer 300 Dollar die Stunde und für den Mix eines Songs einige Tausend. Ich hab noch alle Songs umsonst gemischt. Manchmal hat dir ein Produzent ein paar Extra-Dollar zugesteckt, aber es war nie nach dem Motto: ‚So, ich berechne dir dies und ich berechne dir das...' Es hat einfach Spaß gemacht, [denn] wir haben einen Sound geschaffen und Qualität in den Reggae gebracht.
Lass uns sagen: eine neue Qualität. Auch Randy's stand schon für Qualität.
Da hast du recht, aber wir haben die nächsthöhere Stufe erreicht. Von Coxson kam die Musik, wir haben daraus Reggae gemacht. Einen Studio One Riddim zu überarbeiten und darüber einen Sänger eine neue Melodie und neue Lyrics singen zu lassen, war eine Idee von Channel One. Wir haben [auf diese Weise] den großartigen Sound des Reggae kreiert.
Kannst du erklären, wie dieser neue Sound zustande kam?
Allein schon das Gebäude, es war als Studio gebaut. Die Wände waren gepolstert, das ergab eine spezielle Akustik. [Außerdem] hatten wir parametrische Equalizer. Kein anderes Studio hatte etwas Vergleichbares. Deshalb hat ja, wie man erzählt, Sid Bucknor am Anfang alles linear aufgenommen.
Er kannte es nicht anders. In der Anfangszeit war es gängige Praxis, in den Studios ohne die Equalizer zu arbeiten. Auch Coxson hat sich lange dagegen gewehrt, die Möglichkeiten der Klangfilter zu nutzen.
Ernest, mein Lehrer – ich nenne ihn heute noch meinen Lehrer! –, hat dann übernommen und begonnen zu experimentieren, einfach indem er an den Equalizerknöpfen rumgedreht hat. Tagelang, von morgens bis abends und die ganze Nacht hindurch. Nur um zu hören, was da passiert und wie es sich auf den Sound auswirkt. Am Ende haben wir so bei Channel One den Sound kreiert, den du bis heute im Reggae hörst.

15 Soljie Hamilton & Groucho Smykle: Dub-Design für Sly & Robbie

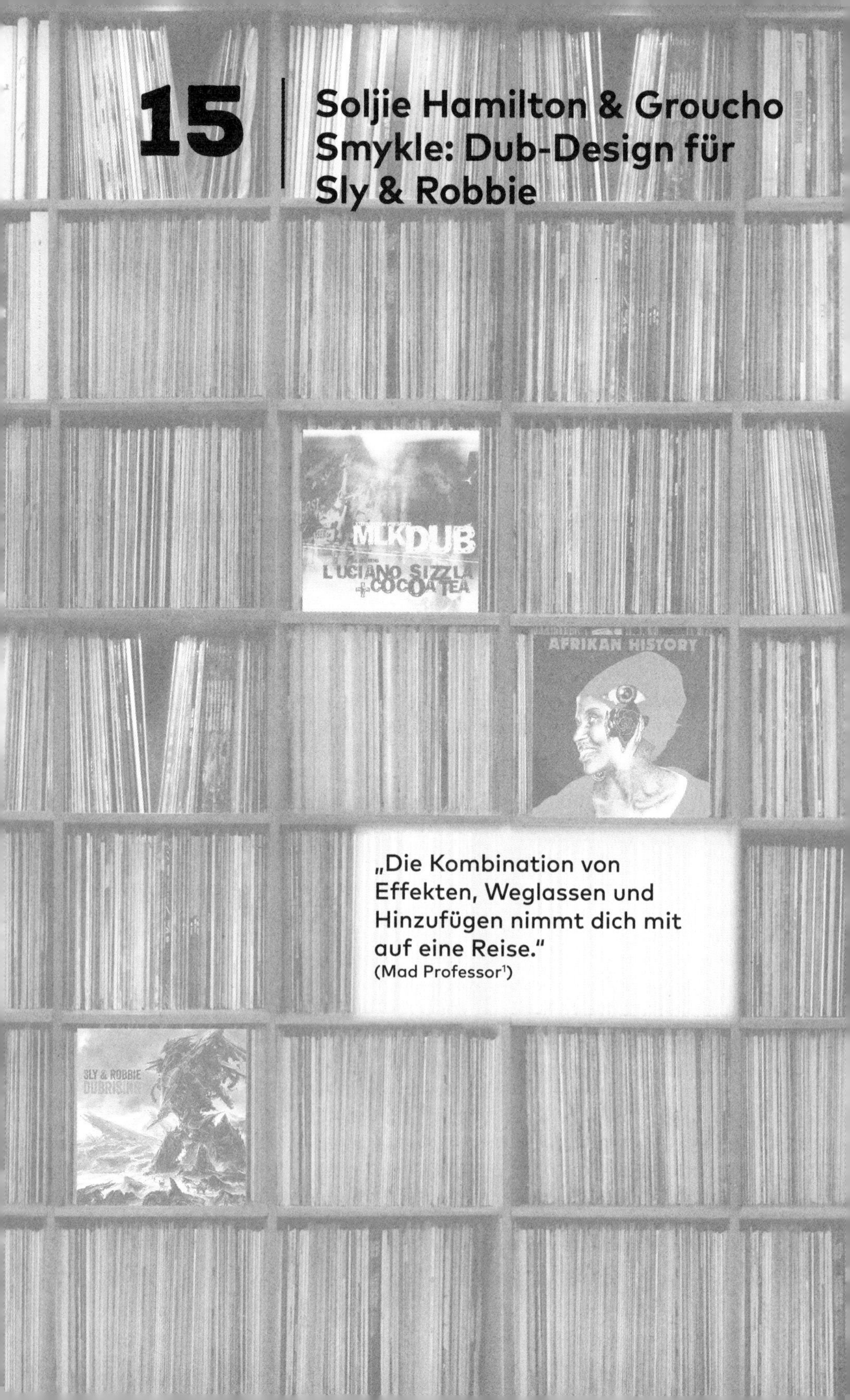

„Die Kombination von Effekten, Weglassen und Hinzufügen nimmt dich mit auf eine Reise.“
(Mad Professor[1])

Mitte der 70er Jahre erscheint ein neuer Name auf der Bildfläche. In variantenreichen Kombinationen aus Lautschrift und Freestyle festgehalten auf den Rückseiten jamaikanischer LPs: Soljie, Soldgie, Sodjie, Solgie, Sogie, Soji, Sojie, Sol Jie, Solijie oder Solje steht dort geschrieben, manchmal mit Nachnamen, öfter mit dem Attribut „brutal". Es ist eine Auszeichnung für die kraftvollen Mixe, die den so Gepriesenen in kürzester Zeit in den Rang eines Schwergewichts unter den jamaikanischen Engineern erheben. Privat jedoch ist Cegrica Anthony Hamilton ein zurückhaltender, sanfter Mann, dessen Alias auf seine Zeit als Soldier in der Jamaican Defense Force zurückgeht.
Soljie Hamilton gibt ungern Persönliches über sich preis. Selbst sein Alter will er nicht rausrücken. Als er es dann doch verrät, bittet er darum, es nicht zu veröffentlichen. „Ich habe mein Privatleben immer rausgehalten aus diesem Musikgeschäft", wehrt er alle Fragen ab, „was man über mich weiß, kommt von den Hüllen der Alben." So erfährt man von dem Cover der Dub-LP *Rebel Soldier*[2], dem einzigen Longplayer, der je unter seinem Namen veröffentlicht wird, von einer Sound-System-Vergangenheit. Soljie war involviert bei dem ab Mitte der 70er Jahre populären „Echo Vibration" Sound aus Greenwich Farm. Der Deejay Ranking Jerry stand dort am Mikrofon, gemeinsam mit den Sängern Michael Prophet und Sammy Dread. Dessen Album *Road Block* wiederum produziert Soljie 1982 für das Channel-One-Unterlabel Hitbound. Die Liebe zur Musik, so sagt er, existiert, seit er mit zwei Schulfreunden eine Hobby-Disco namens „Village Soul Merchant" aufzog. Nach der Schule verpflichtet er sich bei der Army, bleibt neun Jahre, schlendert eines Tages bei Channel One vorbei, wird neugierig und klopft an. Ab 1973 hängt er regelmäßig dort rum und beobachtet, wie in einem Studio gearbeitet wird. Ernest Hookim erzählt ihm viel von Frequenzen und Signalseperation, Crucial Bunny und Barnabas lassen ihn zusehen, sein Hauptausbilder jedoch wird Lancelot „Maxi" McKenzie. Mit ihm teilt er sich 1983 im Auftrag des Produzenten Martin Williams für dessen Mandingo Label die in Rot getränkte LP *Afrikan History*. Ein nicht leicht zugängiges und in seiner Art einmaliges Album. Keine der üblichen Zusammenstellungen von Dancehall-Vorlagen, sondern ein am Mischpult entstandenes Statement in der revolutionären Tradition der Channel-One-Dubs. Nicht zuletzt durch das Mitwirken von Neil Fraser aka Mad Professor liefert *Afrikan History* mit radikalen Mixen und Geräuschapplikationen eine Blaupause für die spätere englische Dub-Ästhetik. Dabei wird Dub zu Hollywood. Experimentales Körperkino voller Sproings, aus der Zählzeit fallender Echos, bislang nie betretener Hallräume, ungeahnter Tiefen, Synthesizer-Overdubs, Schüsse und Möwengeschrei.
Soljie gehört nicht zu den in Jamaika häufig anzutreffenden Ichlingen, die gerne betonen, dass sie diejenigen waren, die dieses oder jenes erfunden haben. Er nimmt sich lieber zurück. Dabei hätte The Brutal One durchaus Grund, auf seine Anteile in der Evolution von Reggae und Dub hinzu-

1 Bassline Of A City, Museum of London 2020
2 Erschienen unter dem Namen Sojie, veröffentlicht 1982 auf Taxi

weisen. Egal ob Tonband oder Festplatte, Studio oder live, Soljie Hamilton ist ein Meister aller Klassen. Seit den späten 70er Jahren hat er an Hunderten von Alben mitgewirkt, sowohl als Recording- oder Mixing-Engineer wie auch als Produzent. Die Dubs, die dabei entstehen, werden ihm jedoch selten zugeschrieben. „Oft wurdest du nur für die Aufnahmen erwähnt. Für die Dubs hat man Namen angeführt, die gar nicht mitgearbeitet haben", sagt er und zuckt mit den Schultern. „Sie ließen sich so besser verkaufen." Soljie dubbt die Reggae-Aufnahmen des französischen Chansoniers Serge Gainsbourg[3] und übersteht die digitale Zäsur unbeschadet. Auch danach noch ist er an Karrieren international erfolgreicher Künstler wie Supercat beteiligt und gestaltet 1999, als die Dub-Kunst Jamaikas bereits in einem tiefen Tal dahinsiecht, für Phillip ‚Fatis' Burrell (1954 – 2011) im Anchor Studio die Modern-Roots-Alben *MLK DUB*[4] und *Xterminator in Dub – No Gabbon*[5]. Bei der Arbeit an den Songs von Luciano, Sizzla und Cocoa Tea erkennt er als einer der Ersten die Probleme aus dem Erbe analoger Dub-Technik im Zusammenspiel mit Programmierprozessen und digitalen Aufnahmemedien.

Als mit den Computern eine neue Techniker-Generation an die Schaltzentralen der Studios drängt, verlegt sich Soljie Hamilton auf Live-Engineering. Dies wird in der Folgezeit zu seiner Hauptbeschäftigung. Er tourt u.a. mit Bunny Wailer, Ini Kamoze, Sly & Robbie & The Taxi Gang, Shabba Ranks, Buju Banton, Luciano und Sizzla, wird aber auch nach wie vor zu Studioarbeiten gebucht. So wie 2013, als er im Auftrag der NuRoots-Sängerin Jah9 den Song „Steamers A Bubble" mischt und für die B-Seite der Hitbound-Single einen „Solji Mix" liefert. 2010 sorgt er für den Live Sound auf Gentlemans *Diversity*-Tour. Das Vorprogramm der Tour bestreitet die US-Reggae-Band SOJA, die ebenfalls von Soljie gemischt wird. Schon seit 2005 ist er mit den Amerikanern weltweit unterwegs. 2013 ehrt ihn die JaRIA, die „Jamaican Reggae Industry Association", für seine Verdienste als Engineer.

Den größten Nachhall in der Welt des Dub hinterlässt Soljie Hamilton mit seinem Sounddesign für Sly & Robbie. Das Duo will nach dem Ende der Revolutionaries für seine eigenen Produktionen andere Dubs als die züchtigen Elaborate des Ernest Hookim. Hypnotischer und brachialer soll es aus den Boxen donnern. Ihr gesamter Dub-Katalog folgt dieser Maxime, angefangen bei *Raiders Of The Lost Dub*[6] und *A Dub Experience*[7] über die gemeinsamen Projekte mit Bill Laswell bis hin zu ihrem 2012er Dub-Comeback mit den Alben *Blackwood Dub*[8], *Underwater Dub*[9] und *Dubrising*[10]. Sly & Robbie werden zur Mensch-Maschine des Dub. Technisch unterkühlt,

3 Zu finden u.a. auf der DoCD *Serge Gainsbourg - Aux Armes Et Cætera*, 2003 Mercury/Universal Music
4 RAS Records
5 Charm Records
6 Island 1981
7 Island 1985
8 Groove Attack 2012
9 Groove Attack 2014
10 Tabou 2014

emotionslos, antiseptisch. Brillanz und Monotonie im steten Wechsel. Den nächsten Schritt zu diesem „anderen" Sound leistet der Island In-house-Engineer Paul „Groucho" Smykle, als er im Auftrag der Riddim Twins drei ihrer Produktionen mischt. Erst bauscht er das von Soljie aufgenommene, selbstbetitelte Showcase Debüt von Ini Kamoze[11] zu einem orchestralen Effekte-Inferno auf. Im Anschluss mischt er Black Uhurus *The Dub Factor*[12] und geht den Remix von deren Vocal-Album *Anthem*[13] für die internationale Veröffentlichung wie ein Dub-Album an.
Wie aus dem Nichts betritt 1983 im Londoner Fallout Shelter Studio mit Groucho ein neuer Typus Dub-Engineer den Ring. Die Musikzeitung *New Musical Express* vergleicht ihn mit einem Weltklasse-Boxer, der „Scientist und alle anderen Thronanwärter auffordert, beiseitezutreten, und bereit ist, Dub zurückzuführen zu einer prestigeträchtigen Kunstform."[14] Grouchos Art zu mischen ist neu und völlig anders als das, was aus den Kingstoner Dub-Zentralen kommt. Er mischt laut und überfallartig, schiebt Hall und Echo über das Anschlagslimit und dreht Stereo-Effekte bis an die äußersten Ränder der Speaker-Boxen. Er macht keinen Unterschied zwischen Gesangspart und Dub-Version. Nichts ist vor seinem Zugriff sicher. Selbst die Bassdrum flattert in der Echokammer. Doch so plötzlich, wie er kam, verschwindet er wieder. Groucho fadet in und fadet out, weil schon bald der digitale Wandel den Reggae und den Bedarf an Dub verändert. Erst 30 Jahre später kehrt er mit den Alben *Sly & Robbie – Dubrising*[15] und *Sly & Robbie + Brinsley Forde – One Fine Dub*[16] zurück. Durch Addition zusätzlicher Instrumente mischt Groucho jetzt tatsächlich die Soundlandschaften, die Michael Veal zum Titel seines Buches inspiriert haben.
Doch am Anfang der Entwicklung steht Soljie Hamilton mit den LPs *Sly & Robbie - Disco Dub*[17] und *Sojie - Rebel Soldier* von 1978 und ‘82. Er wird der erste Sounddesigner für Sly & Robbie. Darauf angesprochen, spielt er seine Rolle herunter: „Ein Engineer kann sich nur einbringen. Es ist nie nur eine Person, die den Sound macht. Jeder Beteiligte hat einen [individuellen] Sound. Die Kombination von allen macht den [Gesamt-]Sound. Meine technischen Fähigkeiten waren damals noch limitiert. Was in mir steckte, hab ich beigetragen. Aber ich habe den Sound nicht alleine verändert."

Frage: Sly & Robbie haben genauso im Channel One Studio aufgenommen wie vorher die Revolutionaries. Es war dieselbe Technik und doch hat sich der Sound extrem verändert.
Soljie: Wie gesagt, es ist eine Kombination vieler Faktoren. Sound besteht aus Frequenzen…

11 Island + Taxi 1983
12 Island 1983
13 *Anthem* erscheint zuerst 1983 in Jamaika mit einem Standard-Mix und wird ein Jahr später mit neuem Cover und Groucho-Mix international veröffentlicht
14 „Paul ‚Groucho' Smykle – Surgeon Of Dub" *New Musical Express 1983*
15 Tabou, France 2014
16 Tabou, France 2016
17 Gorgon Records 1978

… und aus Timing. Der Art, wie das Instrument gespielt wird…
Oh ja. Sly & Robbie sind eine einzigartige Mischung von Schlagzeug und Bass. Sie wussten genau, was sie wollten. Sie haben sich [die Aufnahmen] angehört, verglichen und gesagt: Ok, so wollen wir es haben. Nicht so und nicht so, sondern so. Vielleicht hat auch einer nur was weggelassen, hehe. Das war's.
„Weglassen" war sicherlich ein Faktor. Sly & Robbie haben die Riddims pointierter gespielt. Weniger Breaks, mehr Pattern. Das hat von vornherein ein anderes Feeling erzeugt.
Richtig. Sly hat viel experimentiert mit seinen Drums. Manchmal hab ich gedacht: Sly, wir haben's übertrieben. Doch er: „Nein Soljie, wir sind auf dem richtigen Weg. Vergiss, was draußen abgeht, wir schaffen etwas Neues. Das hier ist neu, absolut neu." So hat er mich sensibel gemacht für ungewöhnliche Wege.
Hatten deshalb deine beiden Dub-Alben für Sly & Robbie diesen anderen Charakter?
Als Engineer suchst du deinen Sound. Es ist deine Aufgabe, etwas Neues zu schaffen. Die Idee bei *Disco Dub* war, dass die beiden sagten: „Soljie, wir wollen 'was Derbes. Etwas anderes als das, was gerade angesagt ist. Give us something tough! Wir wollen nichts, was so ist wie das, was es längst gibt. Es muss anders sein."
Etwas Neues…
Etwas Neues, ja. Also hab ich mir was einfallen lassen, haha.
Dazu gehörte, dass du die Riddims länger hast laufen lassen, ohne Effekte, pur und steady. So hat der Effekt dann, wenn er kommt, viel mehr Wirkung.
Genau. Musik ist immer auch die Suche danach, worauf die Zuhörer abfahren. Das Ungewöhnliche lässt dich zuhören. Deshalb sollte man keine Angst haben, sich an neue Sounds zu wagen. Versuch nicht, jemanden zu kopieren. Komm mit etwas Neuem. Selbst wenn es [theoretisch] falsch ist, ist es vielleicht groovy und der Bass warm wie ein Wintermantel. Damals wurden Regeln gebrochen, um Neues zu kreieren. Wir haben uns nicht um Takte oder Beats geschert, haben uns nicht an Normen gehalten. Da wurde auch nichts geprobt. Dub ist ein Gefühl. Es war eine kreative Stimmung und wir haben es passieren lassen. Und wenn die Leute es akzeptierten, wurde daraus allgemeiner Standard.
Was genau hast du anders gemacht? Bestimmte Frequenzen angehoben oder mit Kompression gearbeitet?
Für so etwas gab's bei Channel One nicht genug Outboard Equipment.
Aber ein sehr gutes Pult. Eins der besten jener Zeit.
Yeah, die Konsole war fantastisch. Man musste sich nur auf sie einlassen. Und dann warst du selbst das Outboard Equipment, ha! Es ist eh alles in dir, also steck es in die Musik. Nimm dich selbst zurück und lass die Musik sich entfalten. Es gibt keine Grenzen. Der einzige Zaun besteht aus den Melodien, der Art der Präsentation und dem Space dazwischen.

Hat Dub einen spirituellen Aspekt?
Ja, da ist etwas Spirituelles. Es ist der Geist der Vorfahren, er steckt in der Musik.
… und überträgt sich vom Original in den Dub?
Yeah, yeah. Es steckt schon im Original und geht über in den Dub. Du fühlst es und es lässt dich kreativ werden. In deiner Kreativität erkennst du, dass die Musik eine Seele hat.
Manche sagen: „eine afrikanische Seele".
In gewisser Weise könnte ich dem zustimmen. Die Projizierung von Drum'n'Bass, die Bläser… das hat was Afrikanisches. Obwohl… egal welche Art von Reggae, selbst Lovers Rock kann zu Dub werden. Du erkennst zwar noch die Melodie, aber der Flavour hat sich komplett verändert. Denn im Dub geht es um dich. Um deine Kreativität. Das ist wie beim Film. Die Version des Produzenten ist eine andere als der Director's Cut. Dub-Musik ist der Cut des Engineers.
Inzwischen gibt es neue Styles, die sich auf Dub berufen und auch so nennen. Sie entstehen in Computern und stammen von Personen, die weniger Engineer als Programmierer sind.
Hyper Dub und Dubstep und solche Sachen, die kommen mit der jungen Generation. Sie sucht die Verbindung mit dem Original. Also hängen sie an den Dub einen kleinen Namen, mehr machen sie nicht. Sie sind nur an dem Begriff interessiert. Ohne den Zusatz „Dub" würde man sie fragen: „Was soll das sein?" Wie gesagt, eine neue Generation. Die macht es anders, weil sie es anders empfindet. Heute kann jeder ein Engineer sein, wirklich jeder. Du arbeitest an einem Computer und es ist alles da. Du musst nur noch ein bisschen Effekt dazugeben. Einbringen kannst du dich nicht. Ich will kein vorbereitetes Echo benutzen, ich will ein eigenes entwerfen, verstehst du? Diese Musik ist wie Fast Food. Leicht herzustellen und sieht gut aus. Schmeckt in dem Moment, da du es isst, aber wenn du es zur Seite legst und kalt werden lässt, wird es ungenießbar. Ich weiß, wovon ich rede, ich habe Dub am Computer gemischt.
Was macht den Unterschied zu einem analogen Mix mit einem Pult?
Computer schränken dich ein, sie sind zu mechanisch. Die Flexibilität geht verloren, denn analog dubbst du on the fly, ohne große Vorbereitung, mit dem Fluss der Musik. Etwas kommt dir in den Sinn und du agierst spontan. Den Computer musst du anhalten, programmieren und editieren.
Technische Entwicklungen haben den Reggae immer beeinflusst. Warum funktioniert das nicht in der Verbindung Dub und Computer?
Das ist richtig, Reggae hat sich mit der Technologie verändert. Heute arbeitet kaum noch jemand mit Frequenzen. Computermixe regeln meist nur noch die Lautstärkeverhältnisse. So etwas wie Separierung von Frequenzen gibt es nicht mehr. Auch, weil es eine Kostenfrage ist. Alles richtig auszutarieren braucht Zeit. Deshalb ist Lautstärkeregelung der neue Standard und man sagt, Pro Tools (als Aufnahmemedium) sei die neue Industrienorm. Bla bla bla. Ich nehme immer noch auf einer Bandmaschine auf und übertrage es

dann auf ein Hard Drive System (eine Festplatte, deren Spuren man einzeln an ein Mischpult anschließen kann). Auf den dreckigen Sound eines Tonbandes möchte ich nicht verzichten.

Und auch nicht auf ein Mischpult beim Mischen eines Dubs?

Würde man mich beauftragen, eine Dub-LP zu mischen, dann auf keinen Fall digital. Dub ist ein kreativer Vorgang. Du musst dein Gefühl für dich arbeiten lassen. Bei einem digitalen Mix auf Pro Tools stellst du Dinge ein, damit sie geschehen. Du benutzt eine Schaltfläche im Computer und programmierst das Wegschalten von Instrumenten und alle anderen Aktionen. Dann lässt du es abspielen. [Aber] Dub ist kein elektronischer Vorgang. Ich will ein Teil davon sein und nicht außen vor.

Dub ist der Moment, in dem es passiert. Dub braucht Empathie.

Es fehlt das Gefühl, yeah. Sich hinsetzen und Fadern zugucken, wie sie für mich dubben? Nein!

Soljie Hamilton verstarb am 24. Dezember 2022 an einem Herzinfarkt. Er wurde 69 Jahre alt.

16 | Linval Thompson: Dubtrader für Europa

„There are no facts in Jamaica, only versions."
(Jamaikanische Redensart)

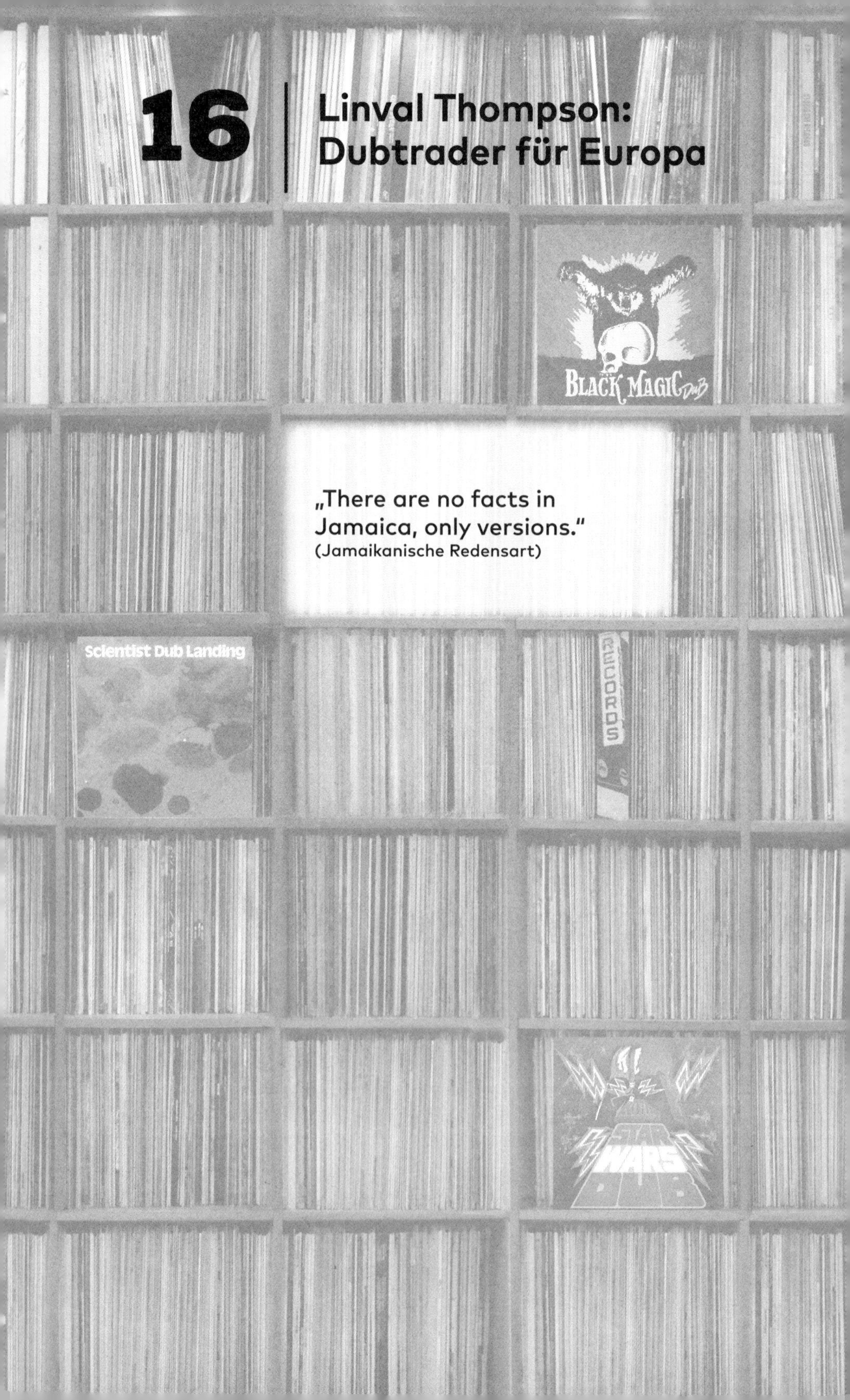

Leval Thompson, geboren am 12. Oktober 1954, wächst auf im Westen von Downtown Kingston 13, nahe der Waltham Park Road. Es ist eine Gegend mit vielen Shops und Bars, hoher Kriminalitätsrate und einer florierenden Sound-System-Kultur. In diesem Soziotop geht Leval, der erst 1975 durch einen Druckfehler auf einer Single zu Linval wird, mit Jacob Miller, Johnny Clarke, Al Campbell und Chinna Smith zur Schule, zuerst auf die Maxfield Park Primary, danach auf die Melrose All Age und schließlich auf die Kingsway High School. Die Eltern betreiben einen kleinen Lebensmittelladen, ein instinktiver Geschäftssinn ist dem Jungen quasi in die Wiege gelegt. Schon mit 14 Jahren verteilt er Flyer und organisiert Equipment für Dances mit Percival Tibbys „Sir Percy Sound", bei dem Ken Boothe und manchmal auch U Roy das Mikrofon halten. Leval möchte zu gern Sänger werden, so wie seine Freunde.
In der zweiten Hälfte der 60er Jahre verlässt Mutter Thompson auf der Suche nach einem besseren Leben Jamaika Richtung Queens; Anfang der 70er folgen Vater und Sohn. Leval bleibt knapp zwei Jahre in New York. Während dieser Zeit beschließt er, die Sache mit der Gesangskarriere hier und jetzt anzugehen. In einem kleinen Studio nimmt er auf eigene Rechnung mit einer Gruppe von Musikern, zu denen der spätere Third-World-Sänger Bunny Rugs gehört und die sich The Buccaneers nennen, zwei Songs auf. Er gründet ein Label (ELSA Records), presst 1974 von einem der Titel („No Other Woman") 500 Singles, verkauft davon einen Teil, nutzt sie jedoch vor allem, um sich nach seiner Rückkehr in Jamaika selbst zu promoten. Die Rechnung geht auf. Der Erste, der mit ihm eine Platte macht, ist Stamma Hobson, ein Downtown-Producer, der sich bei Bedarf als Bodyguard für Keith Hudson verdingt. Stamma nimmt ein bereits fertiges Playback und lässt Leval bei Randy's darüber „Ma Ma Saya"[1] (aka „Westbound Plane") singen. Der Zweite ist Phil Pratt. Leval singt für ihn „Jah Jah Redder Than Red"[2], ein Erfolgstune, den er drei Jahre später als „Jah Jah Dreader Than Dread" noch einmal aufnimmt. Danach macht Lee Perry mit ihm zwei Titel, einer davon – „Kung Fu Man"[3] – sorgt im Zuge der Martial Arts/Bruce Lee-Begeisterung Mitte der 70er Jahre in Jamaika, Amerika, England und Japan für Furore. Jetzt kann auch Bunny Lee nicht anders. Er gibt ihm einen seiner trendigen Riddims, und Leval, der mittlerweile Linval heißt, singt, obwohl er selber noch keine Locks trägt, „Don't You Cut Off Your Dreadlocks"[4]. Es ist die Blütezeit des militanten, pan-afrikanischen Rasta-Bewusstseins, der Song trifft den Nerv und markiert für ihn den Durchbruch. Daraufhin produziert Bunny Lee mit ihm 1976 ein von King Tubby gemischtes Album gleichen Namens[5].
Linval Thompson lebt jetzt in Whitfield Town unweit von Trenchtown und hat es geschafft. Er ist als Sänger etabliert. Doch schnell merkt er, dass im

1 Big Style 7" 1974
2 Sunshot 7" 1974
3 Jamaika: Globe Intl. 7", UK: Ackee 7", USA: Clocktower 7", alle 1974-75
4 Jamaika: Justice 7", UK: Attack 7", beide 1975
5 *Don't Cut Off Your Dreadlocks*, Third World 1976, in den USA als *Cool Down* auf Clocktower

Reggae-Geschäft nur die Produzenten wirklich Geld verdienen. Und er lernt, dass Riddim-Playbacks eine profitable Tauschwährung sind: Singst du mir einen Song, überlass ich dir einen Riddim, so entstehen uns außer Studiozeit keine Kosten. Diesem Transaktionsmodel folgend voict Linval Dubplates für den ehemaligen „King Attorney Sound", der sich jetzt „Socialist Roots" nennt. Zum Ausgleich erhält er eine Neuaufnahme des „Death In The Arena"-Riddims, worüber er im Channel One Studio den Song „Train To Zion" singt – es wird Linval Thompsons erster selbst produzierter Hit. Als er mit „Jah Guiding Star"[6] nachlegt, weist die Single einen bisher nicht in Erscheinung getretenen Co-Produzenten aus: Henry Junjo Lawes. Der Mann ist ein sprichwörtlich bunter Hund, ein auffälliger Styler aus dem Olympic Way District in West Kingston. Linval und Junjo hatten sich angefreundet, der eine wird des anderen ständiger Begleiter. „Ich war froh, in den rauen Zeiten jemanden dabeizuhaben, den alle kannten", erklärt Linval. „Junjo kam mit zu den Studios und fand Gefallen am Business. Ich hab ihm angeboten, ihn mit aufs Label zu schreiben. In Wahrheit hat er nichts beigetragen, wir haben auf diese Weise nur versucht, ihn zu einem Produzenten zu machen."[7] Sie wiederholen die Aktion bei der Single „I Love Mariguana" (sic!) für Linvals neues Label, das schlicht seinen Nachnamen trägt: Thompson Sound. Der Song wird 1978 zum Titeltrack seines zweiten Albums, dem ersten in eigener Regie, produziert mithilfe von Ossie Hibbert bei Channel One. Linval lizenziert die LP *I Love Marijuana* an Trojan in England. Sofort wird nach mehr Material gefragt. Umgehend reicht er *Big Joe – African Princess* mit Deejay-Cuts sowie das Dub-Album *Negrea Love Dub* nach. Trojan bringt alle drei LPs zusammen raus und schaltet Anzeigen mit den Covern unter der Überschrift: „Dope...Sex...and Dub". Es sollen nicht die einzigen Alben bleiben, mit denen Linval in diesem Jahr beginnt, auf den internationalen Markt zu drängen.

Der Zeitpunkt ist günstig, in Europa lässt sich Reggae gut verkaufen. Sogar bis in die nationalen Charts. Die Foundation Dancehall ist dabei, sich zu konsolidieren, während Dub neue Zielgruppen erobert. Bunny Lees Flying-Cymbal-Riddims haben in Kombination mit Tubbys Mixen das Interesse gepusht. Jetzt ist auch Channel One im Spiel, am Horizont winkt die Maxisingle als innovatives Transportmedium, und Scientist scharrt mit den Hufen. Major Player, Independent Label und unzählige Klein- und Kleinstlabel, die meisten davon in jamaikanischer Hand, bedienen die Abnehmer. In England eruptiert ein Vulkan, der Reggae und Dub wie Lava übers Festland gießt.

Unter den vielen Betreibern von Independent Labeln in London ist ein Kaufmann aus Indien. Kein Reggae-Aficionado, sondern einer, der Reggae als lohnendes Investment sieht. Niemand weiß, woher dieser Mann kommt, der auf der Harrow Road Nr. 379 im Westen der Stadt das Burning-Sounds-Headquarter aufgeschlagen hat. Sein Name ist Rana, I.M. Rana, er logiert dort seit 1976 mit Recordshop und Büro. Man sucht ihn auf, legt ein Mastertape

6 Mr. Danamic 7" 1977

7 Linernotes *Linval Thompson - the early sessions 1974-1982*, Thompson Sound 2006

auf den Tisch und kassiert cash. Mr. Rana fragt nicht, ob das Material vielleicht schon unter anderem Namen woanders veröffentlicht wurde. Er kauft in großem Stil Alben aus dem Channel One, von Produzenten wie Phil Pratt, Junjo Lawes, Jah Thomas oder eben Linval Thompson, darunter speziell für den englischen Markt designte rootsige Lovers-Produktionen.
Mr. Rana genießt einen guten Ruf. Er bezahlt bar bei Ablieferung einer fertigen Produktion und vermittelt das Gefühl, fair zu handeln. Er besitzt ein Plattenpresswerk in Irland, wo er nach Bedarf fertigt. In welchen Stückzahlen bleibt aufgrund nicht vorhandener Abrechnungen unklar. Sicher scheint nur, dass er die erste Auflage meist in farbigem Vinyl rausbringt und in schwarz nachpresst. Burning Sounds installiert sechs Unterlabel (Burning Rockers, Burning Vibrations, His Majesty, Dread Hot, FORM und Caribana, die letzten zwei registriert in Dublin) und bringt es in kürzester Zeit auf rund 150 Veröffentlichungen. Knapp die Hälfte davon LPs, der Rest sind Maxis und Singles.
Mr. Rana macht keine Werbung, er kauft und presst, verkauft, presst nach. Die Platten mit dem rot-gelb-grünen Streifen und brennenden Noten als Logo sind Selbstläufer. Doch nach vier Jahren erlischt die Flamme. Ende 1980 geht Burning Sounds in die Liquidation, Mr. Rana zieht sich nach Dun Laoghaire an der Ostküste Irlands zurück. Das Label übernimmt Clive Stanhope von CSA Records, der weitere 20 Alben unter dem Firmensignum veröffentlicht, 1987 aber den Katalog an Colin Newman/Trojan Records verkauft. Danach ruhen die Geschäfte, die Burning-Sounds-Alben werden zur begehrten Sammlerware. Bis 2015 die Firma Secret Records Limited beginnt, die Highlights aus dem Katalog nachzupressen, was zu einem drastischen Preisverfall der Originale führt.
Mr. Rana taucht nie mehr auf. Seit seinem Verschwinden 1980 verflüchtigt sich die Erinnerung. Heute findet sich niemand mehr, der valide Fakten über ihn und seine Label zu erzählen weiß. Kein Artist, kein Produzent, kein Sammler. Da auch die Plattencover seinerzeit mit Informationen geizten, bleibt von Burning Sounds nur ein mysteriöses schwarzes Loch aus buntem Vinyl, in dem eine beachtliche Zahl außergewöhnlich guter Alben zu finden sind. Darunter neben Maxis mit Dub-Versionen und Showcase-Alben ein hoher Prozentsatz Dub-LPs, die mit dazu beitragen, dass sich von Swinging London aus die Dub-Botschaft verbreitet:

- *Black Foundation Dub* (Burning Sounds 1977) Produzent: Gussie Clarke
- *Slum In Dub* (Burning Sounds1978) Produzent: Gregory Isaacs
- *Star Wars Dub* (Burning Sounds 1978) Produzent: Phil Pratt
- *Guerilla Dub* (Burning Sounds 1978)
- *Variation On A Theme* (Burning Vibrations 1978) Produzent: Revelation
- *Burning Dub* (Burning Vibrations 1979) Produzent: Junior English
- *Dutch Man Dub* (Burning Vibrations 1979)
- *Red Hot Dub* (Burning Vibrations 1979) Produzent: Elroy Bailey
- *Green Bay Dub* (Burning Vibrations1979) Produzent: Linval Thompson

- *Dread Lion Dub* (His Majesty 1979) Produzent: Patrick Francis aka Jah Lloyd
- *Black Magic Dub* (FORM 1980)
- *Outernational Riddim* (FORM 1980)
- *Soul Man Dub* (Burning Vibrations 1981) Produzent: Junior Soul

Noch im selben Jahr, in dem er seine ersten Deals mit Trojan abschließt, verkauft Linval Thompson auch die ersten zwei LPs an Burning Sounds: *Love Is The Question* und *Rocking Vibration*. Der Sänger wandelt sich zum Geschäftsmann, ohne groß drüber nachzudenken. Rückblickend sagt er: „Es hat sich so ergeben. Ich hätte nicht gedacht, dass es so leicht war." Er vermarktet seine Platten selbst, geht so gut wie nie auf Tournee und beginnt stattdessen, im großen Stil andere Artists zu produzieren[8]. Allein bei Trojan bringt er zehn Alben unter, bei Greensleeves sieben LPs plus unzählige Maxis, bei Burning Sounds neben zwei weiteren eigenen[9] sechs Produktionen mit anderen Artists. An dem Dub-Sortiment von Burning Sounds jedoch ist er nur mit einer LP beteiligt, obwohl er nebenbei in vollen Zügen Dub produziert.
1979 reagiert Thompson auf den 12"-Boom, indem er in England ein Label speziell für Maxisingles gründet, auf dem er die aktuellen Trends der Dancehall mit Kombinationen aus eigenen Songs, Deejay-Versions und Dubs bedient. Den Namen der UK-Plattform übernimmt er von einer LP, die er gerade in kleiner Auflage und nur mit bedrucktem Label ohne Cover in Jamaika aufgelegt hat: *Strong Like Samson*.[10] Zuvor hatte er dieselben Mixe unter dem Namen *The Revolutionaries – Outlaw Dub* an Trojan verkauft. Er presst außerdem eine titellose LP mit Dubs anderer Produktionen, wieder ohne Cover und diesmal auch ohne Labelaufdruck, die aber über den Status einer Testauflage nicht hinauskommt. Die Stückzahl der White-Label-Pressung* mit der Nummer 0023 ist derart gering, dass die LP zu einer der teuersten Dub-LPs der Geschichte aufsteigt.[11] Erst 2013 wird sie als *Linval Thompson & The Revolutionaries – Boss Man's Dub*[12] offiziell veröffentlicht.
Neben den beiden doppelt aufgelegten Eigenpressungen und dem Debüt *Negrea Love Dub* streut Linval Thompson zwischen 1979 und 1982 weitere acht Dub-Alben, sechs davon über in London ansässige Label:

- *The Revolutionaries – Green Bay Dub* (Burning Vibrations UK 197X)
- *Train To Zion Dub* (Tuff Gong JA 1981)
- *Scientist In Dub Volume 1* (Jah Guidance US 1981)

8 U.a. Barrington Levy, Johnny Osbourne, Eek-A-Mouse, Horace Andy, Freddie McGregor, Dennis Brown, Gregory Isaacs, Ranking Dread, Ranking Trevor, Papa Tullo, Al Campbell, Cornell Campbell, Meditations, Trinity, Prince Mohammed, Viceroys, Wailing Souls, Mystic Eyes

9 *I Love Jah* auf Burning Sounds und *Follow My Heart* auf Burning Rockers, beide 1979

10 Thompson Sound 1979. Die LP hat den vollen Titel *Strong Like Samson Linval Thompson In Dub*, das neue Maxi-Label erhält noch ein „p" und heißt „Strong Like Sampson"

11 Ein deutscher Importeur fand zur fraglichen Zeit 20 Exemplare der LP im Londoner Warehouse und stempelte sie mit „FOTOFON DAB23". 2015 wurde eine davon für 699 € verkauft.

12 Mit dem Zusatz *The Lost 1979 Dub Album* Hot Milk UK, CD 2013, LP 2014

- *Scientist - Dub Landing* (Starlight UK 1981)
- *Scientist Meets The Space Invaders* (Greensleeves UK 1981)
- *Scientist Encounters Pac-Man* (Greensleeves UK 1982)
- *Scientist and Prince Jammie – Dub Landing Vol. 2* (Starlight UK 1982)
- *Scientist And Jammy Strike Back* (Trojan UK 1982)

Zwei obskure LPs erscheinen nach '82 auf dem kanadischen Label Abraham:

- *Linval Thompson Meets King Tubbys – Ina Reggae Dub Style, Dis A Yard Dub*
- *Sly & Robbie Meet King Tubby – Reggae Rasta Dub*

Abraham operiert als Nachfolger des New Yorker Clocktower Labels von Brad Osbourne, der wichtigsten US-Basis für jamaikanische Produktionen ab Mitte der 70er Jahre. Osbourne kauft Tapes bzw. produziert selbst, darunter große Dub-Alben wie *King Of Dub*, *Rockers Almighty Dub*, *Macka Dub*, *Heavy Metal Dub*, *Scientific Dub* und andere. Auch Thompson hat bei Osbourne Material lizenziert[13] und sagt über ihn: „Er war vielleicht der einzige Mann in New York, der dich bezahlt hat, wenn du zu ihm gekommen bist. Ich kann nichts Schlechtes über ihn berichten." Osbourne hat einen Shop in der Bronx, in dem er 1986 bei einem Streit erschossen wird. Danach übernimmt Abraham das Label und bringt seitdem reihenweise anrüchige Dub-Alben unter dubiosen Titeln und Zusammenstellungen auf den Markt. Linval Thompson bezeichnet die von Abraham unter seinem Namen veröffentlichten Alben als Bootlegs. „Jeder versucht, Geld mit unserem Material zu machen. Auch Bunny Lee erzählt niemandem [was er veröffentlicht]. So verdient nur er allein Geld. Wenn wir [Artists] so etwas tun, gibt's Probleme." 2002 legt Thompson die Compilation *Phoenix Dub*[14] nach, Bunny Lees Zusammenstellung *Dub Story*[15] aus demselben Jahr dagegen ist nicht von ihm autorisiert und zum Teil erst nach 2000 irgendwo ohne sein Wissen gemischt worden. Thompsons Riddims stammen nahezu ausschließlich aus dem Channel One Studio, mal von den Revolutionaries, mal von den Roots Radics eingespielt. Die Vocals werden entweder bei Harry J oder bei King Tubby aufgenommen, wo auch gemischt wird, anfangs von Tubby selbst oder von Prince Jammy. Bis schließlich Scientist zu seinem bevorzugten Engineer avanciert, denn „dieses knallige Echo hast du bei King Tubby nur von Scientist gekriegt"[16]. Dementsprechend bringt er sechs seiner Dub-LPs unter dessen Namen raus (s.o.), die Scientist allesamt als illegal ansieht.
Bei diesem Thema winkt Thompson ab: „Wir [Junjo und ich] haben Scientist bekannt gemacht", hält er dagegen, „ohne uns hätte man nie von ihm gehört."[17]

13 U.a. seine eigenen Alben *Six Babylon* und *Cool Down* sowie Material von Barrington Levy und Freddie McGregor
14 Motion Records UK/Nocturne France 2002
15 Jamaican Recordings UK 2002
16 Linernotes *Linval Thompson - the early sessions 1974-1982* a.a.O.
17 Interview Reggae-Vibes „Can't Stop A Natty Dread" von Peter I 2004

Eine Aussage, die ebenso zutreffend wie überzogen ist. Darauf angesprochen, beginnt Thompson ein Wortgefecht:

Frage: Scientist behauptet, er hätte keine Ahnung gehabt, was in England unter seinem Namen rausgebracht wurde. Wusste er es tatsächlich nicht?
Linval Thompson: Nein, er hat es nicht gewusst. Aber! Die Frage ist doch: Wer hat dafür gesorgt, dass Scientist so beliebt wurde? Wer? Welcher Produzent? Gab es einen speziellen Produzenten? Damals? Das müssen wir herausfinden! Wer hat diese Songs damals in London rausgebracht? Welche Plattenfirma hat die Dinge ins Rollen gebracht?
Du willst hinaus auf Greensleeves und Junjo?
Ahh! Weiter, wer hat Junjo ins Geschäft gebracht? Wer war vor ihm?
Na du.
Ende der Diskussion! Ich hab damit angefangen. Also wer hat Scientist populär gemacht?
Du..?
Nicht ich allein.
… und Junjo und Greensleeves..?
Alright! Ende der Diskussion! Wir haben ihn zu dem gemacht, was er heute ist. Ohne unseren Style gäb es keinen Scientist. Wir haben ihn gebucht und ihm gesagt, was wir von ihm wollen. Er allein hätte es nie so gemacht. Er war doch nie in England, um zu hören, auf was die Leute da abgehen. Auch Tubby war nie in England. Ich bin in dieser Zeit regelmäßig da gewesen, ich wusste, was die Leute wollen. [Deshalb] habe ich beim Mischen gesagt: Gib mir diesen Sound. Den heavy bang! Nicht nur ab und zu, ich will ihn öfter! B-L-O-W! Wenn Tubby meinte: ‚das ist doch verzerrt', hab ich gesagt: Nein, lass es so, wie es ist. Bang! Bo! Die Leute lieben diese Echos!
Und wie hast du rausgefunden, auf was man in England abfuhr?
(lacht) Keine Ahnung. Irgendwie… Wann immer ich in England war, wollten die Companies Dubs von mir. Sie haben nicht viel dafür bezahlt, meist weniger [als für die Vocal-Alben]. Aber Dub hat sich verkauft wie blöde. Ich wusste nicht, dass es in Europa, Frankreich, Deutschland so eine wichtige Rolle spielte. Ich hatte keine Ahnung, wie bedeutend Dub war.
Wenn du's nicht gewusst hast, wieso hast du's dann produziert?
Weil die Label es haben wollten. Wir hatten von den Verkäufen keine Ahnung, kannten die Wahrheit nicht. Wir wussten nur, dass wir dafür ein kleines Extra-Geld bekamen. Für uns gab es zusätzliches Geld, mehr hat uns nicht interessiert. A likkle extra money, um nichts anderes ging es. Dass die Sache beim weißen Publikum so derbe angesagt war, haben wir nicht geahnt.
Du willst also sagen, ihr habt es nur gemacht, weil die Companys es wollten?
Ja. England wollte Geschäfte mit Dub machen. Ich war eigentlich nur in London, um Platten für Strong Like Sampson und Thompson Sound zu pressen, aber sie haben nach mir geschickt. Sie haben gewartet, dass ich Nachschub bringe. Die haben meinen Sound geliebt, weil er anders war als

der Sound von Bunny Lee, von Lee Perry, von Coxson. Ich denke, die wollten 'was Neues. Hör dir *Negrea Love Dub* an, das war ein anderer Style. Damit ging's los. Dub ging total ab. Ich konnte da nicht nur mit einer LP kommen.

Wer ist für die Dubs bezahlt worden? Der Engineer? Der Produzent? Der Artist, dessen Songs gedubbt wurden?

Scientist hat Geld bekommen, und der Produzent. Der Artist nicht, nein. Glaub mir, Greensleeves war bereit, alle zu bezahlen. Soweit ich weiß, hat Chris Cracknell immer bezahlt.

Warum hat Scientist dann gegen Greensleeves geklagt?

Er wollte gerichtlich durchsetzen, dass ihm die Dubs gehören. Er hat es versucht, aber obwohl Junjo gestorben ist, bleiben es Junjos Tracks.

Die Dubs waren Bestandteil des Vertrages zwischen Greensleeves und Junjo?

Genau. Solange sie sich verkaufen, sollte Scientist dafür auch Royalties kriegen. Aber er kann die Titel nicht für sich beanspruchen. Die Rechte an Junjos Produktionen haben jetzt dessen Kinder. Das eigentliche Problem ist, dass Junjo kein Testament hinterlassen hat. Jetzt ist Scientist sauer auf uns, weil er meint, wir hätten Greensleeves gegen ihn aufgebracht. Ich versteh das ganze Theater nicht.

Scientist war nicht der Einzige, dessen Mixe veröffentlicht wurden, ohne dass er darüber informiert war. Auch andere Engineer meinten, Specials für Sound Systems zu mischen, bis sie hörten, dass die Mixe in England als LP rauskamen.

Es ist wahr. Sie haben nichts davon gewusst, das stimmt schon.

Oft haben die Produzenten oder Label auch Engineer-Namen aufs Cover geschrieben, von denen sie annahmen, dass sie sich besser verkaufen als diejenigen, die tatsächlich gemischt haben.

Ja, so was kam vor (lacht laut). Das ist wahr, wahr, wahr… (Linval kann nicht aufhören zu lachen).

17 | Scientist: Anarchie und Furor

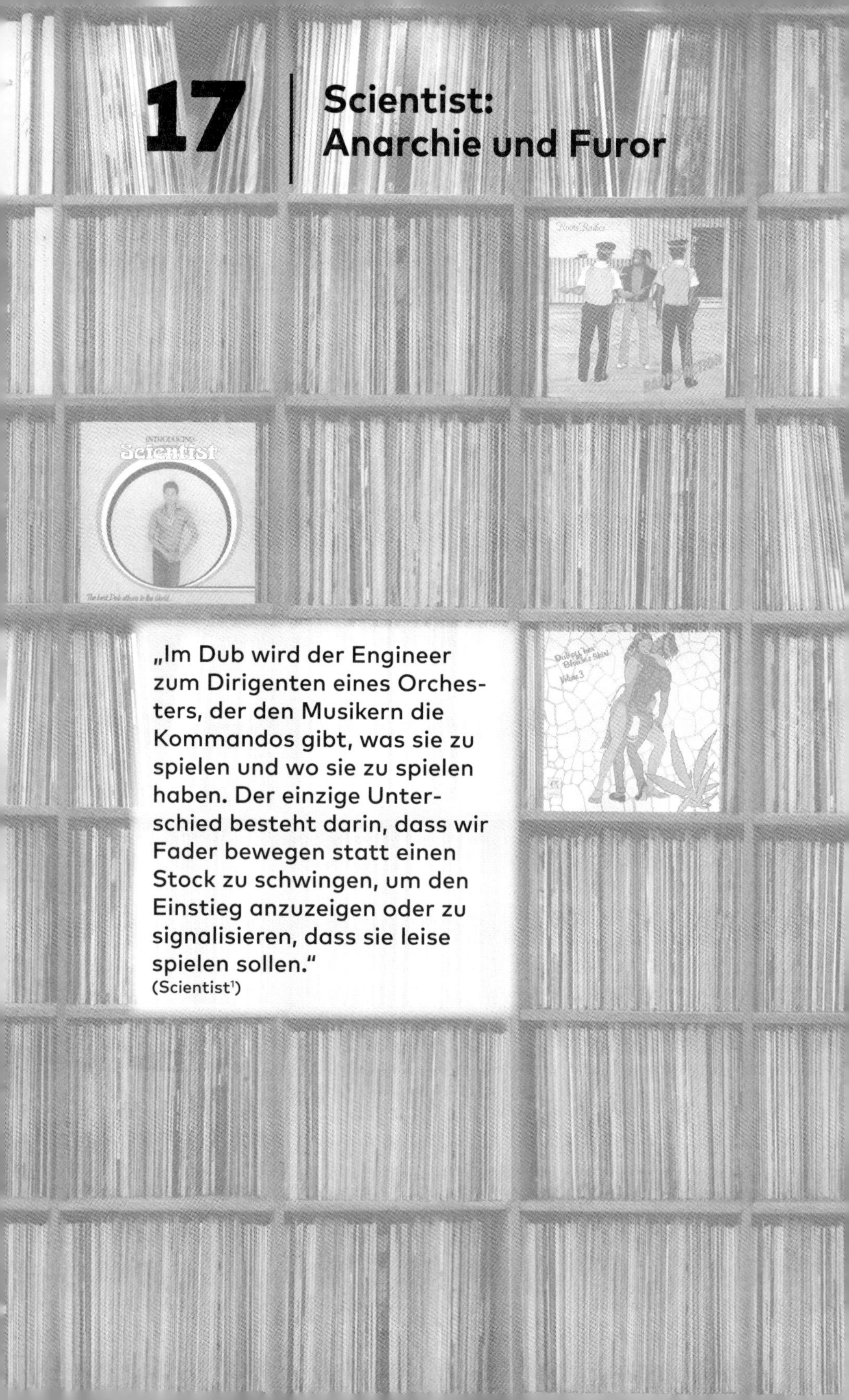

„Im Dub wird der Engineer zum Dirigenten eines Orchesters, der den Musikern die Kommandos gibt, was sie zu spielen und wo sie zu spielen haben. Der einzige Unterschied besteht darin, dass wir Fader bewegen statt einen Stock zu schwingen, um den Einstieg anzuzeigen oder zu signalisieren, dass sie leise spielen sollen."
(Scientist[1])

Hopeton Overton Brown wächst auf bei seinen Großeltern in Harbour View, einer am untersten Zipfel von Kingston gelegenen Fischersiedlung. Es ist der letzte bewohnte Flecken der Stadt, bevor man auf den Norman Manley Highway zum Flughafen fährt. 1962 wird Jamaika unabhängig, zwei Jahre zuvor entsteht hier die junge Gemeinde, in eben dem Jahr, in dem Hopeton am 18. April zur Welt kommt. Der Vater lebt in Harbour View, die Mutter wandert aus nach Amerika. Sie versucht, den Jungen nachzuholen, als er acht Jahre alt ist. Das Vorhaben scheitert, weil Hopeton nichts von dem, was ihn interessiert, bei ihr lernen kann. Er kehrt zurück zu seinem Vater, der als Fernseh- und Radioreparateur arbeitet und in ihm die Leidenschaft für Elektronik weckt. Mit 16 Jahren geht er dem Vater nicht nur zur Hand, sondern baut bereits selber Verstärker für kleine Sound Systems. Zum Testen der Funktionstüchtigkeit nutzt er von King Tubby gemischte Dubs und ist beeindruckt von deren außergewöhnlichen Dynamik. Diesen Mann muss er kennenlernen, er will mit ihm fachsimpeln. Im Alter von 17 hakt er die Schule ab und macht sich auf zur rund 18 Kilometer entfernten Dromilly Avenue. Ein Freund namens Francis, der dort Fenstergitter montiert, stellt ihn Tubby vor. Hopeton steht am Anfang eines erfolgreichen Weges als tontechnischer Spezialist mit der Reputation eines Wissenschaftlers.

Zunächst ist die Arbeit im Studio unerreichbar, Tubby lässt ihn lediglich Transformatoren wickeln, was Hopeton nicht weiter stört. Er sucht vor allem das Gespräch, um Tubby seine Vision von einem automatisierten Mischpult darzulegen. Die Idee einer speziell für die Anforderungen von Dub entwickelten Konsole wird ihn bis in die Gegenwart nicht loslassen. Gegen Ende der 70er Jahre jedoch sind derartige Gedanken wie ein Blick in die Sterne. Zeugen dieser Gespräche erscheint der Halbstarke wie ein Prophet, der von der Zukunft berichtet.

In diesen Situationen erhält er den Namen „Scientist". Wer ihn wann bei welcher Gelegenheit aufgebracht hat, ist unklar. Auf einmal ist der Name da und bleibt. Dass man ihn in einem Land wie Jamaika, wo Duppies, Obeah, Spiritualität und Magie zum täglichen Leben gehören, in Verbindung bringt mit der Geisterbeschwörung des Voodoo, bei der Science für das Unerklärliche steht, scheint nahezuliegen. Und ist doch absurd. Hopeton Brown hat mit Voodoo so viel zu tun wie Dub mit Dubstep. Er ist ein klar denkender Elektroniker, der früh erkannt hat, dass es bald sehr viel mehr als nur vier Tonspuren wie bei King Tubby geben wird. Dass Automationen in der Studioarbeit möglich sein werden. Dass Fader kommen werden, die sich allein bewegen, Potis, die sich von selbst drehen. Mit solchen Gedankenspielen trifft er in King Tubby auf einen Geistesverwandten. Und während man den beiden bei ihren visionären Gedankenspielen über die Zukunft der Elektroakustik lauscht – und kein Wort versteht –, heißt es: Dieser Youth muss ein Wissenschaftler sein, ein Scientist.

Dem Youth mangelt es nicht an Selbstbewusstsein. Bei jeder Gelegenheit lässt er raushängen, dass die Abläufe im Studio für ihn kein Problem wären. David

1 „Return Of The Rub-A-Dub Style", DVD Walking Road Films 2009

Rodigan erinnert sich an die erste Begegnung: „Da war dieser Junge, der [bei King Tubby] spät abends noch draußen saß und Drehknöpfe zusammenschraubte. Ich hab ihn nach seinem Namen gefragt und er hat geantwortet: Ich bin Scientist und ich mache das nur, weil ich eigentlich da drin sein will. Eines Tages werde ich es sein."
Der Tag, an dem er „da drin" ist, kommt im Jahr 1978. Tubby hat sich aus der Studioarbeit zurückgezogen, das meiste erledigt Prince Jammy. Großspurig lässt Scientist des Öfteren verlauten, dass er es besser könne. Eines Abends steht Junjo Lawes vor der Tür, ein Playback aus dem Channel One unterm Arm und einen Sänger namens Barrington Levy im Schlepp. Der habe einen Song, der müsse hier und jetzt und sofort aufgenommen und gemischt werden. Jammy ist nicht da, auch kein Pat Kelly. Tubby selbst will es nicht machen. „Du hast doch immer gesagt, dass du es draufhast, dann zeig es jetzt", stichelt er in Richtung Scientist. Weder Junjo noch Levy sind begeistert, doch es bleibt ihnen nichts anderes übrig. Entweder Scientist macht es oder es gibt heute keinen Song. Notgedrungen willigen sie ein. Zum ersten Mal in seinem Leben nimmt Hopeton Gesang auf und mischt Vocal & Dub. Die Single, die dabei entsteht, heißt „Collie Weed", springt direkt auf Nr. 1 und sorgt für Levys internationalen Durchbruch.
Der Erfolg bringt Scientist einen neuen Arbeitsplatz. Er hat es geschafft und arbeitet jetzt drinnen, im Studio. Er versucht gar nicht erst, Tubby zu kopieren, er hat eigene Soundvorstellungen. Die versucht er auch bei Coxson zu realisieren, bei dem er nun auch ans Pult darf. Noch im selben Jahr steigt er dort mit dem Mix von Sugar Minotts „Oh Mr. DC" ein, jenem Tune, der die Tür zur Foundation Dancehall* weit aufreißt. Danach verhilft er der Produktion von Willie Williams' *Armagideon Time* zu einer Soundbrillanz, die das Studio bisher nicht kannte. Er mischt u.a. Johnny Osbournes „Truth And Rights" und Michigan & Smileys „Nice Up The Dance". Der Hausherr jedoch spricht von Sabotage, als Hopeton ihm zu erklären versucht, dass die Klangregelung an den Kanälen eines Pultes nicht nur zur Korrektur im Mix, sondern auch schon bei Aufnahmen zur Klanggestaltung genutzt werden kann. Als Coxson zudem erfährt, dass Scientist fest bei Tubby arbeitet, ist das Intermezzo bei Studio One nach wenigen Wochen beendet.
Scientist revolutioniert den Sound von Tubbys Studio. Er ist nicht bloß Engineer, er ist der Instrumentalist, der am Mischpult die Tracks abschließend signiert. Mit stoischer Körperlichkeit und tentakelhaften Bewegungen seiner Finger verschiebt er Fader und dreht an Knöpfen. In nie gehörter Klarheit krachen seine Einstellungen aus den Boxen, Lautstärke paart sich mit kontrollierter Aggressivität. Jede Frequenz eine tosende Welle, sauber abgestuft zwischen Höhen, Mitten und Tiefen. Scientist designt den neuen Trends der Dancehall ein akustisches Äquivalent.
Geht es an die Version, kennt der junge Mann keine Schranken und lässt die Kollegen alt aussehen. In einem jamaikanischen Studio ist man nie allein, und wenn Scientist zu dubben beginnt, entsteht Aufruhr unter den Anwesenden. Er jagt den Testton des Pultes durch die Effektgeräte, ignoriert alle Gewohn-

heiten, reizt das Sproing des Hallgerätes bis zur Zerrgrenze aus und verzichtet darauf, à la Tubby höhenlastige Signale durch den High Pass Filter zu schicken. Stattdessen moduliert er den Bass, was die bisherige Dub-Praxis auf den Kopf stellt. Virtuos dubbt er an den Arrangements vorbei, kreiert seinen eigenen Swing, lässt Lücken entstehen, reißt Stimmen mitten im Wort oder Instrumente mitten im Thema ab und versenkt sie in der Echoschleife. Scientist-Dubs sind radikale Experimente sinfonischer Anarchie, knarzige Science-Fiction aus dem Effektuniversum. Und das alles mit gnadenlos gutem Sound.
Im Sog des Erfolgs von „Collie Weed" reißt sich von nun an jeder um Scientist, alle gieren nach seinen Dubs. Das Genre ist gerade fünf, sechs Jahre alt, da hat ihm der baumlange Schlacks mit seiner innovativen Mischtechnik ein nachhaltiges Upgrade verpasst. Neben Dubplates und Single-Rückseiten lockt jetzt der Markt outta yard*, abseits der jamaikanischen Communities.
Ab 1980 kommen die Longplayer. Als Erstes erscheint – „straight from the Big Apple" – in New York die als Clash inszenierte LP *Allied Dub Selection*[2]. Bunny Lee spricht, ruft, schreit Intros zu beiden LP-Seiten und versucht ebenso wie das Cover zu suggerieren, eine Seite sei von Tad Dawkins in der Bronx, die andere von Scientist in Waterhouse gemischt worden. Zweifel sind angebracht. Der durchgängig einheitliche Sound wie auch die Effekte deuten darauf hin, dass der angebliche Clash eher ein Werbegag ist. Das durch hochwertiges US-Mastering außergewöhnlich edel klingende Album dürfte komplett von Scientist bei Tubby gemischt worden sein. Im selben Zeitraum veröffentlicht das Londoner Label JB Music *The Best Dub Album In The World*[3] mit dem Hinweis *Introducing Scientist*. Es ist das Pendant zu der ebenfalls von Scientist für den Sänger Al Campbell gemischten LP *Working Man*[4]. Auf dem Coverfoto erkennt man, wie jung der Mann ist, der sich da anschickt, die internationale Dub-Welt aufzumischen. Der finale Durchbruch bahnt sich an mit dem, was gerade an anderer Stelle in London von Greensleeves ausgeheckt wird.
Chris Sedgwick und Chris Cracknell hatten ihren Greensleeves Record Shop 1975 von West Ealing nach Shepherd's Bush verlegt, betrieben dazu einen beständig wachsenden Mailorderservice und kaprizierten sich zunehmend auf Reggae. Immer häufiger kamen jamaikanische Produzenten, die in der Stadt ihre Produktionen an den Mann bringen wollten, nach den Stationen Daddy Cool, Dub Vendor, Trojan oder Rough Trade nun auch zu ihnen. Kontinuierlich erklomm Greensleeves in der Gunst der Reggae-Produzenten die Pole Position. 1977 beschließen daher Sedgwick, der Buchhalter, und Cracknell, der Musikenthusiast, als Lizenznehmer aktiv ins Plattengeschäft einzusteigen. Zuerst mit ein paar Singles zum Testen, und nach ermutigenden Verkäufen im fünfstelligen Bereich wagen sie sich 1978 auch an LPs. Die erste Single stellt der Deejay Dr. Alimentado, sie heißt „Born For A Purpose" und landet in Johnny Rottens Auswahl für seinen Besuch in der Sendung

2 Auf dem TAD's Label des jamaikanischen Produzenten Tad A. Dawkins, produziert von Dawkins und Jah Thomas
3 Ein Titel, den Phil Pratt vier Jahre zuvor schon einmal für eine LP benutzt hat
4 JB Music UK 1980

von John Peel[5], die erste LP ist Alimentados *Best Dressed Chicken In Town*. Als vierte LP bringen sie bereits ein Dub-Album: *Goldmine Dub* (1979), ab 1980 folgen innerhalb von drei Jahren sechs LPs unter dem Namen Scientist:

- *Scientist v Prince Jammy - Big Showdown* 1980 (GREL 10), Produzent: Junjo Lawes
- *Scientist Heavy Weight Dub Champion* 1980 (GREL 13), Produzent: Junjo Lawes
- *Scientist Meets The Space Invaders* 1981 (GREL 19), Produzent: Linval Thompson
- *Scientist Rids The World Of The Evil Curse Of The Vampires* 1981 (GREL 25), Produzent: Junjo Lawes
- *Scientist Wins The World Cup* 1982 (GREL 37), Produzent: Junjo Lawes
- *Scientist Encounters Pac-Man* 1982 (GREL 46), Produzent: Linval Thompson

Hopeton Overton Brown weiß nichts von diesen Veröffentlichungen. „Scientist war nicht involviert. Von ihm stammten lediglich die Mixe", bestätigt Chris Cracknell[6]. Er ist der eigentliche Produzent der Alben, Junjo Lawes und Linval Thompson liefern dafür Bänder mit Dub-Mixen. Sie sind die Produzenten der Vokal-Versionen und verkaufen dem Label Topseller wie Barrington Levy, Eek-A-Mouse, Yellowman, Wailing Souls, Don Carlos, John Holt, Johnny Osbourne und viele andere. Immer in Form kompletter Alben, und zu fast jeder LP bringen sie auch gleich die Dubs. Cracknell, ein großer Fan von King Tubby, wählt die seiner Meinung nach besten Mixe aus, ersinnt thematische Konzepte, findet entsprechende Titel und beauftragt Tony McDermott, dazu passende Cover im Cartoon-Stil zu entwerfen. McDermott, geboren 1958, ist zu der Zeit ein anerkannter Comic-Zeichner für die Zeitschrift *Black Echoes*, später gestaltet er den gesamten Greensleeves-Look sowie die Comic-Cover der *Dub Me Crazy* Serie von Mad Professor.

Cracknells Konzepte für die Scientist-LPs sind auf den Zeitgeist und den englischen Markt zugeschnitten, entsprechend werden die Dubs aus Jamaika in einem kleinen Londoner Studio nachbearbeitet. Für die *Vampires*-LP lässt er das Deejay-Duo Eastwood & Saint gruselige Vocal- und Horrorsoundeffekte als Overdubs aufnehmen, um dann die Legende in Umlauf zu bringen, Scientist habe die LP an einem Freitag, den 13. zur Geisterstunde um Mitternacht gemischt. Angesichts der im Reggae herrschenden Heldenverehrung für afroamerikanische Boxer sowie der ausgeprägten Dancehall-Affinität zu Boxkämpfen, die im Fight um die Clash-Krone den K.o. des Gegners zum Ziel haben, werden zwei Alben als Box-Events inszeniert. Jah Thomas übernimmt die Rolle des Ansagers, sowohl auf *Heavy Weight Dub Champion* als auch auf dem angeblichen *Big Showdown* zwischen Scientist und Prince

5 Siehe im Kapitel „Prolog: Counteraction"

6 Al Fingers: *Greensleeves. The First 100 Covers*, Stüssy Deluxe UK 2010 S. 31

Jammy. Kein einziger Dub darauf ist von Jammy gemischt. Die Tatsache, dass man seine Mixe dem Rivalen zuordnet, mit dem er seit den ersten Tagen bei King Tubby im Clinch liegt, streut zusätzlich Salz in die Wunde, da Scientist nichts von diesen Projekten weiß. Er erfährt erst von den Alben, als ihn sein in London lebender Cousin anruft und ihm erzählt, dass in England Platten unter seinem Namen verkauft werden. Als er das *Pac-Man*-Cover zu Gesicht bekommt, fühlt er sich als Opfer eines Komplottes. Er entdeckt in dem Comic auf der Rückseite Prince Jammy auf die Scientist-LPs deuten und wütend rauspressen: „Gnnaaarrrrr!! Wenn ich den schon sehe, kocht mir das Blut!" Jammys Entourage beruhigt ihn: „Wir werden Scientist zerstören." Scientists Gegner planen, ihn mithilfe der populären Video Game Figur Pac-Man, einer alles fressenden Kugel, die seit zwei Jahren in der digitalen Welt ihr Unwesen treibt, zu vernichten.
Rechtlich gesehen bewegen sich die Greensleeves-Veröffentlichungen in einer Grauzone. Einerseits folgen sie dem jahrzehntelang gepflegten Vorgehen jamaikanischer Produzenten, die ihre Künstler selten gefragt oder informiert haben, wenn sie in England Platten veröffentlichen wollten. Sänger, Deejays, Musiker wurden für ihre Aufnahmen nur einmal bezahlt, so war die übliche Praxis. Verkaufsabhängige Lizenzen kannte man nicht. Nach demselben Prinzip wurde Hopeton Brown für seine Arbeit als Engineer von den Auftraggebern Lawes bzw. Thompson entlohnt. Rechte an dieser Arbeit hat er nicht. Ein Urheberrecht existiert im Musikgeschäft nur für Komponisten und Textdichter; Aufnahmen – darunter fallen auch die Mixe – gehören demjenigen, der sie in Auftrag gibt und bezahlt. Also in diesem Fall Junjo Lawes oder Linval Thompson, die sie als Besitzer weiterveräußern. Andererseits geht es bei den Alben aber um Namensrechte. Der Name „Scientist" gehört Hopeton Brown und hätte nicht ohne Rücksprache verwendet werden dürfen. Dazu kommt die Frage, ob die Dubs eines Engineers nicht eine Kunstform sind, die einer besonderen rechtlichen wie finanziellen Würdigung bedürfen. Auch Jammy besteht darauf: „Wer von mir einen Dub gemischt haben will, der will doch auch meinen Namen. Also muss er für meinen Namen bezahlen. Wenn ich einen Mix erstelle, steht mir ein Anteil an der Veröffentlichung zu. Aber damals hatten wir von so etwas keine Ahnung."
Der Konflikt ist bis heute nicht beigelegt, das Kapitel „Scientist versus Jammy versus Greensleeves: Der ewige Showdown" wird ausführlich darauf eingehen. Die Verkaufszahlen der zigfach nachgepressten Alben werden nirgendwo offengelegt, man räumt lediglich ein, dass *Space Invaders* der Megaseller des Sextetts war. Unabhängig von der Frage, wie viele Exemplare letztlich über den Tresen gegangen sind, hat Greensleeves entscheidend dazu beigetragen, dass sich mit der Marke „Scientist" außerhalb der Reggae-Welt Geld verdienen lässt. Ihre LPs mit den auffälligen Comic-Covern haben Dub gesellschaftsfähig gemacht. Seitdem gehören Cartoons zum genretypischen Design, auch Scientist wird immer wieder von diesem Image eingeholt. Obwohl seine frühen LPs – hier wie dort ohne sein Zutun – in der optischen wie titelgebenden Gestaltung genauso oft der seit Mitte der 70er Jahre verbreite-

ten kriegerischen Revolutionsästhetik folgen: *World At War*, *Dub War*, *High Priest Of Dub*, *International Heroes Dub*, *Repatriation Dub* etc. Sie stehen am Anfang einer hohen Zahl an Veröffentlichungen, die in den folgenden Jahrzehnten mit dem Namen „Scientist" beworben werden. Nicht alles darunter ist von überzeugender Qualität. Doch gerade in der Anfangsphase gelingen – begünstigt durch die Verbindung Roots Radics respektive Revolutionaries mit dem Channel One Studio – brillante Werke tontechnischer Improvisationskunst. Nicht nur im reinen Dub-LP-Format, sondern auch auf Legionen von Showcase-Sets (Vocal & Dub), Maxis (einer Sparte, in der Greensleeves ebenfalls seit 1978 aktiv ist) und vor allem auf Rückseiten jamaikanischer Singles, die nie auf irgendeiner LP erscheinen. Exemplarisch seien fünf Alben genannt, die zeigen, wohin sich der Kanon der Dubmusik unter den Händen von Hopeton Brown Anfang der 80er Jahre entwickelt:

- *Scientific Dub* (Clocktower US + Sarge UK 1981)
  Produzent: Brad Osbourne
  gemischt bei King Tubby auf dem Weg zu einem neuen Dub-Sound des Studios, verpackt in ein gemaltes Cover mit dem Abbild eines siebenhändigen Wizzards inmitten von futuristischem elektrotechnischem Gerät
- *Dub Landing* (Starlight UK 1981) Produzent: Linval Thompson gemischt bei King Tubby, mit variantenreichen Bassmodulationen bis hin zur Verzerrung
- *Radicfaction* (Cha Cha UK 1982) Produzent: Maurice Wellington & Eric Lamont aka The Morwells, gemischt im Channel One, mit überraschenden Sounds, großer Effektdynamik und Effekten teilweise in Stereo
- *World At War* (Black Ovation Records US 198X) Produzent: Jimmy Riley komplett in Stereo, gemischt im Channel One, mit einer außergewöhnlich breiten, filigranen Effektpalette
- *International Heroes Dub* (Tamoki Wambesi UK) Produzent: Roy Cousins ebenfalls in Stereo und aus dem Channel One, mit sich aufschaukelnden Echos und weitaus brachialer gemischt

Gehen wir an dieser Stelle nicht darauf ein, dass hier weitere LPs erwähnt werden, die Scientist als ebenso illegal ansieht wie die „Green-Thieves"[7]-Alben. Oder dass Jimmy Riley sich unlängst erst mit Sugar Minott an die Seite von Coxson Dodd gestellt hat, als der den Hookim-Brüdern Ideenklau vorwarf. Es ist noch gar nicht lange her, dass Riley einen derben Diss-Track gegen Channel One aufgenommen hat, weil dort Studio One-Riddims kopiert werden[8]. Nun produziert er in eben diesem Studio mit Scientist eine Dub-LP (*World At War*) und hat selbst vier Studio-One-Relicks im Gepäck.[9] Ebenso kurios, dass Sugar Minott, der den Erfolg seiner Single „Oh Mr. DC" unter anderem Scientist verdankt, etwa zur gleichen Zeit ein Dub-

7 Eine von Scientist oft genutzte Schmähung für Greensleeves, übersetzt: „Grüne Diebe"
8 „Channel One Crash", zu finden u.a. auf der LP *Majority Rule*, Burning Sounds UK 1978
9 Rockford Rock, Darker Shade Of Black, Sweet Talking, Why Did You Leave

Album rausbringt, auf dem er ihn explizit mit zwei Titeln attackiert.[10] Der Nachschub an Scientist-Dubs scheint nicht zu versiegen. Ständig tauchen vergessene Bänder, verschollene Aufnahmen, alte LPs in neuer Verpackung oder neue Zusammenstellungen bekannten Materials auf. 2014 erscheinen in Brooklyn zwei LPs, mit denen niemand mehr gerechnet hatte; beide auf dem seit Anfang der 1970er Jahre dort ansässigen Jah Life Label des Inhabers Hyman Wright (aka Papa Life):

- *The Dub Album They Didn't Want You To Hear*, das Pendant zu Flick Wilsons *School Days*-LP von 1980, seinerzeit co-produziert von Junjo Lawes und Papa Life, mit Mixen, von deren Existenz niemand wusste
- *Jah Life In Dub*, ein Album mit Barrington Levy Dubs, das eigentlich 1980 erscheinen sollte. Die Cover waren bereits gedruckt, als Greensleeves *Scientist v Prince Jammy – Big Showdown* auf den Markt bringt. Da vier Mixe auf den Alben identisch sind, verzichtet Jah Life zugunsten der potenteren Company. 1983 kauft Donovan Germain einen kleinen Teil der Cover, tütet kommentarlos eine unbetitelte Dub-LP seines eigenen Labels Revolutionary Sounds ein und sorgt 31 Jahre lang für Verwirrung, bis sich das Rätsel 2014 durch die Veröffentlichung der ursprünglich vorgesehenen Scientist-LP in den damals gedruckten Hüllen lüftet. Zwei Jahre später bringt Germain sein Album, das bis dahin in den Hüllen steckte, in einer Neuauflage unter dem Titel *Revolutionary Sounds Pre-Release Dub* raus.

Ebenfalls 2014 wird in Amerika anlässlich des Record Store Days eine Picture Disc der 32 Jahre alten LP *Scientist Meets The Roots Radics*[11] gepresst. Sie zeigt als Reprint des Originalcovers eine gemalte Straßenszene, in der die Roots Radics ein Tape an Scientist übergeben, das er mischen soll. Style Scott erinnert sich an die Zeit: „Scientist, he came the hard way! Der Junge war ein Riese! Er hat Sounds mit der Snare gemacht, Wahnsinn. Obwohl ich ihn damals als Drummer kritisiert hab: ‚Boy, die Snare ist zu laut.' Aber weißt du was? Er hatte recht. Es war genau die richtige Lautstärke, er hatte es einfach drauf. Glaub mir, that ran dancehall. Wir haben den gesamten Dubsound von Channel One aus bestimmt."
Ab 1981 arbeitet Scientist als Recording Engineer für die Hookim Brüder. Er hatte ja schon im Studio One angeheuert, weil er nicht nur mischen, sondern sich auch mit der Aufnahme von Instrumenten befassen wollte. Jetzt pendelt er zwischen Tubbys Studio, wo er mischt, und Channel One, wo er aufnimmt. Zuerst hält man ihn für einen Spion, weil Tubby mit dem Bau eines 24-Spur-Studios begonnen hat. Als Junjo deutlich macht, dass er bevorzugt mit Scientist arbeiten will, ist dies kein Thema mehr. 1983 stellen die Hookims Scientist als Resident Engineer fest an. Ab jetzt mischt und

10 *Sugar Minott & The Black Roots Players Meet The People Inna Lovers Dubbers Style*, Black Roots UK 1981
11 Selena UK 1982

dubbt er auch im Channel One und schafft es, den eh schon hervorragenden Sound des Studios nochmals zu verbessern. Einerseits durch Experimente in Stereo – in der Regel ist der Sound der Dancehall Mono – andererseits durch Verzicht auf jegliche Form von Kompression, abgesehen vom Gesang. Doch lange hält er es an der Maxfield Avenue nicht aus. Der Spot ist eine Anlaufstelle für Drogen-, Business- und Politgangster. „Jeder", bestätigt Bunny Lee, „hat damals mit Drogen gehandelt. Auch die Artists." Scientist legt sich mit vielen Leuten an, will auch nicht mehr für Junjo arbeiten, der ganz offensichtlich in illegale Geschäfte verwickelt ist. Außerdem hat die Geschichte mit Greensleeves Spuren bei ihm hinterlassen. Nach nur einem Jahr wechselt er in eine vermeintlich bessere Gegend und steigt bei Tuff Gong ein. Als zweiter Mann neben Errol Brown.

Im Umfeld des Marley-Imperiums fühlt er sich wohl. Dort wird professionell und strukturiert gearbeitet, Hopeton hat den Eindruck, dass es am Marcus Garvey Drive nicht wie in anderen Studios um Ausbeutung von Künstlern geht. Doch das Gefühl von Sicherheit währt nicht lange. „Das Ghetto verfolgt einen", merkt er, „du kannst es nicht abschütteln."[12] Die Schlägertrupps der politischen Fraktionen waren zu international operierenden, brutalen Drogengangs mutiert, vor deren Anwesenheit man auch bei Tuff Gong nicht gefeit war. Das Verhältnis zu seinem mittlerweile Erzfeind Jammy nimmt zudem bedrohliche Züge an, Scientist fürchtet um sein Leben. 1985 flieht er. Hopeton Overton Brown kehrt Jamaika den Rücken und kommt nie mehr zurück. Er versucht zunächst, sein Soundideal in Washington zu kultivieren, entwickelt eigenes Studioequipment, darunter einen Nachbau des High Pass Filters aus King Tubbys Studio; Anfang der 90er zieht es ihn nach Los Angeles. Bis heute wird er nicht müde zu betonen, dass die zweite Phase der Dub-Ära, insbesondere was das Mischen des Schlagzeugs angeht, dem Sound der amerikanischen Black Music jener Zeit klanglich überlegen war. Ein direkter Vergleich gibt ihm in vielen Fällen recht.

Selbst in der Diaspora haben die Duppies der Vergangenheit Hopeton Brown im Griff. Es gelingt ihm nicht, die alten Geschichten ruhen zu lassen. Auch seine Gegenspieler geben keine Ruhe. In Interviews wird Unfrieden verbreitet, Wahrheiten werden gezinkt, Gerichtsverfahren angeleiert. Ein Drama. Dem Mann, der einer der größten, innovativsten und begabtesten Sound- und Dub-Engineer Jamaikas war, droht die historische Anerkennung als „Master of Drum & Bass", als „Genius zwischen Hall & Echo" im Nebel von Klagen und Beschuldigungen zu entgleiten.

Nach der Emigration in die Staaten gerät der Name Scientist in seiner Heimat in Vergessenheit, die Streitereien haben seinem Ruf nicht gutgetan. Dementsprechend marginal ist die Beteiligung am weiteren Reggae-Geschehen. Abgesehen von *Scientist Dubs Culture Into A Parallel Universe*[13] im Jahr 2000 und einem Kombi-Album mit Mad Professor[14] zwei Jahre später passiert

12 Interview in der Sendung TRACKS auf ARTE TV am 7.9.2013

13 RAS Records US

14 *Mad Professor Meets Scientist At The Dub Table*, Ariwa UK 2002

wenig Nennenswertes. Anerkennung erfährt er jetzt in einem neuen Umfeld als Remixer. Er kreiert u.a. Dubplates von Marvin Gayes „What's Going On" und Bob Marleys „Lively Up Yourself", 2003 kommt von der englischen Band Death In Vegas der Auftrag, ihren mit Liam Gallagher aufgenommenen Titel „Scorpio Rising" zu überarbeiten. Neben einer Serie unauffälliger Reggae-Kooperationen wie

- *The Scientist Meets Ted Sirota's Heavyweight Dub* (Liberated Zone Records 2013) mit dem Chicagoer Jazz Drummer Ted Sirota
- *Dubiterian meets The Scientist – Tribute to Augustus Pablo* Digital 2014 (LP MIR Mirumir 2016)
- *Scientist & Dubiterian – Classeek Riddims* Digital 2018

gelingt Scientist 2017 dank des sogenannten Reggae Revivals doch wieder ein großer Wurf. Er hatte schon einige Titel der Hempress-Sativa-LP *Unconquerebel*[15] gemischt, nun zeigt er auf der Dub-Version *Scientist Meets Hempress Sativa In Dub*[16], dass seine anarchischen Mischpult-Skills aus den 80ern immer noch greifen.
Zwei Jahre danach taucht erneut ein angeblich unveröffentlichtes, von Scientist gemischtes Album auf: *Roots Radics – 12 Inches Of Dub*[17]. Doch dieses Album ist nicht, was es vorgibt zu sein. Es handelt sich um die Playbacks der 1980 erschienenen Greensleeves-LP *12" Of Pleasure* von General Echo, deren Grundlage artistische Dubs waren, die Scientist in Tubbys Studio von Rod Taylor, Flick Wilson, Heptones oder Barrington Levy Titeln hingelegt hatte, was hinter den Lyrics allerdings unterging. Befreit von den zotigen Overdubs werden diese Mixe knapp 40 Jahre später frisch gemastert als angebliches Pendant zu jenem General-Echo-Album veröffentlicht. Jedoch sind sie nicht das Pendant, es ist dasselbe Album, nur ohne die Vokals. Damals agierte Scientist auf dem Höhepunkt seines Handwerks, daher ergeben *12 Inches Of Dub* eine LP in der Güteklasse seiner besten Greensleeves-Alben. Was man aber aufgrund der Fehde zwischen ihm und dem Label nicht etikettieren darf. Deshalb läuft die Platte unter Roots Radics und ist für Scientist ein weiterer Beleg für den Rip Off der alten Plattenfirma.
In London, wo die Deepness alter Sound Systems gepaart mit der Coolness junger Dance-Programmierer einen Bass-tard nach dem anderen aus dem Jungle von Drum'n'Bass gebiert, feiert man Scientist abseits der Reggae-Szene als Urvater tiefer gelegter Clubmusik, weil er der Erste war, der Bassfrequenzen manipuliert, verschoben und moduliert hat. Noch Jahrzehnte nach seiner jamaikanischen Emeritierung beeinflusst er den Sound des britischen Dance-Undergrounds und gilt als Erfinder des Minimalismus. Dass Reduzierung kein Minimalismus, sondern eine Ausdrucksform der frühen Dancehall-Jahre war, wird dabei übersehen. Wortführer der Szene wie Kode9, hinter

15 Conquering Lion Records 2016
16 Conquering Lion Records 2017
17 Greensleeves/VP Records, erscheint in limitierter Auflage zum Record Store Day 2019

dem sich der Universitätslehrer Steve Goodman verbirgt[18], betonen den minimalistischen Charakter von „Bass & Space“ im Dubstep; der als „Bruce Lee des Dubstep“[19] bezeichnete Mala erklärt: „Elektronische Musik allgemein hat großen Respekt für Personen wie Scientist, King Tubby, Lee Perry.“[20] Mala wie Kode9 sind beteiligt an einem Projekt, das Scientist Ende 2010 nach London holt. Rob Ellis aus Bristol, bekannt als Pinch und Inhaber des Dubstep-Labels Tectonic, ersann das Konzept einer „visionären Zusammenführung von Roots und Zukunft“[21], für die Scientist Dubstep-Tracks remixen respektive verdubben soll. Der ist geschmeichelt und willigt gerne ein. Ein Jahr wird in diversen Studios entworfen, programmiert, gemischt und überarbeitet, dann steht das Doppelalbum *Scientist Launches Dubstep Into Outer Space*: eine CD mit 12 Originalen renommierter Vertreter des Dubstep, eine zweite mit Remixen von Scientist.

Die Meinungen über das Projekt gehen auseinander. Der an dem Album beteiligte Brite Shackleton, der das Physische des Dub über das Metaphysische stellt, weist auf Widersprüche hin: „Man hat Scientist gebeten, an einem Projekt mitzuwirken, bei der die Musik anders als im klassischen Dub nicht von echten Musikern und echten Instrumenten kommt. Ich denke, am besten hat es funktioniert, wenn da ein menschliches Element wie zum Beispiel eine Stimme war, die er verdubben konnte. Es erinnert mich an das, was in den Jahren vor Dubstep war.“[22]

Zur Veröffentlichung von *Scientist Launches Dubstep Into Outer Space* wird die Red Bull Music Academy als Sponsor gewonnen, die den Godfather der Szene für eine Demonstration seiner Kunst aus den Staaten nach London einfliegt. Am 18. November 2010 kommt Scientist in die Stadt, die seit jeher Zentrum wilder Spekulationen rund um das Thema Dub ist. Der Umschwärmte genießt die Aufmerksamkeit und kann sich bei einem Gespräch in den Räumlichkeiten des Sponsors gar nicht anders als wohlwollend über die Symbiose von Dub und Step und den Einfluss von Jamaikas Sound System Kultur auf die englische Clubkultur äußern.

18 Steve Goodman ist u.a. Verfasser einer Untersuchung zum Einsatz von Schallwellen in Kriegskonflikten: *Sonic Warfare – Sound, Affect and the Ecology of Fear*, The MIT Press, Cambridge 2010

19 http://de.paperblog.com/mala-bruce-lee-des-dubstep-75435/ (zuletzt aufgerufen 02.01.2022)

20 *Scientist On Dub*, Red Bull Music Academy 2010

21 Release-Info zur DoCD *Scientist Launches Dubstep Into Outer Space*, Tectonic 2010

22 In einem Gespräch mit Olaf Karnik für das Radiofeature „Dub Not Dub“, im Rahmen der „Open Frei Raum“ Sendereihe des Westdeutscher Rundfunk am 09.04.2011 in WDR 3

Scientist: Zweifelsfrei ist Dubstep ein nächster Schritt in der Tradition des jamaikanischen Dubs. Wir haben eine neue Generation hier in London, die Dub-Musik liebt. Ich unterstütze sie und bestärke sie, weiter zu machen. Sie müssen nur noch besser werden.

Frage: Auch wenn sie komplett anders vorgehen? Während du am Mischpult improvisierst, dubben sie am Computer durch Editieren.

Man könnte es auch Improvisation am Computer nennen. Es ist egal, denn es erzielt das gleiche Resultat.

Das da wäre?

Der Remix. Die Leute, die ihn hören, interessiert nicht, wie er entstanden ist.

Vor einem Reggae-Dub steht fast immer ein Vocaltrack. Dubstep existiert für sich allein, als basslastiges Klanggebilde.

Ja und? Es kommt das gleiche dabei raus. Es spielt keine Rolle, wie man das Ziel erreicht.

Was ist für dich Dub? Ein funktionaler Mix für die Dancehall oder ein Remix?

Dub ist der Original-Remix. Zuerst war Dub, dann gab es ein paar andere Genres, dann kam der Remix. Heute unterstütze ich die Leute, die in Amerika oder in den UK Dubstep machen. Sie haben auf ihre Art den Remix neu definiert.

Nicht vielmehr neu interpretiert?

Natürlich. Es gibt so viele unterschiedliche Interpretationen. Schau dich an, schau mich an… Ein Nebeneffekt des Digitalen ist jedoch, dass man nicht mehr sagen kann, was wann wo und wie entstanden ist. In Jamaika hatte damals noch jedes Studio seinen individuellen Sound, den man immer rausgehört hat.

Der Sound eines Studios durch Raumakustik oder individuelle Technik verliert immer mehr an Bedeutung. Am Ende der digitalen Entwicklung wird alles gleich klingen.

Darauf läuft's hinaus. Trotzdem werden analoge Mischpulte aussterben. Sie sind wie Dinosaurier. Leider sind die neuen Konsolen nicht für Dub oder Remixe ausgelegt. Die Konstrukteure, die Pulte bauen, denken nicht darüber nach, was wir damit machen. Ich würde gerne mit einer Firma zusammen ein [zum Dubben geeignetes] Pult entwickeln.

Das wolltest du schon, als du zu Tubby gegangen bist. Es ging dir doch zuerst gar nicht um Dub oder Remix.

Ich hatte eine Vorstellung von Elektronik, denn mein Vater hat Fernseher repariert. Und nachdem ich Tubbys *Roots Of Dub* gehört habe, begann ich darüber nachzudenken, eine Konsole zu bauen. Ich wollte in ein Studio gehen, um zu sehen, ob meine Theorie stimmt. Als ich dann Tubby traf, mit all meinen Überlegungen im Kopf, musste ich feststellen, dass ich nicht zu 100 Prozent richtig lag. Eher so bei 90 Prozent. Ich hab mit Tubby über genau die Dinge geredet, die es heute in der modernen Welt gibt. Faderautomation und so was. Damals haben viele Leute gedacht, ich sei verrückt. Weil ich Sachen vorhergesehen habe, die 20 Jahre später passiert sind. Für Tubby war ich am Anfang nur ein Fernsehreparateur, der Trafos wickeln durfte. Ich hab ihm 'ne Wette angeboten: „Ich wette, ich käme da drinnen (im Studio) klar." Und er: „Auf keinen Fall, Junge. Du gehörst noch in die Schule. Du rauchst zu viel von diesem grünen Zeug, das solltest du lassen." Bla bla bla...

So ganz unrecht hatte er ja nicht mit der Schule, oder?

Ich sag dir was: Das ganze Schul- und Erziehungssystem ist Shit. Ich hatte genug von Christoph Kolumbus und all dem Kram. Hätte ich vorgehabt, Historiker zu werden, dann ok. Aber ich wollte kein Historiker sein, ich bin Elektroingenieur. Allgemeinbildung ist gut. Trotzdem hat mich gelangweilt, was die Lehrer mir erzählen wollten. Das ist doch heute noch genauso. Immer mehr Kids steigen in der Schule aus, weil es sie nicht interessiert, was die Lehrer ihnen beibringen wollen.

Dann kam der Tag, als Junjo mit Barrington Levy vor der Tür stand.

Der reguläre Engineer, der hätte da sein sollen (gemeint ist Jammy), war nicht da. Junjo wollte nicht, dass ich seine Platte mische, weil ich das noch nie gemacht hatte. Der Sänger wollte sich nicht von mir aufnehmen lassen, weil ich noch nie Gesang aufgenommen hatte. Er quengelte und quengelte und hat Tubby angefleht. Aber Tubby hat immer nur geantwortet: „Nein, nein und nein. Die einzige Chance, die du hast, den Tune heute aufzunehmen, ist er." Und in meine Richtung: „Du behauptest doch immer, du kannst mischen mischen mischen. Ich wette, da drin weißt du erstmal überhaupt nicht, womit du anfangen sollst."

Und - wusstest du's?

Nun, ja. Mit dem elektronischen Wissen und nachdem ich immer beobachtet habe, wie er mischt und arbeitet, kam das alles automatisch.

Teilst du die Meinung, nach der eine Verbindung besteht zwischen afrikanischem Erbe, Reggae und Dub?

Hm. Wenn überhaupt, dann haben einige Reggae-Beats afrikanische Einflüsse. Aber damn, ich kann mich nicht an Leute mit Knochen durch die Nase erinnern, die gedubbt haben, hehehe.

Das heißt, das Original kennt afrikanische Spiegelungen – die Version, der Dub oder der Remix dagegen nicht?

Dem würde ich zustimmen. Dub hat keine afrikanischen Einflüsse. Geht es um Dub, zählt in Jamaika nur die Dubplate für Sound Systems. Inzwischen kommt Dub von überallher, sogar aus einem Red Bull Studio. Ich kann mich jedoch nicht erinnern, wann ich zuletzt Dub aus Jamaika gehört habe. Ein Grund dafür ist: Es ist wichtig, sich seiner Geschichte bewusst zu sein. Da muss ich der jamaikanischen Regierung Vorwürfe machen. Sie sollte sich um die Bewahrung der Geschichte kümmern, hat aber kein Interesse daran. Sie nimmt ihre Aufgaben nicht wahr. Es ist beschämend, dass jemand aus Seattle kommen konnte und King Tubbys Pult weggekauft hat. Es gehört in ein jamaikanisches Museum! Dub war die Urform des Remix und kam aus Jamaika. Aber der König ist nichts wert in seinem eigenen Land. Es ist doch bezeichnend, heute fliege ich 5000 Meilen hierher und treffe jemanden wie dich, der mehr über Dub weiß als die Menschen in Jamaika. Deshalb, ich hab genug von Politikern, vertraue keinem von ihnen, nirgendwo auf der Welt. Guck sie dir doch an. Sie nutzen alle die gleichen Formeln, sie ziehen sich alle gleich an, sie sind wie eine Geheimgesellschaft. Man hat sie in Hartford oder Oxford ausgebildet, mit dem Resultat, das wir alle sehen. Sie ruinieren ihre Länder und lösen Probleme mit Gewalt. Ich habe absolut kein Vertrauen in Politiker und bin kein Freund von gewalttätigen Menschen. Ich will auch nichts mit Artists zu tun haben, die mit Waffen hantieren. Ich mag sie nicht.

Hast du nicht auch deshalb Jamaika verlassen?

Ich hab mich nicht mehr sicher gefühlt. Gangster hatten das Business übernommen. Immer mehr Platten erschienen unter meinem Namen, ohne dass ich davon wusste. Zum Teil waren sie noch nicht mal von mir gemischt. Ich hatte die Schnauze voll von diesem Gebaren, das auch meinen Freund Tubby getötet hat.

18 Scientist vs. Jammy vs. Greensleeves
Der ewige Showdown

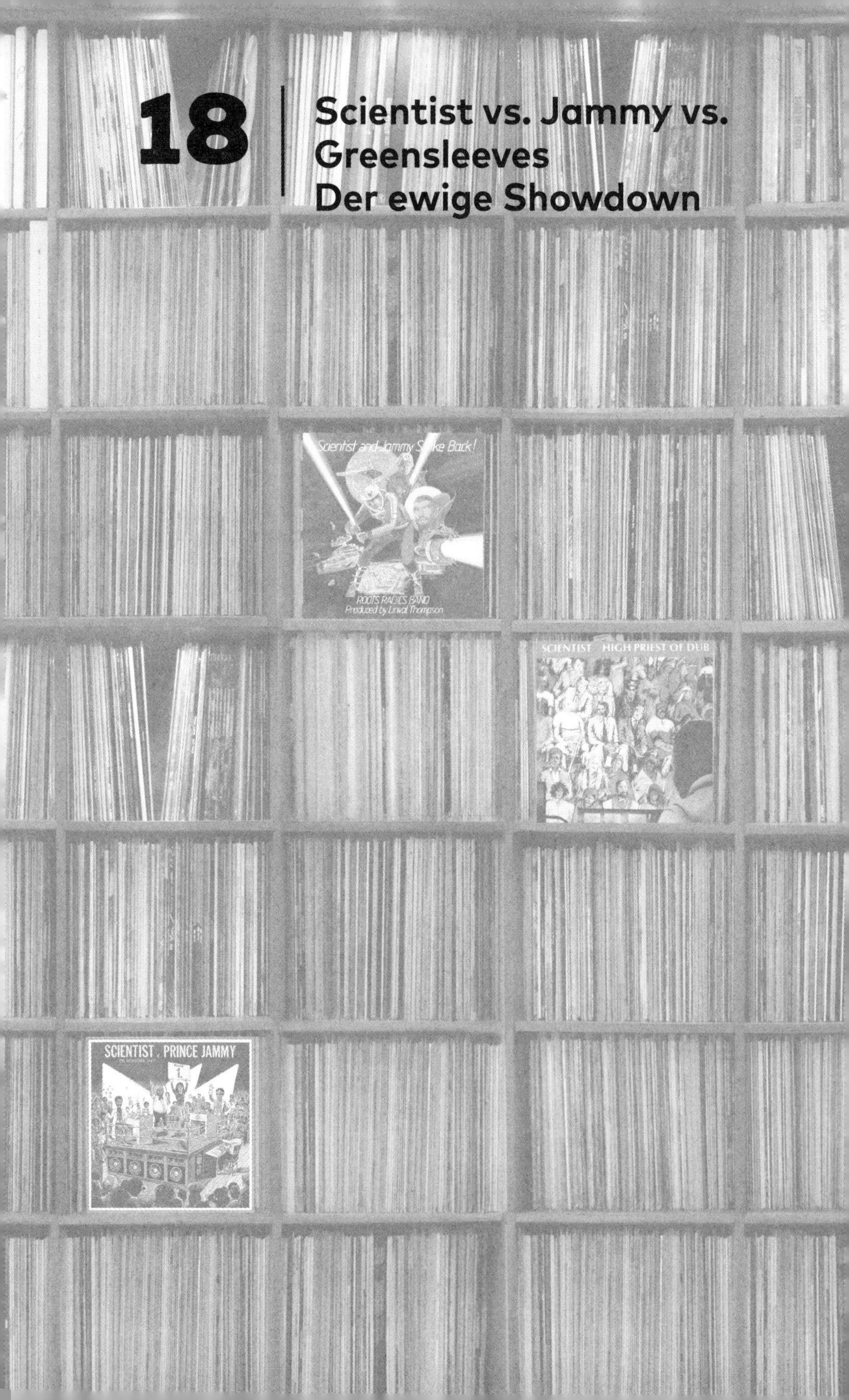

Freunde wurden sie nie. Von Anfang an waren sie Konkurrenten, Rivalen, Widersacher, Antipoden, Gegenspieler, Neider und wurden zu Todfeinden. Mehr als 30 Jahre Hader ohne Aussicht auf ein Ende.
Hopeton Overton Brown ist noch ein Teenager, als er bei King Tubby aufschlägt. Zu dem Zeitpunkt arbeitet der dreizehn Jahre ältere Lloyd James dort als Resident Engineer. Er ist mit Tubby befreundet, beide kennen sich seit den gemeinsamen Kindertagen auf der Dromilly Avenue. Jammys Position ist unumstritten. Er entlastet Tubby, holt einen unverkennbaren Sound aus dem Studio und wird von Bunny Lee gefördert. Dann kommt dieser Bengel und pinkelt ihm ans Bein.
Kaum ist Scientist bei Tubby untergekommen, mobbt er gegen Jammy. Er nörgelt über dessen Mixe und betont ständig, dass er es besser könne. Als die erste Studioarbeit des 17-jährigen gleich massiv einschlägt, beginnen Jamaikas Produzenten ihn zu bevorzugen, obwohl Jammy als Engineer etabliert ist und als Produzent Erfolge vorweisen kann.
Die Dancehall als Barometer der jamaikanischen Stimmungslage hat in Junjo Lawes und seinem „Volcano" Sound System einen neuen Liebling gefunden. Junjo aber will nicht mit Jammy arbeiten, obwohl der ihm anfänglich seinen Sound verkabelt hat. „Die beiden waren mal Freunde", kommentiert Bunny Lee, „aber manchen Leuten schwillt der Schädel bei Erfolg und sie bilden sich was ein." Junjo verlangt Scientist, weil dessen Anarcho-Dub-Mixe als Basis für die neuen Deejays der Begeisterung in den Dances zusätzlichen Schub verleihen. Tubby überlässt daher Scientist die Schlüssel zum Studio, allerdings wohl kaum, wie Scientist später behauptet, mit den Worten: „Hier hast du die Schlüssel, aber gib sie bloß nicht Jammy. Lass ihn hier nicht allein. Lass ihn nichts anfassen, nicht ein einziges Kabel."[1] Tubby hat keinen Anlass für ein derartiges Verhalten, sein Jugendfreund Jammy wurde von ihm ausdrücklich als Engineer beschäftigt. Der muss jetzt mitansehen, wie das Verhältnis zwischen Tubby und Scientist immer enger wird. Tubbys Mutter kocht für ihn, Hopeton Brown wird ein Freund der Familie. Mit diesem Standing stichelt Scientist weiter gegen Jammy. Die traute Einheit von König, Prinz und Thronanwärter, die das Foto auf der Rückseite der LP *King Tubby Prince Jammy And Scientist – First, second and third generation of Dub*[2] suggeriert, hat es nie gegeben. Um 1980 zieht sich Jammy zurück, er hat ein eigenes Studio gebaut. Hinter vorgehaltener Hand heißt es, er sei der permanenten Streiterei mit seinem Kontrahenten überdrüssig gewesen. Doch Jammy geht ihm nur aus dem Weg, er ist weit davon entfernt aufzugeben.
Scientist indes hat einen neuen Gegner. Er läuft Sturm gegen die unter seinem Namen veröffentlichten Dubs bei Greensleeves. Man hat ihn weder informiert noch gefragt oder bezahlt. Während die ersten zwei Punkte unstrittig sind, gehen die Meinungen bei der Entlohnung auseinander. „Scientist war bei Tubby angestellt, als wir das Studio gemietet haben", rekapituliert Linval Thompson. „Wir haben Tubby bezahlt und er musste uns einen Engineer

1 „Tracks", ARTE TV 7.9.2013
2 KG Imperial, UK 1981 Produzent Fatman

geben. Scientist war da, also haben wir mit ihm gearbeitet." Für seine Arbeit erhielt Scientist von dem Betrag, den Thompson für die Studiomiete abdrückt, seinen Lohn. Ausgezahlt wird er ausgerechnet von demjenigen, mit dem er nicht klarkommt. „Ich war dafür verantwortlich", sagt Jammy, „ich war die Person, die ihm das Geld gegeben hat."
Laut Linval Thompson bekam Scientist außerdem anteilige Erlöse aus den Dub-Alben. „Greensleeves hat Scientist Tantiemen gezahlt. Wir [Junjo und ich] haben Greensleeves die Dubs gegeben und sie haben sowohl uns als auch Scientist bezahlt. Wir haben seinen Namen benutzt, dafür hat er Lizenzen bekommen. Greensleeves hat mir Belege gezeigt, nach denen er bezahlt wurde. Aber darüber redet er nicht. Scientist denkt, ihm gehören die Songs."
Als 2001 das Videogame „Grand Theft Auto III" auf den Markt kommt, eskaliert der Konflikt. In den Soundtrack des brutalen Gangster/Mafia-Games wurden ohne sein Wissen und ohne seine Einwilligung fünf Titel der LP *Scientist Rids The World Of The Evil Curse Of The Vampires* eingearbeitet. Hopeton beauftragt einen Anwalt, dagegen vorzugehen. Es kommt zu einer außergerichtlichen Einigung mit dem amerikanischen Hersteller Rockstar Games, der in der Folge von Greensleeves den Nachweis einfordert, dass die Engländer die Rechte an den Titeln haben. Daraufhin legt Greensleeves zwei Verträge mit Junjo Lawes, dem Produzenten der Titel, vor. Scientist zweifelt die ihn betreffende Gültigkeit der Papiere an, da kein Vertrag zwischen ihm und Junjo existiert. 2003 verklagt er Greensleeves. Drei Jahre wird in New York verhandelt, und obwohl sich Scientist mit der Ansicht, die Dubs gehörten ihm, nicht durchsetzen kann, hat Greensleeves am Ende aufgrund einer Vereinbarung mit Rockstar Games die Verfahrenskosten zu tragen. Zwei Jahre später wird das Label an VP Records verkauft. Über einen möglichen Zusammenhang lässt sich nur spekulieren.
Vor Gericht versuchen die Richter, die Abläufe einer jamaikanischen Plattenproduktion zu verstehen, denn es zeigen sich Ungereimtheiten. Etwa die Frage, ob sich Greensleeves den Umstand, dass Junjo Lawes Analphabet war, bei den Verträgen zunutze gemacht hat? Bei der Zeugenbefragung bestätigt Hyman „Papa Life" Wright zugunsten von Scientist, dass Junjo bei seinen Produktionen faktisch nie anwesend war. Als Kronzeuge für die Gegenseite tritt an ein gewisser Lloyd James, der Welt inzwischen als King Jammy bekannt. James sagt aus, Scientist sei für die Arbeit im Studio bezahlt worden und viel zu jung gewesen, um darüber hinausgehende Ansprüche zu erheben. „Scientist war Lehrling", erklärt er seine Sicht, „später hat er versucht, die Rechte Verstorbener zu stehlen. [Rechte an] Produktionen, die Tubby oder Junjo gehören. Deshalb habe ich für Greensleeves ausgesagt. Scientist hat niemals einen Song produziert. Nie!"
Scientist sagt: „Greensleeves hat Jammy bezahlt, um vor Gericht zu lügen."[3]
Die Fronten sind unerbittlich, jede Seite rekrutiert ihre Mitstreiter. Am 19. März 2006 klingelt Hopetons Telefon. Am anderen Ende Toops, ein seit Kin-

3 Im Interview mit Angus Taylor für United Reggae 2008

dertagen Jammy ergebener Mann, der 1962 zu ihm stieß, als der seinen ersten Sound zusammenstellte. „Du und Jah Life, ihr seid tot", brüllt er ins Telefon.
Scientist: „Du willst mich umbringen? Du drohst mir, mich umzubringen?"
Toops: „Wer so mit meinem Boss umspringt, ist tot!"
Scientist: „Jammy ist ein Lügner. Hol deinen Boss ans Telefon!"
Toops: „Du willst mich doch umbringen."
Scientist: „Nein, nein, nein. DU willst mich killen. DU hast mich bedroht!"
Scientist kann das hysterische Geschrei mitschneiden und stellt es auf seine Webseite. Wer der Initiator des Anrufs war, ist unklar. Die Todesdrohung bleibt in der Welt. Doch Scientist muss sie von der Webseite wieder entfernen.
Trotz der gerichtlichen Niederlage ist es Scientist gelungen, die weitere Veröffentlichung seiner Mixe durch Greensleeves zu unterbinden. Auch wenn sich dies als Pyrrhussieg herausstellen wird. Dessen ungeachtet sind die Alben zwischen 2014 und 2015 für kurze Zeit wieder erhältlich. Sogar im Original-Design, allerdings als Bootleg Edition eines obskuren Moskauer Labels mit dem Zusatz „©1980 Scientist ℗2014 Mirumir Music Publishing issued under exclusive licence for the world excluding North America by Hopetown (sic!) Overton Brown".
2015 erscheint zudem ein dubioser, remasterter Re-Release von *High Priest Of Dub*, dessen Erstpressung aus dem Jahr 1982 von dem englischen Kingdom Label stammt. Diesmal kommt die LP aus Seattle auf Zion's Gate Records, mit anderem Artwork, limitiert auf 300 Stück und in farbigem Vinyl. Die Hälfte der Tracks ist ausgetauscht gegen Dubs von der LP *The Force Of Music – Liberated Dub*[4].
Scientist beteuert, dass er Sympathie hege für kleine Label und Shops, die seine Platten nachpressen, um ein wenig Profit für den eigenen Lebensunterhalt zu erzielen. „Ich unterstütze sie und will nichts dafür haben. Ich kämpfe nur gegen Greensleeves." Konsequent widersetzt er sich einer Einigung. Eine fatale Einstellung, denn er nimmt sich mit dem Veröffentlichungsverbot für Greensleeves und VP Records selber vom Markt. Er bleibt außen vor, wenn VP oder andere Reissue-Label alte Dub-Alben neu veröffentlichen. Allein zwischen 2009 und 2013 kommen acht CD-Boxen mit jeweils vier Alben aus der Geschichte des Dub unter dem Motto *Evolution Of Dub* raus, Scientist bleibt unberücksichtigt. Dessen „Eigeninitiative" wird bei VP von einem Insider, der ungenannt bleiben will, kommentiert mit: „Scientist ist auf einem Kreuzzug, um die teuflische Firma VP Records samt ihrer Vampire zu zerstören."
Im Frühjahr 2016 schlägt das Imperium zurück, VP Records reagiert auf die Bootleg-Aktion des Mirumir Labels und tilgt den Namen Scientist. Man neutralisiert sein Antlitz auf den Covern und übertüncht bis an die Grenze zur Verunstaltung äußerst rüde alles, was auf ihn hinweist. Vergleicht man Original & Fälschung, findet man teilweise mehr als zehn operative Eingriffe ins optische Design, eine perfekte Vorlage für die Wochenend-Bilderrätsel der

4 *The Force Of Music – Liberated Dub*, Ballistic UK 1979 Produzent Roy Cousins

Tageszeitungen. In der neuen Version kommen die umstrittenen Dub-Alben als „official reissue" unter dem Signum des Produzenten, Scientist wird nur noch auf den Rückseiten als Engineer erwähnt. Die Platten sind angereichert mit einem „Giant Cover Poster", neu gemastert und hochgetunt mit einer zweiten LP, auf der sich die Vokal-Versionen finden, von denen die Dubs gezogen wurden. The records formely known as „Scientist" heißen jetzt:

- *Junjo presents: Wins The World Cup*
- *Junjo presents: Big Showdown 1980*
- *Junjo presents: The Evil Curse Of The Vampires*
- *Junjo presents: Heavy Weight Dub Champion*
- *Linval presents: Space Invaders*
- *Linval presents: Encounters Pac-Man*

Während VP Records die Attacke vorbereitet, wird Hopeton Brown, der sich neuerdings „The Scientist" nennt, an der Linval-Thompson-Front aktiv. Er remastert dessen Veröffentlichungen *Dub Landing* und *Dub Landing Vol. 2* (die daraufhin 2018 ebenfalls von VP unter „Linval presents…" neu aufgelegt werden) und *Scientist In Dub Volume 1* sowie die Jimmy Riley Produktion *World At War* auf 45 rpm und bringt sie kurz nach den ersten VP-Gegenreaktionen zusammen mit einer Bonus-CD-Version über MIR in den Handel. Die letzte Schlacht in diesem Krieg um Eigentumsrechte und verletzte Gefühle ist noch lange nicht geschlagen.

19 | King Jammy: Dub ist Freestyle

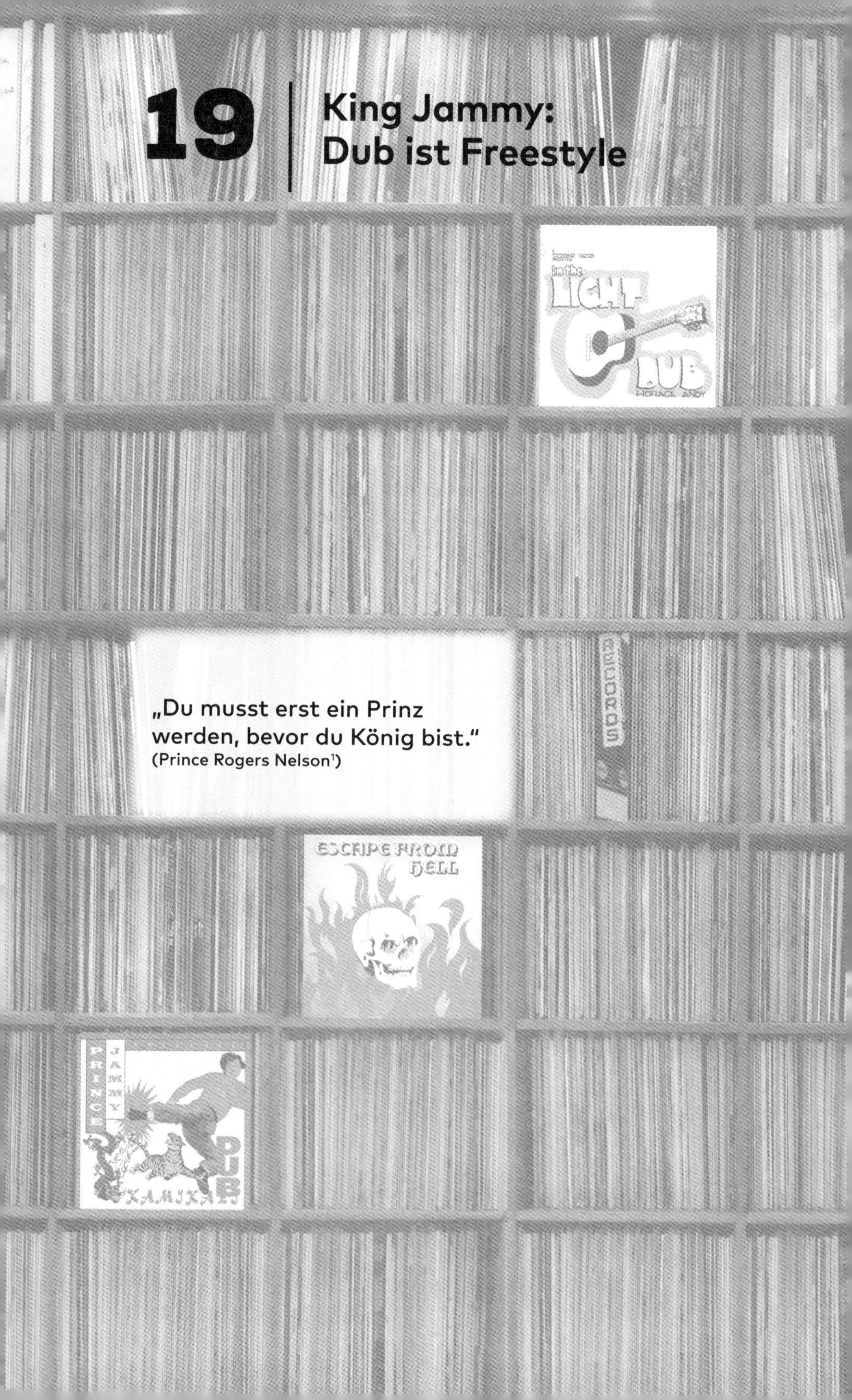

„Du musst erst ein Prinz werden, bevor du König bist."
(Prince Rogers Nelson[1])

Die Audienz findet nach Sonnenuntergang statt. Ich treffe den King. Wer über ihn redet, nennt ihn „Jammy's", angesprochen aber wird er mit „King". King deshalb, weil Erfolg und Einfluss ihn zu einem der Unberührbaren im Reggae-Geschäft gemacht haben. Der King, so heißt es, hat die Fähigkeit, Hits zu erkennen, bevor sie geschrieben werden. Ohne ihn wären Roots Artists wie Black Uhuru vielleicht nie entdeckt worden, ohne ihn wäre der Dancehall-Reggae von heute undenkbar. Ohne ihn hätte der Dub prägende Impulse verpasst.
Wir sind verabredet in Waterhouse, im Herzen von Downtown. Die Fahrt hierher ist ein Trip ins Ungewisse. Zumal bei Nacht. Da wirkt der Slalom um die Schlaglöcher in den Straßen noch riskanter als am Tag. Nachts ist der Lärm des hier pulsierenden Lebens noch lauter, die Szenerie noch gespenstischer. Mittendrin ein Platz, groß und hell beleuchtet wie ein Fußballfeld, geflutet in Licht. Eine unerwartet leise Oase mitten im tosenden Fluch der Karibik. Hier residiert Lloyd James, der King. Zwei bullige weiße Luxusjeeps mit schwarzen Scheiben parken auf der Straße vor einem massigen Gebäudekomplex, dessen Mauern aufgemalte Plattenlabel als Insignien des Erfolgs zieren. Der erste Stock des Hauses zeigt ein Bild, das in Jamaika weitverbreitet ist: halbfertige Gemäuer, Gerippe im Wartestand. „Wir wollten dort oben Geschäfte und Bars bauen, haben dann aber unsere Pläne geändert", lautet die lakonische Erklärung. Jammy's hat die Aura eines Großvaters, ein soignierter Herr, der zusammen mit Frau und Enkel draußen vor der Tür sitzt. An der Ecke hockt mit gebührendem Abstand Chuck Fenda, ein ehedem erfolgreicher Roots-Sänger, der 2006 mit seiner wütenden Brandrede „Gash Dem And Light Dem" die Grenze zwischen realer und symbolischer Feuer-Lyrik überschritten hat und seitdem als Rasta non grata im Off dümpelt. Ein junger, aufstrebender Artist namens Droop Lion hängt an den Lippen des King und ist dankbar für jeden Tipp, den der freundliche Senior ihm zukommen lässt. Das gleißende Licht, die verlangsamte Ruhe inmitten des hektischen Geräuschpegels, dazu die unübersehbare, aber dezent inszenierte Macht, all das verleiht dem Platz den Hauch royaler Eminenz im Yard Style.
„Das Leben ist hart in Waterhouse", resümiert der *Gleaner* 2010 zurückblickend auf eine jahrzehntelange Geschichte von Blutfehden und Bandenterror und spricht von einer „Kultur der Gewalt".[2] Drive-by-shootings waren in diesem Viertel an der Tagesordnung. Neben den Hauptakteuren Spanglers und Shower Posse hatten die der PNP nahestehende Buckers Gang und die Yap Sam Gang, benannt nach dem JLP-Kandidaten Ferdinand Yap, das Gebiet Kingston 11 / Waterhouse Mitte der 70er Jahre mittels unsichtbarer Demarkationslinien unter sich aufgeteilt. Sympathiebekundungen für eine Partei am falschen Ort konnten den Tod bedeuten, Freunde aus der Kindheit plötzlich zu Feinden werden. Politgangster und Drogendealer waren selbst nach Ausrufung des Ausnahmezustandes nicht davon abzuhalten, den Distrikt während der Wahlen 1976 und '80 mit brutaler Härte als Schlachtfeld

1 „My Name Is Prince" 1992
2 *Waterhouse: Terrorised By Gangsters!*, Gary Spaulding in: *The Gleaner* 25.04.2010

zu kriminalisieren. Jammy's hat, davon ist man hier überzeugt, mit seinem Sound, seinem Studio und seinen Produktionen dazu beigetragen, Waterhouse zu befrieden.

Lloyd James, geboren am 26.10.1947 in Montego Bay, kommt hierher, als die Familie Ende 1957 nach Kingston umsiedelt. Der Vater ist Bauarbeiter, die Mutter Schneiderin. Den Spitznamen „Jammy" verdankt Lloyd seinem älteren Bruder Trevor. Die Familie James lässt sich in der Dromilly Ave Nr. 92 nieder, nur wenige Meter entfernt von der Hausnummer 18, wo der junge Osbourne „Tubby" Ruddock Elektrogeräte repariert, Verstärker konstruiert und später sein Studio installieren wird. Der 10jährige Jammy freundet sich mit Tubbys Bruder Stagga an, hängt mit ihm im Hof von Nr. 18 ab und guckt fasziniert zu, wie Verstärker gebaut werden. Die Neugier des Jungen beginnt sich zusehends um Musik, Schallplatten und Tontechnik zu drehen. Er liebt es, fünf Kilometer weiter bei Federal herumzustromern, dort die im Hof entsorgten Fehlpressungen und ausrangierten Platten zu durchforsten und vielleicht sogar einen Blick auf die Musiker im Studio zu erhaschen. Der Weg zur Schule führt Jammy und Stagga vorbei an einer Müllhalde, wo die Reparaturläden aus Downtown ihren elektronischen Abfall entsorgen. Die beiden graben dort nach funktionsfähigen Bauteilen und versuchen sich am Bau von Radios. „So haben wir als Kids unsere Zeit verbracht", erinnert sich Jammy[3] und weiß noch genau, wie sie 1963 über einen selbstgebauten Kurzwellenempfänger schon von der Ermordung John F. Kennedys hörten, bevor die Nachricht in den jamaikanischen Radiostationen gemeldet wurde. Nach Abschluss der Primary School beginnt Jammy eine Lehre bei „Chin's Radio Service" auf der knapp sieben Kilometer entfernten Church Street Nr. 48, für ihn zweimal täglich 80 Minuten Fußweg. Auch Pat Kelly arbeitet in dem Laden, in dem früher Mento-Platten produziert wurden.

1962 lötet Jammy seinen ersten Verstärker mit gerade mal 20 Watt. Irgendwie ergattert er zwei Lautsprecher, leiht einen Plattenspieler und lässt sich erklären, wie man aus Batterien Strom gewinnt. Jammy ist 15 und hat sein erstes kleines In-Door-Sound-System-Set. Damit spielt er bei Hausparties und Hochzeiten: amerikanische Musik, Rhythm'n'Blues, Otis Redding, Louie Jordan, Chuck Berry, Dionne Warwick... Ein Freund namens Franklyn übernimmt die Verkabelung des Sets, ein Junge aus Jammys Nachbarschaft, fast noch ein Kind, will unbedingt die Platten auflegen. Um an den Tonarm zu reichen, klettert er auf zwei Bierkisten. Sein Name: Devon Gardener, genannt „Toops", geboren 1953. Er wird zeitlebens Jammys No. 1 Selector bleiben.

Die Zeit bei „Chin's Radio Service" währt nicht lange, Jammy befällt das Gefühl, dort nicht weiterzukommen. Lieber verbringt er seine Zeit bei dem knapp sechs Jahre älteren Tubby und dessen Techniker Barry. Tubby gilt inzwischen aufgrund seiner leistungsstarken Verstärker und der Live-Spielereien mit Hall und Echo als „King of the Dancehall", hat aber noch kein eigenes Studio. Mit dem Wissen, das er bei Tubby aufsaugt, baut Jammy

3 DVD *King At The Controls*, in: *King Jammy's Roots Reality And Sleng Teng* VP Records/17 North Parade 2014

seinen Sound aus und spielt bald nicht mehr nur bei In-Door-Partys. Er ist auf bestem Wege, sich in der Sound-System-Szenerie von Waterhouse zu etablieren, als sich eine Freundin nach Toronto verabschiedet. Dass es sich dabei um seine spätere Frau Iris gehandelt haben soll, ist eine durch Copy-and-paste weit verbreitete Legende. Nein, sagt Jammy, es sei eine andere Frau gewesen, weiter will er sich dazu nicht äußern. Im November 1970 reist er ihr nach, eigentlich nur, um sie zu besuchen. Aus dem Besuch werden fünf Jahre, auch wenn die Beziehung zu der Frau schon bald keinen Bestand mehr hat. Er schlägt sich als Radio- und Fernsehtechniker durch, arbeitet stundenweise bei einer Firma, die Swimming-Pool-Zubehör herstellt, und besucht einen Elektronikkurs am „George Brown Technical College". Er hilft dem aus Jamaika immigrierten Jerry Brown bei der Einrichtung des Summer Sound Studios, nutzt es nach der Fertigstellung für seine erste eigene Produktion[4] und macht Demoaufnahmen mit durchreisenden Artists aus Jamaika. Er versucht ernsthaft, in Kanada sesshaft zu werden, lässt sich sogar seine Verstärker nachschicken, um auch dort einen Sound aufzubauen.

Jammy und Tubby bleiben während dieser Zeit in (Brief-)Kontakt. So erfährt Jammy von Tubbys Plänen, im Haus seiner Mutter ein Dub-Cutting-Studio einzurichten und besorgt ihm dafür in Toronto ein Gesangsmikrofon. Er bekommt mit, wie Tubby das Studio auf vier Spuren ausbaut und er weiß, dass Philip Smart als dessen Assistent arbeitet. Ende 1975 kommt unerwarteter Besuch aus der Heimat, es ist nicht ausgeschlossen, dass die Initiative dazu von King Tubby ausging. Bunny Lee und Robbie Shakespeare tauchen in Toronto auf. Sie berichten, dass Smart nach New York emigrieren wird, und wollen Jammy die Idee schmackhaft machen, die vakante Position zu übernehmen. Lee schafft es, ihn zu überreden. Lloyd James entscheidet sich für Kingston und tritt im Januar 1976 die Stelle als Tubbys rechte Hand an[5], woraufhin ein begeisterter Bunny Lee die Kunde über die Insel schickt: „New engineer round a Tubby's named Jammy. Him wicked!"[6]

Vom ersten Tag an ist Jammy ins Dub-Geschehen involviert. Bei Tubby werden keine Playbacks produziert, das lassen die Räumlichkeiten nicht zu, hier wird gevoict und vor allem gemischt. Zu jedem Mix gibt es eine Dub-Version, das ist inzwischen Standard, von jedem neuen Song oder Riddim werden Dubplates gezogen. Studioarbeit bei King Tubby bedeutet Fließbandarbeit, 200 Dubs pro Woche sind nicht ungewöhnlich. Besonders vor den Wochenenden geben sich Produzenten und Soundmänner die Klinke in die Hand. Ohne Pause wird gemischt, fast immer als One Take. „Zeit", sagt Roger Lewis von der Fat Man Riddim Section, „war die Essenz, der entscheidende Faktor. Man konnte es sich nicht leisten, damit den ganzen Tag zu ver-

4 „Single Girl" von Nana McLean. Der Song wird erst erfolgreich, als er ihn später in Kingston noch einmal aufnimmt.

5 So datiert es Dave Hendley in *The Crowning Of Prince Jammy*, Pressure Sounds 1999. Laut „King Jammy's – The Godfather" in *RIDDIM* 03/2017 ist Jammy erst Ende 1976 wieder in Jamaika. Für Hendley spricht, dass Jammy bereits im Frühjahr '76 „Born Free" von Michael Rose produziert hat. Mir gegenüber sprach Jammy von „'round 1976".

6 Booklet *Jammy's From The Roots 1977 – 1985*, Greensleeves Records 2010

bringen." Tapes werden aufgelegt und gestartet, mit dem ersten hörbaren Ton beginnt der Mix respektive Dub. Keine Wiederholung, kein zweiter Versuch. All das ist nur möglich, weil der Aufwand bei vier Tonspuren überschaubar ist und einmal gefundene Einstellungen an Pult oder Effektgeräten kaum verändert werden. Der Engländer Dave Hendley, in dieser Zeit oft Zeuge stundenlanger Sessions, sagt: „Ich habe nie erlebt, dass bei Tubby's irgendetwas mit mehr als einem Take gemischt wurde."[7]

Der Fotograf und Journalist Dave Hendley (1952 - 2016) gilt als zuverlässiger Chronist der Geschehnisse in der Dromilly Avenue Nr. 18 während der analogen Jahre. Er war eng mit Jammy befreundet und betrieb in England kurzzeitig die Label Cruise Records, wo die von Jammy gemischte Mikey-Dread-LP *African Anthem Dubwise*[8] zuerst veröffentlicht wurde, sowie Sufferer's Heights, auf dem 1979 sieben 12inch-Maxisingles aus Tubbys Studio erschienen, von denen Jammy fünf gemischt und gedubbt hatte. Nach Hendleys Tod widmet Jammy ihm auf seinem 2017er Album *Waterhouse Dub*[9] ein Requiem mit dem Titel „Dub For Dave Hendley".

Jammy arbeitet nicht selten die halbe Nacht durch, sein anfänglicher Hauptkunde ist der Mann, der ihn hierher geholt hat. „Meine ersten Dubs waren alle für Bunny Lee"[10] erinnert er sich und erzählt, wie er nach dem Weggang von Philip Smart in die Royal Family des Reggae aufgenommen wurde: „Alle Leute, die bei Tubby's gearbeitet haben, bekamen Namen von Bunny Lee. [Zu mir hat er gesagt:] Tubby's ist der King, aber jetzt bist du der Prince, denn du bist ihm unterstellt und arbeitest für ihn."[11]

Unter Jammys Händen klingt das MCI-Pult, die kleine Wunderwaffe des Studios, anders als unter der Regie von Tubby. Was auch seine Ursache darin hat, dass die Aufnahmequalität in den Kingstoner Studios, die ihre Bänder zum Mischen hierherbringen, erheblich gestiegen ist. Zudem profitiert Jammy genauso wie Channel One davon, dass sich der Reggae verändert hat. Die Zeit der Flying Cymbals ist vorbei, der Reggae-Beat ist rockiger geworden. „Wenn wir live gespielt haben", erklärt Sly Dunbar den Wandel, „haben wir gemerkt, dass der One Drop Groove nicht genug Energie brachte. Also haben wir gecheckt, wie die Rock'n'Roll-Musiker spielen, und wollten die gleiche Energie im Reggae."[12] Der härtere, gebremste Beat verändert den Dub. Jammys Mixe sind grooviger als die vom Jazz beeinflussten Mischpult-Improvisationen von King Tubby. Er stellt den Bass prominenter in den Vordergrund und bringt Echos auf den Weg, deren Wiederholungen kein Ende zu finden scheinen. Sein Hall entspringt demselben AKG Echo Chamber, das Tubby inzwischen benutzt, eruptiert jedoch aus unerforschten Tiefen, in denen die Snare versinkt, während vereinzelte Offbeat-Einschläge an die Oberfläche krachen. Jammys Mixe haben nicht die düstere Theatralik der

7 Zitiert aus Michael E. Veal a.a.O. S. 117
8 *The Mikey Dread Show – African Anthem Dubwise* UK 1979
9 Greensleeves/VP Records 2017
10 *Jammy$ From The Roots 1977 – 1985*, Greensleeves Records 2010
11 *Soundtrack Of King Jammy*, WDR Funkhaus Europa 2015
12 *The Anthology Of Reggae Drumming*, A Documentary by Alex Domhoever 2016

Tubby-Dubs. Sie sind „kontrollierter und detailreicher"[13]. Sein Umgang mit dem High Pass Filter ist zurückhaltender, aber auch er setzt Signale mit dem Messton des Pultes. Er dubbt weniger virtuos als King Tubby, inszeniert stattdessen mit wachsender Sicherheit in dem, was er tut, groß orchestrierte Effektskalen, durch die sich endlose Echos winden.

Noch bevor sich Jammy 1977 mit der Instrumental-Single „Zambia" von Yabby You eine eigene Veröffentlichungsplattform schafft, mischt er für das Hungry Town Label des in Queens ansässigen Produzenten Everton DaSilva seinen ersten Dub-Longplayer: *In The Light In Dub*, das Gegenstück eines mit aufwendigem Besteck von Sylvan Morris bei Harry J sowie in den New Yorker A&R Studios aufgenommenen Horace-Andy-Albums. Jammys Mix nimmt dem Original das großspurige Fluidum, setzt dagegen eine zwischen Kick und Snare polternde Hallwelt und lässt die Rockgitarre der Gesangsversionen nur als Tupfer aufblitzen. Vocal- und Dub-LP werden sowohl in Kingston als auch in New York in kleiner Auflage veröffentlicht, bleiben aber unter der ihnen gebührenden Wahrnehmung. Auch weil DaSilva 1979 in New York den Tod fand und es daher erst 1995 über das englische Blood & Fire Label zu einem internationalen Release kam.

Seine zweite Dub-LP mischt Jammy ebenfalls noch 1977 für Tappa Zukie. Der gibt ihm Bänder seiner Produktionen aus dem Channel One Studio und veröffentlicht die davon gezogenen Dubs zunächst ohne weitere Angaben als White Label mit dem Aufdruck *Dub Master Musically Intemidaters*, bevor er sie als *Escape From Hell* mit einem Totenkopf auf dem Cover offiziell auf seinem Stars Label rausbringt.

Neben diesen Auftragsarbeiten und dem Tagesgeschäft bei Tubby beginnt Jammy, sich verstärkt als Produzent zu positionieren. Er hatte im Frühjahr 1976 schon für den nach London emigrierten Sound-System-Betreiber Fatman mit dem Waterhouse-Sänger Michael Rose den Titel „Born Free" aufgenommen; als Rose erneut anklopft, diesmal als Teil eines Trios mit Duckie Simpson und Errol Nelson, greift Jammy sofort zu. Er wird deren Mäzen, Produzent und Mastermind. Die offensive Attitüde der Drei, die sich den Namen „Black Uhuru" – Schwarze Freiheit – geben wollen, passt perfekt zu seinem Selbstverständnis als Engineer. Seine (Dub-)Mixe donnern infernalisch aus den inzwischen haushoch erigierten Lautsprechertürmen der Sound Systems. Das politische Klima in Jamaika ist brutal, der Reggae marschiert dagegen an, und Prince Jammy liefert die akustische Untermalung.

1977 ist die erste Black-Uhuru-LP *Love Crisis* im Kasten, kurz darauf legt Jammy auf seinem eigenen Label Jammy's (wahlweise auch Jammy$) Records die im Wesentlichen auf dem Black-Uhuru-Debüt basierende Dub-LP *Jammies In Lion Dub Style* nach. In England, wo Mischpulte seit „King Tubby Meets Rockers Uptown" verkaufsfördernden Kultcharakter haben[14], erschei-

13 Jeremy Collingwood in den Linernotes zum Re-Release von *Prince Jammy Presents Strictly Dub*, Pressure Sounds 2010

14 Winston Edwards steckt sogar die Loversrock-Maxis seines Studio 16 Labels in rote Hüllen mit dem Bild eines weißen Mischpultes

nen die Dubs in einem blau getönten Cover[15], das Jammy während der Aufnahmen zur LP an der Konsole des Harry-J-Studios zeigt, obwohl er sie bei Tubby gemischt hat. Vier Jahre später nimmt sich Jammy *Love Crisis* noch einmal vor, um die LP, aufgerüstet mit Overdubs, unter dem programmatischen Titel *Black Sounds Of Freedom* bei Greensleeves ein zweites Mal zu veröffentlichen. Zufälligerweise passend zu einem Live-Konzert im deutschen Fernsehen, das die Band, zu der jetzt auch Sly & Robbie gehören, europaweit und darüber hinaus bekannt macht. Die TV-Rockpalast-Nacht des 17. Oktober 1981 aus Essen wird für Black Uhuru zum Ausgangspunkt einer Weltkarriere. Und King Jammy? Der bleibt an seinem Arbeitsplatz bei King Tubby und mischt zu *Black Sounds Of Freedom* das Pendant *Uhuru In Dub* – Freiheit in Dub. Zwischen den beiden Black-Uhuru-Dub-Mixen liegen nur vier Jahre. Eine Zeitspanne, in der sich das Aufkommen an von Jammy gemischten Dubalben verzehnfacht:

- *In The Light In Dub* (Hungry Town JA 1977)
- *Escape From Hell* (Stars JA 1977)
- *Jammy's In Lion Dub Style* (Jammy's Records JA + Live & Love UK 1978)
- *Rockers All Stars – Chanting Dub With The Help Of The Father* (Rockers 1978)
- *The Agrovators - Kaya Dub* (Third World UK 1978)
- *Inner Circle – Killer Dub* (Top Ranking USA 1978)
- *Gregory Isaacs – Slum In Dub* (Cash & Carry JA + Burning Sounds UK 1978)
- *DEB Music Players – 20th Century DEB-Wise* (DEB UK 1978)
- *Kamikazi Dub* (Trojan UK 1979)
- *The Revolutionaires – Goldmine Dub* (Greensleeves UK 1979)
- *Prince Jammy v King Tubbys – His Majestys Dub* (Sky Juice JA 197X)
- *Africa Must Be Free By 1983 Dub* (Rockers JA 1979 + Greensleeves UK 1986)
- *Crucial Bunny versus Prince Jammy – Fatman Dub Contest* (Star UK 1979)
- *Strictly Dub* (Jammy Records USA 1980)
- *First, Second & Third Generation Of Dub* mit King Tubby & Scientist
- (KG Imperial UK 1981)
- *Train To Zion Dub* (Tuff Gong 1981)
- *King Tubby's and The Agrovators – Dubbing In The Backyard* (Black Music UK 1982)
- *Prince Jammy Destroys The Invaders* (Greensleeves UK 1982)[16]

15 auf Live And Love, mit dem Zusatz „The Agrovators"

16 Ein Album, bei dem nicht klar ist, ob der Mix wirklich von Jammy stammt. Die LP erscheint ein Jahr nach *Scientist meets the Space Invaders*, der seinerzeit erfolgreichsten LP aus dem Greensleeves-Katalog unter dem Namen „Scientist". *Prince Jammy Destroys The Space Invaders* war offensichtlich der Versuch, diesen Erfolg zu wiederholen, diesmal nur unter anderem Namen. Wie schon bei den Scientist-Alben wurden auch hier Soundeffekte und Vocal-Overdubs in London zugemischt. Scientist behauptet, dass die Mixe von ihm stammen, z.B. hier: https://www.youtube.com/watch?v=NvPjXCULiQQ (in den Kommentaren). Die Vorgehensweise von Greensleeves bei seinen Dub-Alben lässt vermuten, dass er recht haben könnte.

- *Scientist and Prince Jammie – Dub Landing Vol. 2* (Starlight UK 1982)
- *Scientist and Jammy Strike Back!* (Trojan UK 1982)
- *Uhuru In Dub* (CSA UK 1982)

Spulen wir noch einmal zurück in das Jahr 1977 zu dem Zeitpunkt, an dem das Black-Uhuru-Debüt reif zur Veröffentlichung ist: Jammy reist zum ersten Mal nach London. Ken „Fatman" Gordon zahlt das Ticket, Bunny Lee nimmt ihn in Schlepp und führt ihn rum. Er stellt ihm Ephraim Barrett alias Count Shelly vor, der zwei Jahre zuvor Sid Bucknors Third World Label übernommen hat, das von Bunny Lee eifrig zur Veröffentlichung eigener Alben genutzt wird. Ein Jahr später posiert Shelly auf dem Cover der von Jammy gemischten und von Bunny Lee produzierten LP *Agrovators – Kaya Dub*; bei ihrem Treffen einigen sich Jammy und Shelly auf eine Lizenzierung des *Love Crisis*-Albums unter dem Bandnamen „Black Sounds Uhro". Jammy kassiert 1.200 £. Einen Teil des Geldes investiert er in ein kleines Mischpult, ein 2-Spur-Tonbandgerät der Firma Ferrograph[17] und einige Mikrofone. Dieses Equipment wird zum Grundstock eines eigenen Studios, eingerichtet im Hinterzimmer des Hauses, das die Mutter seiner neuen Freundin und späteren Ehefrau Iris auf der St. Lucia Road besitzt. Zum Produzieren oder Mischen ist die Ausstattung noch zu mager, aber sie reicht, um mit exklusiven Voicings seiner Produktionen aus den Studios bei Harry J, Joe Gibbs, Channel One oder King Tubby Musikkassetten zu ziehen. Hauptabnehmer für 25 Jamaican Dollar pro Stück sind die Minibusfahrer Jamaikas, bei denen nonstop Musik läuft und die so Jammys Namen auf die Straße bringen.

Jammys Hauptarbeitsplatz bleibt das Mischpult bei King Tubby, dort entstehen die Dub-Alben, die seinen Ruf in England mehren. Als er 1979 zum zweiten Mal nach London reist, diesmal hauptsächlich um mit Greensleeves über seine Produktionen zu verhandeln, stellt er überrascht fest, dass man ihn in England als Dub-Engineer feiert. Er verdankt seinen Ruf der Tatsache, dass Bunny Lee von allen Songs, die er produziert, sofort Dubs ziehen lässt, um sie auf die B-Seiten der Singles zu packen oder damit Alben zu kompilieren. Obendrein profitiert er vom Boom der Maxisingles, den Labels wie Attack oder Sufferer's Heights zur Veröffentlichung seiner Dub-Mixe nutzen. Ballistic geht 1980 sogar so weit, auf drei 12"-B-Seiten zu jeweils einem in England produzierten Titel auf der A-Seite drei bis vier Dubs von Prince Jammy unter dem Namen „Jamdown Players" zu packen, die nichts mit der A-Seite zu tun haben und zusammengestellt ein komplettes Album ergeben hätten.[18] „In Jamaika gab es keinen großen Markt für Dub", beschreibt Jammy in der Rückschau[19], „in Europa dagegen hatte diese Musik viele Fans. Deshalb haben wir Dub speziell für diesen Markt gemischt."

17 Modell Logic 7, kam 1974 auf den Markt und kostete zwischen 295 und 350 £
18 Movement – „Money In My Pocket", Wolete Miriam – „Warrior", Third-I-Band – „Go Find Yourself Another Fool"
19 *Soundtrack Of King Jammy*, WDR Funkhaus Europa 2015

Obwohl Jammy den Ruf eines ausgezeichneten Dub-Engineers genießt, bleibt Dub jenseits von Dubplates ein Randgeschäft für den Export nach Europa. Daheim setzt er auf Produktionen mit Sängern und Deejays, vornehmlich aus Waterhouse, und nutzt den Lizenzvorschuss von Greensleeves zur Erweiterung seines Studios, in dem er zunehmend mehr Zeit verbringt als bei Tubby. Der ist wenig begeistert, hat aber Scientist, um die Lücke zu füllen. 1982 kauft Jammy eine 4-Spur-Tonbandmaschine und beschließt, sich selbstständig zu machen. Er hört auf bei Tubby.
Parallel verfolgt er seit einiger Zeit ein ehrgeiziges Projekt, das seine Karriere als Produzent perfekt ergänzt: Jammy nimmt das gewaltigste Sound System in Angriff, das Jamaika je gesehen hat. Glaubt man Bunny Lee, so hat Jammy schon immer bessere Verstärker gebaut als King Tubby. Jetzt kauft er Bass-Amps mit 5.000 Watt, dazu gigantische Tiefton-Scoops, aus denen meterlange Druckwellen quellen, und schraubt an Equalizern und Frequenzweichen mit derselben Akribie, mit der er im Studio an seinen Produktionen feilt. „You can't tell the king to stop turning knobs", kolportiert man ehrfurchtsvoll. „Du kannst dem King nicht sagen, er soll aufhören. Wenn Jammy auf den Dance kommt, bewegt er jeden Knopf. Auch nach sechs Stunden noch. Er schraubt an den Hochtönern, dreht an den Mitten, optimiert die Bässe. Genauso wie im Studio."[20]
Am 23. Februar 1985 ist es so weit. Nach einigen Testläufen baut Jammy seine hochgetunte Lautsprecherwand in der Waltham Park Road auf, bereit für einen Clash mit Black Scorpio. Doch nicht die 45.000 Watt seiner Anlage entscheiden den Clash, sondern Wayne Smiths „Under Mi Sleng Teng". Ein von Jammy klammheimlich produzierter Riddim aus einem Casio-Keyboard, der in dieser Nacht zum ersten Mal öffentlich gespielt wird und der die Welt verändert. Zumindest die Reggae-Welt, in der nun nichts mehr ist, wie es bis dahin war. Unnötig zu erwähnen, dass der Clash mit diesem Song und seinen Versionen entschieden war. Ab jetzt ist Prince Jammy's der King, auch wenn er erst nach der Ermordung King Tubbys offiziell so genannt wird. Schon jetzt hat er sein Territorium fest im Griff. Er hat dem Reggae eine Digital-Währung verordnet und beherrscht die Insel mit „King Jammy's Super Power", dem „Heaviest Sound In Jamaica – Ever!"[21]
Was da noch niemand ahnt: Als Jammy den Reggae in ein neues Zeitalter beamt, bricht die Götterdämmerung des Dub an. Nicht nur der Riddim und die Dancehall, sondern auch Dub ist fortan nicht mehr, was er mal war. Die Funktion als Playback für Dubplates oder Sound Systems bleibt erhalten, Dub als eigenständiges Erlebnis jedoch geht im Treibsand der Digitalsounds unter. Es gibt nur wenige Versuche, den Dub mit in die Zukunft zu nehmen. Alben wie Tubbys *Two Big Bull In A One Pen Dubwise*[22] oder *Soundclash Dubplate Style Part 1 + 2*[23] zeugen genauso wie Jammys *Compu-*

20 Jammy's In His Own Words 2006 DVD in: *King Jammy's Roots Reality And Sleng Teng*, VP Records/17 North Parade 2014
21 „King Jammy's The Godfather" in: *RIDDIM* 03/2017
22 Firehouse 1986
23 Beide Firehouse 1988, 2014 auf dem Sublabel Taurus als DoLP aufgelegt

terised Dub[24] von der limitierten Ausdrucksform des neuen Equipments. Die Dub-Gemeinde versagt dem Digidub die Gefolgschaft. Sie sucht sich neue Anhänger und andere Quellen, Jamaika ist nicht mehr gefragt und stellt den Dub-Betrieb ein.
Es gehört zu den Absurditäten des Genres, dass Greensleeves erst mit seinen sechs Scientist-Alben dem jamaikanischen Dub das Tor zur Welt öffnet, um dann diese Tür 1986 mit *Prince Jammy's – Computerised Dub* selbst wieder zuzuschlagen. *Computerised Dub* wird zum Grabstein, in dem auf Jahrzehnte das Ende des jamaikanischen Dubs eingraviert ist.
Dass der 23. Februar 1985 das Todesdatum der jamaikanischen Dub-Musik markiert, ist historisch kaum zu leugnen. Was der King natürlich anders sieht. Dass ausgerechnet er als hoch angesehener Dub-Engineer zum Totengräber des Genres werden würde, ist Ironie der Geschichte. Schon früh hat Jammy erkennen lassen, dass ihm die Rolle des Engineers allein nicht reicht. Er wollte schon immer produzieren. Und wer als Produzent erfolgreich sein will, muss innovativ sein. So wie Jammy gegen den Rat seines Freundes Tubby auf den Militant Style von Black Uhuru gesetzt hat, erkannte er als Erster die Sogkraft digitaler Instrumente. Seit dem „Sleng Teng"-Coup ist er am Ziel. Der King bestimmt fortan, was in der Dancehall läuft. Er weiß, was die Leute hören wollen, und gibt es ihnen. Jamaika liegt ihm zu Füßen und wählt ihn sechsmal in Folge zum „producer of the year". Jammy erweitert seinen Betrieb, schafft 1987 eine 8-Spur-Bandmaschine von Tascam sowie ein Studiomaster-Pult an und beginnt, im selben Haus ein zweites Studio zu bauen, das nach mehreren Ausbaustufen bei einem 48-Kanal-DDA-Mischpult nebst Festplatte als Aufnahmemedium ankommt. Er ist so sehr mit Sound System und Produktionen beschäftigt, dass er überhaupt nicht wahrnimmt, dass seine Karriere als Dub-Engineer eine Pause einlegt.
Erst als sich Jammy um die Jahrtausendwende ein wenig zurücknimmt, kehrt er zurück in die Dub-Arena. Vereinzelt erscheinen wieder Alben mit Material aus seinem Backkatalog, er dubbt ein Album der japanischen Band Dry & Heavy[25] und kooperiert mit dem Sizilianer Alborosie für *Dub Of Thrones*[26]. Anlässlich seines 70. Geburtstags lässt ihn seine ihm über die Jahre treu ergebene Plattenfirma in seinem Archiv wühlen, um für eine neue LP alte Aufnahmen von Artists wie Dennis Brown oder Junior Reid noch einmal mit dem rohen Charakter des Dub durch Hall- und Echogeneratoren zu jagen. So wie früher. Vielleicht waren die Erwartungen an das Geschenk zu hoch, dem *Waterhouse Dub*[27] von 2017 mangelt es an Magie – „the thrill is gone". Auch weil den neuen Dubs des King der analoge Zauber abhandengekommen ist.
Jammy hat früh begonnen, den eigenen Backkatalog zu digitalisieren. Was seinen Dub-Sound zwangsläufig verändert hat. Jetzt dubbt er mit digitalem Equipment von digitalen Quellen. Er schraubt die Tunes nicht mehr durch

24 Greensleeves 1986
25 *King Jammy meets Dry & Heavy – In The Jaws Of The Tiger*, Beat Records 2000
26 *Alborosie meets King Jammy – Dub Of Thrones*, Greensleeves/VP 2015
27 Greensleeves/VP

atemberaubende Echoschleifen, sondern gestaltet sie mit klaren Basstönen als groovende Instrumentals mit Ein- und Ausblendungen. Der Hall rumpelt in dumpfen Kellern und wird oft von einem Gate beschnitten, darüber setzen Bläser Injektionen aus scharfem Blech. Das neue Klangdesign ermöglicht es, selbst digitale Riddims organisch zu integrieren. Sie sind keine Störfaktoren mehr zwischen den analogen Playbacks.

Was er 2022 mit *Destroys The Virus With Dub*[28] beweist. Jammy ist 74 Jahre alt und seine jüngsten Dubs sind mit altersweiser Leichtigkeit inszeniert. Alle Mixe leben von der klaren Haltung (in der Titelgebung) und den Hooklines weithin bekannter Hit-Tunes[29] des Erfolgsproduzenten. Doch so richtig will sich auch hier der Kitzel nicht mehr einstellen.

Seit Jammy seine Studios konsequent auf digital umgestellt hat, ergeben sich für ihn neue Möglichkeiten. Er kann nun Dub als Show in Szene setzen. „Einen Live-Dub-Mix ihrer Lieblingssongs von Dennis Brown oder Frankie Paul, Half Pint, so etwas haben die Leute noch nie erlebt" beschreibt er, was da passiert. Er lässt sich von seinen Söhnen John John oder Jam 2 auf acht Spuren gebouncte Tracks von einer Festplatte auf ein analoges Mischpult legen und praktiziert coram publico, was sonst hinter den Mauern eines Studios stattfindet. Es sieht unspektakulär aus, führt aber zu Begeisterungsstürmen. Mehrfach tritt er in Europa zum Dub Clash gegen den Engländer Mad Professor an, einem Meister des Live-Dubbings, der ihm hoffnungslos unterlegen ist, weil Jammy aus einem unschlagbaren Fundus eigener Produktionen schöpfen kann. Legendär eine Solo-Performance beim französischen Garance Festival im Sommer 2013. Auf dem Gelände gibt es ein Areal für eine Besuchergruppe, die nicht an Konzerten interessiert ist. Sie baden stattdessen von Mittag bis tief in die Nacht auf einer abgesteckten Fläche in brutal lauten Basswellen und Echoduschen. Eine surreale Szenerie, nicht zu vergleichen mit jamaikanischen Sound Systems. Kaum jemand schaut auf die kleine Bühne, wo die Selector agieren. Diese steuern eine emsige Menschenmasse, die in Bewegung wie ein Bienenvolk mit dem Rücken zum Geschehen in die um den Platz herum aufgebauten Lautsprecher-Wände stiert, als hause darin die Dub-Königin. Auf die Ankündigung, dass nun King Jammy live dubben wird, reagiert niemand. Als der King jedoch seinen Auftritt mit Dubplates von Black Uhuru beginnt und drei damals noch unbekannte Kombination-Songs der alten *Love Crisis*-LP mit Chronixx, Gentleman und Alborosie auflegt[30], kollabieren die Dub-Krieger. Orgiastische Schreie blähen sich auf zu einem die Musik übertönenden Orkan. Drei Tracks gekonnt platziert und zweieinhalbtausend Menschen geraten in Ekstase. Auch als Senior weiß der King noch, wie man ein Volk regiert.

---

28 Greensleeves/VP

29 Von Barry Brown, Sugar Minott, Patrick Andy, Hugh Mundell, Black Uhuru, Junior Delgado, Frankie Paul, Gregory Isaacs etc.

30 Erst drei Jahre später erschienen die Tracks auf dem Album *King Jammy presents New Sounds Of Freedom*, VP Records 2016

Frage: Obwohl du alle deine Aufnahmen auf digitale Speichermedien übertragen hast, dubbst du immer noch über ein analoges Pult.
King Jammy: Weil ich Dub nicht editiere. Es ist kein echter Dub, wenn du editierst. Am Computer entsteht etwas komplett anderes.
Die Improvisation beeinflusst das Ergebnis?
Ganz genau. Du machst, was dir in den Sinn kommt, während die Musik läuft. Freestyle. Es ist, als ob du ein Bild malst. Wenn ich einen Dub mische, bin ich fokussiert, sehr konzentriert. Dann darf mich niemand ansprechen. Ich bin mit meinem ganzen Körper dabei, mein Gehirn fühlt den Dub. Es steuert die Technik.
Verfolgst du einen Plan oder lässt du die Dinge einfach laufen?
Ich weiß, was ich machen will. Aber manchmal willst du die Stimme bringen und irgendetwas in dir sagt: Nein, besser die Bläser. Du sitzt einfach da und kreierst etwas anderes aus der Musik.
Spielt Ganja dabei eine Rolle?
Ach Quatsch. Dub und Ganja haben nichts miteinander zu tun.
Es gibt Leute, die das behaupten.
Liegt vielleicht an der Stimmung, in die sie der Dub bringt. Ich jedenfalls rauche nicht.
Andere erzählen, es habe in den Kingstoner Ghettos reine Dub-Dances gegeben. Ohne dass Vocaltracks gespielt wurden.[31]
Vielleicht mal, während der Sound verkabelt wurde. Aber nicht mehr, wenn der Dance im vollen Gange war. Dub wurde nur aufgelegt, nachdem die Vocals gelaufen waren.
Und dann meist als Playback für Deejays. Dub allein hat in Jamaika kaum jemanden interessiert.
Yeah, das waren nur sehr, sehr wenige. Wenn ich Dub-Alben gemischt hab, hat die in Jamaika so gut wie niemand gekauft. Die waren immer für England.
Für ein weißes Publikum.
Klar. Für ein weißes Publikum, das von Greensleeves bedient wurde. Dub war enorm populär in Europa.
...und ein lukrativer Nebenverdienst. Ohne Kosten, weil die Aufnahmen und die Musiker bezahlt waren. Und schnell gemacht.
Ja, sehr schnell. Ich hab zwei Dub-Alben in vier, fünf Stunden gemischt. Weil da keiner war, der dir gesagt hat, wie du mischen sollst. Es war ein Erzeugnis von dir, dass du so gestaltet hast, wie du wolltest. Du musstest dich nicht an Regeln oder Vorgaben halten. Du konntest machen, was du wolltest, you just freestyle.
Und wenn mal was schiefgegangen ist, war es ein Effekt.
Haha, genau. Patzer ergaben Effekte. „Every spoil is a style" sagt man, inzwischen ist es zum geflügelten Wort geworden. Gehört habe ich es zum ersten Mal von Bunny Lee. Als ich eines Nachts für ihn ein Dub-Album mischen

31 So z.B. in den Linernotes zu *The Ring Craft Posse – St. Catherine in Dub 1972-1984*, Moll Selekta Germany 2004: „Es war nicht ungewöhnlich, dass komplette Dub-Dances in den Kingstoner Ghettos stattfanden. Ganze Abende, an denen nicht einmal gesungen wurde."

sollte und ein Audiosignal nur verzerrt ankam, wollte ich das Band stoppen, aber er meinte nur: „Nein King, nicht anhalten. Every spoil is a style."

Hattest du jemals das Gefühl, Dub zerstöre die Musik? Einige Engineer aus der Generation vor dir haben so gedacht, als die Soundboys kamen und nur Drum & Bass wollten. Sie empfanden es, als würde man die Musik zerschnibbeln, so dass man am Ende nur noch Teile davon hat.

Nein, Dub war nur eine andere Art der Musik. Es ist doch so, wir haben Jazz, Soul, HipHop, wir haben Reggae und Rock Steady, die Welt ist groß genug und jede Musik hat ihren Wert. Wir mischen doch auch bei einem Vocal Track ganz unterschiedlich und lassen Teile weg, die wir aufgenommen haben. Dabei zerschneidet man nichts, man kreiert nur einen anderen Style. Musik ist Musik. Selbst dann, wenn nur eine Trommel spielt.

In den frühen Tagen des Bouncing war ja mit zwei Spuren technisch nicht viel mehr machbar als die Reduzierung auf Drum & Bass.

Nun, die wirkliche Dub-Musik begann mit 4-Spur. Erst mit Multitrack kann man [mit den Bausteinen der Musik] spielen. Du brauchst vier oder acht Spuren, um Dub zu mischen. Bei vier Spuren hattest du eine für Drums [und Bass], eine für Riddim, eine für Gesang, eine für Bläser.

Erst dann konnte man die Elemente trennen. Vocals aus der Musik nehmen, Bläser separieren…

… die Riddim-Spur solo, Drum and Bass rausnehmen.

Es gibt ein Video aus dem englischen TV. Da nimmst du Johnny Clarkes Gesang zu „None Shall Escape The Judgement" auf…

Oh, bei King Tubby's… (Jammy erinnert sich sofort) Deep Roots…

Genau. „Deep Roots Music"[32]. Danach sieht man dich den Dub dazu mischen und im Studio entwickelt sich eine große Party. Eine Chalice vernebelt die Sicht, Bunny Lee tanzt…

Das war alles nur Show. Jeder wusste, was er zu tun hatte. Es war nichts Spontanes, das durch den Vibe der Dub-Musik kam. Der Mann, der gefilmt hat, wollte es so. Er hat allen gesagt, was sie tun sollen, und alle haben es dann gemacht.

Tubby taucht bei dieser Aktion gar nicht auf.

Der hatte da schon auf Studioarbeit keine Lust mehr und war mit seinen Verstärkern und Transformatoren beschäftigt. Er wusste, ich mach das genauso gut wie er. Tubby war es leid, denn es war harte Arbeit. Du hast den ganzen Tag da gesessen, manchmal war nicht mal Zeit zu essen. Gerade wenn Dubs für Sound Systems gemacht wurden. Dann passierte alles live & direct. Das Band [mit dem Playback] lief, der Artist hat dazu gesungen, gleichzeitig wurde gemischt und die Dubplate geschnitten. Tubby hat mir gezeigt, wie's geht, und wusste, er muss nicht dabei sein.

Tubby war sechs Jahre älter als du und hat dich ausgebildet?

Wir waren Freunde, sind zusammen groß geworden. Als ich bei ihm war, habe ich viel von ihm gelernt. Aber ich sag dir: Ich war dafür geboren. Ich

32 „Deep Roots Music", eine sechsteilige, jeweils einstündige Sendereihe aus dem Jahr 1982, produziert von Channel 4 fürs englische Fernsehen. Wird mehrfach als Bootleg veröffentlicht.

brauchte nicht viel Ausbildung. Ich hab durch Zugucken gelernt. Tubby hatte das schon erkannt, als ich noch ein Youth war, deshalb wurde ich der Hausengineer seines Studios. Das meiste habe ich mir selbst beigebracht. Hab vorher als Elektrotechniker gearbeitet, [alles] selbst beigebracht. Von Geburt an habe ich diese Dinge geliebt und mir angeeignet. Wahrscheinlich hat Gott mich so geschaffen. (lacht)

Was in dem Deep-Roots-Video auch deutlich wird: Die Dub-Technik ließ sich mit vier Spuren einfacher steuern als später mit wachsender Zahl an Tonspuren und hatte dadurch eine wirkungsvollere Dynamik für Dub-Mixe.

Ja, die Energie eines kleinen Pultes ist viel kompakter, mehr zusammen. Gerade für Reggae.

Waren deshalb vielleicht die digitalen Riddims der Grund, warum jamaikanischer Dub auf einmal nicht mehr gefragt war? Weil die Musik plötzlich sehr minimalistisch wurde und zu wenig bot für Dub? (Obwohl ich „Sleng Teng“ nicht erwähne, ist zu spüren, dass ich mich mit dieser Frage auf dünnem Eis bewege.)

Du redest von „Sleng Teng“, oder? „Sleng Teng“ war der erste digitale Riddim und wurde ein großer Erfolg, richtig? Ich glaube nicht, dass er der Grund für den Niedergang des Dub war. Die Leute wollten jetzt lieber Gesang hören. R'n'B und Hip-Hop kam verstärkt auf den Markt, und die älteren Leute, die gerne Dub gehört hatten, haben sich wahrscheinlich einfach zurückgezogen. Aber ich habe immer Dub gemischt. Auch als die Welt nicht mehr danach gefragt hat. Von jedem neuen Song, von jedem neuen Riddim habe ich einen Dub auf meinen Festplatten.

Weil Dub und Reggae eine Einheit sind. Andere musikalische Genres, die mit Dub experimentieren, benutzen Echos. Aber mit Dub hat das wenig zu tun.

Sehr wahr. (der King lächelt wieder und sagt es noch einmal) Sehr wahr!

Die Audienz ist beendet. Bei der Verabschiedung kommt Jammy noch einmal auf den letzten Punkt zurück: „Der Heartbeat des Reggae ist für Dub unverzichtbar. Ich glaube nicht, dass Dub auch mit anderer Musik funktioniert. Höchstens vielleicht mit Soul oder R'n'B…“

20 | Lee Perry: Dubstrumentalist

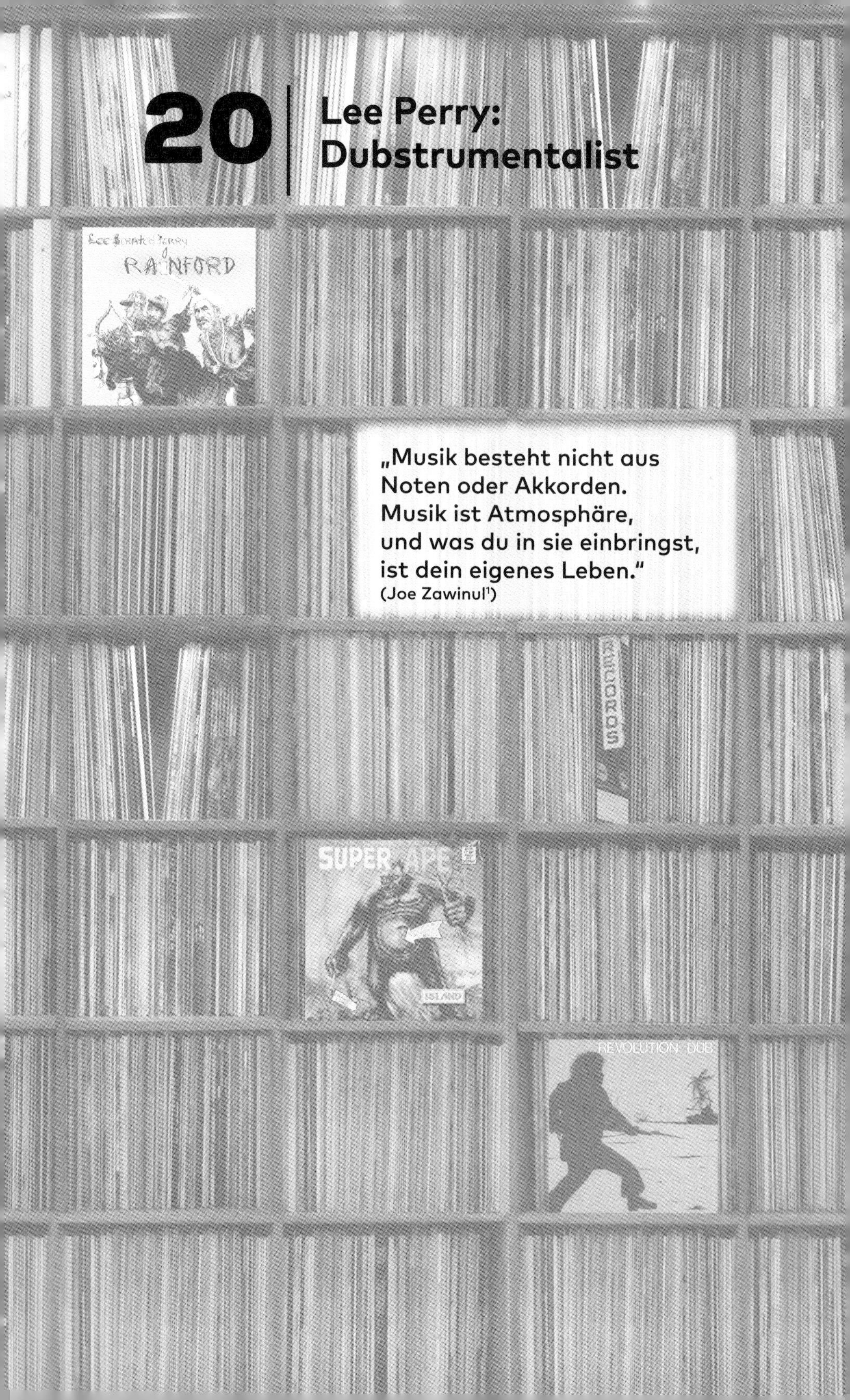

„Musik besteht nicht aus Noten oder Akkorden. Musik ist Atmosphäre, und was du in sie einbringst, ist dein eigenes Leben."
(Joe Zawinul[1])

Er hat an dem durch „Sleng Teng“ ausgelösten Niedergang des Dub keinen Schaden genommen. In Gegenteil. Lee Perry musste sich nur neu erfinden. Dabei half der Rückgriff auf alte Talente. Der Studiowizzard verordnete seiner Karriere eine radikale Wendung und wurde zum Selbstdarsteller. Wovon auch ein bizarrer Auftritt knapp 30 Jahre nach „Sleng Teng“ in einem Club in Jamaikas Hauptstadt zeugt.
Das Redbones Blues Cafe auf der Argyle Road im Herzen von New Kingston war bis zu seiner Schließung im Mai 2018 ein von Touristen und Uptown-Bewohnern frequentierter Open Air Club mit anspruchsvoller Speisekarte. Man hockte an der Bar, nahm einen Drink oder dinierte auf der einladenden Terrasse. Von dort fiel der Blick hinunter auf ein halbrundes Areal, angelegt in Form eines kleinen Amphitheaters. Auf dessen Bühne fanden Lesungen, Rock-, Reggae- und Jazz-Konzerte statt.
Am Abend des 5. April 2012 treten Inna De Yard auf. Ein variabel besetztes Ensemble ehrenwerter Veteranen um den Gitarristen Earl „Chinna“ Smith, die mit Akustik-Sets über Nyabhingi-Rhythmen ihre glorreiche Vergangenheit wiederaufleben lassen. Das von dem französischen Label Makasound im Jahr 2004 initiierte und ab 2011 unter dem Namen Chapter Two Records weitergeführte „Roots & Culture Unplugged“-Konzept genießt dank zahlreicher Alben und Tourneen internationales Ansehen. Zum Line-up an besagtem Abend gehören neben Chinna und dem Keyboarder Robbie Lyn unter anderem die Jazz-Sängerin Susan Couch, der Sänger der Congos Cedric Myton, der durch den Film „Rockers“ zu Berühmtheit gelangte Kiddus I und der legendäre Studio-One-Nestor Bob Andy. Dem Großaufmarsch auf der Bühne entsprechend das Aufkommen an Reggae-Prominenz im Auditorium: Mutabaruka, Oku Onuora, Style Scott, Lloyd Parks, um nur einige zu nennen. Der Altersdurchschnitt ist hoch. Man feiert sich und die gute alte Zeit.
Plötzlich Unruhe. Lee Perry, so wird geraunt, stehe an der Tür. Das Publikum springt auf und stürmt zum Eingang. Die Musiker auf der Bühne sind konsterniert. Als sie merken, um was es geht, lassen sie ihre Instrumente fallen und eilen hinterher. Jegliche Contenance bleibt auf der Strecke. Und tatsächlich, er ist es. Lee Scratch Perry, der kleine alte Mann, zu dem Zeitpunkt 76 Jahre alt, lehnt am Einlasscounter. Komplett in Rot, von der Haarspitze bis zum Hosensaum, Schuhe und Kappe behangen mit Spiegeln. Kein bunter Vogel, nein – eine lebende Voodoo-Puppe. Regungslos. Wortlos. Zur Salzsäule erstarrt.
Die Gaffer zücken ihre Handys, alle reden auf ihn ein. Perry verzieht keine Miene. Plötzlich und ansatzlos schreit er auf: „Uaaah!“ Augen und Mund weit aufgerissen, die Hände krallenartig erhoben. Die ihn Umringenden weichen erschrocken zurück. Perry lacht. Er weiß um seine Wirkung. Kommentarlos durchquert er die Menge, teilt sie wie Moses einst das Rote Meer und begibt sich aufs Gelände. Er lässt sich fotografieren und schweigt. Irgendwann legt

1 *Joe Zawinul by People Plus* Vinyl Factory 2018 https://thevinylfactory.com/features/vf-mix-154-joe-zawinul-by-people-plus/ (zuletzt aufgerufen am 14.03.2022)

sich die Aufregung, das Konzert wird fortgeführt, Perry schlendert zur Bar. Er bestellt weißen Rum und marschiert damit zur Bühne, auf der jetzt Bob Andy singt. Um ihn herum zieht Perry mit dem Rum einen Kreis auf den Boden. Die meisten hier verstehen diese Geste: Schutz vor bösen Geistern. Während Bob Andy ungerührt weitersingt, reicht ihm Lee Perry die Hand. Begleitet von einem Gesichtsausdruck, der sagen will: „Ich hab's für dich getan, mein Freund. Du bist jetzt sicher. Es wird dir nichts zustoßen." Die Menge johlt.
Cedric Myton ist nicht zu halten. Er reißt das Mikrofon an sich und singt „Out of Africa comes the Congo man", ein Klassiker des von Lee Perry produzierten Albums *Heart Of The Congos*. Eine legendäre LP, mit der Perry 1977 sein Black Ark Studio auf Kurs Richtung „Psychedelisches Afrika" laviert hat. Ein ultimatives Juwel, für das kein Superlativ zu finden und das häufig gewählte Attribut „bestes Roots-Album aller Zeiten" nur eine unzureichende Krücke ist. Perry lässt sich nicht erst bitten. Er schnappt sich ein Mikrofon und stellt klar: „ICH bin der Congo-Mann!" Es folgt eine viertelstündige Session, die selbst Mutabaruka ans Mikrofon lockt.
Danach beruhigt sich die Situation, aber es wird noch lange diskutiert. Das Urteil des Publikums ist gespalten. Lee Perry ist der Größte, sagen die einen. Lee Perry ist verrückt, meinen die anderen. So richtig ernst nimmt ihn hier abgesehen von den Touristen niemand. Jamaikas Verhältnis zu dem Mann, der mit der Produktion der Alben *Soul Rebel* (1970) und *Soul Revolution* (1971) nicht unwesentlichen Einfluss auf die Entwicklung des Nationalhelden Bob Marley genommen hat, ist ambivalent. Viele verehren ihn, eben wegen Bob Marley, manche verlachen ihn. Weil sie mit seiner Selbstinszenierung als Schamane wenig anfangen können. Auch die ihm angedichtete Rolle als Soundmagier ist in Kingston nicht unumstritten. Neben hoher Anerkennung für Perrys musikalischen Einfälle kursieren etliche Erfahrungen mit technischen Mängeln seines Studios.
Der englische Journalist David Katz hat für das Buch *People Funny Boy. The Genius Of Lee „Scratch" Perry*[2] alles Wissenswerte über Lee Perry zusammengetragen, eine erweiterte Auflage[3] schloss 2006 letzte Lücken. Da dem Buch biografisch nichts hinzuzufügen ist, beschränkt sich dieses Kapitel auf die Frage nach Lee Perrys Gewicht in der Dub-Arena. Eine Frage, die das Feuilleton wie auch Perrys weltweite Fangemeinde vergötternd beantwortet, obwohl seine Rolle innerhalb des jamaikanischen Dub eine Sonderstellung einnimmt.
Lee Perrys kreatives Schaffen lässt sich in drei Abschnitte einteilen: in die Phase vor, während und nach der Black Ark. Phase eins sieht ihn zunächst als Hilfskraft für Studio One, zuständig für alles, was Coxson ihm aufträgt. Täglich wäscht er den Buick seines Arbeitgebers, bevor der damit seinen Ziehsohn Freddie McGregor, der 1963 als Siebenjähriger in der Brentford Road einzog, von der Schule abholt. Perry trägt die Masterbänder des

2 Payback Press Edinburgh 2000
3 Omnibus Press 2006

Studios für die Plattenfertigung zu WIRL, dem späteren Dynamics Studio, wo er sich mit dem Engineer Linford Anderson anfreundet. Perry holt die gepressten Singles ab und bringt sie unters Volk. Er organisiert Auditions und arbeitet mit bei „Downbeat The Ruler", dem Sound seines Chefs. Er fungiert als Best Boy des Studios und darf aufnahmefreie Zeit nutzen, um selbst zu singen. Obwohl Coxson nicht viel von seinen Sangeskünsten hält, lässt er Perry mehr als 30 Titel aufnehmen, die er mal als Single rausbringt, mal nach England lizenziert, mal exklusiv für sein Sound System nutzt. So wie den Ska-Titel „Chicken Scratch", eine Hommage an einen damals populären Tanz in den Dances, dem Perry seinen Spitznamen „Scratch" verdankt. 1966 werden „Doctor Dick" und „Pussy Galore" (mit dem Wailers-Trio als Chorsänger) zu veritablen Hits, deren Erfolg Perry vor allem seinen anzüglichen Texten verdankt.
Gerade angesichts dieser beiden Hits sieht Scratch seine Arbeit von Coxson nicht ausreichend gewürdigt und unangemessen entlohnt. Als das Jahr 1966 ausklingt und Ska von Rock Steady abgelöst wird, ist es Zeit zu gehen. Perry verlässt Studio One im Unfrieden, ist aber aufgrund seiner mannigfachen Aufgaben bei Coxson bestens vernetzt. Er schließt sich Prince Buster an, arbeitet für Bunny Lee, Joe Gibbs und Winston Holness aka Niney the Observer. Er nimmt auf eigene Rechnung auf und beginnt selbst zu produzieren. Immer wieder trifft er im Dynamics Studio auf Linford Anderson, mit dem er die in Kapitel „Ouvertüre eines neuen Genres" beschriebenen Protodub-Spielereien ausheckt. Ausführende Kraft dabei war Anderson[4], Berichte, dass Lee Perry bereits zu dieser Zeit am Mischpult saß, fußen auf Fehlinterpretationen. In einem Studio gehört es zur Normalität der Abläufe, dass auch andere Anwesende neben dem Techniker Handgriffe am Mischpult übernehmen, die man nicht mit kreativen Vorgängen verwechseln darf. Perry als Mixing- oder Dub-Engineer erleben wir erst auf der Kommandobrücke der Black Ark.
Im Mai 1969 wird das WIRL Studio nach einem Brand zum Dynamic Sounds Studio umstrukturiert. Ein Teil des Gebäudekomplexes auf der Bell Road 13 ist vernichtet, die Aufnahmeräumlichkeiten jedoch überleben das Feuer unbeschadet. Byron Lee ändert die Hausnummer in 15, da die 13 Unglück gebracht hat. Er reist mit Anderson nach New York, um neues Equipment anzuschaffen. Sie erwerben ein 4-Spur-Tonbandgerät und jenes geschichtemachende MCI-Pult mit dem legendären High Pass Filter, das später Tubby kaufen wird. In dieser Zeit nimmt Perry auf der Bell Road mit dem Gesangstrio The Bleechers auf, darunter den Song „Ease Up". Als er 1969 veröffentlicht wird, hat die Single auf der Rückseite einen zweiten Gesangstitel. Erst ein Jahr später erscheint in England unter dem Namen von Byron Lee & The Dragonaires die zu „Ease Up" passende Instrumentalversion „Squeeze Up Part 1", mit einem als „Squeeze Up Part 2" bezeich-

4 Laut Berichten von Zeitzeugen wie Bunny Lee oder des englischen Journalisten und Fashion-Label-Gründers Chris Lane, z.B. in den Linernotes des Albums *Byron Lee & The Dragonaires – Uptown Top Ranking* VP 2015

neten Dub auf der B-Seite; zeitgleich werden „Part 1 & 2“ in Jamaika auf dem Dynamic-Hauslabel Tiger als „Shortwave“ bzw. „Superior“ gepresst. Bei diesen Versionen ist zum ersten Mal der High Pass Filter zu hören. Inwieweit Perry an den Mixen beteiligt war, lässt sich nicht klären. Bunny Lee ist sich sicher, dass Anderson mit dem Filter gespielt hat. Auf Perry könnten die bei „Part 2“ in die Riddims gesetzten rhythmischen Mutes (Stummschaltungen) in Länge einer Viertelnote hindeuten, die später typisch werden für seinen Sound aus der Black Ark. Womöglich stammen aber auch die von Anderson und Perry hat sich davon inspirieren lassen.

Wenig später, noch im selben Jahr, legt Byron Lee auf Tiger eine Coverversion des Titels „Don't Call Me Nigger Whitey“ von Sly & The Family Stone nach, inklusive eines Dubs, bei dem ebenfalls der High Pass Filter zum Einsatz kommt. Dass Scratch an dieser Produktion und insbesondere an den Mixen aktiv beteiligt gewesen sein soll, wird von der Perry-Folklore gerne behauptet, ist aber spekulativ. Dagegen spricht vor allem, dass Lee Perry, solange er kein eigenes Studio hat, nur als Produzent in Erscheinung tritt und nirgendwo am Pult arbeitet. Hier und da kleinere Handgriffe nicht ausgeschlossen.

Perrys Produktionen beginnen sich auszuzahlen. Als ihm Trojan in England ein eigenes Sublabel einrichtet, erweitert er seinen Radius und nimmt nicht mehr nur bei Dynamics auf. 1969 entsteht im Studio One mit den Gladdy's All Stars ein Playback, das eigentlich als Vorlage für einen Gesangstitel gedacht ist. Weil alle Versuche, darüber zu singen, scheitern, lizenziert Perry die Aufnahme instrumental nach England, wo sie als „Return Of Django“ Platz 5 der Pop-Charts erreicht. In etwa zeitgleich beginnt Perry auch im Jahr zuvor eröffneten Randy's Studio 17 zu produzieren, ebenfalls ohne jemals selbst das Pult zu bedienen.[5] Bei Randy's entstehen zwischen 1970 und '71 die Wailers-LPs *Soul Rebel* und *Soul Revolution*. Vor allem diese Produktionen erhöhen seine Reputation enorm und versetzen ihn finanziell in die Lage, einen schon länger gehegten Traum in Angriff zu nehmen: ein eigenes Studio, in dem er nach Belieben schalten und walten kann.

Anfang 1973 beginnt er, den Carport seines Hauses auf der Cardiff Crescent in Washington Gardens, einer ruhigen Wohngegend in Kingston, zu einem Studio umzubauen. Genauer: Er lässt umbauen. Der Sänger und Gitarrist Bobby Aitken wird sein Baumeister, Leonard Dillon von den Ethiopians verputzt das Gemäuer. Perry investiert mehr als 12.000 Pfund in den Bau, eine vergleichsweise hohe Summe, wovon der geringste Teil in die technische Ausstattung fließt. Für gerade einmal 35 Pfund ersteht er in London als Mischpult eine gebrauchte Radiokonsole der Marke Alice, ausgestattet mit lediglich einem VU-Meter und nicht ausgelegt für Aufnahmen. Ohne vernünftig ausgerüstet zu sein beginnt er Ende des Jahres, mit zwei Tonbandgeräten – einer TEAC 3340 ¼ Zoll 4-Spur und einer TEAC AX300 ¼ Zoll 2-Spur als Mastermaschine – zu produzieren. Da ihm anfangs neben anderem noch Mikrofone für Gesangsaufnahmen fehlen, nimmt er die Gesänge erstmal im

5 Siehe die Aussagen von Clive Chin in Kapitel „Die Geschichte von Java Java Java Java“

knapp drei Kilometer entfernten Studio von King Tubby auf, der inzwischen das MCI-Pult nebst 4-Spur-Bandgerät aus dem Dynamics Studio übernommen hat. Mit diesem Equipment entsteht dort der größte Teil von Perrys Dub-Debüt *Upsetters 14 Dub Blackboard Jungle* aka *Blackboard Jungle Dub.* Der inzwischen 37-jährige Lee Scratch Rainford Hugh Perry steht 1973 an der Schwelle zu Phase zwei seiner Karriere. Aus dem ehemaligen Adlatus von Coxson ist ein erfolgreicher Produzent geworden, nun schwingt er sich auf zu einem stilbildenden Soundmagier.

Es ist die Zeit, da das ständig neuen Trends verfallende Jamaika als jüngste Obsession Kung Fu entdeckt. Martial-Arts-Filme beherrschen die Kinoprogramme, aus jeder Ecke tönt Carl Douglas' Welthit **„Kung Fu Fighting"**. Die Insel taumelt im „Uuh! Haa!"-Rausch. Lee Perry ist einer der Ersten, der sich diese Manie zunutze macht. Er setzt den Roots-Sänger Linval Thompson auf einer gleichnamigen Single als „Kung Fu Man"[6] in Szene und beginnt, mit seiner noch rudimentären Studioausstattung Riddims aufzunehmen. 1975 bringt er neben der Vokal-Kollektion *DIP Presents The Upsetter* drei Instrumentalalben über das englische DIP Label raus, jeweils in einer Auflage von 300 Exemplaren, zwei davon als White-Label-LPs mit dem Stempel „Upsetters". Beide LPs sollten erst bei Nachpressungen in der zweiten Hälfte der 90er Jahre ihre Titel sowie die Namen der Tracks verraten. Bei der einen handelte es sich um die jazzige *Musical Bones*-LP des Posaunisten Vin Gordon, die andere entpuppte sich als *Return Of Wax.* Ein spartanisch rohes, nahezu gimmick- und effekt-freies Instrumental-Sammelsurium von Titeln wie „Kung Fu Warrior", „Dragon Slayer" oder „Samurai Swordsman".

Allein die dritte LP *Kung Fu Meets The Dragon* unter dem Künstlernamen The Mighty Upsetter erscheint mit einem regulären Cover, vom Artwork bis hin zum musikalischen Inhalt bedient sie perfekt den Kung-Fu-Hype. Sowohl *Return of Wax* wie auch *Kung Fu Meets The Dragon* basieren zum größten Teil auf speziell eingespielten Instrumentaltiteln. Sogenannte „Designer Dubs" – ein Terminus, der auf Michael Veal zurückgeht und in der Dub-Wahrnehmung kaum vorkommt. Veal nutzt ihn in Anlehnung an Adrian Sherwood für Riddims bzw. Playbacks, die zur Dub-Verarbeitung eingespielt werden, ohne die Absicht sie zu voicen.[7] Perry lässt erkennen, dass sein Verständnis von Dub anders ist. Ihm geht es weniger um dubbige Riddim-Workouts bekannter Songs als um theatralische Inszenierungen. Mit minimalen Echo-Effekten, Geräusch-Overdubs von Kung-Fu-Schreien, Klappern und klirrenden Ketten hofiert er das Kung-Fu-Fieber, das in Jamaika ekstatische Ausmaße angenommen hat. Dazu flüstert er Parolen wie „This is Karate Skank" (auf „Black Belt"). Doch es ist nicht wirklich Dub, was er darbietet. Es sind Instrumentals aus einer Grauzone zwischen eigenständigen Titeln und Dub-Versatzteilen, deren zutreffendste Beschreibung 2005 Trojan Records findet, als das Label die drei DIP-LPs als „Dubstrumentals" auf einer DoCD vereint.

6 Clocktower, US 1975

7 Veal a.a.O. S. 228. Siehe auch Kapitel „Dub in England"

Das DIP Label gehört dem Einwanderer Dennis Harris, einem Freund von Edward Seaga, der aus Clarendon nach London kommt und dort zum umtriebigen Geschäftsmann aufsteigt. Zunächst eröffnet er im Stadtteil Brockley im Südosten der Stadt einen der ersten von Schwarzen betriebenen Supermarkt und verkauft Lebensmittelkonserven, Yam und Kochbananen. Dann wechselt er ins Musikgeschäft und baut auf der Upper Brockley Road ein kleines Studio. Der Schlagzeuger der One-Hit-Wonder-Band Los Bravos („Black Is Black“ 1966) konstruiert ihm ein 8-Spur-Aufnahmegerät, bei dem aber nur sieben funktionieren. Harris nennt sein Studio „Eve“, hier entstehen später die ersten Dub-LPs von Dennis Bovell, auf die wir noch eingehen werden.

Perry lernt Harris 1975 kennen. Der hatte soeben von Larry Lawrence die Single „Hurt So Good“ übernommen, die Perry mit Susan Cadogan produziert und Lawrence überlassen hatte, damit der sie in England veröffentliche. Mit Perrys Einverständnis lizenziert Harris die Single an das englische Pop-Label Magnet, das den Song im März bis auf Platz vier der UK Charts bringt. Noch im selben Monat übernimmt Magnet von DIP auch den von Perry produzierten Junior-Byles-Titel „Curly Locks“, von dem angeblich eine Viertelmillion Singles abgesetzt werden, ohne dass dabei eine Charts-Platzierung herausspringt. Für keine der beiden Singles erhält Perry Lizenzgeld. Harris hat sich bei dem Magnet-Deal übers Ohr hauen lassen und sieht sich daher in der Verantwortung. Zum Ausgleich kauft er für Perry Studioequipment, unter anderem ein Soundcraft-Pult, verschifft alles nach Kingston und schließt es ihm in seinem Studio an.

Die neue Konsole mit 16 Kanälen bietet Perry professionellere Möglichkeiten zu mischen als das alte Alice-Pult. Sofort beginnt er zu experimentieren. Als erstes Resultat erscheint im November 1975 in England bei Cactus/Creole eine LP mit dem Titel *Revolution Dub*. Ein extremes Werk mit zwei unterschiedlichen Seiten. Die eine stellt die Dub-Welt auf den Kopf, verschreckt manch einen Reggae-Fan und lässt die Kritik zwischen Irritation und Jubel schwanken. Die andere ist im Vergleich dazu trivial und lebt von Perrys skurriler Selbstinszenierung. Die LP trägt das Attribut „revolutionär“ im Namen, doch das Cover-Artwork führt in die falsche Richtung. Ein Kämpfer mit Gewehr und aufgepflanztem Bajonett und ein Panzer unter Palmen deuten auf eine militante Komponente, doch das Revolutionäre an diesem Album ist der für den damaligen Standard mit allen Regeln brechende Mix.

Perry gibt der LP zum Auftakt mit der Ansage „this is dub revolution, music to rock the nation“ den Charakter eines Konzeptalbums. Im ersten Stück nutzt er denselben Beat einer Rhythmusbox, den auch Bob Marley ein Jahr zuvor auf seinem Album *Natty Dread* bei „So Jah Seh“ eingesetzt hat. Begleitet von Bass und Gitarre trommelt Perry dazu auf seinen Wangen, spielt Gesichtspercussion und singt „shalala“, „dududu“ und „nanana“, mal überlaut im Vordergrund, mal tief vergraben im Hall. Es folgen infernalische Bearbeitungen von Jimmy Rileys „Woman Gotta Have It“, Bunny Clarkes

„Move Out Of My Way“ und Junior Byles‘ „The Long Way“. Nichts an diesen Mixen ist dancehallkompatibel. Es sind Hörspiele. Durchsetzt von Einspielungen aus einer britischen TV-Sitcom. Arrangiert mit eigenen Vocal-Overdubs, Filtervariationen und wilden rechts/links-Exzessen, die das in der Vorzeit aus technischer Limitierung geborene Split-Stereo-Prinzip zügellos überreizen. Ein spektakuläres Ereignis auf HiFi-Stereoanlagen, das in der auf Mono gepolten Dancehall verpufft.

Auf Seite zwei des Albums ist Schluss mit der überdrehten Magie. Die Revolution hat nach „Bushweed Corntrash“ von Bunny (Clarke, später Rugs) & Ricky (I Kong) am Ende von Seite eins ihren Zenit überschritten. Dort trällert Perry noch ein kindliches „lalala“, während um ihn herum das Schlagzeug knallt und schettert und sich der Bass entlang der Zerrgrenze schlängelt. Jetzt werden die Mixe bieder. Perry bietet nur noch harmlose Playbacks mit gesanglichen Overdubs, deren Sinn sich nicht immer erschließt, und reichert sie mit Kotz- und Würg-Geräuschen an. War die A-Seite ein Mix aus Innovation und radikalen Ex-Perry-Menten, weicht die B-Seite zurück ins Banale.

Als *Revolution Dub* auf den Markt kommt, ahnt niemand, dass die LP einen Wendepunkt in Perrys Output markiert. Der Sound seines Studios steht kurz davor, sich tiefgreifend zu verändern. Im Spätherbst 1975 kauft Perry in New York einen Mutron Phaser und ein Roland Space Echo. Er ist der Erste, der diese Effektgeräte nach Jamaika holt, und er wird auf lange Sicht auch der Einzige bleiben, der das heute im Dub wie eine Reliquie verehrte Echogerät tatsächlich benutzt. Im Zusammenspiel mit dem bereits vorhandenen, laut Herstellerangaben nur semi-professionellen Federhall der Firma Grampian werden Phaser und Space Echo die entscheidenden Bausteine für eine unverwechselbare Klangwelt, die bald in der Black Ark entstehen wird. Ende des Jahres 1975 ist das Studio mit der neuen Ausstattung auf einem deutlich verbesserten Niveau, auch wenn es noch weit entfernt ist von dem technischen Level, das bei Channel One oder Harry J zur Verfügung steht. Überdies hat Perry eine Schlagzeugkabine einbauen lassen, was seinen Schlagzeugsound kolossal verändert. Die Becken klingen jetzt bauchig und lange aus, während die Bassdrum mit butterweichem Anschlag klarer vernehmbar wird. Was besonders dem von der Discomusik der 70er Jahre übernommenen Stilmittel der „four-on-the-floor“-Beats, die jede Viertelnote akzentuieren und mit denen Perry gerne seine Arrangements unterlegt, swingenden Schub verleiht.

Perry arbeitet weiterhin mit den beiden Bandmaschinen, die er von Anfang an besitzt.[8] Er verkabelt sie mit dem 16-Kanal-Mischpult[9], mit dem Phaser,

8 Eine später von Chris Blackwell gespendete 1-Zoll-8-Spur-TASCAM benutzt Perry nicht, weil er sie nicht ans Laufen bringt

9 Lloyd Bradley unterläuft in seinem Buch *Bass Culture - When Reggae Was King* (deutsche Ausgabe S. 289) der gleiche Fehler, der in der Dub-Literatur auch über Channel One vorkommt, wenn er die Anzahl der Spuren des Tonbandgerätes gleichsetzt mit der Menge der Kanäle des Pultes und von einem 4-Kanal-Mischpult spricht. Außerdem nennt er ein falsches Echogerät (Echoplex) und schreibt King Tubby den technischen Entwurf der Black Ark zu. Tendenziell treffen Bradleys Ausführungen zu Lee Perry den Kern, stecken aber voller Fehler.

mit dem Hall- und dem Echogerät. Er verbindet alles mit allem, zum Teil auf unkonventionelle Art. Er strickt sich die Verbindungen so zurecht, dass er auf die einzelnen Bausteine ständig Zugriff hat. Er kann jederzeit vier Spuren auf zwei oder eine zusammenmischen (bouncen), danach zurückführen und sowohl auf dem Hin- als auf dem Rückweg durch die Effekte leiten. Zudem ist er so eingerichtet, dass er spontan vom Mischpult aus über ein Mikrofon eigene Stimmeffekte oder Percussion zumischen kann. Niemand außer ihm durchblickt die Verkabelung. Vieles von dem, was fortan in der Black Ark passiert, basiert auf gewolltem Zufall.

Die eigenwillige Verbindung aller Geräte führt schon während der Aufnahmen, aber noch mehr während der Mixe zu Dingen, die nicht vorhersehbar sind. Durch Übersprechungen von den Rändern der einzelnen Spuren entstehen Ghost Sounds, vergleichbar den Ghost Notes beim Spielen eines Instruments. Sie sind da, werden aber nur unterschwellig wahrgenommen. Zudem erhöht sich durch Bouncen und wiederholtes Hin- und Herkopieren zwischen zwei Tonbandgeräten das Bandrauschen, das wiederum in den Effektgeräten eigenständige Impulse auslöst und selbst zum Effekt wird. Die Magie des Black-Ark-Sounds generiert sich teilweise aus sich selbst. Angeregt von dem, was in seinem Studio passiert, ballert der Zaubermeister spontan explosionsartige Schüsse in das Klanggebilde, indem er die Feder des Hallgeräts durch Schläge auf das Gehäuse zum Überschlag bringt.

Nur Perry selbst kann die Arche steuern. Er allein vermag die Geister in den Kabelsträngen zu dirigieren, was zur Folge hat, dass kaum ein anderer Engineer in seinem Soundlabor arbeitet. Als die Gladiators 1975 bei ihm mit Yabby You die Single „Jah Vengence" aufnehmen, fragt er verwundert „ob Yabby Obeah betreibe, da außer ihm selbst sonst niemand in der Lage sei, seinem Studio solche Klänge zu entlocken".[10]

Obeah, die karibische Variante des Voodoo, ist im jamaikanischen Volksglauben tief verwurzelt. Rituale wie das Versprenkeln von Rum zur Besänftigung von Geistern, das schutzverheißende Einreiben mit weißem Rum bei den Maroons oder das Vergießen des ersten Schlucks aus einer Flasche für die Ahnen sind überall zu beobachten und werden weder hinterfragt noch kommentiert. Auch Lee Perry ist nicht unberührt von diesem Kult. Schon in frühen Zeiten gibt es Hinweise wie die Geschichten aus dem Randy's Studio, die Clive Chin erzählt.

In der Black Ark wird das Mischpult zu einem Voodoo-Altar. Die rund um den Arbeitsplatz angehäuften Gegenstände sind typisch für die spirituelle Verbindung zum Jenseits: Bilder von Marcus Garvey und Haile Selassie, Seiten aus dem *Hustler* und *Penthouse*, Gemälde von Sklaven in Ketten, der Super Ape mit Spliff, Polaroids... ein Schrein, Hufeisen, eine Vase, Davidstern, Rasseln, Ratschen, Tambourin, Triangle, Kuhglocken... ein Fisch, eine weiße Eule, Kabel, Kassetten, Singles, ein Buch über menschliche Anatomie, die panafrikanische Trikolore... und überall Symbole. Die Spulen des Tonbands, die Effektgeräte, die Perkussionsinstrumente, jede freie Fläche an der

10 *Yabby You – Dread Prophecy*, Shanachie 2015 Booklet S. 6

Wand, alles ist mit Graffiti übersät. Auch die Bilder und Fotos sind mit Schriftzeichen bemalt. „Mitten in diesem scheinbaren Durcheinander ist jedes kleinste Zeichen eine Botschaft."[11]
Die spirituelle Aura der Black Ark zeigt Wirkung. Der Standort in Washington Gardens wird zum Hot Spot für orthodoxe Rasta-Artists, fortwährend hängen Mitglieder der Bobo-Shanty-Bruderschaft dort ab. „Mister Perry war ein rebellischer Mensch und mit der Rasta-Bewegung verbunden. Er hat selbst im Studio die Bibel gelesen und Meetings abgehalten", beschreibt der Sänger Earl 16 die Situation vor Ort. Das Studio entwickelt sich zu einer revolutionären Rastafari-Zelle, weil Perry, eingeloggt in den Zeitgeist, den Sängern kompromisslos Raum für religiöse Visionen und politische Agitation lässt. Sein Yard ist 1976 eine Enklave während des im Land wegen der Wahlkampfunruhen verhängten Ausnahmezustands. Die Bobos präsentieren sich als radikale Vertreter der Nyabinghi-Theokratie mit dem erklärten Ziel, die jamaikanische Gesellschaft mithilfe von Musik zu verändern. Sie ernennen Perry zu ihrem „Minister of Music", weil sie in ihm einen Vorboten der Rastafari-Herrschaft sehen.
Weltlich betrachtet steuert der Skipper der Schwarzen Arche auf den Höhepunkt von Phase zwei seiner Karriere zu. Er geht einen Handschlag-Deal mit Chris Blackwell ein, innerhalb kürzester Zeit erscheint eine Serie epochaler Alben, die die Wahrnehmung von Dub verändern, obwohl darunter kein einziges Dub-Album ist. Allein sieben davon kommen über Island Records:

- *Jah Lion – Colombia Colly* Island 1976
- *Max Romeo & The Upsetters – War In A Babylon* Island 1976
- *The Upsetters – Super Ape* Island 1976
- *The Heptones – Party Time* Island 1977
- *Junior Murvin – Police And Thieves* Island 1977
- *George Faith – To Be A Lover* Black Swan/Island 1977
- *Various – Scratch On The Wire* Island 1979

Parallel dazu veröffentlicht Perry vier LPs auf anderen Labeln, weil sie von Blackwell abgelehnt werden:

- *Prince Jazzbo – Natty Passing Thru'* Black Wax UK 1976
  aka. *Ital Corner* Clocktower US 1981
- *The Congos – Heart Of The Congos* (Version 1) Black Art JA 1977
- *The Congos – Heart Of The Congos* (Version 2, remixed & overdubbed)
  Congo Ashanti JA 1978, Jah Live Frankreich 1979, Go Feet UK 1981,
  VP Records US 1994, Blood & Fire UK 1996 (remastered plus Bonus),
  VP Records US 2017 (Version 1 und 2 plus Bonus als Jubiläumsedition)
- *Lee Perry & The Upsetters – Roast Fish Collie Weed & Cornbread*
  Lion Of Judah JA 1978
- *The Upsetters – Return Of The Superape* Lion Of Judah JA 1978

11 *Vodou. Kunst und Kultur aus Haiti* Berlin 2010 S. 94

Perry nimmt ohne Unterlass auf und mischt wie eine Maschine. Außer den genannten LPs entstehen Massen von in Jamaika und vor allem in England veröffentlichten Singles und Maxis mit weiteren Artists, von denen einiges später auf Kompilations wie *Heart Of The Ark Vol. 1 + 2*[12] oder die Trojan-Boxen *Open The Gate* (1989) und *Build The Ark* (1990) gepackt wird.[13] Gleichzeitig produziert er Platten, die erst Jahre später ans Tageslicht kommen:

- *Aura meets Lee „Scratch" Perry – Full Experience*
  Blue Moon Production, Frankreich 1988
- *Sekje Molenga & Kalo Kawongolo with Lee „Scratch" Perry – From The Heart Of The Congo* Jolie Zaire, Belgien 1991[14]
- *The Jolly Brothers – Conscious Man* Roots UK 1993
- *Lee „Scratch" Perry presents Candy McKenzie* Trojan/Upsetter UK 2011

Einem Bildhauer gleich gestaltet Perry in seinem Studio eine Klangskulptur nach der anderen. Virtuos spielt der Dubstrumentalist auf der Klaviatur seines Low-Fi-Equipments. Während sich auf den B-Seiten der Singles Dub-ähnliche Versionen finden, sind die auf Maxi oder LP lang ausgedehnten Tunes Sinfonien aus Emotionen, Sound und Effekten. Durch Echo und Phaser in einen nie zuvor gehörten psychedelischen Schwebezustand versetzte, akustische Landschaften. Die Bezeichnung „Dub" würde seine Klangbilder nur bagatellisieren. Was speziell für *Super Ape* gilt. Vielleicht Perrys größtes Gesamtkunstwerk, das fälschlicherweise als Dub-LP bezeichnet wird. Vielmehr verdichtet er hier mit Overdubs und Effekten neue Instrumental- und Vocal-Versionen aus vorhandenen Playbacks zu einem eigenständigen Opus Magnum, das Lichtjahre entfernt ist vom Dub der Dancehall. Dennoch verdankt Perry dem, was er in dieser Zeit kreiert, seinen Nimbus als Salvador Dalí des Dub[15], als Dub Wizzard, Dub Alchimist, Dub Daddy[16] oder als was auch immer man ihn künftig bezeichnen wird. Ein Ruhm, für den ihn dank des Deals mit Island Records in Europa eine wachsende, weiße Gefolgschaft feiert, Jamaika dagegen reagiert zurückhaltend. Seine Mixe sind kein Dub im klassischen Sinne und definitiv keine Gesangs- oder Deejay-Vorlagen für die Sound Systems. Deshalb kommen sie dort nicht vor. „His productions were simply not ramming the dancehalls", räumt auch sein Biograf David Katz ein.[17] Perrys Musikdesign sucht sich vom Start weg ein anderes Publikum.
Zum Erfolg gesellt sich der Ärger. Wer in Jamaika zu Geld kommt, wird mit „let off supm" angegangen. So auch Perry. Musiker und Sänger, Idler

12 Seven Leaves, UK 1982 + 1983
13 Vieles davon findet sich auf der von Colin Young 2018 gestarteten Vinyl Only-Serie *Disco Devil Vol. 1...* Studio 16 UK, mit restaurierten und teilweise zu Extended Mixen zusammengeschnitten Aufnahmen aus der Black Ark
14 Zuerst 1979 nur als *Sekje Molenga & Kalo Kawongolo* in Frankreich auf Sonafric veröffentlicht
15 Lloyd Bradley, deutsche Ausgabe a.a.O. S. 292
16 ARTE Tracks 15.12.2011, ein Porträt voller absurder Informationen
17 David Katz: *People Funny Boy. The Genius Of Lee „Scratch" Perry* 2. Auflage S. 301

und Hustler, Tagediebe und Bettler, alle halten die Hand auf. Die Bobos fordern Unterstützung, lokale Gangs wollen Schutzgeld. Obendrein führt Islands Weigerung, das von allen Seiten als Meisterstück eingeschätzte *Heart Of The Congos* zu lizenzieren, angeblich weil es den Status des Topsellers Bob Marley gefährden könnte, zu massiver Verstimmung. Nicht nur zwischen Perry und Blackwell, auch mit den Dreads im Camp, wo es in den absurden Vorwurf eskaliert, der Hausherr habe Rastas Schweinefleisch untergejubelt. Perry gerät in Dauerstress, bekommt zunehmend finanzielle Sorgen und beginnt an seiner Haltung zu Rastafari zu zweifeln. Immer öfter greift er zum Rum, was ihn zunehmend unberechenbar macht. 1978 führt die Situation zu drastischen mentalen Ausfällen. Während der Aufnahmen zu Ras Michaels *Love Thy Neighbour*-Album bricht Perry die Session ab und beginnt Bilder und Wände des Studios mit dem Buchstaben „X" zu übermalen. „Der Upsetter wurde krank im Kopf", beschreibt Yabby You die fortschreitende Wesensveränderung[18], die niemandem verborgen bleibt.

Irgendwann hat Perry Streit mit jedem, mit dem er zu tun hat. Immer weniger Leute hängen in seinem Yard ab, es wird einsam um ihn. Sogar seine Frau, mit der er seit den Studio-One-Tagen zusammen ist und drei Kinder hat, die jahrelang seine Geschäfte geregelt und seine Platten in England verdealt hat, tritt die Flucht an. Im Januar 1979 hat er alle Leute aus seinem Yard vertrieben, das Studio liegt brach, wäre aber noch funktionsfähig. Es ist der Moment, der nach fünf Jahren exzessiver Produktivität das abrupte Ende von Phase zwei in der Karriere von Lee Perry markiert.

Noch lange Zeit nachdem die Arche auf Grund liegt und ihren Betrieb eingestellt hat, finden faszinierende Aufnahmen aus ihrem Nachlass den Weg in die Öffentlichkeit. Nicht alles hat die Klasse der Island-Alben oder von *Heart Of The Congos*, vieles erzielt nur Aufmerksamkeit, weil sich die um Lee Perry gesponnene Legende verkaufsfördernd auswirkt. Abgesehen von *Blackboard Jungle Dub* (1973) und *Revolution Dub* (1975) kommen erst nach 1979, also nachdem Perry das Mixen längst eingestellt hat, Alben auf den Markt, die Lee Perry offensiv mit dem Begriff „Dub" in Verbindung bringen. Nicht alles, was nun erscheint, hat die Qualität seiner offiziellen Veröffentlichungen der letzten drei Jahre. Die ersten sogenannten „Dubs" stammen zwar aus der Black Ark, werden jedoch kompiliert von Perrys Exfrau Pauline „Isha" Morrison, oder von Tony Owens, dem nach England ausgewanderten Besitzer des Seven Leaves Labels, mit dem Perry des Öfteren kooperiert hat:

- *Black Ark Players – Black Ark In Dub* Black Ark International/Starlight UK 1980
  mit zwei Mixen von King Tubby und in England aufgenommenen Synthesizer-Overdubs
- *Lee Perry – Megaton Dub* Seven Leaves UK 1983
- *Lee Perry – Megaton Dub 2* Seven Leaves UK 1984

18 *Yabby You – Dread Prophecy* Booklet a.a.O.

Perry weiß von diesen Veröffentlichungen nichts. Er ist damit beschäftigt, sich als Pipecock Jackxon zu reinkarnieren. Er geht auf Distanz zu Rastas und Dreadlocksträgern, will zukünftig nur noch mit weißen Musikern arbeiten. Der Versuch, mit einer Gruppe englischer Musiker in seinem Studio ein Album für ein holländisches Label zu produzieren, scheitert an desolaten Umständen. Dennoch erscheinen Fragmente der Sessions, ohne sein Wissen, unfertig und ohne von ihm gemischt zu sein, 1980 als *The Return Of Pipecock Jackxon*[19]. 1981 fliegt er auf Initiative von Chris Blackwell nach New York. Bei einem Konzert einer weißen Wave & Reggae-Band, die sich Terrorists nennt, entert er die Bühne und freestylt. Daraus ergibt sich eine kurze Live- und Studiokooperation, die mit einer von Perry in Manhattan produzierten, gesungenen und eventuell auch gemischten Maxi endet.[20] Die Terrorists werden abgelöst von den Majestics, einer anderen weißen Reggae-Band aus New York. Das amerikanische Heartbeat Label finanziert Perry und der Band eine Session in einem Kingstoner Studio. Da sich in der Black Ark nicht mehr arbeiten lässt, geht man ins Dynamics. Dort entsteht das Album *Lee „Scratch" Perry and The Majestics – Mystic Miracle Star*[21]. Nach Pipecock Jackxon und den Terrorists der dritte künstlerische Offenbarungseid in Serie. Nichts ist geblieben von dem Sound, der Lee Perry berühmt gemacht hat. Statt magischer Atmosphäre trübe Rezitation. Liederliche Lyrik. Zotig. Protzig. Gaga.

Perry ist unten angekommen. Der tiefe Fall des Mannes formerly known as The Mighty Upsetter hat ein Ende. Auch noch vier Jahre nachdem er sein Studio stillgelegt hat, ist er tief verbittert über die Künstler, mit denen er dort gearbeitet hat. Begleitet von exzessivem Rumkonsum torkelt er durch schwere Stimmungsschwankungen. Eigentlich will er die Black Ark wieder auf Vordermann bringen, obwohl klar ist, dass dies angesichts seiner finanziellen Situation eine Illusion bleibt. Nachdem er schon Instrumente und Teile des Equipments in der Toilettengrube versenkt hatte, geht in den Morgenstunden eines Sommertages im Jahr 1983 das Studio in Flammen auf. Die Ursache bleibt ein Mysterium. Hat Perry Feuer gelegt, was bei seiner mentalen Konfusion kein Wunder wäre, oder war es ein Kurzschluss?

Das Feuer vernichtet sein altes Leben, doch Lee Perry steigt aus den Ruinen der Black Ark wie Phönix aus der Asche. Der Upsetter mutiert zum Selbstdarsteller einer Inszenierung als Madman. Er wird nie wieder etwas mischen, nie wieder an den Knöpfen eines Mischpultes drehen, auch wenn es Bilder gibt, die es suggerieren sollen. Er hat früher schon gesungen und über Riddims getoastet, ab jetzt aber wird er nur noch reden und als Sprechakrobat von dem Ruhm zehren, den er sich erarbeitet hat. Lee Perry erfindet sich als Eventkünstler. Und das Event – ist er.

„Perry traf bewusst die Entscheidung, Künstler zu werden", bestätigt auch Adrian Sherwood die Veränderung. „Er wollte nicht mehr an einem Misch-

19 Black Star Liner, NL 1980

20 *Terrorists and Lee „Scratch" Perry – Love Is Better Now/Guerilla Priest* 12" Spliff Records US 1981

21 Heartbeat US 1982

pult sitzen, jeden Tag an einem anderen, das er nicht kennt, und versuchen, das zu emulieren, was er in der Black Ark gemacht hat. Die Zeit der legendären Bilder von ihm als Mischer in der Black Ark ließ er hinter sich und wurde Künstler."[22]

Wir erleben den Übergang zu Phase drei in Perrys Karriere. Diese Phase wird alles, was bis dahin zusammengekommen ist, in den Schatten stellen. War schon der vor und während der Black-Ark-Zeit produzierte Output an Singles, Maxis und LPs in Zahlen kaum zu erfassen, so lässt sich das, was künftig mit seinem Namen publiziert wird, nur noch in laufenden Metern darstellen. Dass der jamaikanische Dub als Folge von „Sleng Teng" in dieser Zeit zum Erliegen kommt, hält ihn nicht auf. Das Dub-Geschehen verlagert sich von Kingston nach London und findet, ausgehend von Europa, weltweit eine neue Gefolgschaft. Lee Perry steigt in diesem Umfeld zur Kultfigur auf. In den kommenden 35 Jahren erscheinen an die hundert Alben, dazu Singles, Maxis, DVDs. Manches davon zweifelhafter Herkunft. Vorne auf den Covern wird mit Lee Perry geworben, oft mit dem Zusatz „Dub", auf der Rückseite erfährt man, wer tatsächlich den Mix verantwortet hat.[23] Lee Perry jedenfalls nicht. Auch dann nicht, wenn es aus verkaufstechnischen Gründen behauptet wird. Sein Name wird zu einer Aktie, deren Wert an der Dub-Börse kontinuierlich zunimmt. Das alles wird befeuert durch den Fame der Vergangenheit und eine veränderte Form der Rezeption. Woran zwei Bücher großen Anteil haben.

1984 trifft der amerikanische Science-Fiction-Autor und Cyberpunk-Pionier William Gibson mit seinem Roman *Neuromancer* den Nerv der Zeit. Weltweit verkauft er zig Millionen Exemplare. Zentraler Ort der Geschichte ist eine von Rastas betriebene Weltraumstation namens „Zion". Zion umkreist die Erde, während nonstop schwerer „Bass-Dub" durch die Gänge „pulsiert". Im Sog von *Neuromancer* veröffentlicht elf Jahre später der englische Musikjournalist David Toop eine von der Popkritik bejubelte musiktheoretische Abhandlung unter dem Titel *Ocean Of Sounds. Aether Talk, Ambient Sound And Imaginary Worlds* (auf Deutsch: *Klang, Geräusch, Stille*). Darin verbreitet er eine grobe Darstellung der Dub-Geschichte, die an vielen Stellen einem Faktencheck nicht standhält. Toop ist die intellektuelle Quelle einer Blue-Eyed-Dub*-Adaption und hat großen Anteil an der Verklärung der Person Lee Perry. Er lässt ihn ausführlich zu Wort kommen mit Erklärungen wie: „Ich empfing Hilfe von Gott. Das Wetter hat mir geholfen, Weltraum-Musik zu machen. Wenn ich einen Stinkefurz loslasse, ist der so laut, dass er die Lava in den Vulkanen antreibt, und das ist gefährlicher als ein Hurrikan." Beeindruckt von Perrys Äußerungen versteigt sich Toop zu

22 „Adrian Sherwood on Lee Perry", in: *I feel everything you say I feel everything you hear*, Hrsg: Weekend Fest, Strzelecki-Books, Köln 2022

23 Zwei Beispiele aus jüngerer Zeit, stellvertretend für viele: *Lee Perry And Friends - Back To The Ark* Upsetter Label UK, Record Store Day Edition 2019 feat. Dennis Bovell, Vin Gordon, Sylford Walker et.al., mixed by Daniel Boyle. Oder die Single „The Invisible Man" der Psychedelic-Funkband Solid Bronze aus Delaware, mit einem angeblichen „Lee ‚Scratch' Perry Dub Mix", der von Mad Professor stammt. Schnitzel Records, Rough Trade 2019

dem Schluss: „Dub-Musik ist wie ein langer Echo-Verzögerungs-Effekt, der sich durch die Zeit schleppt. Balsam und Schrecken für Geist, Körper und Seele, wenn Lieder auseinandergezerrt werden oder ein Groove über eine leere Landschaft aus kahlen Höhen und tiefen Gräben gedehnt wird und Rhythmen und Motive bis zum Fluchtpunkt ausgestreckt werden. Guter Dub verwandelt eine rational angeordnete musikalische Sequenz in ein Meer von Empfindungen.“[24]

Als *Ocean Of Sounds* seine Kreise zieht, hat Perry längst eingeräumt, dass er „keinen direkten Kontakt zum Mischpult“[25] mehr pflegt. Dennoch sind jetzt schon an die 20 neue Alben unter dem Markenzeichen „Perry“ erschienen, von denen gut die Hälfte den Begriff „Dub“ im Titel führt. Viele davon kommen aus weißer Hand, siedeln ideologisch näher an Woodstock als an Kingston. Perry ist inzwischen ein umtriebiger Performance-Künstler, der auf der ganzen Welt auftritt. Überall hat er Bands, die ihn begleiten. Seine Aversion gegen Dreadlocks ist verflogen. Aber getreu der Devise, nie wieder mit Jamaikanern arbeiten zu wollen, „weil die nicht mehr zu mir passen“[26], bestehen diese Bands – sofern es sich nicht um die Robotics von Mad Professor oder OnU Sounds Dub Syndicate handelt – ausschließlich aus weißen Musikern.[27] Sein Publikum spiegelt die Vorgabe. Afroamerikaner oder karibikstämmige Besucher verirren sich nicht in die Konzerte. Und wenn doch, sagen sie ihm direkt: „What the fuck are you talking about, dude?“, erzählt Paul Zasky. Er hat als Bassist sowohl mit dem amerikanischen Subatomic Sound System als auch mit seiner österreichischen Band Dubblestandart mehr als 200 Shows für Lee Perry in den USA und Europa gespielt und erinnert sich: „Lee Perry funktioniert vor einem weißen Publikum ganz anders als vor einem Schwarzen. Die Weißen verstehen vieles nicht. Und haben ein anderes Verständnis von Reggae. Wenn du aber vor Afroamerikanern oder in Frankreich spielst, da gelten andere Codes, da wird's schon schwieriger mit Lee Perry.“

Bei Lee Perry bleiben weiße Dub-Fans unter sich. Nicht ganz unbeteiligt an dieser Entwicklung ist das englische OnU Sound Label, dessen Chefideologe Adrian Sherwood „Dub für weiße Kiffer“[28] produzieren will und dessen Band Dub Syndicate laut ihrem Drummer Style Scott das Konzept verfolgt, „Dub nahe an Pink Floyd heranzubringen.“[29]

---

24 David Toop: *Oceon Of Sound*, deutsche Übersetzung S. 132f

25 1992 in einem Interview mit René Wynands, bei dem der Autor Zeuge war. Zu finden in *»Do The Reggay!«* Piper 1995 S. 226

26 1995 im Interview mit dem von den Beastie Boys herausgegebenen Magazine Grand Royal, Issue 2

27 Darunter renommierte Namen wie The Revolution feat. Jah Wobble & David Harrow aus England (1990), aber auch regionale Gruppen wie Soon Come aus Deutschland (1993) oder The White Belly Rats aus der Schweiz (2004, 2008, 2016). Mit Musikern der österreichischen Band Dubblestandart spielt er 114 Shows in den Staaten, ab 2010 größtenteils in Kombination mit dem New Yorker Subatomic Sound System, 2013 mit Easy Riddim Maker aus Frankreich, 2015 mit Pura Vida aus Belgien.

28 „30 Jahre On-U Sound“ *RIDDIM* 06/2011

29 2004 in einem Interview für das Online-Magazin Reggae-News

Der große Durchbruch erfolgt 1998, als die Beastie Boys Lee Perry als einen ihrer Einflüsse bezeichnen und ihn einladen, einen Song für sie zu voicen.[30] Scratch hatte schon früher Berührungen mit dem Pop-Mainstream. Unter anderem gab es 1977 in der Black Ark eine gescheiterte Liaison mit Paul und Linda McCartney[31] sowie eine gelungene Rock-Produktion mit dem englischen Sänger und Gitarristen John Martyn[32]. Zehn Jahre später kreierte er für Simply Red und Terence Trent D'Arby in London Remixe, die im Wesentlichen aus kuriosen Overdubs bestanden und nur wenig Aufmerksamkeit erzielten. Die Aufnahme mit den Beastie Boys aber ist von anderer Qualität. Sie zeigt Perry in seinem neuen Element als markanten Wortführer über Playbacks, die nicht von ihm stammen. Die Beastie Boys, seit zehn Jahren internationale HipHop-Superstars dank ihres Megahits „You Gotta Fight For Your Rights To Party", reißen ihm die bislang nur leicht geöffnete Tür zum weltweiten (Pop-)Markt weit auf. Zwei Kooperationen mit dem Elektronik-Projekt The Orb in 2012 und 2013[33] erweitern seinen Bekanntheitsgrad, verstärken aber auch die grassierende Verwässerung des Begriffs „Dub" in den Publikationen des Mainstreams. Wo Perry draufsteht, muss Dub drin sein. Gipfel der feuilletonistischen Verklärung ist 2015 die deutsche Dokumentation *Lee Scratch Perry's Vision Of Paradise*.[34] Der farbenfrohe Film folgt der seit Jahrzehnten in der weißen Welt aufgebauten Erzählung. Eine dank öffentlicher Förderung gut funktionierende Promotion bewirkt, dass der Film die Geschichtsklitterung in die Welt tragen kann: Lee Perry hat den Dub erfunden.

Ritterschläge wie die der Beastie Boys sowie eine nie nachlassende Flut an Reissues und Kompilations aus Perrys Vergangenheit verdecken die Tatsache, dass viele der Platten, die nach 1979 mit ihm am Mikrofon entstehen, musikalisch wenig zu bieten haben. Ausnahmen gelingen fast nur, wenn ihn Adrian Sherwood oder Mad Professor in ihre Obhut nehmen. Je weiter die Entwicklung der Sampletechnik fortschreitet, desto mehr arbeiten beide mit Samples der Black-Ark-Produktionen und recyceln Perrys alten Echo- und Phasersound, ohne dass der ursprüngliche Erfinder noch etwas Neues zu den Playbacks beiträgt. Er genügt sich als Lieferant abgedrehter Wortspielereien. Man mag es als Weiterführung der Talk-Over-Tradition der Toaster in der jamaikanischen Musik interpretieren. Inhaltlich ist es egozentrische Lyrik, die vor nichts Halt macht, solange Perry von sich und seinem Verhältnis zum Universum erzählen kann. Er spricht in Reimen, bezeichnet sich als „talking machine", kündigt an, die Weltbank zu übernehmen, charakterisiert sich als Black Jesus oder afrikanischen Schamanen, versteigt sich in Obszönitäten und glorifiziert seine Flatulenzen und Exkremente. Ist Publikum oder

30 „Dr. Lee PhD" auf *Hello Nasty*, Capitol 1998

31 Dabei entstanden die Titel „Sugartime" und „Mister Sandman", zu finden auf diversen McCartney Kompilations, z.B. *Wide Prairie* MPL 1998

32 „Big Muff" Island 12" 1977

33 *The Orb featuring Lee Scratch Perry present The Observer in the star house* 2012 und *More Tales From The Observatory* 2013, beide Cooking Vinyl

34 Ein Film von Volker Schaner, Fufoofilm, Germany 2015

eine Kamera in der Nähe, wechselt er die Kleidung und schlüpft in die Rolle des Madman. Viele derer, die mit ihm zusammenarbeiten oder Zeit verbringen, kennen den Unterschied zwischen dem offiziellen und dem privaten Lee Perry. Andere sind sich nicht sicher, wieweit die Rolle des Entrückten gespielt ist. Es gibt Berichte, nach denen sich Perry im vertrauten Umfeld anders, um nicht zu sagen „normal" verhält. Aber „sobald eine andere Person dazu kommt, steigt er aus in diesen anderen Bereich und macht verrückte Dinge."[35] Mad Professor bestätigt dies in seinem Nachruf: „Ich glaube nicht, dass Lee verrückter war als die meisten anderen. Mit der Zeit wurde es zu einer Art Performance für die Presse, für Weiße im Allgemeinen. Er hat gemerkt, dass er mit dieser Schauspielerei mehr beachtet wurde."[36]

Das Dauerthema Voodoo kehrt zurück und entwickelt sich zur demonstrativen Obsession. Albumtitel wie *Voodooism*, *Who Put The Voodoo 'Pon Reggae* oder *Dub Take The Voodoo Out Of Reggae*[37] kokettieren mit dieser Leidenschaft. Je älter Perry wird, desto häufiger bringt er den Begriff wieder ins Spiel. Er attackiert Umstehende, die es wagen, im Sonnenschein auf seinen Schatten zu treten, will den Voodoo der englischen Queen besiegen[38], singt „I Do Voodoo"[39] und verstärkt das Ansinnen durch sein flamboyantes Erscheinungsbild. Dazu gehören das bunte Outfit und die roten Haare ebenso wie die Symbole, Tarot-Karten und Reflektoren an seiner Kleidung, die Geister abhalten sollen.

Jonglierte der Upsetter früher mit Musik und Technik, so spielt er nun mit Spiegeln, Kerzen, Ketten, Zeichen und Worten. Und mit seinen Zuhörern. Perrys Alter Ego als Gott des Geschwätzes lebt die Dub-Version seines früheren Produzentendaseins. Eine exzentrische, afrofuturistische Kunstform, unterhaltsam und hintergründig, die reichlich Stoff für eine eigene Betrachtung böte. Dub als Derivat der Dancehall bleibt dabei reine Fiktion. Dennoch wird der Begriff beständig mit seiner Person gleichgesetzt.

Wer Lee Perry ins Studio holt, wird Zeuge obskurer Geister- und Energiebeschwörungen. Perry staffiert das Pult mit Federn, hängt Bilder auf und zündet Kerzen an. Der Londoner Mastering-Engineer Kevin Metcalfe berichtet von einem Treffen 1987 im Townhouse Studio. Adrian Sherwood hatte mit Perry das Album *Time Boom X De Devil Dead* produziert und kommt mit dem Voodoo-Mann zum Mastering-Termin. Der schleppt einen dicken Notizblock voller Zeichen, Bilder und Reime ins Studio und fordert Metcalfe auf, die gesamte Session über auf diesem Teil zu sitzen, sieben Stunden lang.

35 Der New Yorker Produzent Lloyd Barnes, Betreiber des Wackies Labels und Produzent einiger Alben mit Lee Perry, in: *Waxpoetics* 20, Brooklyn 2007

36 „Lee ‚Scratch' Perry remembered by Neil ‚Mad Professor' Fraser", *The Guardian* UK 12.12.2021

37 Alle drei im Jahr 1996 in England veröffentlicht. *Voodooism* ist eine Pressure-Sound-Kompilation, *Who Put The Voodoo 'Pon Reggae* und *Dub Take The Voodoo Out Of Reggae* sind Neuproduktionen von Mad Professor für sein Ariwa Label.

38 Unter dem Titel „10 Commandments" erklärt er 2019 im Interview mit dem Q-Magazine: „I will conquer all the voodoo that the Queen is doing in Buckinham Palace with my poo-poo and my golden chalice."

39 Auf dem Album *Dubblestandart, Lee „Scratch" Perry & Ari Up – Return From Planet Dub* Collision/Echo Beach Germany 2009

Perry lässt sich erklären, wie die Kabel im Studio verlegt sind und errichtet über dem Kabelschacht einen Altar aus einer kleinen Kamera und etwas Undefinierbarem, eingepackt in Silberfolie. Er visiert das Steckfeld, das die gesamte Studiotechnik verbindet, und will wissen, ob da die Musik durchgeht. Als die Frage bejaht wird, entfernt er ein Kabel, der linke Kanal ist weg. Er reißt sich ein Haar aus, dreht es zu einer kleinen Kugel, stopft es in die Öffnung und klinkt den Stecker wieder ein. Dass der Kanal daraufhin nicht mehr funktioniert und es viel Mühe kostet, das System wieder ans Laufen zu bringen, ficht ihn nicht an. Später, während des Schneidevorgangs für das Vinyl, bewirft er den Stichel der Maschine mit Rasierklingen. Weder Metcalfe noch Sherwood können ihn zurückhalten.
Trotz zwischenzeitlicher Verstimmungen geht kaum jemand derart respektvoll mit Perrys Erbe um wie Adrian Sherwood. Ihm ist es gelungen, den dubbyesquen Grundsound des Upsetter-Studios in neue Technik zu transponieren. Er hat dem kauzigen Spoken-Word-Künstler mit Samples und atmosphärischen Reminiszenzen mehrfach eine Bühne komplexer Playbacks bereitet, die ihre gemeinsamen Alben aus dem Wust der Veröffentlichungen nach dem Brand der Black Ark herausheben:

- *Lee „Scratch" Perry & Dub Syndicate – Time Boom X De Devil Dead* OnU 1987
- *Lee „Scratch" Perry – From My Secret Laboratory* Mango 1990
- *Lee „Scratch" Perry – The Mighty Upsetter* OnU 2008
- *Lee ‚Scratch' Perry and Adrian Sherwood – Dub Setter* OnU 2010[40] (Dubversion zu *The Mighty Upsetter*)
- *£ee $cratch Perry – Rainford* OnU 2019
- *£ee $cratch Perry – Heavy Rain* OnU 2019 (Dubversion zu *Rainford*)

Zweifel, ob der Upsetter seine verrückte Entrücktheit bewusst inszeniert und vielleicht gar nicht „mad" ist, erhalten 2019 neue Nahrung. Zwei Jahre war Sherwood Perry hinterhergereist, um dessen mystisch-mysteriösen Einlassungen aufzunehmen. Im Anschluss hat er sie sortiert und ihnen in seinem Londoner Studio einen musikalischen Rahmen verpasst. Erneut hat er Quellen aus der Black Ark, etwa Perrys Single „Bionic Rats" von 1977 oder Bobby Ellis' „Ska Baby" von 1975, eingearbeitet. In Anlehnung an Perrys zweiten Vornamen nennt er das gewaltig groovende Sound- und Effekte-Vermächtnis *Rainford.* Es ist ein Album voller autobiografischer Texte und afrofuturistischer Visionen. Ein audiophiles Testament, das Sherwood mit dem Dub-Pendant *Heavy Rain* besiegelt. Das nachgelegte Album wird durch einen Beitrag von Brian Eno geadelt und es finden sich Analogien zu den Split-Stereo-Experimenten der *Revolution Dub*-LP vor 45 Jahren. Obwohl weder von Sherwood noch von Perry gemischt, lässt *Heavy Rain* erkennen, wie weit sich Dub von seinem Ursprung entfernen kann, ohne sein Wesen zu verlieren.

40 Zuvor 2009 in Japan auf Beat Records

Der 83-jährige Lee Perry hat gut daran getan, sich nach *Rainford* und *Heavy Rain* von weiteren Platten weitestgehend fernzuhalten. Es war nicht so geplant, aber das Schicksal hat es so gewollt: *Rainford* und *Heavy Rain* werden zum perfekten Finale des Lebenswerks eines Soundvisionärs, der in einer früheren Phase seines Lebens mit anarchischem Geschick und mithilfe des Universums an Bord der Schwarzen Arche ungehörte Dubstrumental-Galaxien bereist hat. Am Morgen des 29. August 2021 stirbt Lee Perry im Noel Holmes Hospital in Lucea, Jamaika. Er ist 85 Jahre alt. In den Nachrufen des Feuilletons wird die Legende vom Erfinder des Dub weitergesponnen. Obwohl der Dub-Magier-Mantel, der Perry übergeworfen wurde, nie richtig gepasst hat und vor langer Zeit im Feuer seines Flaggschiffs verbrannt ist. Danach hat er zu keinem Zeitpunkt mehr selbst Hand angelegt an ein Mischpult. Die ätherischen Klangwelten der Black Ark werden seitdem von anderen verwaltet. Doch sie bleiben unerreichbar.

21 | Dub in England: Variationen des Themas

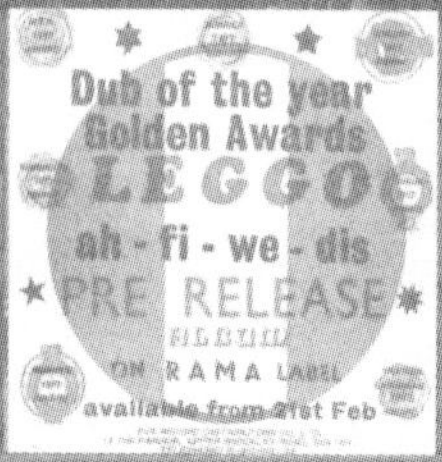

„Es ist dann Dub, wenn der Engineer Teile der Rhythmus-Sektion entfernt und durch Effekte ersetzt und so eine komplett andere Atmosphäre schafft, die den Zuhörer irgendwohin zwischen hier und dem Weltraum bringt. Dub ist Musik, die Geist und Seele erforscht. Du kannst einen guten Dub eine Million Mal spielen und du wirst jedes Mal etwas anderes hören. (Mad Professor[1])

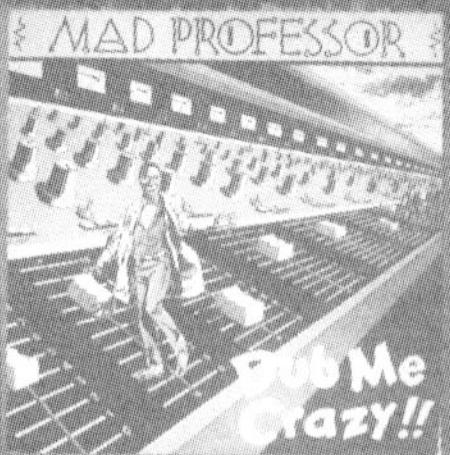

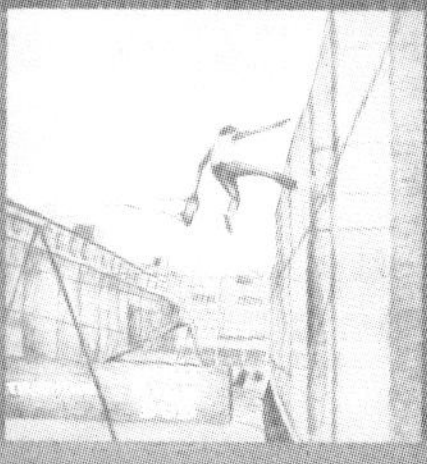

Am 22. Juni 1948 bringt ein im Krieg von den Briten aufgebrachtes ehemaliges deutsches Truppentransportschiff, das die neuen Eigner umgetauft hatten in „Empire Windrush", die ersten 493 Jamaikaner nach England. Es ist der Auftakt zu einer Migrationswelle aus der Karibik, die bis 1971 anhält. Die Ankömmlinge sind nicht auf der Flucht, die englische Regierung hat sie offiziell eingeladen, aus der Kolonie ins Mutterland zu kommen, um beim Wiederaufbau der Wirtschaft nach dem II. Weltkrieg mitzuhelfen. Wer damals dem Ruf gefolgt ist, zählt heute zur „Windrush Generation". Die jedoch ist nicht willkommen. Das Land betrachtet die Einreisenden als Fremde und pflegt einen rigiden Rassismus. Hinter Schildern mit der Aufschrift „No Dogs – No Blacks – No Irish" bleiben die Engländer lieber unter sich. Arbeit und Wohnraum sind für die Jamaikaner nur schwer zu finden.
1955 versucht die Regierung gegenzusteuern. In den Wochenschauen der Kinos wird voller Pathos zu Bildern von Anlandungen für ein Umdenken geworben: „1954 kamen etwa 10.000 [Immigranten] aus der Karibik nach Großbritannien, 1955 werden weitere 15.000 die lange Reise antreten. Wir können sie nicht abweisen. Denn als britische Staatsbürger haben sie die gleichen Rechte wie alle im Empire. [Es ist] ein kümmerlicher Anblick, aber sie wollen kein Mitleid. Nur die Anerkennung, dass alle Menschen frei geboren sind und gleich an Würde und Rechten. Liegt die Antwort auf diese Probleme in England oder in den West-Indies? Wenn wir tief genug graben, finden wir die Lösung vielleicht in unser aller Gewissen."[2]
In den Jahren 1952, '54 und '57 kommen auch Duke Vin, Daddy Vigo und Wilbert Augustus Campbell alias Count Suckle in England an. Unabhängig voneinander berichten sie später, dass es bitterkalt, dunkel und nebelig war, als sie in London von Bord gingen, und dass sie am liebsten sofort zurückgefahren wären. Doch ein Rückreiseticket gab es nicht.
Count Suckle, Duke Vin und Daddy Vigo bringen die zu dem Zeitpunkt – neben Rum – originärste Errungenschaft Jamaikas nach England: Sound-System-Kultur. Duke Vin hatte bereits einschlägige Erfahrung, er war schon in den 40ern Selector bei „Tom The Great Sebastian". In London muss er feststellen, dass es in der neuen Heimat für Schwarze keine Möglichkeit gibt, tanzen zu gehen. Die Clubs der Weißen gewähren keinen Zutritt. Als Konsequenz baut Vin 1955 sein erstes Sound System, nennt es „The Tickler" und beginnt, bei sogenannten Blues Dances in Wohnungen und Kellern aufzulegen. Anfangs sind es private Hauspartys. Möbel werden verrückt, Zimmer leergeräumt, Boxen und Getränkebars aufgebaut, es gibt Jamaican Food. „Für die Leute nebenan muss das die Hölle gewesen sein", sagt er[3], zumal die Boxen mit der Zeit immer gewaltiger werden, denn auch in England spielt der jamaikanische Wettbewerbsgedanke „Bässer! Größer! Lauter!" unter den Sounds umgehend eine gewichtige Rolle. Vins erfolgreichster Konkurrent ist Count Suckle, der 1962 im „Roaring Twenties" auf der Carnaby Street in

1 Bassline Of A City, Museum of London 2020
2 Dokumentation *Gelobte Länder*, Interart 2013
3 DVD *Duke Vin and the Birth of Ska*, Gus Berger, Hackney Film Collective 2011

London zum ersten Sound-System-Resident eines Clubs avanciert. Aufgelegt wird allerorten Rhythm'n'Blues und Artverwandtes. Doch als die ersten Ska-Platten aus Jamaika eintrudeln, verändern sich die englischen Sounds sehr schnell hin zu, wie Daddy Vigo es nennt, „strictly Jamaican business“[4].
Sound Systems sind in England das gleiche, was sie in Jamaika sind: ein Freizeitvergnügen. Doch dabei sollte es nicht bleiben. Mit der Zeit entwickeln sie eine eigene, eine britische Identität, die viele Häutungen erlebt. Wie Pilze schießen Sounds aus dem Boden und bilden den Nährboden für eine Gegenwelt, zu der Weiße keinen Zutritt haben. Die importierte Dancehall-Kultur wird den unwillkommenen Immigranten ein Refugium. Dort kann man dem Rassismus, der Arbeitslosigkeit und der Angst, seine Miete nicht zahlen zu können, für ein paar Stunden entfliehen. Allein in London existieren in den 1970er Jahren um die 500 Sounds. Als die ersten Dubs aus Tubbys Studio in der Stadt ankommen, dramatisiert sich die Stimmung. Die Blues Dances werden zu Drum & Bass Dances. Zu einem Ventil, bei dem man Dampf ablassen kann angesichts der allgegenwärtigen, rassistischen Feindseligkeit der englischen Gesellschaft.
„Dub war Schwarz, sehr, sehr Schwarz. Da waren keine Weißen“, erzählt mir Mad Professor, „das war denen zu bedrohlich. Angsteinflößend. Das ganze Augustus-Pablo-Zeug wie „Java“ oder *Ital Dub* war viel zu aggressiv. Es waren harte Zeiten, die Stimmung war düster. Die meisten Weißen haben das doch gar nicht gecheckt. Lass dir nichts erzählen, 1973/74 war Dub tiefschwarz und die Atmosphäre kämpferisch. Weiße waren nicht willkommen. Ich hab auf vielen Dances erlebt, wenn da ein Whitey reinwollte, hat er aufs Maul gekriegt.“
Bei den Sound Systems können die im Land Unerwünschten abtauchen in einen akustischen Kokon der Selbstbehauptung. Dub ist die militante Folklore ihres urbanen Untergrunds. Bis 1976 die Stimmung kippt. Vorausgegangen war im Jahr zuvor das Konzert von Bob Marley im Londoner Lyceum. Die aus dessen offensivem Set herausgelöste Live-Version des vergleichsweise harmlosen Songs „No Woman No Cry“ wird zum internationalen Charts-Erfolg und weicht die Abschottung auf. Reggae globalisiert sich. Auch in England. Dub und Sound Systems beginnen, ihr musikalisches Spektrum zu erweitern, weiße Besucher werden nicht mehr abgewiesen. Die bis dahin fast ausschließlich unter Immigranten verbreitete Kultur erobert den englischen Mainstream. Frequenzen ersetzen die Message, Bass wird der neue Gott in Tempeln aus Lautsprecherwänden. Das musikalische Medium ist neben Reggae und Dub nun auch Soul, Funk und Dance-Musik.[5] Ab Ende der 70er Jahre sind Sound Systems Teil des gesellschaftlichen Systems und nicht mehr dessen Gegenpol.
Nachdem die englische Dancehall kein reines exiljamaikanisches Phänomen mehr ist, bilden Selector wie Jah Shaka eine Gegenbewegung mit apo-

4 ebenda

5 Der Aufstieg vom Underground in die Integration hat enormen Einfluss auf die englische Pop- und Clubmusik. Bassgetriebene Spielarten wie Jungle, Drum'n'Bass, Grime, Dub Step etc. sind wesentlich von Sound-System-Erfahrungen geprägt.

diktischer Rastafari-Identität. Dub „entwickelte einen spirituellen Vibe", sagt Sister Stella vom Rastafari Movement UK. „Man hörte Platten, deren A-Seiten von Politik, Rasse, Klasse und Menschlichkeit sprachen und deren B-Seiten Tiefe, Wärme und elektrisierende Kraft gaben. Die Bässe haben alles Negative weggeschoben und Platz gemacht für Ideen und Hoffnung bei unseren Leuten."[6] Shaka & Co entschärfen die Dances zugunsten einer spirituellen Sublimierung als getanztes „Chant Down Babylon"-Aufbegehren wider den nach wie vor grassierenden Rassismus. Der schlägt sich vor allem nieder im Racial Profiling und der Anwendung sogenannter SUS-Gesetze[7], nach denen mutmaßlich verdächtige Personen ohne konkrete Anschuldigungen durchsucht und festgenommen werden können. „Sound Systems sind ein Spiegel der sozialen Umstände", beschreibt der Engländer Bredda Neil vom Amsterdamer „King Shiloh" Sound den Wandel. „In Jamaika war der Vibe ein anderer. England war kalt und nass, rauer und härter. Überall war Unterdrückung, ständig hat die Polizei Jagd auf die Leute gemacht. Dann die Aufstände in Brixton und Handsworth.[8] Die Leute waren es leid, wie die Regierung mit ihnen umsprang. In all dem Wahnsinn aus Verhaftung, Gefängnis und Kriminalität war Spiritualität der Weg, dem zu entfliehen. Shaka kam und sagte: Wir müssen nach Afrika gucken und die Menschen aufbauen, statt sie runterzuziehen. Nicht gegen die Regierung kämpfen oder gegen wen auch immer. Nein, wir machen das mit Musik. So hielt Rastafari Einzug in die Dances."

Der englische Filmregisseur Steve McQueen[9], selbst ein Nachkomme der Windrush Generation, dreht 2020 für die englische BBC eine Spielfilmreihe über das Leben karibischer Einwanderer in London zwischen 1969 und 1985. Die Filme unter dem Obertitel *Small Axe* zeigen ungeschönt, wie die englische Gesellschaft mit den von ihr ins Land geholten karibischen Einwanderern umgesprungen ist. Er dokumentiert unter anderem, wie weiße Polizisten mit Karten ausspielen, wer Migranten klatschen muss, und zeigt die Stimmung bei einem privaten Blues Dance. Der findet Ende der 70er Jahre statt, als gerade der von Dennis Bovell komponierte und mit der Sängerin Janet Kay produzierte Song „Silly Games" zum größten Erfolg in der Geschichte des Lovers-Rock-Genres abhebt. Samson, der MC des bei der Party auflegenden imaginären Sound Systems „Mercury", kommentiert seine Songauswahl mit Jive-Talk-Reimen: „We're about to move into outernational selection – without further objection – [to] give unno spiritual protection!" Spiritueller Schutz, der sich Bahn bricht, als Samson „Babylon, we're not afraid!" in die Menge ruft und Sly & Robbies „Kunta Kinte Dub" auflegt. Ein militanter, bis 2007 lediglich als Dubplate bei Sound Systems zu hören-

6 Zitiert aus den Materialien zu der Ausstellung *Dub London: Bassline of a City*, die vom Oktober 2020 bis Januar 2021 im Museum of London zu sehen war. Sister Stella war Co-Kuratorin der Ausstellung.

7 „SUS" steht offiziell für „suspect" = verdächtige Personen, inoffiziell aber auch für „stop and search"

8 April und Juli 1981, auch in Liverpool, Manchester und Leeds gab es Unruhen

9 Steve McQueen hat Filme wie den oscarprämierten *12 Years A Slave* (2013) und *Widows – Tödliche Witwen* (2018) gedreht

der Barnabas-Mix aus dem Channel One Studio[10], der vor allem die männlichen Besucher in Ekstase versetzt.
Zu Beginn der 80er Jahre ist Reggae in London nicht mehr allein auf Sound Systems und Import-Lizenzierungen beschränkt. Schon länger erobern Produktionen aus Jamaika die nationalen Charts, jamaikanische Artists haben England als prosperierenden Markt für Tourneen und Plattenverkäufe entdeckt. Aus der Windrush Generation und ihren Nachkommen gehen Bands wie Steel Pulse, Aswad, Cimarrons, Matumbi, Tradition, Black Jade, Black Slate, Motion und viele mehr hervor. Man baut Studios, produziert Alben, nimmt Dubplates und Singles auf, veröffentlicht auf eigenen Labeln und bemustert Reggae-Radiosendungen. Der Reggae macht in England ein vom Ursprungsland unabhängiges Kapitel auf, das insbesondere mit der Lovers-Rock-Variante einen eigenständigen und enorm erfolgreichen Ableger entwickelt. Die karibischen Immigranten haben sich in der Musikmetropole London eingerichtet. Und obwohl fremd in diesem Land, finden sie Wege, ihre Musik hier zu produzieren. Dazu gehört auch: Dub.
„Auf einmal waren die B-Seiten der Singles mehr gefragt als die A-Seiten", erinnert sich Mad Professor. „Da war etwas Verborgenes in der Musik. Was daran lag, dass die Trennung [der Spuren] nicht sauber war und man immer gehört hat, dass sich da Songs verbargen. Doch was man vernahm, waren keine Songs mehr. Es klang mehr nach Zufall, aber es fühlte sich gut an. So was hatte man noch nie vorher gehört."
Der psychedelisch-mystische Aspekt des Dub ist bei den aus Jamaika kommenden Produktionen gewissermaßen genetisch vorhanden. Doch den englischen Bands stehen keine vergleichbaren, ausschließlich auf Reggae ausgerichteten Studios zur Verfügung. Obwohl London mehr noch als Kingston übersät ist mit Tonstudios jeglicher Größe, lassen sich in ihnen nicht ohne Weiteres der richtige Sound und das richtige Verständnis für Reggae finden. Die großen Studios sind unbezahlbar, die erschwinglichen kriegen nicht den nötigen Druck in die Riddims. Produktionen aus Kingston leben vom, wie es Pat Kelly genannt hat, schmutzig-rauen Downtown Roots & Ghetto Sound[11], der Sound von London dagegen klingt nach popmusikalischer Weltstadt. Er ist cleaner, aufgeräumter und weniger voluminös als die Platten aus Jamaika. In der Stadt ist zwar mit Sid Bucknor ein jamaikanischer Engineer unterwegs, der neben der von ihm gemischten und bereits erwähnten *Nuh Skin Up Dub* LP auch als Recording Engineer an Alben wie dem Creation-Rebel-Debüt *Dub From Creation*[12] mitwirkt, doch der Londoner Dub wird ab der zweiten Hälfte der 1970er geprägt durch ein Quartett von Engineern, von denen nicht einer aus Jamaika stammt: Mark Lusardi und Adrian Sherwood sind Ur-Londoner, Neil Fraser aka Mad Professor kam 1968 als 13-jähriger aus Guyana, der 1953 geborene Dennis Bovell siedelte drei Jahre früher aus Barbados um, sein Vater war schon 1958 gekommen. Die Vier arbeiten zum Teil

10 2007 veröffentlicht Pressure Sounds „Kunta Kinte Dub" auf der Kompilation *Drum Sounds – The Revolutionaries. More gems from the channel one dub room*
11 Siehe Kapitel „Errol Thompson, Joe Gibbs und die ersten Dub-LPs"
12 Hit Run UK 1978

in denselben Studios, laufen sich oft über den Weg, entwickeln jedoch jeder für sich einen individuellen, wegweisenden Style. Als im Februar 1985 der jamaikanische Dub mit „Sleng Teng" zu Grabe getragen wird, fokussiert sich die internationale Dub-Wahrnehmung auf England. Drei aus dem genannten Quartett erzielen weltweite Anerkennung und Erfolge in einem Ausmaß, wie es kein jamaikanischer Dub geschafft hat. Der Vierte ist da schon nicht mehr involviert. Obwohl gerade er eine Dub-Sprache entwickelt, die sich deutlich von der jamaikanischen Ästhetik unterscheidet, und er großen Anteil daran hat, dass sich im Londoner Dub die Dinge – wie es in einer Produktion von Dennis Bovell heißt – „a little way different"[13] entwickeln.

Der 1955 geborene Mark Lusardi findet nach seiner Schulzeit einen Job bei der in den 1930er Jahren gegründeten traditionsreichen Plattenfirma DECCA. Eine Ausbildung ist mit der Anstellung nicht verbunden, man lernt durch aufmerksames Beobachten. Lusardi kommt zugute, dass er als Teenager klassische Gitarre gelernt hat und ein geschultes Gehör besitzt. Schnell steigt er vom Bandkopierer zum Tape Operator in den großen Studios der Pop-Abteilung von DECCA auf. Er ist dabei, wenn Stars wie Peter Sellers oder The Moody Blues aufgenommen werden; als Thin Lizzys Phil Lynott erste Soloversuche unternimmt, sitzt Lusardi am Pult und lernt, mit 24 Spuren umzugehen.

Mitte der 70er Jahre verlässt Lusardi DECCA und wechselt ins räumlich viel kleinere Gooseberry Studio. Dessen Besitzer Peter Houghton hat es 1968 im Londoner Westend ursprünglich als 4-Spur-Demo-Studio in den Keller einer Zahnarztpraxis auf der Gerrard Street von Soho gebaut. Als Lusardi bei ihm anfängt, arbeitet dort bereits Dennis Bovell als Engineer. Das Studio ist da schon mit einer 2 Inch 16-Track-Ampex-Maschine ausgestattet, wird 1980 sogar auf 24 Spuren erweitert. Aber auch dann noch bleibt Gooseberry ein kleines, preiswertes Studio, in dem es nicht genug Platz gibt, um ein Schlagzeug vernünftig zu mikrofonieren. Trotzdem wird es bis zur Schließung Mitte der 90er Jahre geschätzt für technisch hochwertige Low-Budget-Produktionen. Die Sex Pistols nehmen hier auf, Tubeway Armys Erfolgsalbum *Replicas*[14] mit dem Hit „Are ‚Friends' Electric?" entsteht hier, ebenso die von Lloyd Coxsone mit der 15-jährigen Louisa Mark produzierte Reggae-Version von „Caught You In A Lie"[15], die 1975 den Lovers-Rock-Hype auslöst. Mit Ausnahme des Schlagzeugs werden dabei alle Instrumente von Dennis Bovell eingespielt, bei dessen „Sufferer's Sound" Louisa Mark gelegentlich live singt. Bovell und Lusardi teilen sich die Schichten im Gooseberry, Bovell arbeitet nachts, Lusardi tagsüber. Obwohl die Gerrard Street Nr. 19 nicht in einem der von karibischen Immigranten bewohnten Viertel, sondern in Londons Chinatown liegt, machen Reggae-Produktionen den größten Teil der Aufträge aus. Wozu neben den günstigen Tagessätzen auch beiträgt, dass sich zwischen Bovell und Lusardi eine fruchtbare Zusammenarbeit entwickelt. Beide

13 Errol Dunkley, Arawak 12" UK 1978, produziert und gemischt von Dennis Bovell
14 Beggars Banquet UK 1979
15 Im Original ein Soul-Titel von Robert Parker aus dem Jahr 1967

sind hervorragende Musiker, der eine versteht mehr von Reggae, der andere mehr von Technik. „Ich habe ihm gezeigt, wie man mischt und wie die Geräte funktionieren", sagt Lusardi. „Ich mochte es, wie extrem Mark die Filter einsetzt", sagt Bovell. Die gegenseitige Wertschätzung ist auch Jahre später noch zu spüren.

Dennis Bovell erliegt schon früh der Faszination von Dubplates und Sound Systems. Seine Schule in Wandsworth setzt auf intensiven Musikunterricht, Dennis lernt dort Schlagzeug und Keyboards. Gitarre hatte er sich schon in Barbados allein draufgeschafft. Als die Schule 1970 ein kleines Tonstudio einrichtet, nimmt der 17-jährige Dennis mit der dort vorhandenen Technik die Instrumentalversion der gerade aktuellen Bob & Marcia-Hitsingle „Young Gifted & Black"[16] auf, separiert vier Takte mit zwei Akkordfolgen, kopiert den Part mehrfach und kombiniert die Abschnitte zu einem dreiminütigen Loop. Darüber lässt er einen Freund mit Posaune und Querflöte die Melodie von „Quantanamera" spielen und mischt alles zu einem neuen Song zusammen. In der Schule wird er gewarnt: Ey, das ist Piraterie, das kannst du nicht machen. „Weil ich da schon einen Bart hatte, fingen sie an, mich Blackbeard the Pirat zu nennen. So bin ich an den Namen Blackbeard gekommen." Blackbeard befürchtet keine Probleme aufgrund von Urheberrechten. „Es war doch nicht mehr zu erkennen, dass es ein Loop aus ‚Young Gifted & Black' war", wirft er laut lachend ein, „aber es klang nach Jamaika, hahaha. Du weißt ja, die Posaune war mal das Lieblingsinstrument im Reggae." Er lässt seine Neukreation als einseitiges 7"-Acetat schneiden. „Bei uns hieß das damals nicht Dub, sondern Wax. In Jamaika nannte man es Soft Wax. Wir haben das Soft weggelassen und nur Wax gesagt. Hard Wax, hehe. Die Single hab ich dann an ‚Jim Daddy's' Sound für drei Pfund verkauft. Von den drei Pfund haben wir Bier getrunken und ein Taxi bezahlt. ‚Jim Daddy' war einer meiner Lieblingssounds, der durfte den Tune ruhig haben. ‚Sufferer's Sound' gab's ja noch nicht."

Bovell werkelt im Studio der Schule weiter Loops aus Schallplatten und schneidet daraus neue Titel. „Ich war gut darin zu editieren und zu kombinieren. Ich nahm einen Teil von hier und kombinierte ihn mit einem Schnipsel von dort und holte mir von ganz woanders einen Drum-Roll." Bald klingelt Errol Francis bei ihm an. Ein angestellter Elektromonteur, der an Wochenenden auf eigene Kappe Stromleitungen in alten von Migranten gekauften Häusern austauscht. Dennis gehört zu einem Trupp Jugendlicher, die Francis bei solchen Arbeiten mitschleppt. „Wir waren seine Posse. Wenn er ein Haus neu verkabeln sollte, hat er uns mitgenommen, um zu helfen. Eines Tages erhielt er den Auftrag, die Botschaft von Barbados zu verdrahten, ein Riesenauftrag. Von dem Geld, das er da verdient hat, ließ er ‚Jah Sufferer'[17] bauen." Als der Sound betriebsbereit ist, besucht Francis Bovell: „Man hat mir erzählt, du hast Dubplates. Lass mal hören." Blackbeard Bovell spielt ihm vor, was er

16 Die Coverversion des Nina-Simone-Songs von Bob Andy & Marcia Griffiths erreicht Platz 5 der UK Charts.

17 Wahlweise auch „Sufferer Sound", „Sufferer's HiFi" oder „The Mighty Sufferer"

zusammengeschraubt hat, Francis ist begeistert: „Ich nehm alles, für unseren neuen Sound." Bovell fragt, ob der Sound schon einen Deejay hat. „Nein." – „Well, jetzt hat er einen." Bovell wurde MC und Selector in einem.
Der Einstieg bei „Jah Sufferer" motiviert Bovell nur noch mehr, mit Dubplates zu experimentieren. Er beginnt, Tracks einzuspielen, nicht selten im Alleingang als One Man Band. Nachdem sich 1971 Matumbi mit ihm als Gitarristen gegründet hatten[18], wird Bovell mit der Zeit immer besser vernetzt. Bei Bedarf rekrutiert er jetzt Musiker aus seinem Umfeld. Meistens nimmt er im Eve Studio des DIP-Label-Betreibers Dennis Harris[19] auf, der das Studio nur für eigene Produktionen nutzt und nicht vermietet. Bovell arbeitet bei ihm als Engineer und kann das Studio für eigene Zwecke nutzen. Die Dubplates, die im Eve entstehen, sind hauptsächlich für „Jah Sufferer", Bovell verkauft aber auch an Count Shelly und andere.
In der jamaikanischen Tradition bestehen Dubplates aus exklusiven Mixen offizieller Songs, die entweder schon erfolgreich sind oder im Dance promotet werden sollen. Daneben gibt es – in deutlich geringerer Zahl – Titel, die nur und ausschließlich für Dubplates aufgenommen werden. Bovell vermengt beide Varianten und geht um 1976 einen eigenen Weg. Er checkt bei seinen ursprünglich nur für Sound Systems eingespielten Titeln aus, auf was das Publikum in den Dances wie reagiert, und beginnt, mit diesem Wissen aus seinen Dubplate-Aufnahmen spezielle Versionen für Alben zu mischen. So entstehen unter dem Namen 4th Street Orchestra vier LPs, die auf RAMA, einem Unterlabel von DIP, veröffentlicht werden. Ein Teil der Auflagen lässt Bovell in Jamaika pressen, um einen haptisch authentischen Eindruck zu erwecken:

- *Ah Who Seh? Go Deh!* 1976 (erscheint zuerst als *Matumbi Pre-Release* in einem neutralen Cover)
- *Leggo! Ah-Fi-We-Dis* 1976
- *(Scientific) Higher Ranking Dub* 1977
- *Yuh Learn!* 1978[20]

Obwohl er sogar Singles mit Kingstoner Fake-Adresse pressen lässt[21], versucht Bovell erst gar nicht, jamaikanisch zu klingen. Im Gegenteil. Er tauscht die Schwere von Rasta & Roots gegen die Leichtigkeit des britischen Lovers Rock. Coverversionen von Bob Dylans „Man In Me" (mit Matumbi 1976) oder George Harrisons „My Sweet Lord" (auf *Higher Ranking Dub*) belegen, wie sehr Bovell darauf aus ist, „innerhalb eines Songs die Balance zwischen dem Popsound von Lovers Rock und Roots Reggae zu finden, um englischen

18 Zum Line-up gehört anfangs auch Nicholas Bailey, der unter dem Namen Nick Straker 1979 mit „A Walk In The Park" die europäischen Charts stürmte

19 Siehe Kapitel „Lee Perry – Dubstrumentalist"

20 Die Angabe „1977 Eve Music" auf dem Label bezieht sich auf Verlagsrechte, veröffentlicht wurde die LP erst ein Jahr später

21 Black Starline Band - „Suffer Height / Revolution Must Come A Yard", T Bone Records 1976 + „Red Gold Green", Kool Records 1977, ohne Artist-Angabe. Beide mit Adresse 44 Luke Lane Kingston.

Ohren Jamaikanisches schmackhaft zu machen".[22] Als 25 Jahre später ein Doppelalbum mit exzellent restaurierten Highlights aus den vier LPs des 4th Street Orchestras zusammengestellt wird, trägt es auf dem Cover ein Bild der „Empire Windrush".[23] Im Klappentext bringt es Jeb Loy Nichols von den Folk-Dubbern The Fellow Travellers auf den Punkt: „Bovells Musik war nicht jamaikanisch. Kein Channel One oder Studio One. Es war Interpretation und Neuerfindung. Reflexionen in einem zerbrochenen Glas. Entwurzelt und verunsichert. Roots Musik gefiltert von den Straßen Londons, vom englischen Wetter, den Pop Charts, [dem traditionellen, englischen Arbeiteressen] Pie and Mash, [dem gegen Immigranten hetzenden Gesundheitsminister] Enoch Powell, von Aufruhr und Schlägereien." Bovell ergänzt an gleicher Stelle: „Wir haben viele Sachen eingeführt. Englisches Zeugs und Sounds, die in Jamaika nicht benutzt wurden."[24]

Bovells unjamaikanischer Ansatz wird nicht von allen geteilt. Soundbetreiber wie Lloyd „Lloydie" Coxsone (kommt 1962 nach England) oder Fatman (kommt ein Jahr später) sprechen sich gegen einen „englischen Dub-Weg" aus. Sie setzen auf Dubs und Dubplates aus Kingston.

Unbeirrt verfolgt Dennis Bovell seinen Weg. Er bekommt nicht mit, dass sein *Leggo!* Album 1976 einen Golden Award als „Dub Of The Year" erhält. Als ich ihm Jahrzehnte später das Cover mit entsprechendem Aufdruck zeige, ist er bass erstaunt: „Ach!? Ich weiß, dass Tony Williams[25] so eine Preisvergabe initiiert hat. Musiker des Jahres, Platte des Jahres… Ich hab da ein paar Mal gewonnen. [Aber] daran kann ich mich nicht erinnern." Die von Tony Williams ins Leben gerufenen British Reggae Industry Awards gab es erst ab 1981. Daher lässt die Award-Aufzählung auf dem Cover der *Leggo!*-LP „USA, Eastern, Jamaica, Barbados, Canada, Trinidad, Europe" nur den Schluss zu, dass es sich bei der angeblichen Auszeichnung um einen reinen Werbegag gehandelt hat.

Während der Aufnahmen für *Yuh Learn!* kommt es zu einem Wasserschaden im Eve Studio, also zieht man um ins Gooseberry. Das Black Echoes Magazine hat derweil den Fake mit den jamaikanischen Pressungen geoutet, sodass beim vierten und letzten Album zum ersten Mal die beteiligten Musiker auf dem Cover erwähnt werden. Darunter auch Musiker von Matumbi. Die aber schielen längst mit Argwohn auf Bovells Solo-Projekte. Nicht nur, weil der vieles komplett alleine aufnimmt, sondern zudem auch noch, angeregt durch Dennis Harris, mit Aswads Drummie Zeb ein erfolgreiches Duo bildet, bei dem Zeb Schlagzeug spielt und Bovell alles andere bis hin zum Gesang bedient. Die beiden haben zusammen schon „A Little Way Different" eingespielt und nehmen für Harris Songs auf, die der unter Phantasienamen wie African Stones und als „produced by Dennis & Harris" (= Dennis

22 Dennis Bovell im Booklet des CD-Reissues *Dennis Bovell presents 4th Street Orchestra: Higher Ranking Dub + Yuh Learn!* EMI 2006

23 *Dennis Bovell – Decibel. More Cuts & Dubs 1976 to 1983* Pressure Sounds UK 2003

24 ebenda

25 Deejay bei BBC Radio London zwischen 1977 und 1987, siehe auch Kapitel „David Rodigan – Erinnerungen an King Tubby".

Bovell & Dennis Harris) veröffentlicht. Matumbi stehen kurz vor einem Deal mit EMI, zu dem auch eine Single mit dem Titel „Point Of View" gehört. Die allerdings hat Bovell allein mit Drummie Zeb, dem anonym bleibenden Deejay I Roy und dem Sänger von Matumbi produziert. Ohne die anderen. Die stellen ihn zur Rede: „Was willst du sein? Ein Solo-Artist oder Teil einer Band?" Bovell beschließt: „Alright, ich hör damit auf, aber ich will Dub machen, ohne die Band. So habe ich angefangen, anstelle von Solo-Platten mit Gesang nun Dub-Alben zu machen."

Gleich die erste Dub-LP erzielt durchschlagenden Erfolg und führt zu einer Veröffentlichung durch eine Major Company. Bovell spielt das Album im Gooseberry Studio von A bis Z allein ein. Noch 40 Jahre später erinnert sich Mark Lusardi voller Bewunderung an die Sessions: „[Dennis] hat alle Instrumente gespielt. Zuerst die Schlagzeugspur. Er hatte den ganzen Song im Kopf, alle Breaks, alles an der richtigen Stelle. Es war perfekt. Dann kam die Bassline, danach die Gitarre und so weiter. Ich war schwer beeindruckt, weil es damals ja noch keine Hilfsmittel wie Computer gab. Er hatte die gesamte Produktion im Kopf und konnte die einzelnen Teile wie selbstverständlich nacheinander abrufen, während ich aufgenommen hab."

Dennis Bovell veröffentlicht seine ersten drei Solo-Dub-Alben unter dem Namen Blackbeard. Das Debüt *Strictly Dub Wize* erscheint 1978 zuerst auf dem Indielabel Tempus in einem schwarzen Cover mit weißer Schrift, wird aber noch im selben Jahr von Ballistic Records übernommen, in ein neues, farbiges Cover getütet und durch United Artist Records vertrieben. Dennis Bovell genießt bereits hohes Ansehen bei der Musikpresse, denn „Dub!" ist in England inzwischen eine Erfolgsformel. Nicht nur in der Black-Music-Presse, sondern auch bei Magazinen wie *Sounds*, für das die angesehene Punk- und Reggae-Journalistin Vivien Goldman im Dezember 1977 eine Bedienungsanleitung verfasst: „Dennis Matumbi in dub: a step by step guide". Mit einem Abdruck des Artikels auf dem Frontcover bekommt *Strictly Dub Wize* im Jahr seines Erscheinens noch ein drittes Artwork.[26] Dennis Bovells persönliches Statement auf der Rückseite bleibt bei allen Auflagen erhalten: „This is a collection of my own music, mixed the way that I prefer. I hope you like them." Und wie man seine Platten mag. Dennis Bovell hat den Hype auf seiner Seite, der Trend arbeitet für ihn. Adrian Sherwood, Winston Edwards, Delroy „D-Roy" Witter, ja sogar Matumbi wollen seine Dub-Mixe. In den kommenden drei Jahren nach *Strictly Dub Wize* mischt Dennis Bovell sieben Dub-LPs:

- *Creation Rebel – Dub From Creation* Hitrun UK 1978 (für Adrian Sherwood)
- *Cry Tuff Dub Encounter Chapter 1* Hitrun UK 1978 (für Adrian Sherwood)
- *Mawamba Dub (Warrior)* D-Roy Records UK 1978 (Bovell et.al., für Delroy Witter)
- *Blackbeard – I Wah Dub* More Cut UK + EMI Japan, beide 1980

26 Fünf der neun Titel scheinen 1980 in Frankreich auf der LP *Very Ska . Very Dub* Tempus, die sich Bovell mit John Francis teilt. (A-Seite John Francis, B-Seite Dennis Bovell)

- *Winston Edwards & Blackbeard – Dub Conference At 10 Downing Street*
- Celluloid, Frankreich + Studio 16, UK beide 1980
- *Matumbi – Dub Planet Orbit 1* Extinguish UK 1980
- *LKJ In Dub* Island 1980

Neben dem enormen Output findet Bovell Zeit, seinen Radius zu erweitern. Ab 1979 ist er sowohl musikalisches Mastermind als auch Bandleader des 1952 in Jamaika geborenen Dub-Poeten Linton Kwesi Johnson. Der war als 11-Jähriger nach London gekommen und entwickelt sich zu einer international beachteten, wichtigen Schwarzen Stimme im England der Thatcher-Jahre. Im Juni '79 produziert und dubbt Bovell die Zehn-Minuten-Maxi der kurzlebigen Gruppe X-O-Dus aus Manchester, deren Song „English Black Boys“[27] ein musikalisches Fanal setzt gegen die Stimmungsmache der rechten National Front, die alle Immigranten zurückschicken will und diesen Plan als „Repatriierung“ verkauft. Er schreibt die Musik für den Spielfilm *Babylon*[28], der sich mit derselben Problematik befasst. Obendrein produziert und mischt er die Debüt-LPs des Frauen-Punk-Trios The Slits (*Cut*) und der Avantgarde-Band The Pop Group (*Y*)[29]. Es ist unmöglich, alle Projekte, Aufträge und Kollabos von Dennis Bovell aufzuzählen. Die Beispiele sollen nur die Spannbreite andeuten, wie weit Dub in England seinen Einflussbereich ausdehnt und auf welchen Ebenen Bovell überall mitmischt.[30]

Nach den vielen Indie-Labeln Londons entdecken auch die großen Plattenfirmen Dub als lukratives, vom Zeitgeist beflügeltes Thema. Punk und Reggae sind gute Freunde, dem kann sich die Musikindustrie nicht verschließen. „Weiße Jugendliche aus der Arbeiterklasse wurden wegen des rebellischen Geistes schon immer von Black Music angezogen“, beschreibt der aus der Windrush Generation stammende Journalist und Musikaktivist Don Letts den Geist der Zeit[31], den sich Firmen wie RCA, CBS, United Artists, Phonogram, Polydor oder EMI zunutze machen. Nicht nur Dennis Bovell, auch Mad Professor und Adrian Sherwood werden fernab des Reggae- und Sound-System-Spielfelds aktiv. Während Jamaika Dub als Domäne der Dancehall

27 12“ Factory Records UK 1979

28 Der Film hat Premiere im November 1980, der Soundtrack erscheint im selben Jahr bei Chrysalis, UK.

29 Bei YouTube findet sich zudem von Dennis Bovell ein Live-Dub der Pop Group 12“ „She Is Beyond Good And Evil“ @Rough Trade: https://youtu.be/IkVInVneiCA. 2021 kommt via Mute ein 40 Jahre später gemischter Dub des Albums von 1979: *Y in Dub*

30 Weitere Beispiele: Ab 1984 ist Bovell der Live-Engineer für Fela Kuti in Europa, in den 2010er Jahren für Alpha Blondy. 2015 produziert und mischt er eine 6-Track-Dub-EP für die Soul-Sängerin Joss Stone (10“ Stone'd Records UK), 2019 eine 12“der Jazz-Sängerin Zara McFarlane („East Of The River Nile“, Brownswood Recordings UK).

31 *Duke Vin and the Birth of Ska*. Don Letts betont häufig, dass er es gewesen sei, der Punk und Reggae zusammengebracht hat: „All this punky reggae thing happened by accident... I was playing at a punk rock club (i.e. The Roxy, eröffnete 1976), but it was so early back in the days, there weren't any punk records to play. So I played hardcore dub reggae, and luckily for me because of this tradition of white working class kids gravitating towards black music, they would bang on it.“ Letts überschätzt seinen Einfluss. Schon vor Eröffnung des Roxy gab es Skinhead-Reggae. Die englische Arbeiterjugend, aus der Punk hervorging, feierte schon lange zu jamaikanischem Sound.

ansieht, versteht London ab Ende der 1970er Jahre Dub zunehmend als eigenständiges Ereignis. Doch Dub-Mixe von Pop-, Punk-, Avantgarde- oder Jazzmusik sind nicht für die Dancehall gemacht. Sie zielen auf ein Ergebnis, das unabhängig von der kulturellen Konnotation für sich alleine wirken soll. Diese Praxis legt zum Ende der 70er Jahre den Grundstein dafür, dass sich Dub zu einem autonomen, ideologiefreien, interdisziplinären Musikgenre entwickelt. Definiert als Spiel mit Effekten. Seitdem läuft Dub ständig Gefahr, in Regionen von New Age, Minimal oder Ambient abzudriften.
1979 veröffentlicht die Londoner Reggae-Band Revelation ein Dub-Album unter dem Titel *Variation On A Theme* Ohne es zu wollen offenbart die Band mit der Wahl des Titels, dass in England das Thema Dub variiert wird, anders verstanden wird als in seiner jamaikanischen Umgebung. Vielleicht waren Revelation inspiriert von der Verwendung des Begriffs „Variationen" im Bereich Klassik und Jazz. Dort bedeuten Variationen kompositorische Bearbeitungen musikalischer Themen hinsichtlich ihrer melodischen, rhythmischen und harmonischen Struktur. Es ist nicht davon auszugehen, dass die Band mit der Verwendung des Begriffs andeuten wollte, dass britische popkulturelle Einflüsse dabei waren, das Wesen und das Prinzip des Dubs zu verändern. Und doch gaben Revelation dem Dub-Geschehen in England mit ihrem Albumtitel eine treffende Formel.
Variation On A Theme wurde gemischt von Mark Lusardi. In dessen Referenzliste stehen Acts wie OMD, Duran Duran, PIL, Killing Joke, David Bowie, Howard Jones, Jah Wooble, um nur einige zu nennen. Bei einigen Platten spielt Lusardi selbst mit, mal programmiert er, mal steuert er Kompositionen bei, was hier und da zu Urheberrechtsstreitigkeiten führt, die er am Ende alle für sich entscheidet. Lusardi ist an *Cry Tuff Dub Encounter Chapter 1* beteiligt und an *Clint Eastwood & General Saint – Two Bad D.J.*[32] Seine Arbeitsplätze im Gooseberry und später im eigenen Mark Angelo Studio sind beliebte Anlaufstellen für Londoner Reggae Bands. Er wird geschätzt für sein Know-how und seinen Support. Lusardi behandelt Reggae wie Popmusik, was den englischen Reggae-Bands entgegen kommt. Anders als in Jamaika, wo Bands vor allem der Künstlerbegleitung dienen, sind deren Arrangements – kein Wunder in dieser Umgebung – von Pop beeinflusst. Sie sind harmonie- und melodiereicher, nicht so intensiv „riddim driven", sondern mehr songorientiert. Dem versuchen Lusardi wie auch Bovell schon bei den Aufnahmen Rechnung zu tragen: „Wir haben vom Start weg solide gearbeitet und darauf geachtet, dass die Stimmung [der Instrumente] und das Timing stimmten. Dennis war genauso. Andere haben weniger Wert darauf gelegt. Die haben mehr die Rauheit des Reggae geliebt. Aber wir wollten, dass der britische Reggae optimal eingespielt wird, wie andere Genres auch. So perfekt wie möglich. Das hat sich ausgezahlt."
Mit Lusardi lässt sich zu günstigen Konditionen produzieren, egal ob reine Dub-LPs oder Vocal-Alben, zu denen selbstverständlich auch Dub-Versionen

32 Greensleeves UK 1981

gemischt werden. Zwischen 1977 und 1980 mischt Lusardi eine Serie von Dub-LPs, die der englischen Dub-Rezeption eine weitere Auslegung eröffnen:

- *Tradition In Dub* BPI UK 1977 (erscheint in einem neutralen Cover, wird 1980 unter dem Namen *High Risk Dub* von Venture Records mit Cover neu aufgelegt)
- *The Simeons – Dub Conference In London* Freedom Sounds UK 1978
- *Revelation – Variation On A Theme* Burning Vibration UK, Vertrieb EMI 1979
  (Dub zu *Revelation – Book Of Revelation* Burning Sounds UK 1979)
- *Creation Rebel – Rebel Vibrations* Hitrun UK 1979
- *Tradition – ... Tell Your Friends About Dub* RCA UK 1980
- *Tradition – Captain Ganja And The Space Patrol* Venture Records UK 1980 (Dub zu *Tradition – Alternative Routes* RCA UK 1978)
- *Black Slate – Ogima* TCD UK 1981
  (Dub zu *Black Slate – Amigo* TCD UK 1980. Das Vocal-Album wird nach dem Austausch einiger Songs noch im selben Jahr von Ensign sowie außerhalb von England von Mercury nachgepresst.)
- *Black Slate – Six Plus One* Top Ranking Records 1982
  (Eine DoLP, 1x Vocal, 1x Dub, außerhalb von England vertrieben durch CBS und Polydor)

The Simeons[33] sind mit die ersten, die im Gooseberry dubben. Sie hinterlassen auf dem Cover ihrer *Dub Conference* das Statement „This LP was created the way we see dub should be here in London“ und bezeichnen Mark Lusardi als „The hardest white engineer in London“. Dessen Dub-Technik unterscheidet sich kolossal von der Art, in der jamaikanische Engineer mischen. Vieles im jamaikanischen Dub entsteht aus den limitierten technischen Möglichkeiten der Zeit. Es macht einen gewaltigen Unterschied, ob man das ganze Schlagzeug auf einer einzelnen, gebouncten Spur und den gesamten Offbeat aus Gitarre, Piano und Orgel auf einer zweiten hat oder ob sich die Instrumente auf vielen Spuren verteilen. Die Pulte und Bandmaschinen in London sind moderner und größer als in Kingston und es ist – wegen des erwähnten Pop-Einflusses – mehr auf den Bändern. Daher ist das Stummschalten einzelner Instrumente komplizierter als mit vier Input-Kanälen bei Tubby, acht bei Treasure Isle oder sechzehn bei Channel One. An den kleinen Pulten in Kingston mischt nur der Engineer. Lusardi dagegen involviert die Musiker in den Vorgang: „Ich habe die Band mitmachen lassen. Hab ihnen gesagt, wenn ich diesen Knopf drücke, drückt ihr die da. Dann sind Becken, Hihat, Snare [und Kick] weg und ich drehe Echo auf die Gitarre. Wir mussten das richtig üben. Ab und zu war es sinnvoll, in Sektionen zu dubben. So lange, bis etwas falsch lief, dann von vorne bis zum

33 Die Simeons sind die Brüder Trevor, Ewan und Paul Robinson und ein Gitarrist. Sie nehmen später mit zwei weiteren Brüdern unter dem Namen One Blood mit Lusardi im Mark Angelo Studio zwei LPs auf, bevor Paul unter dem Pseudonym Barry Boom eine erfolgreiche Solo-Karriere als Produzent (u.a. für Maxi Priest) und Sänger beginnt.

nächsten Fehler, und dann haben wir die besten Teile zusammengeschnitten." In jamaikanischen Studios ist es schon aus Zeitgründen unvorstellbar, von verschiedenen Mixen die besten Parts auszuwählen und zu editieren. Da wird genommen, wie es kommt. Jeder Durchlauf ein neuer Dub. Selbst wenn das Resultat nicht perfekt ist. Zuweilen erzielt dabei der Zufall die besten Ergebnisse. Auch Lusardi kennt die Magie des „every spoil is a style": „Dann trat das ein, was wir ‚scientivity' nennen[34]. Als hätte man es darauf angelegt, dass Fehler passieren. Sie klangen genial. Wir wussten nicht, wie sie entstanden sind, haben sie aber behalten."

Lusardis Chiffren bestehen aus kurz aufschwellenden Echos und der fast durchgängig vollen Instrumentierung. Seine Dubs sind weich. Ohne laute Detonationen. Sie schweben in der Songstruktur und dezimieren die Instrumente nicht auf Drum & Bass. Im Gooseberry legt Lusardi den Grundstein für eine kontemplative Ambient-Rezeption, die zum kosmischen Image des Dub beiträgt. Das nicht in den Studios von Kingston, sondern in den Büros englischer Plattenfirmen erdacht wird. Nachdem Virgin/Frontline 1978 *Planet Mars Dub*[35] vorgelegt hat, mischt Lusardi – anderthalb Jahre vor der Veröffentlichung des Scientist-Albums *Space Invaders* durch Greensleeves – aus dem RCA-Album *Alternative Routes* der Band Tradition den dubbigen Space-Trip *Captain Ganja And The Space Patrol.* Eine LP, die bis zu ihrer Neuauflage 36 Jahre später eine irrational abgehobene Preisentwicklung erlebt. Lusardi gesteht lachend ein, dass er als Fan von Science wie Science-Fiction seine Mixe vielleicht unbewusst zwischen Space Oddity und Ambient angesiedelt hat: „Ich war keiner von den King Tubby/Scientist-Leuten. Vermutlich war ich beeinflusst von dem, was man im Radio oder in den Plattenläden hörte. Aber ich hab nicht darüber nachgedacht. Ich weiß nicht, warum ich was gemacht hab. Manchmal entfacht die Musik was in dir, außerdem waren immer Tonnen von Spliffs im Spiel. Verrückte Dinge sind da passiert. Wer weiß warum, haha."

Lusardis Mixe taugen nicht für die Dancehall, sollen sie auch nicht. „Mark war nie bei einem Sound System", erklärt Dennis Bovell, „er hatte andere Ideen, mehr ambient." Eine Auslegung, die sich im UK-Dub auszubreiten beginnt und auch von anderen verfolgt wird. Zuweilen in brachialer Ausprägung.

1982 a-dub-tiert Adrian Sherwood den Begriff für das Album *The Dub Syndicate – The Pounding System (Ambience In Dub).* Der zu dem Zeitpunkt 24-jährige Produzent erlebt seine Reggae-Sozialisation recht früh. Geboren 1958 in London, wächst Sherwood westlich der Hauptstadt in der kleinen Ortschaft Slough in *Buckinghamshire* auf. Dort wird er schon als Kind zu Hauspartys und Blues Dances der Nachbarschaft eingeladen. Als sein Vater stirbt, übernimmt der jamaikanische Clubbetreiber Joe Farquharson dessen Rolle. Ihm schreibt Sherwood den größten Einfluss auf seinen Lebensweg zu. Als 14-Jähriger darf er bereits an Nachmittagen in dessen „Newlands

34 Scientivity = power or faculty of knowing = die Fähigkeit zu erkennen

35 *The Icebreakers with The Mighty Diamonds – Planet Mars Dub* Frontline UK 1978

Club“ in High Wycombe auflegen. „Mit den Jahren geriet ich mehr und mehr in den Bann von dem Zeug, das aus Jamaika kam“,[36] erinnert sich Sherwood. Sein Ersatzvater ist gut vernetzt mit der Londoner Reggae-Szene. Farquharson vermittelt dem 17-Jährigen einen Job bei Pama Records, wo er in Kontakt mit jamaikanischen Musikern kommt. Mit 18 Jahren wechselt Adrian Sherwood zum Grounation Label und gründet mit Joe Farquharson den Vertrieb J&A. Sie bringen die Platten von Grounation und anderen Labeln wie Ethnic Fight, Klik oder Trojan bis in die entlegensten Winkel des Landes. „Die gesamte Szenerie wurde befeuert von Plattenfirmen und Reggae-Labeln in London“ erzählt Sherwood. „Die haben B-Seiten und Dubs en masse kompiliert, weil sie mitgekriegt haben, dass sich da ein Markt entwickelt.“[37] In kürzester Zeit wächst in England neben Importen – und noch bevor Greensleeves oder Burning Sounds bei dem Geschäft mitmischen – das Angebot an eigens in London aufgelegten Dub-LPs aus Jamaika:

- *King Tubby Meets The Upsetter At The Grass Roots Of Dub* Fay Music Inc. 1974
- *Augustus Pablo – Ital Dub* Trojan 1974
- *Leslie Butler – Ja-Gan*[38] Trojan 1975
- *Natty Locks Dub* Fay Music 1975
- *Bag-O-Wire* Klik 1975
- *King Tubby & The Aggrovators – Shalom Dub* Klik 1975
- *Sir Coxson Sound – King Of The Dub Rock* Safari 1975
- *Out Of One Man Comes Many Dubs* Ethnic Fight 1975
- *Music Explosion* Ethnic Fight 197x
- *King Tubby The Dub Master presents The Roots Of Dub* Grounation 1975
- *Tommy McCook – Horny Dub* Grounation 1976
- *Rass Claat Dub* Grounation 1976
- *Rasta Dub '76* Grounation 1976
- *King Tubby – Surrounded By The Dreads At The National Arena* Fay Music Inc. 1976

Wenn Sherwood nicht unterwegs ist, hängt er zu Hause mit Freunden ab. Man kifft und hört Dub. 1976 beteiligt er sich an dem für Lizenzierungen ins Leben gerufenen Label Carib Gems. 1978, da ist er 20, gründet er Hit Run. Anlass ist seine erste eigene Produktion *Dub From Creation*, sie entsteht innerhalb von drei Tagen. John Peel spielt in seiner Sendung davon gleich drei Songs am Stück und bezeichnet das Album als „the best dub record ever made in England“. Am nächsten Tag verlangen alle Record Shops der Stadt nach der LP. „So fing's an“, sagt Sherwood, „aber es war hart, Platten zu verkaufen. Es gab einfach zu viele Veröffentlichungen. Du

36 *Adrian Sherwood Boiler Room Collection* Youtube 2016
37 ebenda
38 Bis auf einen Track identisch mit *Sylvan Morris – Dub Wise Morris On Dub* Jaywax Jamaika1975

warst in Konkurrenz mit großartigen Platten von überall her. Also habe ich beschlossen, meine Platten sollen sich anders anhören als die Masse. Ich wollte nicht, dass sie sich wie eine Kopie jamaikanischer Platten anhören."[39]
Aus Hit Run wird 1981 OnU Sound. Das neue Label gibt sich eine Prämisse, die später u.a. durch David Foster Wallace für die Literatur und von Banksy für die Streetart aufgegriffen wird: „Die Bequemen verstören und die Verstörten trösten".[40] Ein Jahr später erscheint *The Pounding System (Ambience In Dub)*. Heute ein Klassiker, damals eine Provokation. Die Sleevenotes verulken den Begriff „Ambience" als „mysteriöses Geheimnis, das nur wenige kennen". Ambience sei schlicht der Sound der Umgebung. Zum Beweis wird das Schlagzeug in der Studio-Toilette aufgenommen und der Nachhall der gekachelten Wände für die Mixe genutzt. Sherwood reizt aus, wie weit sich Hörgewohnheiten von Dubheads mit radikalem Hall, Echo und Stereoeffekten belasten lassen. Die Songtitel attackieren („an open pisstake"[41]) die zur gleichen Zeit sehr erfolgreichen Scientist-Dubs bei Greensleeves und deren absurden Titel à la „Heavyweight Super Vampire Ninjas versus Alien Voodoo Cowboys Androids Chapter III".
Doch auch Sherwood ist vom interplanetarischen Space-Dub infiziert. Als Nachfolger für *Dub From Creation* nimmt er mit Creation Rebel 1978 die LP *Starship Africa* auf. Sie erscheint erst 1980 auf 4D Rhythm, einem weiteren seiner frühen Label, und soll den Soundtrack bilden für einen nie realisierten Film von Don Letts über „Alien Dreads From Beyond The Stars". In der Zwischenzeit, noch vor der Veröffentlichung von *Starship Africa*, nehmen Creation Rebel für Sherwoods Hit Run Label ohne dessen aktive Beteiligung die LP *Rebel Vibrations* auf. Mittlerweile integriert im OnU-Sortiment, wird das Album samt Lusardi-Mix beschrieben als „Erkundung der einzigartigen Möglichkeiten des Raumes im Klang (space in sound) innerhalb disziplinierter Rhythmusstrukturen"[42]. Space is the place, auch bei Adrian Sherwood.[43]
Als *Pounding System* erscheint, denkt niemand daran, dass aus Dub Syndicate eine Band – oder besser ein Projekt mit wechselnden Musikern – werden könnte, das am Ende auf rund 20 Alben kommt. Obwohl es seine Hände und sein Drumset auf dem Coverfoto sind, spielt der Roots-Radics-Drummer Style Scott beim ersten Album noch nicht mit. Er steigt erst danach ein, wird dann aber zum Gesicht von Dub Syndicate. Mit ihm als Groove-Garant konvertiert Sherwood das Freiluft-Klima des jamaikanischen Dub in einen aufgedreht technoiden Großstadt-Sound, der charakteristisch werden wird für sein Label. Schon auf *Tunes From The Missing Channel* (1985), dem zweiten OnU-Album

39 *Adrian Sherwood Boiler Room Collection* Youtube 2016

40 „Disturbing the comfortable and comforting the disturbed."

41 Steve Barker, Host der BBC-Sendung „On The Wire", in den Linernotes zum CD-Release 1998

42 OnU Sound Online-Store https://store.on-usound.com/release/61047-creation-rebel-rebel-vibrations (zuletzt aufgerufen am 15.03.2022)

43 *Space Is The Place* ist der Titel eines afro-futuristischen Science-Fiction-Films mit Sun Ra von 1974

der Band[44], tauchen repetitive Soundsamples auf, werden die Effekte brutaler, die Inszenierungen industrieller.
„Wir haben Dub-Musik komponiert", erklärt Scott den Unterschied zu jamaikanischen Dubs. „Das waren keine Versionen, sondern Originale. Wir sind mit der Absicht ins Studio gegangen, genau so etwas zu machen." Sherwood beschreibt das Vorgehen so: „Unsere Musik war von Anfang an designt als Dub. Wir haben zuerst Riddims gebaut und dann verschiedene Farben, Samples und Ähnliches hinzugefügt. Eine komplett andere Arbeitsweise [als in Jamaika]."[45] Samples werden zu einem wichtigen Faktor. Sie helfen Sherwood, seinen Dub für ein Nicht-Reggae-Publikum zu präparieren.[46] Er integriert Gesänge aus englischen Fußballstadien (*Barmy Army* 1989) und Melodien des indischen Sitar-Spielers Ravi Shankar, der seit seiner Teilnahme an George Harrisons „Concert For Bangladesh" in Hippiekreisen verehrt wird (*Research And Development* 1996). Er kombiniert Poems von Jim Morrison, dem Frontmann der Doors, mit Lee Perry (*Stoned Immaculate* 1991). Stimmfetzen aus Songs, die er mit jamaikanischen Artists wie Prince Far I aufgenommen hat, spielen eine wichtige Rolle in der Anbindung des OnU Sounds an traditionelle Reggae-Hörer.
Dub Syndicate gebührt die Ehre der ersten Dub-Band in Europa. Live reproduzieren sie ihren Sound in Echtzeit mithilfe eines dubbenden Engineers am Bühnenrand. Der schickt seine Effekte sowohl ins Publikum als auch auf die Bühne, so dass die Musiker darauf reagieren können. Der Drummer Style Scott ist bis zu seiner Ermordung im Oktober 2014 in zwei grundverschiedenen Lagern unterwegs: im jamaikanischen Dub mit den Roots Radics, in England und der übrigen Welt mit Dub Syndicate in einer Outta-Yard-Neo-Dub-Variante.[47] Scott wäre mit seinem englischen Projekt gerne auch in Jamaika aufgetreten. Aber er wusste: „Dub Syndicate hatten ein Publikum, das mehr begeistert war von Welt- und anderen Musiken als von Reggae. [In Jamaika] findet man so ein Publikum nicht. Wenn man es ihnen nicht vorher nahegebracht hätte, hätten die Leute [dort] gesagt, sie spielen Instrumentalmusik."
Style Scott wird zur zentralen Figur im OnU-Künstler-Portfolio. Er trommelt nicht nur für Dub Syndicate, sondern auch bei Creation Rebel, African

44 Davor liegen zwei Produktionen, die unterschiedlicher nicht sein könnten. Zum einen *One Way System*, ein Album, das nur auf dem US-Kassettenlabel ROIR rauskommt und erst 2017 seine Vinylpremiere im OnU-Katalog erlebt. Harter experimenteller Stoff mit Effekten aus dem Versuchslabor. Zum anderen *North Of The River Thames* (1984) mit dem Melodika-Spieler Doctor Pablo (trotz der Anspielung auf die LP *East Of The River Nile* nicht zu verwechseln mit dem Jamaikaner Augustus Pablo). Die naiven Melodika-Melodien und die ätherische Stimme des Sängers Bim Sherman nehmen dem düsteren Material von Dub Syndicate die Schwere.

45 Zitiert nach Veal a.a.O. S. 228

46 Vgl. Kapitel 20 über Lee Perry und „30 Jahre On-U Sound" *RIDDIM* 06/2011

47 Neo-Dub ist kein definierter Begriff. Er bezeichnet Dub-ähnliche Musik, die nach dem Ende des jamaikanischen Dubs außerhalb von Jamaika – outta yard – produziert wird. Die Bezeichnung kam auf im Zusammenhang mit den in England programmierten, digitalen Steppers/Steppaz-Dub-Instrumentals. Heute fasst man darunter alle Dub-Strömungen, die als solitäres Ereignis angelegt sind.

Head Charge, Singers & Players und anderen Projekten. Sherwood wiederum vermischt alles mit jedem und montiert seine Dub-Ästhetik selbst in die Musik von Crossover-Acts wie Little Axe, Tackhead oder Gary Clail. Ebenso bei den New Age Steppers, dem 1981 gestarteten Parallelprojekt der Slits-Sängerin Ari Up (1962 – 2010), die ein Jahr zuvor noch mit Dennis Bovell gearbeitet hatte.

Es ist die Phase, in der die Londoner „Punky Reggae Party" ihren Höhepunkt erlebt. The Clash kooperieren mit Lee Perry und Mikey Dread und veröffentlichen 1980 eine 10" mit Dub-Versionen und Anleihen bei Studio One[48]. Ein Jahr zuvor waren bereits The Members über Virgin mit der Reggae-(Maxi-)Single „Offshore Banking Business" gekommen, unterstützt von dem in Kuba geborenen jamaikanischen Posaunisten Rico und mit einem dubbigen Deejay-Anhang ihres Sängers Nicky Tesco. Begünstigt von der Streuung durch die großen Plattenfirmen solidarisieren sich Punk und Reggae, womit Dub den Status der exklusiven Widerstandsform der Windrush Generation und ihrer Nachkommen endgültig einbüßt. Diesem Trend kann sich auch der als „Mad Professor" agierende Neil Fraser nicht entziehen. 1982 kooperiert er mit der Punkband The Ruts für eine LP auf deren Bohemian Label.[49] Ein Jahr später nimmt er mit dem Trio Anti Social Workers ein Punk/Reggae/Dub-Crossover-Album für Ariwa auf[50] und lässt die Band dabei u.a. über den „Declaration Of Rights"-Riddim singen.

Neil Fraser kommt im Frühjahr 1955 in der britischen Kolonie Guyana zur Welt. Wie fast alle Analog-Pioniere – genreübergreifend von Rupert Neve bis King Tubby – beschäftigt auch er sich in jungen Jahren mit Radios. Fraser jedoch repariert nicht, er baut sie. Weil er damit samstagnachts eine Reggae-Sendung von den Virgin Islands empfangen kann. Jede Woche vier Stunden, die ihn mit Reggae infizieren, während er in der übrigen Zeit bevorzugt US-Soul von Stax, Motown und Atlantic hört. Seine Eltern emigrieren schon früh in der Hoffnung auf Arbeit nach England. Als Neil 13 ist, reist er ihnen nach. Der Vater, mittlerweile Labortechniker in einem Londoner Krankenhaus, fördert das Interesse seines Sohnes für Elektronik, was in Verbindung mit der Leidenschaft für Musik dazu führt, dass Fraser beginnt, jamaikanische Schallplatten aus studiotechnischer Sicht zu analysieren. Er bleibt ohne Ausbildung, liest und bringt sich alles selbst bei. Mitte der 70er Jahre, längst ist er bei den Eltern ausgezogen, meldet er sich auf eine Stellenausschreibung bei der erst vor Kurzem gegründeten Firma Soundcraft, die sich mit der Entwicklung von Mischpulten für den Live-Betrieb befasst. Man bringt ihn in einen Raum voller defekter Pulte. Sollte es ihm gelingen sie zu reparieren, bekäme er den Job. Zwei Tage später ist Neil Fraser Angestellter bei Soundcraft. Er bleibt zwei Jahre, dann beschließt er, sich ein Studio zu bauen. Mit ausrangierten Soundcraft-Bausteinen schraubt er ein Pult der Serie 2 zusammen, und richtet sich 1979 mit einer TEAC 3440

48 *Black Market Clash* Epic UK 1980

49 Die Band nennt sich da schon Ruts DC. Die LP *Ruts DC Present Rhythm Collision Vol. 1* wird später u.a. von ROIR und Echo Beach lizenziert.

50 *Anti Social Workers – Punky Reggae Party. Positive Style* Ariwa 1983

¼ Zoll 4-Spur-Bandmaschine, einem selbstgebauten Phaser, einem Federhall und einem Revox G36 2-Spur-Bandgerät für Echos in einem Zimmer seiner Wohnung auf der Bruce Road im Londoner Vorort Thornton Heath sein erstes Studio ein. Hier entsteht 1981 mit der Brixtoner Band Aquizim für sein inzwischen gegründetes Ariwa Label eine Coverversion der „Kunta Kinte"-Dubplate inklusive derselben Erkennungsmelodie, jedoch mit veränderter Bassfigur.[51] Im Laufe der kommenden Jahre greift er dieses für die englische Szene eminent wichtige Instrumentalstück immer wieder auf, meist in getunter Form, da die Aquizim-Version vergleichsweise dünn ausfällt, denn die technische Ausstattung seines ersten Studios bringt noch nicht das Frequenzvolumen aufs Band wie das Channel One mit Sly & Robbie.
Zu seinen frühen Kunden gehören Laurel Aitken und Desmond Dekker, aber auch Label wie Jah Thomas' Midnight Rock oder Nigger Kojaks Moa Anbessa, die Bänder von King Tubby anschleppen: „Yeah, 4-Spur-Master von Tubby. Die sollten auf zwei Spuren zusammengemischt werden. They are doing all kinds of crazy shit. Manchmal haben sie Versions von einem auf ein anderes Band gepackt und so aus einem Tape drei Alben gemacht. All so'n Zeug. Und ich musste das [für sie] machen."
Schnell erweitert Fraser von 4 auf 8 auf 16 Spuren. Mit einer Ampex MM1000 16-Spur-Maschine entsteht das erwähnte Album mit Ruts DC. Im Mai 1982 zieht er aus dem Vorort näher ans Geschehen und verlegt sein Studio in einen Keller der Gautrey Road im Südlondoner Stadtteil Peckham. Hier beginnt er noch im selben Jahr, mit Dub zu experimentieren. Auf der LP *Dub Me Crazy* lotet er aus, wie weit man Soundeffekte und Gimmix an die Grenzen gefälliger Konsumierbarkeit bringen kann. „*Dub Me Crazy* war inspiriert von Errol Thompsons *African Dub* Serie", offenbart Fraser. „Ich habe die Stimmung, den Spaß und die Schwarze Attitüde seiner Platten geliebt."
Fraser presst 1.000 LPs und bleibt darauf sitzen. Wie schon bei Sherwood sorgt auch hier die Begeisterung von John Peel dafür, dass die Platte unters Volk kommt. Der Radio-One-Moderator ruft Fraser an, sagt, dass er die Platte mag und sie spielen wird. Danach ist alles anders. Die junge europäische Dub-Gemeinde mit Hauptsitz London reagiert nach der Adelung durch Peel begeistert. Das innovative Mix-Abenteuer abseits gängiger Dub-Klischees schreibt in den nächsten elf Jahren eine Erfolgsgeschichte von zwölf Kapiteln. Für das Artwork der noch im selben Jahr nachgelegten LP *Dub Me Crazy! The Second Chapter. Beyond The Realms Of Dub* hängt der Comiczeichner Tony McDermott in bester Baselitz-Manier Mad Professor kopfüber ins Cover. Eine sinnbildliche Anspielung darauf, dass der verrückte Engineer Hörgewohnheiten auf den Kopf stellt.
Mad Professor tobt als Systemsprenger durch die Mixe der *Dub Me Crazy*-Serie. Wie kein zweiter Engineer in England bleibt er mit seinen Mixen beim jamaikanischen Version-Prinzip, entfernt sich aber zugleich durch das bizarre Sound-Design am weitesten davon. Seine Effekte sind überlaut, harsch und

51 Aquizim – „Kunta Kinte" Ariwa 10", white label 1981 + LP *Mad Professor – Method To The Madness* Trojan UK 2005

spröde und sägen mit der Ästhetik von Eierschneidern. Sie entstehen aus extrem kurzen, flangenden oder Rock'n'Roll-artig slapenden Echozeiten, unter denen sich der Bass modulierend wegdreht und in tiefe Höhlen entschwindet. Diese neuartigen Sounds sind nur möglich, weil erste digitale Echogeräte wie das Roland SDE-2000 auf den Markt kommen, mit denen sich Wiederholungen auf die Millisekunde genau einstellen lassen.[52] Doch Fraser kann auch traditionell. Sein Counterpart zu Lacksley Castells *Princess Lady*-LP mit dem Titel *Dub Rockers Volume 2. Negus Roots Meets The Mad Professor*[53], der zeitgleich zu den ersten *Dub Me Crazy*-Alben entsteht, bewegt sich auf der klassischen jamaikanischen Schiene, obwohl auch hier die verrückten Spielereien aufblitzen.
Ab 1984 produziert Neil Fraser mit 24 Spuren. Im selben Jahr beginnt die langjährige Zusammenarbeit mit Lee Perry, bei der anfangs Sid Bucknor am Pult sitzt. Bis 2021 veröffentlicht Ariwa 18 LPs mit Perry. 1986 wird in das Studio eingebrochen, daraufhin zieht Fraser zum dritten und letzten Mal um. Er landet auf der Whitehorse Lane in South Norwood, wo er zehn Jahre später zu seinen Anfängen zurückkehrt und unter dem Namen „Are We Mad" mit dem alten Equipment von 1979 ein Zweitstudio installiert, inklusive des damals selbst gebauten, aber für die neue Verwendung modifizierten Pultes. Die Rückbesinnung entspringt seinem Verhältnis zum Analogen: „Ich glaube nicht, dass sich Dub programmieren lässt. Dub muss spontan sein. Nur so entsteht ein Vibe. Da ist etwas, das geht tiefer. Im Analogen gibt es Elemente, die digital nicht möglich sind. Feedback zum Beispiel. Analog kannst du Feedback kreativ einsetzen. Ich habe den Verdacht, dass es tiefer gehende Gründe gibt, warum es digital nicht funktioniert, und vermute, es liegt an den Analog/Digital-Wandlern." – Also ist Dub eine analoge Musikform? – „Definitiv! Dub muss analog sein! Als Dub erfunden wurde, gab es kein digital. Und die besten Dubs entstanden analog."
Nach dem Abschluss der *Dub Me Crazy*-Serie reanimiert Fraser, der in den Social Media mitunter Zitate seines bei einem Attentat getöteten Landsmannes Walter Rodney postet, den militanten Habitus des Dub. Er legt Mitte der 90er Jahre eine neue, fünfteilige Staffel auf, nennt sie *Black Liberation Dub* und macht jeden Track durch Titelgebung und entsprechende Stimm-Samples zum politischen Statement. Musikalisch reagiert er damit auf einen Trend bei den englischen Sound Systems, bei denen sich zunehmend ein spezieller Beat durchsetzt. Ein wirkungsvoller Uptempo-„Four on the Floor"-Beat, der mehr treibt als dass er groovt, weil jede Viertelnote von der Bassdrum betont wird. Von dem Drummer Leroy Horsemouth für Burning Spears „Red Gold

52 Wie entscheidend das Roland SDE-2000 für seinen Sound war, wird erkennbar, wenn er viele Jahre später das Gerät in die Cover der Alben *Mad Professor - Riddim and Dub Series 2018 + 2019* integriert

53 Negus Roots UK 1983, der Titel *Volume 2* bezieht sich darauf, dass es bereits ein Jahr zuvor die in Jamaika mit Dubs zu Lacksley Castells *Morning Glory* gemischte Negus-Roots-LP *Dub Rockers Delight* gab. Eine dritte Negus-Roots-Dub-LP entstand später in England: *Sip A Cup meets Negus Roots – Fire House Dub Volume 1*. Sie erschien 2007, wurde aber wahrscheinlich lange vorher von Gussie P im Mafia & Fluxy Studio gemischt.

And Green"[54] zwei Dekaden zuvor erstmals offensiv in den Reggae gestampft, danach von Sly Dunbar im Channel One konfektioniert, geht er unter dem Namen „Steppers" in die Annalen des Reggae ein und wird in England als „Steppaz" zum Evangelium der Sound Systems. Deren Prophet heißt Jah Shaka. Der um 1950 in Clarendon geborene Jamaikaner ist seit 1956 in England, seit den frühen 1970ern betreibt er ein Sound System. Auch bei ihm läuft die „Kunta Kinte"-Dubplate aus dem Channel One Studio in Dauerrotation. Shaka ist kein Engineer, er bestellt Dub, produziert Dub[55] und legt Dub auf. Damit etabliert er sich, ohne selbst zu mischen, als eine der einflussreichsten Personen der englischen Dub-Szene. Für den Rastafarian ist Dub-Musik eine „spirituelle Ressource"[56], bei der die Anwesenheit Jahs in den Vibrationen des Basses spürbar ist. Die Basswellen aus den überdimensionierten Lautsprecherwänden der Sound Systems bewirken, dass Musik nicht nur gehört, sondern auch körperlich gefühlt wird. Für Shaka ein heiliges Ritual, das der Steppers Beat befeuert. Marschieren und vibrieren – acht, neun Stunden oder länger legt er auf, ohne Unterbrechung, ohne Pause, bis er und die Besucher seiner Dances in einen tranceähnlichen Zustand verfallen. Ich habe Jah Shaka mehrfach live erlebt, in England, Frankreich, Deutschland. Und egal wo, überall spielte er zur Prime Time Steppers nonstop. „In den 90ern nahm das Steppers-Ding so richtig Fahrt auf, weil Shaka diese Art der Musik extrem gepusht hat", bestätigt auch Bredda Neil.
Fraser reagiert auf diese Entwicklung in der *Black Liberation Dub*-Reihe mit intensiven Steppers-Arrangements. Seine Mixe haben sich verändert. Nach den drastischen Exkursionen der *Dub Me Crazy*-Alben hängt nun der Himmel voller Echos. Seine Dubs entstehen jetzt über ostinate Drum'n'Bass und oft Repeater-gestützte Gerüste, die nahezu unberührt laufen und nur punktuell mit Effekten belegt werden. Darüber türmen sich orchestrale Hallfahnen, Stimmfetzen und Wogen unterschiedlich getimter Echos, in halbem, doppeltem und triolischem Tempo, in Mono, Stereo und Ping-Pong. Fraser nimmt das Beste aus dem jamaikanischen Dub – die ewig langen Echos von King Jammy, die Filteroperationen von King Tubby, die Bassmodellierungen von Scientist, die Flanger-Effekte und Geräuschzuspielungen von Errol Thompson – und koppelt sie mit eigenen Ideen zu einem konsumentenfreundlichen Style. So entsteht eine unverkennbare Handschrift, mit der Mad Professor seinen Dub-Katalog bis zum Zeitpunkt, da dieser Text entsteht, auf knapp 100 Alben ausbaut. Was ihn zum produktivsten Engineer in der Dub-Arena macht. Und wozu ihm pfiffige Aufhänger einfallen.
In der jamaikanischen Folklore gibt es die Figur Anansi. Ein Trickster, halb Mensch halb Spinne, der mit cleveren Gaunereien geschickt durchs Leben kommt und dessen Streiche den Kindern als Gute-Nacht-Geschichten erzählt

54 Ein Song vom Album *Marcus Garvey* Island Records, Mango, Wolf und weiteren Labeln 1975
55 Jah Shaka produziert Singles, Maxis und mehr als 20 Alben, einige davon mit biblischen Anspielungen. Darunter die 10 Gebote des Dub *Commandments of Dub Part 1 to 10* und *New Testaments Of Dub* sowie Kooperationen mit Mad Professor wie *Jah Shaka Meets Mad Professor At Ariwa Sounds* 1984 und *New Decade Of Dub* 1996.
56 Christopher Partridge: *DUB in Babylon* a.a.O. S. 126

werden. Ab und zu schlüpft Fraser in die Rolle der Anansi. Nicht nur indem er für *Dubbing with Anansi* (2014) in spinnenähnlicher Gestalt über das Mischpult kreucht. Sondern auch wenn er Alben verkaufsfördernd *The Roots Of Dubstep* (2011) oder *Electro Dubclubbing!!*[57] (2018) betitelt, obwohl sie, wie Mad Anansi offen zugibt, weder mit Dubstep noch mit Clubmusik oder Elektronik zu tun haben. Die ersten zwei Alben stecken voller altbewährter Riddims jamaikanischer Songs wie Keith Hudsons „Felt The Strain" oder Dennis Browns „Three Meals A Day" und „Love Me Always", und gehen zurück bis zu Prince Busters „Swing Low" von dessen LP *The Message.* Die dritte LP basiert zum Teil auf Originalbändern mit Studio-One-Bearbeitungen, die um 1980 mit den Revolutionaries im Channel One entstanden. Darunter „Ya Ho" von den Viceroys in einer Interpretation der Jays und der vielfach gecoverte „Give Me The Right"-Riddim der Heptones. Alles Aufnahmen, die auch schon zur Zeit ihrer Entstehung in Kingston gedubbt wurden. Frasers Jahrzehnte später gemischte Versionen machen *Electro Dubclubbing!!* zu einem der ansprechendsten Dub-Alben in seinem Gesamtwerk. Und lassen erkennen, wie anders der Dub-Sound aus dem englischen Pop-Umfeld klingt im Vergleich zum rauen jamaikanischen Ursprung.
Der erfolgreichste Coup gelingt Mad Professor 1995 auf dem Höhepunkt des Trip-Hop-Hypes. Er remixt das zweite Massive-Attack-Album *Protection*[58] und erzielt damit weltweites Aufsehen, was die Verkäufe in den siebenstelligen Bereich treibt. *Massive Attack v Mad Professor – No Protection*[59] avanciert zum mit Abstand auflagenstärksten Dub-Album aller Zeiten. Obwohl die Playbacks nahe an Ambient gebaut und hundertprozentig frei von Reggae sind. Was wiederum wesentlich dazu beiträgt, dass Dub zum genreübergreifenden Ereignis wird. „Mehr als eine Million Menschen haben da zum ersten Mal Dub gehört, [denn] technisch gesehen ist es ein Dub-Album mit Versions", betont Fraser die Bedeutung des Albums. „Eine Million ist eine Menge Ich weiß wovon ich rede. Ich habe ein Label und das Höchste, das du erreichen kannst, sind vielleicht hunderttausend."

57 Es gab 2017 eine Sound-Tour von Mad Professor und Lee Perry unter dem Namen „Electro Dubclubbing". Die LP hat damit nichts zu tun.
58 Wild Bunch Records UK 1994
59 Wild Bunch Records UK 1995

22 | Epilog: Ein Echo macht noch keinen Dub

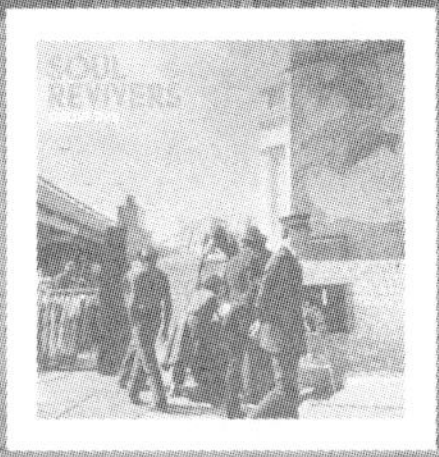

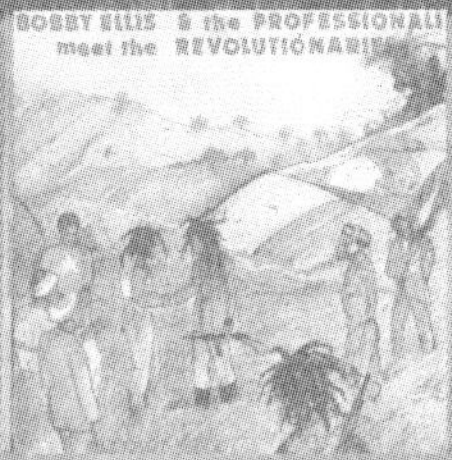

„Wir improvisieren, ohne das Ziel zu kennen. Das macht uns frei. Wir fürchten uns nicht vor Situationen, die wir nicht kennen. Wir haben einen Song, haben Rhythmus und fangen an, damit zu spielen, stellen alles auf den Kopf. Wir haben keine Angst, die Dinge laufen zu lassen."

(Abdullah Ibrahim[1])

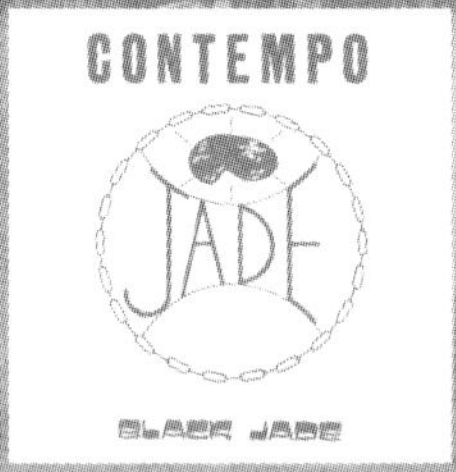

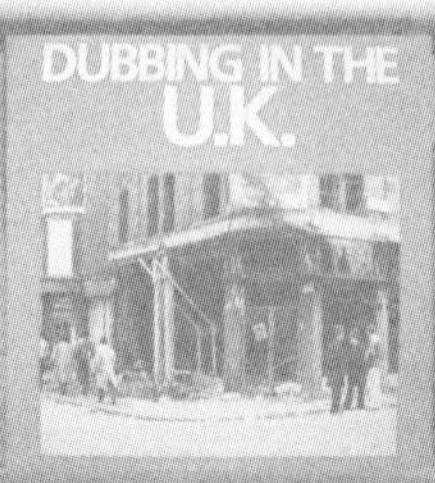

Die Schlussbetrachtung beginnt mit den Jahren, bevor Dub aufkam. 1962 veröffentlicht Coxson Dodd die erste von ihm produzierte LP: *I Cover The Water Front*[2], benannt nach einem zum Jazzstandard gewordenen Popsong aus dem gleichnamigen Film von 1933. Dodd hat zu dem Zeitpunkt noch kein eigenes Studio, die Platte mit der Cecil Loyd Group wird bei Federal aufgenommen. Beteiligt sind neben dem Bandleader am Flügel der australische Drummer Lowell Morris, Lloyd Mason am Kontrabass, der Posaunist Don Drummond und Rolando Alphonso am Tenorsaxofon. *I Cover The Water Front* ist eine reine Jazzplatte, das Quartett spielt Modern Jazz, beeinflusst von Charly Parker und John Coltrane. Auf der Cover-Rückseite findet sich ein bemerkenswerter Begleittext, der unverkennbar gemünzt war auf die damalige, von amerikanischen Urlaubern geprägte touristische Rezeption jamaikanischer Musik: „Viele Ausländer neigen dazu zu glauben, Jamaika sei das Land des Calypso", hieß es, und es wurde konzediert, dass „eine Nähe in Rhythmus und Aufbau, die man als ‚afro-karibisch' bezeichnen könnte," vorhanden sei. „Aber die Haupteinflüsse [unserer Musik] sind die Leitlinien der internationalen Jazzwelt."

Coxsons Produktionsdebüt entsteht zu einer Zeit, da in den Hotels der Insel bestens ausgebildete Jazzmusiker aufspielen, deren Können oft hinter den Klischees der Barmusik verborgen bleibt. Viele kommen aus der Alpha Boys School, einem von katholischen Nonnen geführten Internat in Kingston, wo schwer erziehbare und obdachlose Jungen vermittels Teilnahme an einer Brass Band resozialisiert werden. Die hier ausgebildeten Instrumentalisten sind international hoch angesehen. So ist zum Beispiel der Trompeter Dizzy Reece seit 1958 in der amerikanischen Jazz-Szene fest etabliert, er veröffentlicht u.a. vier Solo-Alben bei Blue Note und spielt in der Band von Dizzy Gillespie. Die Trompeter Leslie Thompson und Oscar Clarke touren mit Louis Armstrong, Roy „Bubbles" Burrows tritt mit Duke Ellington, Max Roach und Sonny Rollins auf. 1969 erscheint eine von Burrows mit jamaikanischen Musikern in New York produzierte LP, die neben Standards wie Thelonius Monks „Round Midnight" ein Interview des jamaikanischen Senders RJR enthält, in dem Burrows von seiner Karriere erzählt.[3]

Auffallend viele jamaikanische Jazzmusiker finden Anstellungen in Deutschland oder produzieren hier. Der Trompeter Sonny Gray arbeitet in Paris und ist 1969 Mitglied der Big Band des Norddeutschen Rundfunks. Der Saxofonist Wilton Gaynair spielt bei Kurt Edelhagen und Peter Herbholzheimer. In Bonn führt der Saxofonist Fitz Gore ein international besetztes Spiritual-Jazz-Ensemble namens Talismen und nimmt in Deutschland drei LPs auf. Der 1944 geborene Pianist Monty Alexander, nach Bob Marley einer der nachhaltigsten Musikstars aus Jamaika, veröffentlicht weltweit über 100 Alben. Allein dreizehn LPs erscheinen zwischen 1971 und 1983 in Deutsch-

1 *DIE ZEIT* 20/2013 „Überwinde deine Angst"
2 Port-O-Jam
3 *A Live Interview And Set with: The Jamaican Jazz Crusaders* J.M.A. Records New York 1969, mit Ernest Ranglin, Roland Alphonso et.al.

land beim renommierten Schwarzwälder Jazzlabel MPS.[4] An einigen ist der jamaikanische Gitarrist Ernest Ranglin beteiligt, der selbst ebenfalls ein Solo-Album bei MPS aufnimmt.[5]

Am Anfang der Genese einer landeseigenen Musik agieren – forciert durch visionäre Geschäftsleute – jamaikanische Jazzmusiker und Jazzliebhaber. Von den Skatalites, Jamaikas erster Supergroup, bis zu The Mystic Revelation Of Rastafai – Jazzer liefern die entscheidenden Impulse und bleiben auch nach der Etablierung von Ska und Reggae immer noch Jazzmusiker. Ich selbst habe bei meinen Produktionen mit dem Posaunisten und Alpha-Boy-School-Schüler Rico Rodriguez[6] erlebt, wie er noch 40 Jahre später in Jazz-Kategorien gedacht hat und sich nicht als Ska-Musiker verstand.

Als 2008 der Skatalites-Trompeter und Alpha-Boy-School-Absolvent Johnny „Dizzy“ Moore stirbt, betont der Promoter, Dozent und einstige Peter-Tosh-Manager Herbie Miller in einem Nachruf dessen lebenslanges Selbstverständnis als Rastafarian und Jazzmusiker und bezeichnet Bebop als „Paradigma eines postmodernen Zugangs zu zeitgenössischer jamaikanischer Musik“.[7]

Jazz ist bei den jamaikanischen Movern und Shakern des Musikgeschehens im 20. Jahrhundert dauerpräsent. Allein die vielen Bläser-Overdubs von Solisten wie Cedric Brooks, Reuben Alexander, Karl „Canonball“ Bryan und anderen Absolventen der Alpha Boy School auf Studio-One-Dubs und -Dubplates zeugen von einer tiefen Verbundenheit zum Jazz. Coxson Dodd und King Tubby waren bekannt für ihre großen Jazz-Sammlungen. 1991 antwortet Lee Perry auf die Frage, welche Musik er privat bevorzuge: „Generally I play Soul and Jazz music.“[8] Der Engineer und Sänger Pat Kelly hörte im „Reggae eine Atmosphäre wie beim Jazz“[9]. Er profitierte von Tubbys Sammlung: „Tubby hatte alle Arten von Jazz. Miles Davis, John Coltrane, Alice Coltrane... Ich hab mir von seinen Platten Kassetten gezogen und mitgenommen. Wieweit sich der Jazz auf Tubbys Dub ausgewirkt hat, kann ich nicht sagen.“[10] Laut Fatman begann Tubby jeden Arbeitstag damit, eine Jazz-Platte aufzulegen. Was Spuren hinterließ bei seiner Studioarbeit. Wenn Tubby für Bunny Lee jazzige Instrumental-Platten mit Reggae-Beats mischt, drapiert er Effekte, als seien es Dub-Mixe:

4 MPS produziert 13 LPs mit Monty Alexander: *Here Comes the Sun* 1971 USA, *We`ve Only Just Begun* 1972 USA, *Perception* 1973 USA, *Love and Sunshine* 1975, *Rass* 1974 Jamaica, *Monty Alexander Live At The Montreux Festival* 1976, *Estade* 1977, *Cobilimbo feat. Ernest Ranglin* 1978, *The Way It Is* 1979, *Monty Alexander/Ernest Ranglin* 1981, *Monty Strikes Again. Live in Germany* (with Ernest Ranglin) 1976, *Goal feat. Monty Alexander Trio* 1983, *The Duke Ellington Songbook* 1983. Sechs der Alben entstehen in Villingen im Süden Deutschlands, die anderen werden in New York, Jamaika und der Schweiz aufgenommen. Darunter 1977 der legendäre Mitschnitt vom Jazz-Festival in Montreux, der Alexander weltweite Aufmerksamkeit bringt.

5 *Ranglypso* MPS 1976 (mit Monty Alexander)

6 *You Must Be Crazy – The Official Live Album* T'Bwana Sound/Grover Records 1994 + *Get Up Your Foot* Grover Records 2000, beide Deutschland

7 „The Lion's Last Blow. Johnny „Dizzy“ Moore“ von Herbie Miller in *RIDDIM* 06/08

8 https://www.youtube.com/watch?v=woS40mXN5FE

9 Linernotes zum Reissue von *The Prophets – King Tubby's Prophecies Of Dub* Pressure Sounds 2019

10 ebenda

- *Bunny Lee & King Tubby present Tommy McCook And The Aggravators – Brass Rockers* Total Sounds Jamaika 1975
  (identisch mit *Tommy McCook and The Agrovators – Cookin'* Horse UK 1975)
- *Jackie Mittoo – The Keyboard King* Third World UK 1976
- *Tommy McCook – Hot Lava* Third World UK 1977
  (identisch mit *Tommy McCook – Disco Rockers* Weed Beat Jamaika 1977)
- *Bobby Ellis & The Professionals meet the Revolutiónaries* Third World UK 1977
- *Agrovators Meets The Revolutionaries Part II* Micron CAN 1979

Das Artwork der Bobby-Ellis-LP macht deutlich, wie ab den 70er Jahren außermusikalische Einflüsse des Jazz auch in der Musik Jamaikas ihren Niederschlag finden. Das Cover zeigt eine bewaffnete Guerilla-Szene und listet Titel wie „Militant Salute" oder „Black Unity". Mit einer Verzögerung von zehn Jahren beginnt sich in der Musik der Insel zu spiegeln, was in den Staaten vor sich geht. Vorausgegangen war ein Jahrzehnt der Massen-Mobilisierung des Schwarzen Amerikas. Eine Zeit, in der Jazz von Panafrikanismus, dem Geist der Bürgerrechtsbewegung und revolutionärem Gedankengut beeinflusst wird. Schwarze Musiker in Amerika befreien sich von musikalischen Strukturen und nutzen ihre Stücke für Kommentare zu konkreten Vorfällen. John Coltrane beklagt in „Alabama" mit getragenen Tönen die Opfer eines Ku-Klux-Klan-Anschlags auf eine Kirche, bei dem vier farbige Schulmädchen sterben; Archie Shepp widmet dem im Gefängnis ermordeten Schwarzen Aktivisten George Jackson einen Blues und nimmt zwei Wochen nach dem tödlichen Attentat auf Malcolm X ein aufgewühltes Requiem für den Bürgerrechtler auf. Der Zeitgeist schlägt sich vor allem in der Titelgebung und Atmosphäre von Instrumentalstücken nieder. Die lauten nun „Freedom Dance" (Shirley Scott), „Lament Mankind" (Michael White), „Africa/Underground Railroad" (John Coltrane) oder „The Rights Of All" (Oliver Nelson). Manchmal genügt schon eine afrikanische Maske auf dem Cover als Statement, so wie auf der 1961 aufgenommen LP *A Musical Safari*[11] des Dizzy Gillespie Quintetts oder 1963 auf der LP *Katanga!*[12] des Saxofonisten Curtis Amy.

Mit der Politisierung der Musik hält der Äthiopismus mit seiner Orientierung auf eine spezifisch afrikanische Spiritualität Einzug in den amerikanischen Jazz, was neben Kleidungsstil und Artwork vornehmlich in Titeln von Alben und Songs zum Ausdruck kommt. So nennt der Posaunist Grachan Moncur III einen Titel seiner Free-Jazz-LP *New Africa*[13] „Ethiopian Market"; Donald Byrds Album *Ethiopian Knights*[14] enthält Stücke wie „The Emperor" oder „The Little Rasti"; auf *A New Perspective*[15] hinterlässt Byrd mit „The

11 Cheri Booman Records USA 1974
12 Pazific Jazz Records, US 1963
13 Actuel/BYG Records Frankreich 1969
14 Blue Note 1973
15 Blue Note 1963

Black Disciple" eine Hommage an Simeon, einen Jünger Jesu mit dem Beinamen „Niger", genannt „der Schwarze".[16] Und „Garvey's Ghost" wird musikalisch bereits 15 Jahre vor der gleichnamigen 1976er Dub-LP von Burning Spear durch Max Roach beschworen.[17]

Ein Jahr zuvor hatte Roach die Aufnahmen zu seiner LP *We Insist! Freedom Now Suite*[18] im Down Beat Magazine mit „Ich werde nie wieder etwas spielen, das keine soziale Bedeutung hat" kommentiert und gefordert: „wir müssen unsere Fähigkeiten einsetzen, um die dramatische Geschichte unserer Leute zu erzählen und was wir durchgemacht haben."[19] Die Schwarze Musik Amerikas hat ihre „Niggers don't talk. They just play, dance [and] make people happy"[20]-Unschuld abgelegt, Jamaika bleibt davon nicht unbeeindruckt. Vorbei die Zeiten von Jump Up Jazz, Swing und Sweet-Soul-Rock-Steady. Bald folgen nun auch Dub-Titel wie „Rise and Fall of the South African Regime"[21] sowie schlicht „Black Power"[22] oder „Ethiopia"[23] betitelte Instrumentals. Amerikanische Jazzer machen es mit politisch-militanten Statements in der Betitelung ihrer Musik vor, Jamaika übernimmt dies bei der Namensgebung von Dub-Mixen. Wenn auch weniger fixiert auf Gleichberechtigung in einer weißen Gesellschaft als auf Repatriierung und die Befreiungsbewegungen in Afrika. Dub-Mixe transportieren jetzt Schlagzeilen wie „March Back To Africa", „Riot in Soweto", „Dread in Johannesburg"[24] oder „Open The Gate Of Rhodesia"[25]; Dub-LPs beziehen Stellung mit Titeln wie *Rebel Dub, Freedom Fighters Dub, Liberated Dub, Guerilla Dub, Rebel Soldier, The War Is On* etc.

Meist jedoch erhalten Dubs Phantasienamen oder Modulationen des Original-Titels. Aus „Ain't No Love" von Ken Boothe wird bei King Tubby „Ain't No Dub", Scientist macht Johnny Clarkes „Every Knee Shall Bow" zu „Every Dub Shall Scrub", „Declaration Of Rights" emuliert zu „Declaration Of Dub" und so weiter.

Doch immer wieder blitzt die revolutionäre Thematik auf. Auch in England, wo 1981 das Cover der LP *Desmond Popsy Benup – Dubbing In The UK*[26]

---

16 Der jamaikanische Produzent Jack Ruby nennt später seine Studioband „The Black Disciples". 1977 singt Burning Spear auf der LP *Dry And Heavy* (Mango + Island Records 1977): „Black Disciples will never run away"

17 LP *Max Roach - Percussion Bitter Sweet* Impulse! US 1961

18 Candid US 1960

19 Zitiert aus dem Nachruf auf Max Roach in der New York Times 16.8.2007

20 Archie Shepp in „Fire Music. Archie Shepp, die Poesie und der Sound der Freiheit", ein Feature des Südwestrundfunk 2019

21 The Thing 1977, B-Seite der Iron-Phoenix-Single „Natty Dread Christmas". Hinter den Iron Phoenix verbergen sich die Heptones. Als die Single 2010 nachgepresst wird, ist die Situation in Afrika eine andere, daher heißt der Dub der B-Seite dann nur noch „Part 2".

22 Winston Wright with Tommy McCook Treasure Isle 1968

23 Im (= Cedric Im Brooks) & The Invaders Studio One/Ironside 7" 1972 auf dem „Java" Riddim

24 Alle auf der LP *Revolutionary Dub* Trenchtown UK 1976, produziert von B.B. Seaton, gemischt von Errol Brown

25 *DEB Players – 20th. Century Deb-Wise* D.E.B. Music UK 1978, produziert von Dennis Brown, gemischt von Prince Jammy

26 Starlight Records UK

eine Straßenszene auf der Railton Road in Herne Hill zeigt, aufgenommen direkt nach den Brixton Riots. Oder als Mad Professor 1994 eine Serie unter dem Namen *Black Liberation Dub* auflegt. Wenn aber Sly & Robbie 2018 mit *Militant Dub*[27] kommen, fragt man sich, ob die zur Schau gestellte Marvel-Ästhetik wirklich ernst gemeint ist.

Weitaus seriöser versucht der seit den 1970er Jahren legendäre Dancehall-Selector Rory „Stone Love" Gilligan die seiner Ansicht nach „glatt polierte" Dub-Musik aus Europa umzugraben. Mit dem Sänger Samory I produziert er 2017 für sein Black Dub Label das radikal-spirituelle Modern-Roots-Album *Black Gold*[28] und mischt für die rare Vinyl-Version exklusive düster-militante Dubs. 2021 streut Gilligan über seine Social-Media-Kanäle Dub-Experimente von Bob-Marley-Songs. „Wir brauchen spirituellen Sound", sagt Gilligan, „Musik klingt oft zu sauber, zu poliert. Ich möchte, dass mein Sound dreckig, grob, gritty, dread ist und dir die Augen öffnet. Musik sollte so lebendig sein, dass sie auch ohne Text eine Botschaft transportieren kann."[29]

Der von Gilligan als „poliert" geschmähte Dub aus Europa ist die Folge einer Entwicklung, die in England Dub für den weltweiten Konsum konfiguriert. Die Metamorphose des jamaikanischen Dubs hin zum europäischen Neo-Dub verschlichtet die Leidenschaft für Dub auf verbraucherfreundliches Echo Food. Dazu trägt ungewollt auch Jah Shaka bei, indem er Dub als spirituelles Erlebnis ausruft. Ausdrücklich begrüßt er die wachsende Zahl weißer Besucher: „Wer zu unseren Dances kommt stellt fest, 50 Prozent des Publikums ist weiß, vielleicht sogar 60 Prozent. Je nachdem, wo wir spielen. Wir machen das nicht nur für die Schwarzen, sondern für alle, die an die Wahrheit glauben, um ihnen in ihrem Leben zu helfen."[30]

Auf den Straßen von Brixton wird 1976 während des jährlichen Carnivals eine Dub-LP mit dem Titel *Contempo* unters Volk gebracht. Das kostenlos verteilte Album ist eine Privatpressung einer enigmatischen Band namens Black Jade, von der niemand weiß, wer sich dahinter verbirgt und ob es sich überhaupt um eine Band aus London handelt. Großes Interesse findet die LP nicht. Augenzeugen berichten, die meisten Exemplare hätten auf der Straße herumgelegen und wären von der Müllabfuhr entsorgt worden. Die wenigen Exemplare, die überleben, sind heute hochpreisig gesuchte Sammlerstücke.

Stieß *Contempo* mit seinem schwerem Basssound noch auf relatives Desinteresse, löst Dub während des Notting Hill Carnivals von Jahr zu Jahr einen massiveren Vibe aus. Ab den 80er Jahren erzeugen nicht mehr nur Jah Shaka und alteingesessene UK-Sounds wie „Iration Steppas", „Abba Shanti I" oder „King Earthquake" mit Steppaz-Beats autonome Energie, sondern auch

27 Taboul, Taxi

28 *Samory I - Black Gold* JA 2017

29 „Die fantastische Metamorphose des Rory Stone Love" von Ursula „Munchy" Münch in *RIDDIM* 06/2014

30 Zitiert nach Partridge a.a.O. S. 125f

weiße Acts wie Manasseh[31], Alpha & Omega, The Disciples, Zion Train und andere. Ohne es darauf angelegt zu haben, füllen diese mit programmierten, digitalen Riddims die Lücke des Post-Sleng-Teng-Rückzugs Jamaikas aus dem Dub-Orbit. Sie komponieren artverwandte Musikstücke, integrieren Musiker in ihre Live-Performances und nutzen jamaikanische Stimmen und Samples von Sängern wie Earl 16, um ihrem Style Authentizität zu verleihen. Der UK-Neo-Dub entwickelt sich zu einer Fusion effektbeladener, basslastiger Instrumentalmusik mit jamaikanischen Ingredienzien und europäischen Einflüssen à la Kraftwerk. „Sie (Kraftwerk) beeinflussen die Avantgarde", analysiert der englische Musikjournalist Paul Morley, „selbst in den härteren, fremdartigen Gefilden des Dubstep ist der Geist Kraftwerks zu hören."[32] Eine Folge dieser Melange sind ständig in Rotation befindliche, innovative Club-Varianten mit Spielarten wie Jungle, Drum'n'Bass, Grime, Hyperdub und Dubstep.
Auch in den Staaten entstehen vergleichbare Modulationen, etwa das Crooklyn Dub Consortium, zu dem sich Acts wie Unitone Hi-Fi und Dr. Israel zusammengeschlossen haben. Darunter ist auch Bill Laswell, der mit Sly & Robbie an tiefergelegten Sound-Kollagen experimentiert. Mitte der 90er Jahre werden zwei Kompilation-Alben aufgelegt[33], auf deren Label ein in der Neo-Szene weitverbreitetes Zitat des jamaikanischen Sängers Pablo Moses aus dem Jahr 1980 prangt: „Dubbing is a must." Der allerdings verdreht die Augen, wenn sein Songtitel in Zusammenhang von Hall und Echo gebracht wird. „To enjoy Reggae music, dubbing is a must", singt Moses, meint aber den Rub-A-Dub. Jenen Tanz aus den dunklen Ecken der Dancehall, bei dem Pärchen in der Körpermitte andocken und zu zweit über die Bassline gleiten. Was George Bernhard Shaw in anderem Zusammenhang als vertikalen Ausdruck eines horizontalen Verlangens beschrieb. Pablo Moses meint eben genau das, wenn er singt: „Man, hold your daughter close, then she love you the most." Er sagt: „Es geht um die Art zu tanzen in jenen Tagen. Die Rude Boys in der Ecke mit ihren Mädchen, das haben wir Dub genannt."
Die Zeiten des Rub-A-Dub sind vorbei, das fälschlicherweise verwandte Zitat hat überlebt. Die heutige Dub-Community wiegt sich in Trance. Selbst altgediente UK-Sounds, die sich um die Etablierung der jamaikanischen Sound-System-Kultur in England verdient gemacht haben, sind der Entwicklung gefolgt und haben dazu beigetragen, dass Europas Dub ein anderer wurde. Aus der jamaikanischen Dancehall-Version-Kultur entstand ein chilliger (billiger wäre oft auch zutreffend) New-Age-Soundtrack. Basierend auf denselben technischen Vorgängen verfolgt der Neo-Dub eigene Ziele: Echos für jedermann anstatt exklusiver Mixe und Wettbewerb. Spiritualität und Har-

31 Nick Manasseh (bürgerlich Nick Raphael) war Mitglied bei Sound Iration. 2022 produziert er mit David Hill das Album *Soul Revivers – On The Grove* mit dem Pendant *Dub The Grove*, beide auf Acid Jazz UK. Das Album ist beeinflusst vom Nu British Jazz Movement, Tommy McCook und den Goldenen Jahren des Roots Reggae und vollzieht die Abkehr vom Steppaz-Sound.
32 in: *Kraftwerk – Pop Art*, TV-Dokumentation von Simon Wittler und Hannes Rossacher 2013
33 *Crooklyn Dub Consortium - Certified Dope Vol. 1 + 2*, USA 1995 + 1996

monie sind das neue Ziel. „Dub ist extrem auf Harmonie bedacht", formuliert Paul Zasky, Bassist und Lenker der Wiener Band Dubblestandart, die seit den späten 90er Jahren ihr Dub-Verständnis live und mit mehr als 20 Alben erfolgreich um den Globus trägt. „Dub bedeutet für mich Landschaftsmalerei mit Klängen. Weil es diesen Platz und Raum lässt. Und natürlich weil es beim Dub-Reggae immer um Rhythmus geht. Reggae war für mich immer der Atem-Rhythmus. Da geht's für mich nur um Harmonie. Und sei es auch nur um die Harmonie, dass wir als Band mit dem Hörer in einem Rhythmus harmonisieren."

Das verführerische Spiel mit Echo verbunden mit den technischen Möglichkeiten, Musik maschinell herzustellen, hat aus der Version-Kultur ein anderes Genre geformt, das den Namen „Euro-Dub" verdient. Ein laues Lüftchen, verglichen mit den Dancehall-Mixen aus Jamaika. Das vielleicht extremste Beispiel: PsyDub, eine Gattung mit eigenem Wikipedia-Eintrag, die Mad „Anansi" Professor bereits 1990 mit Folge zehn seiner *Dub Me Crazy* Reihe karikierte, als er sie *Psychedelic Dub* nannte. PsyDub ist ein kantenloser Goa-Trip im Offbeat, gemacht für Yoga, Meditation und eine Illusion von Weltmusik. Man nennt es open minded, meint aber Pink Floyd. Im Neo-Dub-Umfeld tummeln sich Nicht-Reggae-Fans, die all das reklamieren, was man am Reggae ablehnt: das angeblich Alternative, Psychedelische und Bewusstseinserweiternde, die Esoterik und die Symbiose von Dub und Gras. Obwohl bekannt ist, dass nicht wenige der Dub-Väter – King Tubby, King Jammy, Pat Kelly, Mad Professor – den Konsum von Ganja strikt abgelehnt haben.

Wohl wissend um den Unterschied spricht die Blue-Eyed-Euro-Neo-Dub-Gemeinde von „contemporary" Dub, wobei der Terminus bereits das Missverständnis paraphrasiert. Dub steht für die Verarbeitung existierender Musik, zeitgenössisch kann daher allenfalls die Vorlage sein. Reden wir nicht über dubartige Remixe historischer Aufnahmen aus den Bereichen Pop, Punk, Folk oder Klassik. Die Neo-Dub-Macher inkludieren bei dem Wort „zeitgenössisch" das Verlassen der Genre-Vorgabe Reggae hin zu Musikformen anderer Kulturen. OnU Sounds African Head Charge haben vorgemacht, dass Klänge und Samples aus Japan oder Indien synthetisch kopiert und minimalistisch als Spielfeld für Effekte angelegt werden. „Weltmusikalische" Atmosphäre wird zum treibenden Faktor. Wenn dann der deutsche Pop-Philosoph Diedrich Diederichsen von der „verkifft umsorgenden Gemütlichkeit" des Dub[34] spricht, ist das nicht nur Zeugnis eines Missverständnisses, sondern auch zutreffende Analyse.

Dub in seinem Ursprung ist ohrenbetäubend. Ein Breitwanderlebnis, das über die Ohren in von Bässen gerüttelte Körper dringt. Neben der körperlichen Erfahrung lebt seine Wirkung von der punktuell gesetzten Stille ausgewählter Frequenzen, die durch das Wegschalten von Instrumenten verstummen. In diesen Brüchen werden Echos zu Fangnetzen der Erinnerung und lassen im Geiste Melodien nachklingen. Das sogenannte innere Hören des

34 Diedrich Diederichsen – „Drones, Dubs und Bässe: Musikalische Räume für postmusikalische Ideen" in Über Pop-Musik S. 322

Gehirns nimmt das Fehlende weiterhin wahr. Oder, wie es Phil Pratt, Produzent diverser Dub-LPs[35], beschreibt: „Ein Teil ist weg, der Rest bleibt in deinem Kopf."[36]

Dub basiert auf dem dreidimensionalen Spiel der Elemente Riddim, Space und Nachhall. Neo-Dub hingegen ist zweidimensionale Instrumentalmusik aus Groove und Space. Neo-Dub genügt sich selbst, er braucht keine Erinnerungen. Hier pendelt die Musik bei gleichförmiger Dynamik in oftmals abwechslungsarmen Arrangements. Sie setzt nicht auf das Schweigen von Frequenzen, sondern formt einen Klangteppich für Effekte. Zwar werden im Live-Set Bass-Frequenzen um der Wucht des Einschaltens willen vorübergehend weggedreht, doch den Fluss der Musik bestimmen Echos. Überraschungen sind nicht erwünscht, wie ein Kommentar aus dem Dubblog „In Bass We Trust – Willkommen in der Echokammer"[37] zur Alborosie-LP *Back-A-Yard Dub*[38] verdeutlicht: „Ich kenne keine Dub-Scheibe, bei der die Effekte so unerwartet kommen… habe mich regelrecht erschreckt… andauernd dieses Sound ausdrehen, das verwirrt mich und bringt mich gar nicht in eine Meditation… Mein größter Wunsch wäre, dass ein zweites Dub-Album herauskommen würde, was chilliger gemixt wäre…"[39]

Verbreitung findet der vor allem aus Europa kommende Neo-Dub weniger über Sound Systems, sondern eher im World Wide Web. Grenzüberschreitungen auf das analoge Terrain in Form haptischer Veröffentlichungen sind verschwindend gering. Social Media und Streaming-Plattformen sind die Zusammenkünfte, über die sich der selbsternannte Contemporary Dub verbreitet. Auf dem digitalen Playground sind aber auch Online-Projekte wie die Roots Makers aktiv, sie verbinden die Traditionen von damals mit den Möglichkeiten von heute. Hinter den Roots Makers stehen der in Frankreich lebende indonesische Drum-Virtuose Karigan und der in Vancouver lebende Musiker, Reggae-Lehrer und Dub-Wizzard DM Kahn. Dessen virtuos gemischte Dubs basieren auf per Datentransfer erarbeiteten Vocal- oder Instrumental-Tracks und der Ästhetik von Old-School-Dubs. Die Alben der Roots Makers erscheinen digital, werden aber auch in kleinen Stückzahlen auf Vinyl gepresst.[40]

Nach wie vor mit analogen Formaten arbeiten intellektuell anmutende Non-Reggae-Projekte, die dem Irrtum erliegen, der Einsatz von Echos rechtfertige die Bezeichnung Dub. So das deutsche Quasi Dub Development oder der Elektronik/Jazz-Musiker Burnt Friedman, der Dub als „Produktionsmethode" bzw. „Stil"[41] interpretiert. Der Japaner Hiroshi Fujiwara veröffentlicht

35 Siehe Fußnote „George Philpott" im Kapitel „Clive Chin: die Geschichte von *Java Java Java Java*"

36 Booklet *Skin Flesh & Bones – Dub In Blood*, Pressure Sounds Reissue 2016

37 www.dubblog.de

38 VP Records 2021

39 https://dubblog.de/alborosie-back-a-yard-dub/#commentsa

40 *Roots Makers – Karigan meets DM Kahn & Organics. Rubadub-One Drop-Rockers* Roots Makers Records 2021

41 In diversen Interviews, u.a. https://www.irieites.de/interviews/Burnt_Friedman_Interview.htm oder https://www.cyclicdefrost.com/2008/04/burnt-friedman-interview-by-bob-baker-fish/ (beide zuletzt aufgerufen am 15.03.2022)

Platten wie *Hiroshi Fujiwara in Dub Conference*[42], auf denen die Musik mit dem Wort „Dub" geschmückt wird, die an Flügel und Synthesizern gespielten Titel jedoch frei von Dub zwischen Minimal Music und Downtempo schweben. Mark Lusardi zeigt Verständnis: „Eine solche Herangehensweise macht nicht nur Spaß und ist unterhaltsam, sondern führt zu einer Art Subgenre, das derzeit keinen Namen hat. Echte Dub-Musik sollte auf die Reggae-Domäne beschränkt bleiben." Effektjongleure wie Friedman und seine Nu Dub Players, das Quasi Dub Development oder Fujiwara eignen sich den Begriff an, diskreditieren ihn ohne Blick auf den kulturellen Zusammenhang und produzieren unter der Überschrift „Dub" ambientartige Musik in der Tradition von Brian Eno, Robert Fripp und Klaus Schulze. Sie übersehen, dass das Wesen des Dubs nicht auf Echos beruht, sondern auf der Bearbeitung vorhandener, real existierender Musikstücke. Echos weisen nicht den Weg in die Welt des Dub. In den Archiven des Dub finden sich zahllose Titel, in denen nicht ein einziges Echo aufploppt.

Auch die landläufige Theorie, Dub sei Drum & Bass, ist nicht mehr als ein Mythos. Er geht zurück auf die technische Limitierung in den frühen Tagen jamaikanischer Studios und wird befeuert von den wirkungsvollen Bassboxen (Scoops) der Sound Systems. Sylvan Morris hat darauf verwiesen, dass anfangs bei nur zwei oder drei Spuren nicht mehr möglich war, als sich auf die Rhythmus-Sektion zu beschränken. Abgesehen von einigen frühen Single-B-Seiten findet sich kaum ein Dub-Album, das konsequent auf Bass und Schlagzeug reduziert ist. Im Gegenteil, erst durch das Wechselspiel von Offbeat, Bläsern, Vokal- und Melodiefetzen entsteht die Dubwise-Atmosphäre.

Rekapitulieren wir die Aussagen zweier Dub-Pioniere: Mad Professor hat eingeräumt, sein Massive-Attack-Remix war kein Reggae. Technisch gesehen jedoch war es Dub, sagt er, da es sich um Versions handelte. Style Scott wusste, die in England designte Musik von Dub Syndicate hätte Jamaika als Instrumentalmusik charakterisiert.

Ergo: Dub steht immer in Relation zu etwas, das bereits existiert. Dub ohne vorgeschaltetes Original ist Instrumentalmusik.

Dagegen hat sich in der über ganz Europa verbreiteten Steppaz-Szene, in der die Tradition der Sound-System-Familie mit selbstgebauten, gewaltigen Sound-Anlagen aufrechterhalten wird, eine von Jah Shaka genährte, sakrale Interpretation des Begriffs breitgemacht. Dub-Sound-Systems sind nicht selten geschlossene Gemeinschaften mit eigenen Codes und moralisch-spirituellem Anspruch.[43] Von einem ungenannt bleibenden Insider beschrieben als „der Gesellschaft entrückt in ein selbst kreiertes Gegenmodell." Die Betreiber verweigern sich der Tatsache, dass alle Wege des Dub zurück in die jamaikanische Dancehall führen. Sie sehen ihre Wurzeln in England, nicht in

42 Victor Japan 1995. Die LP ist aufgrund des Cover-Artworks mit einem Bild des Malers Jean-Michel Basquiat ein gesuchtes Sammlerstück abseits der Dub-Szene. Fujiwara benutzt den Begriff „Dub" auch auf weiteren Alben wie *Studio66 – In Dub With Luv* (Tune Bakery Record Japan 2010)_oder *Classic Dub Classics* (Cruel L-Records Japan 2005).

43 Vgl. dazu „Jamaican Creole in German Reggae Subculture" von Michael Westphal in: *The Language Of Pop Culture*, Routledge, New York and London, 2018

Jamaika. Ihre Musik macht Front gegen Babylon und steht für Rechtschaffenheit (Righteousness), der sie als „Dub-Soldaten in der Armee von Jah, als Verteidiger von Roots und Dub“[44] den Weg ebnen.
Neben der analogen Druckbetankung durch Dub-Sound-Systems, die oft einhergeht mit der Pflege von Hippie-Brauchtum und einer breit angelegten, digitalen New-Age-Euro-Dub-Beschallung entsteht weltweit eine wachsende Zahl kleiner Biotope, in denen Engineer den Grundgedanken von „Dub = Version“ kultivieren.
Dem folgt auch der Sizilianer Alborosie, der seinen Standort schon vor Jahren nach Jamaika verlegt hat und dort inzwischen eingebürgert ist. Pupa Albo, wie er sich selbst zuweilen nennt, versteht sich als Bewahrer der Reggae-Tradition. „Mich interessiert die Vergangenheit. Mich interessieren die Roots und das Fundament der Musik“, erklärt er und hortet historisches Equipment aus den Kingstoner Studios, das er bei seinen Produktionen intensiv einsetzt. Dazu gehören alle Fabrikate der Hallgeräte, die in King Tubbys Studio standen. Doch obwohl sein Verständnis von Dub auf der Version-Kultur basiert, interpretiert er Dub europäisch: „Dub ist für mich, als ob ich zum Arzt gehe und der mir sagt: Alles ok, no problem. Du bist kerngesund. Dub ist mein Arzt.“ Alborosie ist keineswegs repräsentativ für Jamaika, in puncto Dub aber hat er inzwischen den größten Output der Insel. Seit 2013 mischt er zu jedem seiner Vocal-Alben im eigenen Studio eine Dub-Version, die er – weit entfernt von Sound-System-Kompatibilität – zunehmend als Spektakel aufzieht. Nach dem selbstverlegten *Dub Clash*[45] von 2010 veröffentlicht Alborosie im Zwei-Jahres-Rhythmus über Greensleeves/VP Records:

- *Dub The System* 2013
- *Alborosie meets King Jammy – Dub Of Thrones* 2015
- *Freedom In Dub* 2017
- *Alborosie Meets Roots Radics – Dub For The Radicals* 2019
- *Back-A-Yard Dub* 2021

Im Reggae-Business-Zirkel Jamaikas genießt Alborosie hohes Ansehen, seine Fanbase und seinen Markt jedoch hat er in Europa. Auch in den USA erspielen weiße Reggae-Acts wie Rebelution dem Reggae eine beständig größer werdende Gefolgschaft und veröffentlichen wie selbstverständlich Dub-Versionen zu ihren Alben. Die Rock-Steady-Zeit von Studio One und Treasure Isle erlebt in Amerika ein Revival durch Retro-Alben von Gruppen und Interpreten wie den Keyboarder und Dub-Mixer Roger Rivas (seit 2014), Jr. Thomas & The Volcanos (2015), The Frightnrs (2017) oder The Loving Paupers (2019). In der Szene angesehene Engineer wie Victor Rice und Victor Axelrod[46], die zwischen 2003 und 2009 an für ein weißes Publikum konzipierten Reggae-Versionen großer Popklassiker wie *Dub Side Of The Moon*,

44 Westphal a.a.O. S. 105
45 J.D.F./Shengen Clan, Italien
46 Aka Ticklah, war u.a. 2006 als Musiker beteiligt an *Amy Winhouse – Back To Black*

Radiodread oder *Lonely Hearts Dub Band*[47] mitgewirkt haben, mischen von den Frightnrs und den Loving Paupers loungeartige Dub-LPs, die von der gediegenen Qualität ihrer Vorlagen profitieren und zu gesuchten Raritäten werden.
Nach Amerika umgesiedelt ist Laurent „Tippy I" Alfred. Er stammt von den US Virgin Islands, wo er Teil einer Szene war, die noch vor dem „Reggae Revival" und dem jamaikanischen Nu-Roots-Movement zu den militant-spirituellen Wurzeln des Reggae zurückgekehrt ist. Mit kompromisslosen Texten und einem Verständnis von Reggae als Protestsong, inhaltlich brisant und aufrührerisch, haben Gruppen und Artists wie Midnite, Bambú Station, Batch oder Dezarie eine enorme Strahlkraft in die Reggae-Szene Amerikas entwickelt. Tippy I produziert 2021 das als eines der hoffnungsvollsten Alben des Jahres angesehene *Still*[48] des jamaikanischen Roots-Sängers Micah Shemaiah. *Still* ist ambitioniert dubwise gemischt und mit vier Dubs angereichert. Die Mixe von David Goldfine entstehen jedoch nicht in Jamaika, sondern im Zion High Studio in Florida.
Neben der überschaubaren Szene Amerikas finden sich in Europa zahlreiche Blue-Eyed-Dub-Aktivisten mit traditionellem Verständnis:
An der Nordküste Spaniens arbeitet der Produzent, Musiker und Sänger Roberto Sánchez auf hohem technischen Niveau mit jamaikanischen Veteranen wie Linval Thompson oder Willi Williams sowie Schweizer Singers & Players. Er pflegt die Version-Kultur, indem er Dub-LPs zu seinen Vocalproduktionen nachlegt und die Tradition der Showcase-Alben reanimiert.[49]
In Frankreich entwickelt Sébastien Bizeray alias Westfinga Nachbauten alter Filter, Federhall- und ähnlichem Gerät und schraubt furiose Dubs an einer selbstgebauten Konsole, deren Optik an Tubbys MCI-Pult denken lässt.[50] Ähnlich virtuos agiert Jericho, Hausengineer des französischen Irie Ites Labels, an seinem analogen Pult.
Hoch oben in Deutschland betreibt Nicolai Beverungen das Label „Echo Beach", einen weltweit vernetzten Umschlagplatz für – laut Eigenwerbung – „Internationalen Dub Reggae". Stets dem Version-Prinzip folgend werden hier seit 1995 mehr als 200 LPs, CDs, Maxis, Singles sowie Digital-Formate veröffentlicht, die im Graubereich von Dub und Remix das Genre ausreizen und interpretieren.
Im Süden Deutschlands mischt Umberto Echo Dubs für Acts wie Gentleman, Seeed, Steel Pulse oder Sizzla sowie für die in München ansässigen Produktionsfirmen Oneness Records und Real People Music. Zudem veröffentlicht er eigene Dub-Alben auf Echo Beach und Enja Records. Hinter dem Pseudonym verbirgt sich ein auch abseits des Reggae-Umfelds hochangesehener

47 Alle Easy Star Records USA
48 Zion High Productions Florida 2021
49 *Shanti Yalah & Sons Of Nansa – Creation In Dub* (2017) / *Benjammin – Sons And Daughters. Vocals & Dubs* (2018) / *Willi Williams – Glory To The King* (2020) / *Irregular Roots – Showcase* (Spain 2020), *Lone Ark Riddim Force – Balance Dub* (2021), *Roberto Sánchez & Chalart58 – Audio Merge In Dub* (2021) alle: A-Lone Productions Spain. *Lone Ark meets The 18th Parallel – Showcase Vol. 1* (Fruits Records Schweiz 2021)
50 https://youtu.be/LqDux_IWycQ

Audio-Engineer, der seine Mixe eher verhalten angeht. Für ihn ist „Dub eigentlich Instrumentalmusik. Man muss nicht unbedingt Echo hören, damit es Dub ist."

Ganz anders Paolo Baldini. Er dubbt sich in Italien in die Pole Position des klassischen jamaikanischen Dubs. Begünstigt von einer Verbindung zu dem englischen Pressure Sounds Label hat er Zugriff auf Mehrspurbänder aus dem Archiv von Bunny Lee, der Hauptlieferant des Reissue-Labels war. Stilsicher und mit beeindruckender Virtuosität gelingt Baldini die Verbindung zwischen Jamaika und Europa. Mit den Bausteinen der Dancehall mischt er aus historischen Aufnahmen komplexe Werke, die kaum Platz lassen für Live-Overdubs von Deejays, Sängern oder Instrumentalisten und somit den veränderten Hörgewohnheiten weißer Dub-Konsumenten entgegenkommen.[51]

In England gelingt dem Label Tuff Scout mithilfe des Engineer-Duos Gil Cang & Demus (alias Dilip Harris & Gilbert Cang) auf Single-B-Seiten und zwei LPs[52] die Brücke zwischen UK-Steppaz und traditionellem jamaikanischen Dub. 2021 verdubben sie für das Album *Out On The Floor Dub* ein im Nachlass von Larry Lawrence gefundenes Playback der Wailers aus dem Jahr 1976.[53] Wann immer die Wailers in London weilten, hatte Lawrence als Eigner des Ethnic Fight Labels mit den Musikern um die Barrett-Brüder Carlton und Familyman Riddims für eigene Zwecke aufgenommen. Als Lawrence' Tochter in einer verschlossenen Kiste Tapes findet, kommt es viereinhalb Jahrzehnte nach den Aufnahmen zu einem der rar gesäten Dubs der Band hinter Bob Marley.[54]

Zurück in die Entstehungszeit des Wailers-Materials geht Al Breadwinner. Seit 2010 verfolgt der Musiker und Engineer in dem Land, in dem Dub seine größte Veränderung in Aktion und Rezeption durchgemacht hat, eine Rückbesinnung auf dessen ursprünglichen Elemente. In seinem Studio in Manchester führt er die Pole Jazz und Dub mit anlogem Equipment und durch Mutron Phaser und Space Echo schwirrende Black-Ark-Reminiszenzen wieder zusammen. „Für mich sind Jazz und die sich daraus entwickelten Styles, die in den 60ern und 70ern aus Jamaika kamen, untrennbar miteinander verbunden" sagt er. Musikalisch, aufnahme- und mixtechnisch zurückgebeamt in die Mitte der siebziger Jahre entwirft er ein Klangbild, das auch Nat Birchall anstrebt. „Ich wollte ein Album machen", schreibt mir der 1957 geborene englische Saxofonist, „das sich anhört wie ‚Tommy McCook meets Yabby You at The Black Ark mixed at King Tubby's studio'. Die ersten Eindrücke meines Instrumentes kamen von jamaikanischen Musikern wie Tommy McCook und Cedric Brooks.

51 Unter dem Namen Paolo Baldini DubFiles erscheinen seine Mixe bei Pressure Sounds (UK), Echo Beach (Germany) und La Tempesta Dub (Italien)

52 *Inna London Dub* 2017, *Out On The Floor Dub* 2021

53 Playback für Junior Hibberts Single „Really For A Reason" auf Ethnic Fight

54 Von Bob Marleys Musik gibt es so gut wie keine Dubs. Die Rückseiten der Tuff-Gong-Singles sind fast nur Instrumentalversionen. Bis auf einen uncredited Tune von I Roy gibt es auch keine Deejay-Versions. Alben mit Marley-Dubs wie *Captain Yossarian – Bob Marley In Dub* auf Echo Beach 2021 oder *Delixx – Uprising In Dub* auf Micron, Canada 1980 basieren auf nachgespielten Coverversionen.

Das Triple-Album *Grounation*[55] hat mich sehr beeindruckt. Als ich dann John Coltrane gehört hab, fand ich ein ähnliches Sound-Konzept wie bei den jamaikanischen Bläsern." Birchall will „der esoterischen Erneuerung von Seele und Geist eine Stimme geben in der Musik, die der Schwarzen Gegenkultur spirituelle Kraft verlieh und die politische Radikalität der späten 60er und 70er Jahre ergänzt hat."[56] Der Saxofonist sieht Jazz und Dub vereint und spricht von der „Erwartung des Unerwartbaren. Sowohl Jazz wie auch Dub beruhen auf Improvisation in Echtzeit. Was passiert, ist nicht geplant. Es sind natürliche, organische Vorgänge des Musizierens."
In Al Breadwinner findet Nat Birchall einen Gleichgesinnten. Gemeinsam mit dem seit den 1980ern in England lebenden Alpha-Boy-School-Posaunisten Vin Gordon, der sein erstes Solo-Album *Musical Bones* seinerzeit für Lee Perry aufnahm, arbeiten sie an Aufnahmen, die charmant aus der Zeit fallen. Stets folgen sie laut Breadwinner derselben Blaupause: „Stilistisch versuchen wir, unser Spiel mit Instrumenten, Aufnahme- und Mischtechnik auf den Klang der Mitsiebziger zu beschränken." Mit dieser Vorgabe kreieren sie seit 2010 jazzige Dub-Preziosen wie:

- *The Breadwinners – Dubs Unlimited* Kingspinna 2012
- *Nat Birchall Meets Al Breadwinner – Sounds Almighty* 2018*
- *Vin Gordon – African Shores* 2019*
- *Nat Birchall Meets Al Breadwinner (feat. Vin Gordon) – Upright Living* 2020*
- *Nat Birchall Meets Al Breadwinner – Tradition Disc In Dub* 2020*
  * alle Tradition Disc

Birchall und Breadwinner holen in Manchester den Jazz zur selben Zeit zurück in den Dub, als sich in London eine junge, post-amerikanische Jazzbewegung der Zukunft zuwendet und dabei fast beiläufig eine radikale Version des jamaikanischen Dubs in ihre Improvisationen integriert. Die meisten der Aktivisten sind Nachfahren der Windrush Generation. Ihre musikalische Sozialisation erlebten sie bei den UK-Sound-Systems der zweiten Stunde[57]; ausgebildet wurden sie bei den Tomorrow's Warriors, einer 1991 gegründeten Jazz-Schule, die in London eine vergleichbare Rolle einnimmt wie die Alpha Boy School in Kingston. Das Nu British Jazz Movement führt den Begriff „spirituell" zurück zu seiner ursprünglichen Bedeutung. Als Kontrapunkt zu einer (weißen) Deutung, die das Spirituelle als Quelle der Improvisation versteht, hin zu einer aus Schwarzer Perspektive formulierten afrofuturistischen Vision.
Der Jazz-Veteran Idris Ackamoor, der 1973 mit seinem Ensemble The Pyramids den äthiopischen Felsenkirchen von Lalibela ein Album gewidmet hat,[58]

55 *Count Ossi & The Mystic Revelation Of Rastafari – Grounation* New Dimension Jamaika 1972
56 https://natbirchalljazzman.bandcamp.com/album/invocations (zuletzt aufgerufen am 15.03.2022)
57 wie Saxon, Sir Coxsone, Jah Tubbys, Channel One, Fatman Sound, King Earthquake etc.
58 *Lalibela*, Pyramid Records US 1973

beschreibt 2018 in einem Interview, wo der Begriff seinen Ursprung hat: „Unsere Musik entstand mit der Bürgerrechtsbewegung, alles drehte sich um Schwarzes Bewusstsein. Einige sprachen von ‚unserem Ding', andere nannten es ‚Spiritual Jazz'. Damals kam ein revolutionärer Geist in der Afro-Amerikanischen Musik auf. Musiker suchten nach einer anderen Art spiritueller Erfahrung, um unser afrikanisches Erbe zu bekräftigen."[59]

Schlüsselfiguren der neuen englischen Bewegung sind Solisten wie Shabaka Hutchings (Saxofon), Nubya Garcia (Saxofon), Zara McFarlane (Gesang), Joe Armon-Jones (Keyboards), Theon Cross (Tuba) und andere, außerdem Ensembles wie das Ezra Collective oder die Sons Of Kemet. Sie alle gehen zurück zum Spirit einer militanten Haltung, aus der heraus Musik mit Bezug zu Herkunft, Vergangenheit und Tagesrealität gespielt wird. Kein Album der Vorgenannten entsteht ohne Anleihen bei Offbeats mit swingenden Reggae-Basslines oder pumpenden Dancehall-Grooves. Dub-Elemente mit zum Teil harschen Effekten werden wie selbstverständlich untergemischt. Joe Armon-Jones veröffentlicht komplette Dub-Mixe seiner Musik. Er spielt unter anderem in der Band von Nubya Garcia und wirkte mit an ihrem mit Preisen überhäuften Debüt-Album *Source*[60]. Dessen sich über eine ganze LP-Seite erstreckendes Titelstück ist von Dub-Effekten durchsetzter Steppers-Jazz. Bei Garcias Konzerten wird, begleitet von Gunfinger-Posen aus der Dancehall, streckenweise „gejazzdubbt".

Ein Jahr zuvor interpretiert Zara McFarlane die Melodika-Melodie des Augustus-Pablo-Klassikers „East Of The River Nile" von 1971 als Jazz-Gesang. Die Dubversion mischt Dennis Bovell.[61]

Shabaka Hutchings gilt als „kultureller Anstifter"[62] der Szene. Er selbst sagt: „Wenn ich mit den Sons Of Kemet auf die Bühne gehe, versuche ich nicht, Sonny Rollins oder John Coltrane zu kopieren. Meine Sprache ist der Jazz. Aber ich will nicht mit der Energie eines Anzugträgers am Mikrofon stehen und schöne, runde Melodien spielen. Ich will Feuer speien so wie Capleton, Anthony B oder Sizzla."[63] Sons Of Kemet liefern in ihren Titeln „My Queen Is Mamie Phipps Clark" auf dem Album *Your Queen Is A Reptile*[64] oder „Think Of Home" auf *Black To The Future* Paradebeispiele für die innovative Kombination von Jazz, Dancehall-Energie und Dub.

Dass sich Dub ohne großes Aufheben als Ausdrucksform in den Nu-Jazz-Style Englands geschlichen hat, kann nicht darüber hinwegtäuschen, dass sich Jamaikas Dub in der europäischen Diaspora verändert hat. Weil Jamaika es versäumt hat, seinem Dub die gleiche Anerkennung zukommen zu lassen wie dem Ska. Beim Ska herrscht unbestritten Konsens, dass er als genuin jamai-

59 *How Idris Ackamoor's African odyssey helped shape Afrofuturist jazz*, Interview The Vinyl Factory, 2018

60 Concord UK 2020

61 12" Brownswood Recordings UK 2019

62 So bezeichnet ihn die englische Schriftstellerin Emma Warren in ihrer Biografie zum Sons-Of-Kemet-Album *Black To The Future*, Impulse! 2021

63 Shabaka Hutchings auf seiner Webseite: http://www.shabakahutchings.com/biography/ (zuletzt aufgerufen am 15.03.2022)

64 Impulse! 2018

kanische Musik anzusehen ist. Ein Status, der auch dem Dub gebührt. Doch aus der in Jamaika entstandenen funktionalen Musik wurde abseits des Jazz in England eine ubiquitäre, in Echos getränkte Stilrichtung. Die den Namen adaptiert, weil die drei Buchstaben D, U und B zu verführerisch sind. Kurz. Prägnant. Einprägsam. Verständlich. Einladend. Genauso wie Jazz. Rock. Pop. Punk. Oder Blues. Dub wurde zu einer Musik des weißen Europas.
Jamaika scheint nie richtig begriffen zu haben, was es vor einem halben Jahrhundert in die Welt gesetzt hat – wir erinnern uns an Gussie Clarkes Dub-Talk-Debakel[65]. Die Urheber des Dub erleben heute, dass ihr radikaler Umgang mit Musikaufnahmen nicht nur zum Freiwild für Echo-Nerds geworden ist, sondern auch zum esoterischen Klangteppich eines New-Age-Life-Styles. Neo-Dub, Psydub, Contemporary Dub, Euro-Dub sind Derivate eines nicht mehr aufzuhaltenden musik-kulturellen Missverständnisses. Jamaika hat sich das Dub-Patent aus der Hand nehmen lassen und überlässt die Counteraction anderen Ländern.

65 Siehe Kapitel „Prolog: Counteraction (Dubwise)“

GLOSSAR

Blanc Label: Plattenpressungen mit neutralem, meist weißem, unbedruckten Label. Gibt es bei jedem Format: 7", 10", 12". Blanc-Label-Pressungen deuten auf eine niedrige Auflage hin oder auf einen -> Pre-Release.
Blue-Eyed-Dub: Adaption der in den 1960er Jahren geprägten Bezeichnung für die Interpretation Schwarzer Musik durch weiße Künstler.
Chatten: Sprechgesang der -> Deejays, auch „Toasting" genannt
Deejay: Auch Toaster genannt. Er ist nicht der DJ, der Platten auflegt, diese Funktion übernimmt der -> Selector. Der Deejay unterhält mit Sprechgesang, ähnlich dem Rapper im HipHop.
Disc-Cutting-Maschine: Schneide-Maschine, die mit einem Stichel Musik in eine Folie ritzt. Die Folie ist abspielbar wie eine Schallplatte.
Engineer: Tontechniker, unabhängig ob mit Ausbildung oder Autodidakt
Foundation: -> Foundation Dancehall
Foundation Dancehall: Musik der Sound Systems in den 70er Jahren. Analoge, von Musikern gespielte und dubbig gemischte Playbacks für Deejays und Sänger. Die Urform des Sub-Genres, das heute als „Dancehall" bezeichnet wird und vornehmlich auf digitalen Beats beruht.
Gleaner: Jamaikas älteste (seit 1834) und größte Tageszeitung
High Pass Filter: Regelt den Frequenzgang, der oberhalb (High) eines selektierten Bereichs zugelassen wird / passieren (Pass) darf. Darunter liegende Frequenzen werden eliminiert.
In-house-Produzent/Engineer: Chef-Produzent/Engineer eines Studios oder Labels
Masterband: Endprodukt einer Studioproduktion. Das Master-Tonband war in der vor-digitalen Zeit das Medium, aus dem Tonträger gefertigt wurden.
On the fly: Wenn es keine freie Spur mehr gab, wurde während des Mix-Vorgangs etwas live dazu gemischt. Meist Gesang, vor allem bei Dubplate-Aufnahmen, aber auch solistische Overdubs.
Outboard-Equipment: Vom Mischpult unabhängige Geräte wie Verstärker, Kompressoren, Equalizer oder Hall, durch die ein Signal extern bearbeitet wird
Outta yard: Jamaikanischer Slang für „außerhalb von Jamaika", in anderen Ländern
Playback: Instrumental-Version eines Songs ohne Gesang. Playbacks werden genutzt, um darüber live zu singen oder zu deejayen. Auch Dub-Mixe werden bei Sound Systems zu Playbacks.
Pre-Release: Die erste, inoffizielle (Test-)Pressung einer Schallplatte. Dabei wird nicht die Qualität der Pressung getestet, sondern wie das Publikum auf die Platte reagiert.
ProTools: Eine Audio Software zum Speichern und Bearbeiten von Musik
Reissue: Wiederveröffentlichung
Resident Engineer (DJ): Chef-Engineer (DJ) eines Tonstudios (Clubs etc.), auch -> in-house Engineer
Riddim: Patois für Rhythm, bezeichnet die Grundbausteine eines Songs, bestehend aus Basslauf, Drum-Pattern und Grundakkorden. Eigentlich ist der Riddim nur die Basslinie, der Begriff wird aber auch für Instrumental-Versionen auf B-Seiten von Singles verwendet. Obwohl es sich dabei vielmehr um ein -> Playback handelt. Gelegentlich wird auch der Offbeat als Riddim bezeichnet.
Selector: Der Selector gehört zu einem Sound System, er wählt die Musik aus, die aufgelegt wird. In anderen Musikgenres macht dies der DJ.
Straight from the lion's mouth: Direkt aus dem Rachen des Löwen = aus zuverlässiger Quelle, aus erster Hand. Jamaikanische Variation der englischen Redensart „straight from the horse's mouth".
Studioengineer: -> Engineer
Submix: Zusammenführung mehrerer Tonspuren zu einer Mono- oder zwei Stereo-Spuren. Bei Studio-Produktionen auch „Bouncing" genannt.
Toast/Toasten/Toasting: -> chatten -> Deejay
Versioning: Auch als Version Excursion bezeichnet. Über einen Riddim (Playback) werden diverse Sänger oder Deejays aufgenommen. Jeder mit einem anderen Song.
Voicen/Voicing: Aufnahme des Gesangs über ein fertiges -> Playback
White Label (Pressung): Platten mit unbedrucktem, weißen Label. Manchmal mit Stempel. I.d.R. kleine Auflagen. Siehe auch -> Pre-Release.
Youth: Englisch für Kinder und Jugendliche. In Jamaika sowohl Anrede als auch Bezeichnung für junge Menschen.

DUBLETTEN
(nur LPs, ohne Anspruch auf Vollständigkeit)

.357 Magnum Dub (C&W US 197X)
= *Meditation Dub Vol. 3* (Techniques JA 1999) mit anderen Songtiteln und zwei zusätzlichen Tracks von Tommy McCook

Bag-O-Wire (Klik, UK 1975)
= *Sonia Pottinger – Marcus Garvey* (Roots Music International NL 1976) mit anderen Songtiteln
≠ *Dubb Everlasting* (High Note 197X), identische Riddims, andere Mixe

Bunny Lee The Version Master presents Creation Of Dub (Total Sounds)
= *Tommy McCook & The Agrovators – King Tubby Meets The Agrovators At Dub Station* (Live And Love) mit anderen Songtiteln

Culture Dub (High Note 1978) mit falschen sowie fünf statt vier Titel auf dem Cover, aber den richtigen Titeln auf dem gelben Label bzw. falschen Titeln auf dem rot gepunkteten weißen Label
= *Culture In Dub* (Sky Note 1978)

Dawn Of Creation (Sagittarius UK 197X)
= *Phase One Dubwise Volume 2* (Phase One 198X)

Dennis Bovell – Strictly Dub Wize (Tempus Records + Ballistic/ United Artists UK 1978)
= *Very Ska . Very Dub* (Tempus France 1980) Fünf der neun Titel auf einer LP, die sich Bovell mit John Francis teilt, A-Seite John Francis, B-Seite Dennis Bovell.

Dub I (Micron 1975)
= *The Roots Rockers – Reggae Masterpiece In Dub Vol. 2* (Vista 198X) mit anderen Songtiteln (siehe auch *The Roots Rockers – Fe Me Dub + Dubwise Shower*)

Dub In Blood – Skin Flesh & Bones (Sun Shot JA 1976)
= *The Best Dub Album In The World* (Student UK 1976) mit anderen Songtiteln
≠ *The Best Dub Album In The World – Introducing Scientist* (JB Music UK 1980)

Earthquake Dub (Earthquake 1976 + Joe Gibbs 1978)
= *Satisfaction In Dub Strictly Yard Music* (Flames US)
= *Satisfaction in Dub* (Live & Love 1979)

E-E Saw Dub (JA 1976 mit Label-Aufdruck: „*Earl Zero – City Of The Weak Heart* 1975")
= *ABC Dub* (Penetrate)
= *Jacob Miller Meets King Tubby in a Tenement Yard* (Motion Records 2006)
= *King Tubby Dub Inventor Vol. 1* (lt. Matrix-Nummer „City Of The Weak Heart", ein Bootleg, der 2014 ohne Label auftaucht)

Escape From Hell (Stars 1977)
= *Dub Master Musically Intemidaters* (Stars 1977)

Fatman presents TWIN SPIN Vol. 1 (Fatman)
= *Confrontation Dub – Shaka vrs. Fatman* (Live and Love 1980) mit drei Songs weniger, plus *King Tubby, Prince Jammy And Scientist – First, second and third generation of Dub* (KG Imperial 1981) mit einem Song weniger

Fatman presents Unleashed Dub From King Tubby's Studio Vol 1 (Fat Man UK 1991)
= *King Tubby – Shining Dub* (Esoldun/Lagoon France 1992)

Herb Dub Collie Dub (Jigsaw 1976)
= *The Skatalites – Herb Dub Collie Dub* (Motion Records LP 2001)

Kaya Dub (Kaya Records USA 1975)
= *Jah Lloyd – Herbs Of Dub* (DIP UK 1974) ohne Cover
= *Herb Dub* (Micron + Teem Records 1975) mit anderen Songtiteln
= *Jah Lloyd with King Tubby at the Controls – Herbs Of Dub* (Teem 1996)
≠ *The Agrovators – Kaya Dub* (Third World UK 1978)

Keith Hudson – Brand (Joint International USA 1977 + Pressure Sounds 1995)
= *Keith Hudson Dub – The Joint* (IMBI Music 197X)
= *Keith Hudson – Brand Creative Reggae Instrumental Dub The Joint*
(Joint International USA ohne Jahr)
= *Rasta Communication In Dub* (Greensleeves/VP Records CD 2012, LP 2015)

King Tubby – Answer The Dub (Roots Tradition 1996)
= *Scientist – Dub In The Roots Tradition* (Blood & Fire 1996) plus 5 Extra Tracks

King Tubby – Majestic Dub (Star UK 1983)
= *Jack Ruby Hi-Power vs. Gemini Discotheque* (Tad's US 1980) 8 von 10 Titeln identisch (A2-6 + B 2-6), jedoch ohne Intro-Jingles und in stereo, *Majestic Dub* ist mono.
Gemischt von Scientist und Prince Jammy!

King Tubby Studio verses Channel One Studio (Bumb US 1980)
= *King Tubby's Studio Vs Channel One In Dub* (Rhino UK 1995)
= *King Tubby Vs Channel One – For One Night Only Dub Soundclash*
(Jamaican Recordings UK 2016)

King Tubby's Prophesy of Dub (Prophets 1976)
= *Yabby You – King Tubby's Prophesy of Dub* (Blood & Fire 1995)

Rass Claat Dub (Grounation 1976)
= *The Roots Rockers – Reggae Masterpiece In Dub* (Vista 1982) mit anderen Songtiteln
(siehe auch *The Roots Rockers – Fe Me Dub + Dubwise Shower*)

Rasta Dub '77 (Micron 1977)
= *Lee Perry & The Upsetters / Sly & The Revolutionaries – Reminiah Dub* (Original Music) mit anderen Songtiteln und teilweise Overdubs

Return To Umoya (Kickin Records/Conqueror Music UK 1996)
= *DEB Players In Dub – House Of DEB* (D.E.B. Music UK 2006?)

Rupie Edwards All-Stars – Dub Basket (Cactus 1975)
= *Rupie Edwards – Dub Classic* (Success 1977)

Scientist In Dub Volume 1 (Jah Guidance US 1981)
= *Scientist Meets The Space Invaders* (sieben von zehn Tracks mit anderen Titeln) plus drei andere Tracks

Strong Like Samson – Linval Thompson In Dub (Thompson Sound 1979)
= *The Revolutionaries – Outlaw Dub* (Trojan 1979) mit anderen Songtiteln

Sylvan Morris – Dub Wise Morris On Dub (Jaywax 1975)
= *Leslie Butler – Ja-Gan* (Trojan Uk 1975) plus je einem zusätzlichen Track pro Seite

The Aggrovators – Dub Justice (Attack 1990)
= *Justice Dub. Rare Dubs From Justice Records 1975 – 1977* (Jamaican Recordings 2014) mit zwei Tracks weniger

The Roots Rockers – Fe Me Dub + Dubwise Shower (Lagoon DoLP 1991)
= *Dub I* (Micron 1975) + *Rass Claat Dub* (Grounation 1976) mit jeweils anderen Songtiteln

Top Ranking Dub Volume 1 (Roots Man JA 1978)
= *Top Ranking Dub Volume 2* (Roots Man JA)

Trench Town – Revolutionary Dub (Trenchtown 1976)
= *Sly & The Revolutionaries meet Lloyd Parks, We The People Band and Roots Radics – Trench Town Dub* (Original Music 1993)

Yabby You meets Sly & Robbie along with Tommy McCook (WLN Music UK 1982)
= *King Tubby & Yabby You – Time To Remember Vol. 1* (Prophet Records JA) mit anderen Songtiteln und anderer Reihenfolge, gemischt von Scientist und Soljie @Channel One!

Quellen

Bücher:

Augustyn, Heather & Reeves, Adam
Alpha Boys' School. Cradle Of Jamaican Music
Half Pint Press, USA 2017

Barrow, Steve & Dalton, Peter
Reggae. The Rough Guide
Rough Guides Ltd., London 1997

Bartsch, Alex
Covers. Retracing Reggae Record Sleeves in London
One Love Books, London 2018

Bradley, Lloyd
Bass Culture - When Reggae Was King
Penguin Books, England 2000

Bradley, Lloyd
Bass Culture – Der Siegeszug des Reggae
Hannibal, Deutschland 2003

Collingwood, Jeremy
Lee ‚Sratch' Perry. Kiss Me Neck - The Scratch Story In Words, Pictures And Records
Cherry Red Books, London 2010

De Koningh, Michael & Cane-Honeysett, Laurence
Young Gifted And Black. The Story Of Trojan Records
Sanctuary Publishing 2003

De Koningh, Michael & Griffiths, Marc
Tighten Up! The History Of Reggae In The UK
Sanctuary Publishing 2003

Dooley, Jim
Interviews From The Culture Reggae Archive
More Axe 9, I Am The Gorgon, London 2013

Dooley, Jim
The Small Axe Guide To Dub
Muzik Tree & I Am The Gorgon, London 2010

Ehrengardt, Thibault
King Tubby The Dub Master. The Official Biography
Dread Editions, Frankreich 2020

Fingers, Al
Greensleeves The First 100 Covers
Stussy 2010

Foster, Chuck
Roots Rock Reggae. An Oral History of Reggae Music from Ska to Dancehall
Billboard Books, New york 1999

Goodman, Steve
Sonic Warfare – Sound, Affect and the Ecology of Fear
The MIT Press, Cambridge 2010

Hainard, Jacques & Mathez, Philippe
Vodou. Kunst und Kultur aus Haiti
Katalog zur Ausstellung, Deutsche Ausgabe Berlin 2010

Hawks, Noel & Jah Floyd
Reggae Going International 1967-1976. The Bunny ‚Striker' Lee Story
Jamaican Recordings Publishing 2012

Hendler, Maximilian
Vorgeschichte des Jazz. Vom Aufbruch der Portugiesen zu Jelly Roll Morton
Beiträge zur Jazzforschung 13, Graz 2008

Henriques, Julian
Sonic Bodies. Reggae Soundsystems, Performance Techniques, and Ways Of Knowing
The Continuum International Publishing Group, New York 2011

Jones, Simon
Black Culture, White Youth. The Reggae Tradition From JA to UK
Communication and Culture. Palgrave Macmillan, Houndmills, Basingstoke 1988
Bassline Books 2016

Karnik, Olaf & Philipps, Helmut
Reggae in Deutschland
Kiepenheuer & Wietsch 2007

Kaski, Tero & Vuorinen, Pekka
Reggae inna Dance Hall Style
Black Star, Helsinki 1984

Kaski, Tero & Vuorinen, Pekka
Volcano Revisited. Kingston Dancehall Scene 1983
Eronen 2011

Katz, David
People Funny Boy. The Genius of Lee „Scratch" Perry
1. Auflage Payback Press, Edinburgh 2000
2. überarbeitete Auflage Omnibus Press 2006

Katz, David
Solid Foundation. An Oral History Of Reggae
Bloomsbury, London 2003

Kelley, Robin D.G.
Africa Speaks, Amerika Answers. Modern Jazz In Revolutionary Times
Harvard University Press 2012

King, Stephen A.
Reggae, Rastafari, And The Rhetoric Of Social Control
University Press of Mississippi 2002

Lesser, Beth
Dancehall. The Rise of Jamaican Dancehall Culture
Soul Jazz Publishing 2008

Lesser, Beth
King Jammy's
ECW Press, Toronto 2002

Lesser, Beth
Rub-a-Dub Style. The Roots of Modern Dancehall
Beth Kingston, Toronto 2012

Lowe, Rich Opre
The Matador. Lloyd Daley – Sonic Pioneer of Jamaican Music
Jamaica Way Publishing, Sonoma Kalifornien 2019

Milner, Greg
Perfecting Sound Forever. The Story Of Recorded Music
Granta Books UK 2009, Paperback 2010

Muggs, Joe & Stevens, Brian David
Bass, Mids, Tops: An Oral History Of Soundsystem Culture
Strange Attractor Press UK 2019

Niaah, Sonjah Stanley
DanceHall: From Slave Ship to Ghetto
University of Ottawa Press 2010

Partridge, Christopher
Dub In Babylon. Understanding the Evolution and Significance of DUB REGGAE in Jamaica and Britain from King Tubby to Post-punk
Equinox, London 2010

Potash, Chris
Reggae, Rasta, Revolution. Jamaican Music from ska to dub
Schirmer Books, New York 1997

Rodigan, David
My Life In Reggae
Constable, London 2017

Sherlock, Philip & Bennett, Hazel
The Story of the Jamaican People
Ian Randle Publishers Ltd., Kingston 1998

Small, Geoff
Ruthless. The Global Rise of the Yardies
Warner Books, London 1995

Stolzhoff, Norman C.
Wake The Town And Tell The People. Dancehall Culture in Jamaica
Duke University Press, Durham and London 2000

Sullivan, Paul
Remixology. Tracing The Dub Diaspora
Reaction Books Ltd, London 2014

The Reggae Vibes
Studio One Files. A Collection Of Reviews, Articles, Photos, and more
Reggae Vibes Productions NL 2021

Thomas, Pat
Listen, Whitey! The Sights and Sounds of Black Power 1965-1975
Fantagraphics Books, Washington 2012

Toop, David
Ocean Of Sounds. Aether Talk, Ambient Sound And Imaginary Worlds
Profile Books, London 1995

Toop, David
Ocean Of Sounds. Klang, Geräusch, Stille
A. d. Englischen übersetzt von Diedrich Diederichsen
Hannibal 1997

Turner, Michael & Schoenfeld, Robert
Roots Natty Roots. The Discography of Jamaican Music Second Edition: 78 & 45 rpm Records 1950 – 1985
Nighthawk Records 2002

Veal, Michael E.
DUB. Soundscapes & Shattered Songs In Jamaican Music
Wesleyan University Press, Middletown 2007

Aufsätze, Essays, Zeitungs- & Onlineartikel:

Addis Pablo. Suns Of Dub. Bridging The Gap
von Ellen Köhlings & Pete Lilly, in: RIDDIM 03/2014

Adrian Sherwood Boiler Room Collection
Youtube 2016 https://youtu.be/g86SIbljt-E (zuletzt aufgerufen 02.01.2022)

Adrian Sherwood on Lee ‚Scratch' Perry
interviewed, edited and put into narrative form by Olaf Karnik, January 2022
in: I feel everything you say I feel everything you hear, Hrsg: Weekend Fest
Strzelecki-Books, Köln 2022

Archie Shepp – Fire Music. Archie Shepp, die Poesie und der Sound der Freiheit
Feature des Südwestrundfunk 2019

Bunny „Striker" Lee – Reggae Gone International
von John Masouri, in: RIDDIM 02/2012

Carter Van Pelt - Linval Thompson: Can't Stop Natty Dread Again
2001 http://www.niceup.com/artists/linval_thompson (zuletzt aufgerufen 02.01.2022)

Clive Chin Interview
von Adrian Nowak, Köln 8.4.2013 (in Anwesenheit des Autors), unveröffentlicht

Clive Chin. One Music
von Angus Taylor, in: Reggaeville Festival Guide 2012

Die Mutter aller Remixe
von Marcel Beyer, in SPEX 10/1993

Drones, Dub und Bässe: Musikalische Räume für postmusikalische Ideen
in: Diedrich Diederichsen Über Pop-Musik, Kiepenheuer & Witsch, Köln 2014

Dubtonic Kru – Foundation Medicine
von Ellen Köhlings & Pete Lilly, in: RIDDIM 01/2013

Errol Brown – De Treasure Isle à Tuff Gong
von Carlos Rapéri, in: Natty Dread No. 58, Dezember2009/Januar 2010, Frankreich

Graeme Goodall – Mr. Goody
Interview von Peter I, http://www.reggae-vibes.com/, 2011 (zuletzt aufgerufen 30.01.2013)

Idris Ackamoor – How Idris Ackamoor's African odyssey helped shape Afrofuturist jazz
Interview The Vinyl Factory, https://thevinyl-factory.com/features/idris-ackamoor-pyramids-interview/, 2018 (zuletzt aufgerufen 17.05.2018)

In Search of the First Dub LP
von David Katz, www.redbullmusicacademy.com/magazine/first-dub-lp-in-search-of, 2013 (zuletzt aufgerufen 15.05.2014)

Jamaican Creole in German Reggae Subculture
von Michael Westphal in: The Language Of Pop Culture Routledge Studies in Linguistic, New York + Abingdon UK 2018

Johnny „Dizzy" Moore. The Lion's Last Blow
von Herbie Miller in: RIDDIM 06/2008

King Jammy's – The Godfather
von Ulli Güldner, in: RIDDIM 03/2017

King Tubby – Mister Dub
von Dave Hendley, in: Natty Dread No. 19, Juni/Juli 2003, Frankreich

King Tubby the dubmaster. The Teacher and the apprentices
von Beth Lesser, in: Reggae Quarterly Vol.1 No. 3, Kanada 1983

„Klang!" Garvey's Ghost meets Heidegger's Geist
von Ian Penman, in: Experiencing The Soundtrack, Sidney 2001

Lee Perry Interview 1992
von René Wynands, in *»Do The Reggay!«* Piper, München 1995

Lee Perry Interview
in: Grand Royal. The Magazine Of Champions Issue 2 1995, Hrg: The Beastie Boys

Lee 'Scratch' Perry remembered by Neil 'Mad Professor' Fraser
in: The Guardian UK 12.12.2021

Lee „Scratch" Perry – 10 Commandments
The eccentric reggae legend shares his golden rules for life.
in: Q-Magazine July 2019

„Leroy's Gonna Fight"
von Peter I, in: http://www.reggae-vibes.com/concert/leroysibbles/leroysibbles.htm (zuletzt aufgerufen 07.07.2014)

Linval Thompson – Can't Stop A Natty Dread
Interview von Peter I 2004
https://www.reggae-vibes.com/articles/2019/01/linval-thompson-interview/ (zuletzt aufgerufen 30.12.2021)

Lloyd „Bullwackie" Barnes: North Bronx Roots
Interview von Carter Van Pelt, in: Wax Poetics 20 Dez/Jan 2007, New York

Mad Professor – Analogue is...
Interview Analogue Foundation 2019, https://www.analoguefoundation.com/analogue-is/10/ (zuletzt aufgerufen 30.12.2021)

Marcus Garvey Meets The Rockers Uptown (inkl. King Tubby Interview)
von Carl Gayle, in: Black Music 2/1976, London

Paul ‚Groucho' Smykle – Surgeon Of Dub
Paul Bradshaw in: New Musical Express 21.02.1083

Reggae Revival Online Movement
http://www.jamaicansmusic.com/news/Culture/Reggae_Revival_Online_Movement (zuletzt aufgerufen 09.12.2021)

Rory Stone Love. Die fantastische Metamorphose
von Ursula „Munchy" Münch in: RIDDIM 06/2014

Scientist at the controls
von Beth Lesser, in: Reggae Quarterly Vol.1 No. 3, Kanada 1983

Scientist, dub reggae's experimental genius. A beginner's guide
von David Katz, in: FACT Online Magazine 2015 http://www.factmag.com/2015/07/14/a-beginners-guide-to-scientist/ (zuletzt aufgerufen 30.12.2021)

Scientist Interview by Mike Pawka
Nice Up Enterprises, Jammin Reggae Archives 1998 http://www.niceup.com/interviews/scientist (zuletzt aufgerufen 30.12.2021)

Scientist Interview by Angus Taylor
United Reggae 2008, http://www.unitedreggae.com/articles/n212/092408/interview-scientist (zuletzt aufgerufen 30.12.2021)

Scientist Interview by Seb Carayol
United Reggae 2012, http://unitedreggae.com/articles/n1022/070612/interview-scientist-2012 (zuletzt aufgerufen 30.12.2021)

Scientist On Dub
Red Bull Music Academy 2010, https://www.youtube.com/watch?v=-GvhMHJKJvM (zuletzt aufgerufen 02.01.2022)

Studio One – The essential dubs
von Chris Lane, in: Black Music 3/1980, London

Style Scott – Deconstructing The Rythm
An interview with drummer Style Scott from Dub Syndicate
Von: Pavle Djukic, Reggae-News Co.UK 2004 http://www.reggaenews.co.uk/interviews/style_scott.asp (zuletzt aufgerufen 29.04.2015)

Sylvan Morris Interview by *Shivu Rao und Sean Stewart*
Babylon Fallin 2008 https://babylonfalling.tumblr.com/sylvan_morris_interview (zuletzt aufgerufen 12.12.2021)

Sylvan Morris. Tales Of Brentford Road
von Tero Kaski, in: More Axe 7, Finnland 1989

Talking Dub and Vampires with Scientist
Large Up Interview 2012, http://www.largeup.com/2012/09/21/largeup-interview-scientist/ (zuletzt aufgerufen 11.01.2016)

The Ariwa / Mad Professor Story by David Katz
https://www.ariwa.com/ariwa-story (zuletzt aufgerufen 11.01.2019)

The Dub Lp Archives
http://dubwise.smokeyroom.net/ (zuletzt aufgerufen 09.12.2021)

The law according to Junjo
Howard Campbell in: Jamaica Observer 02.11.2012
http://www.jamaicaobserver.com/entertainment/The-law-according-to-Junjo_12891667 (zuletzt aufgerufen 05.05.2016)

„The media want to see us hype and nuff" – Zwischen lokaler Praxis und globalem Medienhype: Eine Ethnographie über das Reggae Revival in Jamaika
von Lisa Katharina Jung 2015
Abschlussarbeit zur Erlangung des akademischen Grades M.A. Kultur- und Sozialanthropologie an der Universität Bayreuth

U-Roy. Godfather Of The Deejay School
von David Katz, in: RIDDIM 01/2013

Versions, Dubs and Riddims:Dub and the Transient Dynamics of Jamaican Music
von Thomas Vendryes, in: Dancecult: Journal of Electronic Dance Music Culture 7/2015

VP Records celebrates the life of producer ands businessman Joseph „Jo Jo" Hookim
https://vprecords.com/vp-records-celebrates-the-life-of-producer-and-businessman-joseph-jo-jo-hoo-kim/ 21.09.2018 (zuletzt aufgerufen 30.12.2021)

Vuorinnen, Pekka – A conversation with
http://midnightraverblog.com/2013/04/reggae-inna-dancehall-style-a-conversation-with-pekka-vuorinen/ (zuletzt aufgerufen 08.11.2015)

Waterhouse: Terrorised By Gangsters!
Gary Spaulding in: *The Gleaner* 25.04.2010
http://jamaica-gleaner.com/gleaner/20100425/lead/lead2.html (zuletzt aufgerufen 21.08.2016)

Wayne Smith. Sleng Teng Revisited
von Ulli Güldner, in: RIDDIM 02/2006

What is the reggae revival?
Let's Talk Reggae mit Dutty Bookman, in: Jamaica Observer 05.12.2021

30 Jahre On-U Sound. Psychedelische Löwen aus einstürzenden Häusern
von David Katz, in RIDDIM 06/2011

Dokumentationen:

Deep Roots Music
6-teilige TV-Dokumentation, Channel 4, England 1982

Dub Echoes
A Film by Bruno Natal
Soul Jazz Records DVD 2009

Dub London: Bassline of a City
Materialien einer Ausstellung im Museum of London Okt. 2020 – Jan. 2021

Dub Not Dub
Eine Sendung des Westdeutscher Rundfunk am 09.04.2011
von Olaf Karnik in WDR 3 „Open Frei Raum"

Duke Vin and the Birth of Ska
Gus Berger, Hackney Film Collective 2011

Dub Talks
in: Gussie Clarke – Dub Anthology (3CDs + 1 DVD)
Music Works Records 2018

Gelobte Länder
Interart, Niederlande 2013

King At The Controls
Dokumentation + Jammy's In His Own Words 2006
in: *King Jammy's Roots Reality And Sleng Teng*
VP Records/17 North Parade DVD (+ 2 CD) 2014

Kraftwerk – Pop Art
TV-Dokumentation von Simon Wittler und Hannes Rossacher 2013

Lee 'Scratch' Perry in concert: The Ultimate Alien
Secret Films UK 2003 DVD (inkl. Interview)

Lee Scratch Perry – The Unlimited Destruction
Jet Star UK VHS 1991, DVD 2002

Lee Scratch Perry's Vision Of Paradise
Ein Film von Volker Schaner
Fufoofilm, Germany 2015

Musically Mad. A Documentary On UK Reggae Sound Systems
A Folke/Weslien Film
No Label, Schweden 2008

Randy's 50th Anniversary
VP Records/17 North Parade DVD (+ CD) 2008

Return Of The Rub-A-Dub Style
Walking Road Films USA 2009, published 2011

Roots, Rock, Reggae
A Jeremy Marre Documentary
Harcourt Films 1977

Scientist Porträt & Interview
ARTE TV, Sendung „Tracks“ am 7.9.2013

Studio One Story
Soul Jazz DVD (+ CD + Buch) 2002

Soundtrack Of King Jammy
Eine Sendung des Westdeutscher Rundfunk am 15.08.2015 von Ellen Köhlings & Pete Lilly in WDR Funkhaus Europa Soulfood

The Anthology Of Reggae Drumming
A Documentary by Alex Domhoever 2016

Booklets & Linernotes von Tonträgern:

African Dub Chapters 1,2,3&4 All-Mighty
4 CD Box, VP Music Group / 17 North Parade 2007

Byron Lee & The Dragonaires – Uptown Top Ranking
VP Music Group / 17 North Parade 2015

Channel One – Maxfield Avenue Breakdown. Dubs & Instrumentals 1974 - 79
Pressure Sounds 2001

Dennis Bovell presents 4th Street Orchestra: Ah Who Seh? Go Deh! + Leggo!
EMI CD Reissue 2006

Dennis Bovell presents 4th Street Orchestra: Higher Ranking Dub + Yu Learn!
EMI CD Reissue 2006

Dennis Bovell – Decibell
Pressure Sounds 2003

Dial M For Murder In Dub Style
Pressure Sounds 2011

Drum Sound – The Revolutionaries
More gems from the channel one dub room – 1974 to 1980
Pressure Sounds 2007

Dub Gone Crazy. The Evolution of Dub at King Tubby's 1975-1979
Blood & Fire 1994

Dub I – Jimmy Radway & The Fe Me Time All Stars
Pressure Sounds 2008

Duke Reid International Disco Series
Doctor Bird UK 2021

Evolution Of Dub Volume 1-8
jeweils 4 LPs auf CD in einer Box, Greensleeves Records 2009-2013

Hitbound! The Revolutionary Sound Of Channel One
Heartbeat LP/CD 1989

Impact All Stars - Forward The Bass Dub From Randy's 1972-1975
Blood & Fire 1998

I-Roy – Don't Check Me With No Lightweight Stuff (1972-75)
Blood & Fire 1997

Jammy$ From The Roots 1977 – 1985
Greensleeves Records 2010

Joe Gibbs & The Professionels – No Bones For The Dogs Dubs From The Mighty Two 1974 to 1979
Pressure Sounds 2002

Johnny Clarke – Dreader Dread 1976–1978
Blood & Fire 1998

King Tubby & Prince Jammy – Dub Gone 2 Crazy: In Fine Style 1975-1979
Blood & Fire 1996

King Tubby meets Jacob Miller – Ina Tenemant Yard
Motion 2006

Linval Thompson – the early sessions 1979–1982
Thompson Sound CD + DVD 2006

Prince Jammy Presents Strictly Dub
Pressure Sounds 2010

Skin Flesh & Bones – Dub In Blood
Pressure Sounds 2016

Sound System International Dub LP - King Tubby & The Clancy Eccles All Stars
Pressure Sounds 2009

The Crowning Of Prince Jammy
Pressure Sounds 1999

The Prophets – King Tubby's Prophecies Of Dub
Pressure Sounds Reissue 2019

The Ring Craft Posse – St. Catherine In Dub 1972 – 1984
Moll-Selekta 2004

The War Is On Dub Style
Pressure Sounds 2018 Reissue

Yabby You – Dread Prophecy
Shanachie 2015

Index

Personen (sortiert nach Nachnamen & Künstlernamen), Gruppen, Sounds

4th Street Orchestra 223, 224
A
Abba Shanti I 243
Ace, Charlie 49
Ackamoor, Idris 251
African Head Charge 233, 245
African Stones 225
Aitken, Bobby 200
Aitken, Laurel 234
Alborosie 23, 191, 192, 246, 248
Alexander, Monty 239, 240
Alexander, Reuben 240
Alicia, Kristine 21
Alpha Boy School 239, 240, 251
Alpha & Omega 244
Alphonso, Roland(o) 239
Althea & Donna 49
Anderson, Gladstone 135
Anderson, Linford 28, 29, 30, 31, 44, 48, 63, 72, 79, 80, 105, 199, 200
Andy, Bob 197, 198, 222
Andy, Horace 187
Andy, Patrick 192
Anthony B 252
Anthony Red Rose 71, 81, 86
Anthony Red Rose & King Kong 71, 88
Anti Social Workers 233
Aquarius 43
Aquizim 234
Ari Up 233
Armon-Jones, Joe 252
Armstrong, Louis 239
Asher 87
Aswad 220, 224
Axelrod, Victor 248
B
Baby Cham 89
Bailey, Elroy 157
Bambú Station 249
Banton 69, 88
Banton, Buju 111, 148
Barker, Dave 29
Barnabas 58, 92, 129, 134, 138-145, 147, 220
Barnes, Lloyd „Bullwackie" 115, 212
Barrett, Ashton „Family Man" 82, 119, 250
Barrett, Carlton 250
Barry -> Williams, Barry
Batch 249
Beastie Boys 210, 211
Beatles 91
Beenie Man 102
Bennett, Donovan -> Don Corleon
Bennett, Kirk 23
Bennett, Val 31
Bernstein, Leonhard 17
Beverungen, Nicolai 249
Big Joe 131
Big Youth 15, 34, 78, 128
Bingy Bunny 57, 135
Birchall, Nat 250, 251
Bizeray, Sébastien alias Westfinga 249
Blacka Morwell 135
Blackbeard -> Bovell, Dennis
Black Jade 220, 243
Black Moses Sound System 43
Black Scorpio 34, 190
Black Slate 220
Black Starline Band 223
Black Uhuru 69, 132, 149, 187, 188, 189, 191, 192
Blackwell, Chris 30, 38, 203, 205, 207, 208
Boom, Barry 228
Boothe, Ken 44, 155, 242
Bounty Killer 89
Bovell, Dennis 209, 219, 220, 221, 222, 223, 224, 225, 226, 227, 229, 233, 252, 202
Bowie, David 227
Boyle, Daniel 209
Breadwinner, Al 250, 251
Bredda Neil 219, 236
Brooks, Cedric (Im) 119, 240, 242, 250
Brown, Barry 22, 192
Brown, Bunny 43
Brown, Dennis 46, 47, 49, 57, 128, 132, 191, 192, 237, 242
Brown, Errol 19,110-120, 170, 242
Brown, Glen 107
Brown, Hopeton Overton 163, 177 -> Scientist
Brown, Jerry 185
Brown, Winston 70
Bryan, Karl „Canonball" 240
Bucknor, Sid 10, 64, 125, 126, 145, 189, 220, 235
Bunny & Ricky 203
Bunny Rugs 69, 155, 203
Bunny Tom Tom -> Crucial Bunny
Bunny Wailer 34, 134, 148
Burning Spear 22, 39, 42, 48, 116, 120, 235, 242
Burrell, Phillip ‚Fatis' 148
Burrows, Roy „Bubbles" 239
Busy Signal 20
Byrd, Donald 241
Byron Lee & The Dragonaires 199
C
Cadogan, Susan 202
Campbell, Al 134, 140, 155, 165
Capp, Andy 30
Capleton 252
Cecil Loyd Group 239
Channel One (UK) 251
Chantells 140
Charmers, Lloyd 44
Chemist, Peter 130, 134
Chin, Clive 42, 44, 47, 52-59, 61, 204
Chin, Pat(ricia) 41, 53, 56

Chin, Randy 106, 123
Chin, Vincent 41, 42, 53
Chin-Loy, Herman 43, 45, 46, 47
Chosen Few 43
Chronixx 22, 192
Chung, Mikey 46
Cimarrons 220
Clail, Gary 233
Clancy Eccles All Stars 79
Clarke, Bunny 202
Clarke, Brent 17
Clarke, Johnny 21, 22, 64, 65, 100, 101, 155, 194, 242
Clarke, Gussie 21, 22, 34, 69, 80, 102, 157, 253
Clarke, Oscar 239
Clarke, Sebastian 17
Cliff, Jimmy 89, 127
Cocoa Tea 89, 133, 148
Coleman, Ornette 17
Collins, Ansel 42, 140
Coltrane, Alice 240
Coltrane, John 239, 240, 241, 251, 252
Congos 197
Cooper, Carolyn 22
Couch, Susan 197
Count Shelly 189, 223
Count Suckle 217
Cousins, Roy 127, 131, 134, 135, 168
Coxsone, Lloyd „Lloydie“ 221, 224
Cracknell, Chris 165, 166
Creation Rebel 231, 220, 232
Crooklyn Dub Consortium 244
Crucial Bunny 129, 141, 147
Crooks, Sydney 116
Cross, Theon 252
Culture 49, 111, 115, 118, 119
D
D'Arby, Terence Trent 211
Daddy Vigo 217, 218
Daley, Loyd 44
Danny Dreadlocks 22
DaSilva, Everton 187
Davey, Noel 71
Davidson, Louis „Buddy“ 44, 72
Davis, Carlton „Santa“ 42, 64, 100
Davis, Miles 17, 240
Dawkins, Tad 165
Deadly Hedley 31
Death In Vegas 171
Dekker, Desmond 30, 234
Dezarie 249
Dillinger 15
Dillon, Leonard 200
DM Kahn 246
Doctor Pablo 232
Dodd, Coxson 16, 29, 30, 33, 36, 38, 39, 46, 77, 85, 99, 104, 110, 112, 114, 125, 132, 145, 161, 164, 168, 198, 199, 201, 239, 240
Donaldson, Eric 100
Don Carlos 166
Don Corleon (Donovan Bennett) 20, 23
Douglas, Carl 201
Douglas, Val 46
Dowe, Brent 92
Downie, Tyrone 120
Dr. Alimentado 15, 16, 165
Dr. Israel 244
Droop Lion 183
Drummie Zeb 224, 225
Drummond, Don 239
Dubblestandart 210, 245
Dub Syndicate 210, 231, 232, 247
Dubtonic Kru 20, 23
Duckie Simpson 187
Duke Ellington 239
Duke Vin 217
Dunbar, Sly 42, 64, 91, 126, 128, 132, 140-142, 150, 186, 236 -> Sly & Robbie
Dunkley, Errol 131, 221
Duran Duran 227
Dutty Bookman 24
Dylan, Bob 223
Dynamics 29, 46, 47, 55, 63, 64, 88, 93, 94
Dynamic Sounds 28, 30, 31, 33, 34
Dynamics Studio 48, 70, 78
E
Earl 16 205, 244
Earl Zero 64, 140
Earth & Stone 128, 140, 142
Eastwood & Saint 166
Easy Riddim Maker 210
Eccles, Clancy 31, 41, 56, 105
Echo, Umberto 249
Edelhagen, Kurt 239
Edwards, Jackie 22
Edwards, Rupie 46
Edwards, Winston 65, 66, 67, 225
Eek-A-Mouse 141, 166
Ellis, Alton 36, 46, 55, 126
Ellis, Bobby 31, 213, 241
Ellis, Rob (Pinch) 172
Emperor Faith HiFi 21, 55
Eno, Brian 213, 247
Ervin (Robinson?) 85, 106
Ethiopians 200
Ethnic Fight Band 108
Ezra Collective 252
F
Faith, Mikey 21
Farquharson, Joe 229, 230
Fatman, Ken Gordon 77, 85, 187, 189
Fatman Sound 251
Fat Man Riddim Section 67, 85, 131, 134, 140, 185
Fenda, Chuck 183
Finger Man 21
Firehouse Crew 71, 81, 87
Flesh, Skin & Bones 42, 132
Flick Wilson 169, 171
Forbes, Alrick 69
Francis, Errol 222, 223

Francis, John 225
Francis, Pat(rick) aka Jah Lloyd aka Jah Lion 18, 129, 158
Francis, Roy (Phase One) 134, 140
Fraser, Neil -> Mad Professor
Fraser, Philip 134
Friedman, Burnt 246, 247
Frightnrs 248, 249
Fripp, Robert 247
Fujiwara, Fujiwara 246, 247
Fully Fullwood 42
G
Gainsbourg, Serge 148
Gallagher, Liam 171
Garcia, Nubya 252
Gardener, Devon „Toops“ 178, 179, 184
Gardiner, Boris 139
Garnett, Bill 54, 123, 124
Garvey, Marcus 48, 116, 127, 204, 236
Gaye, Marvin 171
Gaylads 114
Gaynair, Wilton 239
General Echo 171
Gentleman 20, 148, 192, 249
Germain, Donovan 120, 169
Gibbs, Joe 33, 40, 53, 55, 58, 65, 66, 72, 79, 91, 93, 96, 102, 124, 128, 132, 136, 189, 199
Gil Cang & Demus 250
Gillespie, Dizzy 239
Gilligan, Rory „Stone Love“ 21, 243
Gladdy Anderson 31
Gladdy's All Stars 200
Gladiators 69, 140, 141, 204
Goldfine, David 249
Goldman, Vivien 225
Goodall, Graeme 14, 30, 33, 35, 105
Goodman, Steve 18, 172 -> Kode9
Gordon, Kenneth 85 -> Fatman
Gordon, Vin 66, 102, 201, 209, 251
Gore, Fitz 239
Grachan Moncur III 241
Grant, Eddy 108
Gray, Sonny 239
Grennan, Winston 31, 91
Griffiths, Marcia 118, 119, 130, 222
Gussie P 235
H
Haile Selassie 127, 204
Half Pint 192
Hamilton, Soljie 19, 22, 58, 111, 129, 146-152
Harris, Dennis 202, 223, 224, 225
Harrison, George 223, 232
Harry J 15, 19, 34, 38, 39, 79, 123, 124, 159, 187, 189
Harry Johnson 34
Harvey, Carl 94
Harvey, Touter 67, 85
Hendley, Dave 186
Hempress Sativa 171
Heptones 47, 57, 134, 135, 171, 237, 242
Herbholzheimer, Peter 239
Hibbert, Ossie 10, 128, 129, 156
Hill, Joseph 49
Hobson, Stamma 155
Holness, Winston (aka Niney the Observer) 18, 48, 56, 107, 199
Holt, Errol „Flabba“ 103, 132, 135
Holt, John 123, 166
Hookim 168, 169
Hookim, Ernest 19, 117, 123, 126, 127, 129, 132, 133, 136, 140- 142, 147, 148
Hookim, Joseph „JoJo“ 117, 123, 124- 126, 128, 132, 133, 135, 136, 139, 142
Hookim, Kenneth 123, 136
Hookim, Paulie 123, 129, 135
Horsemouth -> Wallace, Leroy „Horsemouth“
Houghton, Peter 221
Hudson, Keith 17, 34, 78, 125, 128, 131, 155, 237
Hunt, Clive 115
Hutchings, Shabaka 252
I
Ibrahim, Abdullah 239
I Kong 203
Indiggnation Band 21
Indrani 21
Ini Kamoze 148, 149
Inna De Yard 197
Inner Circle 85
Iration Steppas 243
Irie, Welton 103
Iron Phoenix 242
I Roy 15, 49, 68, 78, 100, 125, 127, 225, 250
Isaacs, Gregory 49, 125, 132, 128, 144, 192, 157
J
Jackson, Vivian -> Yabby You
Jackson, George 241
Jah9 21, 148
Jah Life 169
Jah Lion -> Francis, Pat
Jah Lloyd 18, 129, 134 -> Francis, Pat
Jah Screw 22, 135
Jah Shaka 80, 218, 236, 243, 247
Jah Stitch 15, 16
Jah Thomas 134, 135, 141, 144, 157, 166, 234
Jah Tubbys 251
Jah Wooble 227
Jah Woosh 15
Jah Youth 15
Jallanzo 22, 23
Jamaal Pete 70
Jamdown Players 189
James, Lloyd -> King Jammy
Jays 130, 142, 237
Jericho 249
Johnson, Linton Kwesi 226
Jones, Howard 227
Jordan, Louie 184
Jr. Thomas & The Volcanos 248
Junior Byles 202, 203
Junior Delgado 192

Junior English 157
Junior Hibbert 250
Junior Kelly 89
Junior Reid 191
Junior Soul 158
K
Karigan 246
Kay, Janet 219
Keida 21
Kelly, Pat 9, 42, 53, 58, 67, 69, 90-96, 98, 141, 164, 184, 220, 240, 245
Khouri, Ken 13, 14, 28, 30, 44
Kiddus I 197
Killamanjaro 21
Killing Joke 227
King Earthquake 243
King Jammy (Lloyd James) 182-195, 9, 16, 18, 22, 23, 31, 41, 58, 62, 63, 69, 70, 71, 76, 77, 85- 87, 89, 93, 95, 100, 102, 106, 117, 135, 164, 167, 170, 182, 242, 245, 256
(King) Stereo 27, 104, 106, 127
King Stitt 31, 79
Kingston Dub Club 20, 21
King Tubby 10, 15, 16, 19, 22, 27, 28, 31, 34, 40, 43, 45-47, 48, 49, 58, 61, 74-82, 85-87, 89- 96, 100, 101, 103, 104-107, 117, 124, 130, 132, 134, 155, 156, 159, 163, 164, 166, 169, 172- 174, 177, 178, 185- 187, 189, 190, 191, 194, 199, 201, 203, 218, 228, 234, 240, 242, 245, 248- 250
Kode9 171, 172 -> Goodman, Steve
Koffee 22
Kojak & Liza 49
Kong, Leslie 47, 99
Kraftwerk 244
Kuti, Fela 226
L
Lambert, Barrington 30
Lamont, Eric 168
Laswell, Bill 148, 244
Lauder, Carl 53
Laurent „Tippy I" Alfred 249
Lawes, Junjo 101, 133, 134, 141, 145, 156, 157, 160, 161, 164, 166, 169, 174, 177, 178
Lawrence, Larry 82, 108, 202, 250
Lee, Bunny 22, 27, 48, 56, 62, 64- 67, 69, 70, 76, 78, 89, 91- 93, 96, 98-108, 125, 126, 128, 134, 155, 156, 159, 161, 170, 185, 186, 189, 190, 193, 194, 199, 200, 240, 250
Lee, Byron 28, 30, 31, 33, 35, 54, 63, 107, 199, 200
Lee, Carlton 46, 47, 48
Lee, Hubert 49
Lee, Neville 73
Lepkie, Luie 49
Letts, Don 226, 231
Levy, Barrington 133, 164, 166, 169, 171, 174
Lewis, Roger „Fatman" 85, 185
Little Axe 233
Little Joe (= Ranking Joe) 15
Lodge, June / J.C. 50
Los Bravos 202
Loving Paupers 248, 249
Loyd Jackson & The Groovers 99
Luciano 148
Lusardi, Mark 220-222, 225, 227, 228, 229, 231, 247
Lyn, Robbie 197
M
Mad Professor 20, 22, 70, 91, 147, 166, 170, 192, 209, 210, 211, 212, 218, 220, 226, 233, 234, 236, 237, 243, 245, 247
Mafia & Fluxy 87
Mais, Don 134
Majestics 208
Mala 172
Malcolm X 241
Manasseh 244
Mandingo 134
Manley, Michael 68
Mark, Louisa 221
Marley, Bob 30, 34, 36, 38, 39, 42, 82, 85, 99, 111, 119, 120, 125, 127, 170, 171, 198, 202, 207, 218, 239, 243, 250
Marley, Ky-Mani 89
Marley, Rita 119
Marley, Ziggy 111
Marquis, Herman 119
Marshall, Larry 80
Martyn, John 211
Mason, Lloyd 239
Massive Attack 237, 247
Matumbi 220, 223, 224, 225
Maxi -> McKenzie, Lancelot „Maxi"
Maxi Priest 228
Mayfield, Curtis 91
McCartney, Linda 211
McCraven, Makaya 9
McCook, Tommy 64, 66, 107, 119, 242, 244, 250, 255
McDermott, Tony 166, 234
McFarlane, Zara 226, 252
McGregor, Freddie 198
McKay, Freddie 128
McKenzie, Lancelot „Maxi" 143, 147, 129
McLean, Nana 185
McLean, Ranchie 132, 142
McQueen, Steve 219
Melody, Courtney 71
Metcalfe, Kevin 212
Michigan & Smiley 164
Midnight Riders 130
Midnite 249
Mikey Dread („Dread At The Control") 67, 134, 186, 233
Miller, Jacob 66, 85, 155
Militant Barry 131
Militant Dread 131
Miller, Herbie 240
Minott, Sugar 134, 141, 164, 168, 192

Mittoo, Jackie 36, 77, 125
Monk, Thelonius 239
Mudie, Harry 95
Moore, Johnny „Dizzy“ 31, 240
Morgan, Derrick 100
Morris, Lowell 239
Morrison, Jim 232
Morrison, Pauline „Isha“ 16, 207
Morris, Sylvan 32-39, 9, 15, 22, 29, 54, 72, 79, 105, 125, 187, 247
Moter, Herman 49
Motion 220
Motta, Stanley 14, 72
Mundell, Hugh 140, 192
Mutabaruka 22, 120, 197, 198
Myton, Cedric 197, 198
N
Nelson, Errol 187
Nelson, Oliver 241
Neuromancer 209
New Age Steppers 233
Nichols, Jeb Loy 224
Nicodemus 103
Nigger Kojak 234
Niney (The Observer) -> Holness, Winston
Nu Dub Players 247
O
Ocean Of Sounds 209, 210
OMD 227
One Blood 228
Onuora, Oku 197
Osbourne, Brad 141, 159, 168
Osbourne, Johnny 70, 164, 166
Owens, Tony 207
P
Pablo, Addis 21
Pablo, Augustus 21, 27, 43, 46, 47, 62, 69, 78, 82, 85, 107, 218, 232, 252
Pablo Moses 244
Palmer Brothers 92
Pama Records 91
Paolo Baldini (DubFiles) 250
Papa Jaro 21
Papa Life 169
Paragons 27
Parker, Charly 239
Parker, Robert 221
Parks, Lloyd 42, 47, 49, 57, 132, 197
Patterson, Carlton 80
Paul, Frankie 136, 192
Peckings 46
Peego 69, 86, 88
Peel, John 17, 166, 230, 234
Perry, Lee „Scratch“ 16, 19, 29, 30, 43, 44, 45, 47, 48, 49, 56, 59, 62, 65, 66, 72, 78, 117, 132, 155, 161, 172, 196-214, 232, 233, 235, 237, 240, 251
Phantom 69
Philips, Donovan 129
PIL 227
Pinch 172
Pink Floyd 210, 245
Pitterson, Karl 53, 57
Pottinger, Sonia 44, 112-114, 116, 118, 119
Pounding System 231
Powell, Enoch 224
Pratt, Pratt 58, 91, 125, 128, 134, 141, 155, 157, 165, 246
Prince Buster 15, 45, 47, 100, 140, 199, 237
Prince Far I 22, 49, 232
Prince Francis 22
Prince Jackie's Hi-Fi Sound 44
Prince Jazzbo 15, 16, 100
Prince Ras Murray 131
Professor 58, 69, 70, 86, 88
Prophet, Michael 76, 147
Protoje 20, 21, 23
Pura Vida 210
Q
Quasi Dub Development 246, 247
R
Radiodread 249
Radway, Jimmy 49
Raging Fyah 21
Rana, I.M. 156, 157
Randy's 39, 41, 42, 44, 45, 47- 49, 53, 59, 64, 69, 72, 91, 93, 94, 96
Ranglin, Alvin 113, 134
Ranglin, Ernest 31, 239, 240
Ranking Dread 70
Ranking Jerry 147
Ranking Joe 49, 135
Ranking Trevor 130, 142
Ras Michael 207
Rebelution 111, 248
Redding, Otis 184
Rednose -> Redwood, Ruddy (Rudolph) „Rednose“
Redwood, Ruddy (Rudolph) „Rednose“ 27, 28, 33, 61, 62, 104-106
Reece, Dizzy 239
Reid, Duke 19, 33, 35, 62, 64, 99, 104, 105, 111, 112, 113, 114, 115, 118, 123
Rice, Victor 248
Richards, Michael 46
Rico (Rodriguez) 233, 240
Richards, Roy 29
Rihanna 20
Riley, Jimmy 168, 202
Riley, Tarrus 20
Rivas, Roger 248
Roach, Max 239, 242
Robotics 210
Rodigan, David 13, 19, 70, 74-82, 108, 164
Rodney, Walter 127, 235
Rodney, Winston 116
Rollins, Sonny 239, 252
Romeo, Max 47, 99, 141
Roots Makers 246
Roots Radics 57, 101, 103, 132, 133, 134, 135, 144, 159, 168, 171, 231, 232

Rootz Underground 21
Rose, Michael 185, 187
Rotton/Lydon, Johnny 17, 165
Ruby, Jack 58, 242
Ruddock, Osbourne -> King Tubby
Ruts DC 233, 234
S
Samory I 21, 243
Sanchez 89
Sánchez, Roberto 249
Saxon 251
Schulze, Klaus 247
Scientist 9, 13, 19, 20, 22, 58, 67, 69, 85, 93, 95, 101- 103, 129, 134, 141, 144, 149, 156, 159, 160, 162-175, 190, 231, 242, 256
Scott, Style 126, 132, 169, 197, 210, 231, 232, 247
Scotty 43
Seaga, Edward 28, 30, 35, 202
Seaton, Harris B.B. 114, 115, 131, 242
Sedgwick, Chris 165
Seeed 249
Setter, H.P. 9
Sex Pistols 221
Shabba Ranks 148
Shackleton 172
Shaggy 69
Shakespeare, Robbie 132, 142, 185 -> Sly & Robbie
Shankar, Ravi 232
Shearer, Hugh 68
Sherman, Bim 232
Sherwood, Adrian 208, 210, 211, 212, 213, 220, 225, 226, 229, 230, 231, 233, 234
Shepp, Archie 241, 242
Shirley, Roy 99
Shortie The President 15
Shower (Posse) 68, 89, 133, 183
Sibbles, Leroy 33
Simone, Nina 222
Simply Red 211
Sinclair, Rodguel „Blackbeard“ 73
Singers & Players 233
Sir George the Atomic 62
Sirota, Ted 171
Sister Stella 219
Sizzla 148, 249, 252
Skatalites 240
Smart, Leroy 49, 132
Smart, Philip 10, 58, 64, 69, 92, 100, 185, 186
Smith, Byron „Smitty“ 19, 27, 33, 35, 105, 113, 119
Smith, Dada 69
Smith, Earl „Chinna“ 42, 155, 197
Smith, Slim 64, 91, 99, 106, 107
Smith, Wayne 71, 190
Smykle, Paul „Groucho“ 149
SOJA 111, 148
Solid Bronze 209
Sons Of Kemet 252
Soon Come 210
Soul Syndicate (Band) 42, 103, 125, 128
Spanglers (Posse) 68, 69, 89, 133
Stagga 184
Stanhope, Clive 157
Staple Singers 34
Steel Pulse 220, 249
Steely & Clevie 87
Stharre, Nelly 21
Stone, Joss 226
Stone Love 21
Straker, Nick 223
Striker -> Lee, Bunny
Studio One 16, 35, 36, 37, 39, 41, 42, 47, 54, 72, 77
Subatomic Sound System 210
Sufferer's Sound 221- 223
Suns Of Dub 21
Supercat 148
Supersonics 66
Supreme Ruler Of Sound 27, 104, 127
Sutherland, Nadine 21
Swaby, Horace -> Pablo, Augustus
Swaby, Dudley 140
T
Tackhead 233
Taitt, Lyn 48, 99
Talismen 239
Taylor, Rod 171
Techniques 91
Terrorists 208
Tesco, Nicky 233
The Aggrovators 128 -> The Agrovators
The Agrovators 108
The Bassies 44
The Black Disciples 242
The Bleechers 199
The Buccaneers 155
The Clash 233
The Destroyers 79
The Disciples 244
The Doors 232
The Dynamites 31
The Fellow Travellers 224
The Hippy Boys 108
The Members 233
The Mighty Diamonds 49, 129
The Mighty Two 48, 49
The Morwells 57, 132, 168
The Mystic Revelation Of Rastafai 240
The Orb 211
The Palm Threes 92
The Pioneers 116
The Professionals 132
The Prophets 69
The Revolutionaries 116, 128, 130, 132, 135, 142, 148, 149, 159, 168, 237
The Riddim Twins 132
The Ruts 233
The Scientist -> Scientist

The Simeons 228
The Slits 233
The Soul Vendors 36
The Taxi Gang 148
The Victors 44
The Wailers 29, 66, 82, 89, 108, 119, 120, 127, 199, 200, 250
The White Belly Rats 210
Third World 155
Thomas, Nicky 55
Thomas, Ruddy 10
Thompson, Errol 10, 15, 39-50, 53, 54, 69, 72, 80, 100, 126, 128, 129, 132, 234
Thompson, Dennis 42
Thompson, Leroy „Fatman" 84-89, 70, 224, 240
Thompson, Leslie 239
Thompson, Linval 133, 134, 154-161, 166, 168, 177, 178, 201, 249
Thompson, Uziah „Sticky" 31
Tibby, Percival 155
Ticklah 248
Tipperton 21
Tippy I 249
Tivoli Gang 68
Toops -> Gardener, Devon „Toops"
Toots and The Maytals 39
Tosh, Peter 49, 107, 132, 240
Tradition 220, 229
Trinity 49
Tubeway Army 221
Tuff Gong 14, 30, 34, 88
U
U Brown 15
Unitone Hi-Fi 244
University Of Dub 80
Upsetter 9
Upsetters 108, 201
U Roy 13, 22, 29, 62, 68, 69, 89, 105, 155
V
Veal, Michael 19, 77, 124, 149, 186, 201, 232, 258
Viceroys 237
W
Wailing Souls 166
Wallace, Leroy „Horsemouth" 132, 235
Walker, Sylford 209
Walters, Burt 29, 30
Warwick, Dionne 184
Wellington, Maurice 168
Westfinga (Sébastien Bizeray) 249
Weston, Pete 49
We The People Band 132
White, Michael 241
Williams, Barry 61, 85, 106
Williams, Martin 147
Williams, Seymour 104
Williams, Tony 224
Williams, Willi(e) 69, 164, 249
Wilson, Delroy 64, 68, 100, 102, 107, 125, 131
Witter, Delroy „D-Roy" 225
Word Sound & Power 132
Wright, Dennis 43
Wright, Hyman „Papa Life" 169, 178
Wright, Winston 31, 242
X
Y
Yabby You (Vivian Jackson) 67, 69, 76, 92, 141, 187, 204, 207, 250
Yellowman 133, 166
York, Collin Bulby 23
Z
Zasky, Paul 210, 245
Zincfence, Teflon 22, 23
Zion Train 244
Zukie, Tappa (Tapper) 15, 187

„Einzeltracks" + „Songs" (sortiert nach Titeln)

„Africa/Underground Railroad" 241
„Ain't No Dub" 242
„Ain't No Love" 242
„Ain't Too Proud To Beg" 99, 106
„Alabama" 241
„A Little Way Different" 224
„All I Have Is Love" 125
„Angola" 132
„Are ‚Friends' Electric?" 221
„A Ruffer Version" 22
„A Walk In The Park" 223
„Awn Yah!" 49
„Baby I Love You So" 66, 82
„Barnabas" 141
„Bellyache" 130
„Better Must Come" 100
„Big Muff" 211
„Bionic Rats" 213
„Black Arrows" 36
„Black Belt" 201
„Black Is Black" 202
„Black Power" 242
„Black Unity" 241
„Blowing In The Wind" 30
„Born For A Purpose" 165
„Born Free" 185, 187
„Bushweed Corntrash" 203
„Can I Change My Mind" 125
„Cardiac Arrest" 130
„Cassandra" 56
„Cassava Piece" 82
„Cassava Piece" 46, 66
„Caught You In A Lie" 221
„Channel One Crash" 168
„Cheater" 57
„Cheater" 47
„Cherry Oh Baby" 100
„Chicken Scratch" 199
„Cold Blood" 125
„Collie Weed" 164, 165
„Country Boy" 49
„Cow Town Skank" 78

„Curly Locks“ 202
„Declaration Of Dub“ 242
„Declaration Of Rights“ 233, 242
„Different Fashion“ 64
„Doctor Dick“ 199
„Don't Call Me Nigger Whitey“ 200
„Don't Trouble Trouble“ 22
„Don't You Cut Off Your Dreadlocks“ 155
„Dragon Slayer“ 201
„Dread in Johannesburg“ 131, 242
„Dubbing is a must“ 244
„Dub For Dave Hendley“ 186
„Dunkirk“ 130
„Ease Up“ 199
„East Of The River Nile“ 226, 252
„Effort in Yourself“ 140
„El Gong“ 42
„English Black Boys“ 226
„Ethiopia“ 242
„Ethiopian Market“ 241
„Everybody Needs Love“ 64, 99, 107
„Every Dub Shall Scrub“ 242
„Every Knee Shall Bow“ 242
„Every Nigger Is A Star“ 139
„Evol Yenoh“ 29
„Extraordinary Version“ 49
„Fatal Dubs“ 130
„Felt The Strain“ 237
„Fiat 125“ 78
„Find Your Roots“ 21
„Fittest Of The Fittest“ 22
„Forward The Battle Dub“ 131
„Freedom Dance“ (Shirley Scott) 241
„Ganja Tea“ 21
„Garvey's Ghost“ 242
„Gash Dem And Light Dem“ 183
„Gimme Likkle One Drop“ 20
„Give Me The Right“ 237
„God Bless The Children“ 55
„Go Find Yourself Another Fool“ (Third-I-Band) 189
„Green Collie“ 29
„Guiding Star“ 57
„Guiding Star“ 47
„Have Some Mercy“ 131
„Have Some Mercy“ 64, 68, 107
„Headache“ 130
„Heartache“ 130
„Heart Failure“ 130
„Herb Man“ 31
„Herbman Shuffle“ 79
„Hertz“-Dubs 130
„Honey Love“ 29
„How Long“ 141
„How Long Will It Take“ 91
„Hurt So Good“ 202, 223
„Hypocrite“ 33
„I Admire You“ 80
„Ice Cream Love“ 70
„I Do Voodoo“ 212
„Illegal Gun“ 130
„I'll Take You There“ 34
„I Love Mariguana“ 156
„In Time To Come“ 140, 142
„Invasion“ 22
„Is It Because I'm Black“ 21
„It's A Shame“ 64
„It's Too Late“ 46
„Jah Guiding Star“ 156
„Jah Jah Dreader Than Dread“ 155
„Jah Jah Redder Than Red“ 155
„Jah Love“ 36
„Jah Vengence“ 204
„Jailhouse“ 29
„Java“ 27, 44, 45, 47, 55, 56, 218
„Journey“ 21
„Jungle Scank“ 130
„Karma“ 21
„King Tubby Meets Rockers Uptown“ 46, 66, 82, 187
„Kung Fu Fighting“ 201
„Kung Fu Man“ 155, 201
„Kung Fu Warrior“ 201
„Kunta Kinte“ 234, 236
„Kunta Kinte Dub“ 219, 220
„Lament Mankind“ 241
„Leftist“ 132
„Let Me Go Girl“ 99
„Listen To The Music“ 99
„Little Boy Blue“ 91
„Lively Up Yourself“ 171
„Love And Devotion“ 99
„Love Is Not A Gamble“ 91
„Love Me Always“ 237
„Ma Ma Saya“ (aka „Westbound Plane“) 155
„Man In Me“ 223
„March Back To Africa“ 242
„Marcus Garvey“ 116
„Me A Tell Yuh“ 44
„Meet Me At The Corner“ 47, 57
„Militant Salute“ 241
„Mirror Mirror“ 49
„Mister Sandman“ 211
„More Echoe“ 44
„Money In My Pocket“ (Movement) 189
„Move Out Of My Way“ 203
„MPLA“ 132
„Mr. Boombastic“ 69
„Mr. Chatterbox“ 99
„Music Field“ 99
„My Conversation“ 99, 105
„My Little Daughter“ 46
„My Queen Is Mamie Phipps Clark“ 252
„My Sweet Lord“ 223
„Nevada Joe“ 79
„Nice Up The Dance“ 164
„Ninja Mi Ninja“ 71
„None Shall Escape The Judgement“ 64, 69, 194
„No Other Woman“ 155
„No Wicked Shall Enter The Kingdom Of Zion“ 22
„No Woman No Cry“ 218

„Offshore Banking Business“ 233
„Oh Mr. DC“ 164, 168
„Open The Gate Of Rhodesia“ 242
„Ordinary Man“ 47, 49, 57
„Ordinary Version“ 57
„Painful Disco Dub“ 130
„People Funny Boy“ 30
„Phantom“ 31, 79
„Phantom“ 41, 63
„Point Of View“ 225
„Pop A Top“ 30
„Post Mortem“ 130
„Proud Black“ 125
„Pussy Galore“ 199
„Quantanamera“ 222
„Queen Majesty“ 91
„Really For A Reason“ 250
„Red Gold And Green“ 236
„Red Gold Green“ 223
„Rema Scank“ 130
„Return Of Django“ 200
„Rigor Mortis“ 130
„Riot in Soweto“ 131, 242
„Rise and Fall of the South African Regime“ 242
„Roots Brown“ 114
„Round Midnight“ 239
„S90 Skank“ 78, 128
„Samurai Swordsman“ 201
„Scanking Dub“ 130
„Scorpio Rising“ 171
„Shame And Pride“ 129
„She Is Beyond Good And Evil“ 226
„Shortwave“ 200
„Silly Games“ 219
„Single Girl“ 185
„Sister Fay“ 140
„Ska Baby“ 213
„Sleng Teng“ 71, 135, 191, 195, 197, 209, 221
„So Jah Seh“ 202
„Somebody's Baby“ 91
„Something On Your Mind“ 49
„Song My Mother Used To Sing“ 46
„Spangler's Clap“ 69
„Spanglers' Shower“ 68
„Squeeze Up Part 1“ 199
„Squeeze Up Part 2“ 199
„Steamers A Bubble“ 148
„Step It Out“ 92
„Stept It Out A Babylon“ 92
„Stir It Up“ 85
„Straight To I Roy's Head“ 100
„Straight To The Head“ 79
„Sugartime“ 211
„Superior“ 200
„Sweat (A La La La La Long)“ 85
„Swing Easy“ 47
„Swing Low“ 237
„Talk About Love“ 91
„Tempo“ 70, 81
„The Black Disciple“ 242
„The Emperor“ 241
„The Invisible Man“ 209
„The Israelites“ 30
„The Liquidator“ 34
„The Little Rasti“ 241
„The Long Way“ 203
„The Mighty Gates Of Goza“ 64, 107
„The Rights Of All“ 241
„The Tackro“ 29
„Think Of Home“ 252
„Three Meals A Day“ 237
„Tivoli Scank“ 130
„Too Late To Turn Back“ 55
„Toothache“ 130
„Train To Zion“ 156
„Truly“ 130, 142
„Truth And Rights“ 164
„Tumbling Tears“ 144
„Two Big Bull In A One Pen“ 71
„Uganda“ 140
„Under Mi Fat Thing“ 86
„Under Mi Sleng Teng“ 86, 190
„Up Wareika Hill“ 82
„Wah Do Dem“ 141
„Warrior“ (Wolete Miriam) 189
„Watergate Rock“ 80
„Westbound Train“ 56
„Wet Dreams“ 99
„We Will Make It Up“ 78
„What's Going On“ 171
„Woman Gotta Have It“ 202
„Ya Ho“ 237
„Yakety Yak“ 29
„You Don't Care“ 91
„You Gotta Fight For Your Rights To Party“ 211
„Young Gifted & Black“ 222
„Yusuf Ali & The Revolutionaries“ 140
„Zambia“ 187

Alben (sortiert nach Titeln)

12 Inches Of Dub 171
12“ Of Pleasure 171
.357 Magnum Dub 255
A
ABC Dub 67, 85, 255
Africa Must Be Free By 1983 Dub 188
African Anthem Dubwise 186
African Dub 48, 49, 234
African Dub All-Mighty 46
African Dub Chapter One 46
African Head Charge 233, 245
African Stones 225
Afrikan History 135, 147
Ah Who Seh? Go Deh! 223
Alborosie – Back-A-Yard Dub 246, 248
  Dub Clash 248
  Dub The System 248
  Freedom In Dub 248
  meets King Jammy – Dub Of Thrones 191, 248
  Meets Roots Radics – Dub For The Radicals 248

Al Campbell – Working Man 165
Allied Dub Selection 102, 165
Alton Ellis Greatest Hits 118
Alton Ellis – Mr Soul Of Jamaica 118
Amy Winhouse – Back To Black 248
Anti Social Workers – Punky Reggae Party. Positi-ve Style 233
Aquarius Dub 45, 46, 47
A Salut To King Tubby 75
Ashton Familyman Barrett – Cobra Style: Productions From The Wailers' Musical Director 120
Augustus Pablo Dubbing On Bond Street 107
Ital Dub 16, 218, 23
Aura meets Lee „Scratch" Perry – Full Experience 206
B
Bag-O-Wire 116, 230, 255
Barmy Army 232
Benjammin – Sons And Daughters. Vocals & Dubs 249
Big Joe – African Princess 156, At The Control 63
Big Youth – Reggae Gi Dem Dub 34
Black Ark Players – Black Ark In Dub 207
Blackboard Jungle Dub 16, 45, 46, 67, 207 -> Upsetters 14 Dub Blackboard Jungle
Black Foundation Dub 21, 135, 157
Black Jade – Contempo 243
Black Liberation Dub 235, 236, 243
Black Magic Dub 158
Black Market Clash 233
Black Slate – Amigo 228
Ogima 228
Six Plus One 228
Black Uhuru – Anthem 149
Black Sounds Of Freedom 188
Black Sounds Uhro 189
Love Crisis 187, 188, 189, 192
The Dub Factor 149
Uhuru In Dub 188, 189
Bobby Ellis & The Professionals meet the Revolu-tiónaries 241
Bob Marley & The Wailers – Natty Dread 34, 125, 202
Soul Rebel 198, 200
Soul Revolution 198, 200
Survival 119
Uprising 119
Brass Rockers 67, 107
Build The Ark 206
Bunny Lee & King Tubby present Tommy McCook And The Aggrovators – Brass Rockers 64, 66, 241
Bunny Lee & The Aggrovators Presents Super Dub Disco Style 70, 92, 102
Bunny Lee The Version Master presents Creation of Dub 69, 102, 255
Bunny Wailer – Blackheart Man 58,
Dubd'sco Vol. 1 34
Burning Dub 135, 157
Burning Spear –Dry And Heavy 242
H.I.M. 116, 120
Marcus Garvey 58
Busy Signal – Reggae Dubb'n Again 120
Reggae Music Again 20, 120
Byron Lee & The Dragonaires – Uptown Top Ranking 199
C
Captain Yossarian – Bob Marley In Dub 250
Carl Harvey – Ecstasy Of Mankind 94
Channel One – Maxfield Avenue Breakdown. Dubs & Instrumentals 1974 – 79 124
Chant Down Babylon Kingdom 67
Chinna Smith presents… DUB IT! 120
Clint Eastwood & General Saint – Two Bad D.J. 227
Clive ‚Azul' Hunt presents Bad Bad Bad 115
Confrontation Dub – Shaka vrs. Fatman 255
Count Ossi & The Mystic Revelation Of Rastafari – Grounation 251
Creation Rebel – Dub From Creation 225
Rebel Vibrations 228, 231
Starship Africa 231
Crooklyn Dub Consortium - Certified Dope Vol. 1 + 2 244
Crucial Bunny versus Prince Jammy – Fatman Dub Contest 188
Crueshal Dub 128
Cry Tuff Dub Encounter Chapter 1 225, 227
Cultural Roots Dub 120
Culture Dub 115, 255,
Harder Than The Rest 111, 118
In Dub 115, 255
Two Sevens Clash 49
Curtis Amy – Katanga! 241
D
Dawn Of Creation 135, 255
DEB Music Players – 20th Century DEB-Wise 188
DEB Players – 20th. Century Deb-Wise 242
DEB Players In Dub – House Of DEB 256
Delixx – Uprising In Dub 250
Dennis Bovell – Decibel. More Cuts & Dubs 1976 to 1983 224
presents 4th Street Orchestra- Higher Ranking Dub + Yuh Learn! 224
Strictly Dub Wize 255
Desmond Popsy Benup – Dubbing In The UK 242
Dial M For Murder in Dub Style 141
DIP Presents The Upsetter 201
Disco Devil Vol. 1… 206
Disco Dub 150
Dizzy Gillespie Quintett – A Musical Safari 241
Doctor Pablo – North Of The River Thames 232
Donald Byrd – A New Perspective 241
Donald Byrd – Ethiopian Knights 241
Don't Underestimate The Force. The Force Is Within You 131
Dr. Alimentado – Best Dressed Chicken In Town 166
Dread At The Controls Dub 21

Dread Lion Dub 158
Dread Locks In Jamaica 15
Drum Sound - The Revolutionaries. More gems from the channel one dub room 124, 127, 220
Dubb Everlasting 115, 116, 255
Dubblestandart, Lee „Scratch" Perry & Ari Up – Return From Planet Dub 212
Dub Expression 115
Dub From Creation 220, 230, 231
Dub From The Roots 67, 100, 107
Dub Gone Crazy. The Evolution of Dub at King Tubby's 1975-1979 70, 72
Dub I 49, 255, 256
Dub In Blood 58, 128
Dub In Blood – Skin Flesh & Bones 255
Dubiterian meets The Scientist – Tribute to Augustus Pablo 171
Dub Master Musically Intemidaters 187, 255
Dub Me Crazy 166, 234, 235, 236, 245
Dub Me Crazy! The Second Chapter. Beyond The Realms Of Dub 234
Dub Merchant 91
Dub Of Thrones 191
Dub Out Her Blouse & Skirt Vol. 1 120
Dub Over Dub. 27 Track Dub Extravaganza 114
Dub Rockers Delight 235
Dub Rockers Volume 2. Negus Roots Meets The Mad Professor 235
Dub Sensation 125
Dub Sequeldo 45, 47
Dub Serial 45, 46, 57
Dub Serial – More Dub 45
Dub Side Of The Moon 248
Dub Store Special 46
Dub Syndicate – One Way System 232
Research And Development 232
Stoned Immaculate 232
The Pounding System (Ambience In Dub) 229
Dub Take The Voodoo Out Of Reggae 212
Dub War Vol. 1 102, 168
Dub War: Coxsone vs Quaker City 102
Dutch Man Dub 157
E
Earl Zero – City Of The Weak Heart 255
Earthquake Dub 128, 255
East Of The River Nile 232
E-E Saw Dub 67, 85, 255
Elroy Bailey – Red Hot Dub 157
Ernest Ranglin – Ranglypso 240
Errol Brown & The Revolutionaries – Culture Dub & Medley Dub 114
Tip Top Dub 114
Errol Dunkley – Militant Man 131
Errol Scorcher – Rasta Fire 130
Escape From Hell 187, 188, 255
Ethnic Fight Band – Music Explosion 108, 230
Out Of One Man Comes Many Dubs 108, 230
Evolution Of Dub (Box-Series) 179
F
Familyman In Dub 120
Fatman Dub Contest – Crucial Bunny Versus Prince Jammys 86
Fatman presents TWIN SPIN Vol. 1 255
Fatman presents Unleashed Dub From King Tubby's Studio Vol 1 255
Fat Man Riddim Section – Baldhead Justice 85
Is It War Or Is It Peace? 85, 131
Israel Tafari 85
Meets Downtown Horns At Channel One 140
Tribulation Dub 85
Tough Guys In Dub 85
Wagon Of Dub 85
Firehouse Revolution – King Tubby's Productions in the Digital Era 1985 - 89 77
First, Second & Third Generation Of Dub 86, 188
Flick Wilson – School Days 169
Freedom Fighters Dub 131, 242
G
Garvey's Ghost 48
Gentleman – Diversity 148
George Faith – To Be A Lover 205
Goal feat. Monty Alexander Trio 240
Goldmine Dub 166
Grachan Moncur III – New Africa 241
Greatest Hits Super Dubb - Wise Doctored For Super Sound 101
Greatest Jamaican Beat. Rock Steady Baba-Boom Time 112
Green Bay Dub 135, 157
Gregory Isaacs – Mr. Isaacs 128
Slum In Dub 157, 188
Guerilla Dub 128, 135, 157, 242
Gun Court Dub 115
Gun Court Dub Vol. 2-4 116
Gussie Clarke – Dub Anthology 21
H
Harry J The Producer, Joey White The Artist, Sylvan Morris The Engineer – Roosevelt Ave Dub 1975-1978 34
Harry Mudie meets King Tubby in Dub Conference 10, 95
HD In Dub 20, 23
Heart Of The Ark Vol. 1 + 2 206
Heart Of The Congos 9, 198, 207
Heavy Metal Dub 135, 141, 159
Heavy Rain 213, 214
Heavyweight Dub 85
Heavy Weight Dub Champion 166
Hempress Sativa – Unconquerebel 171
Herb Dub 18, 129, 255
Herb Dub Collie Dub 255
Higher Ranking Dub (Scientific) 223
Hiroshi Fujiwara in Dub Conference 247, Classic Dub Classics 247
Hitbound! The Revolutionary Sound Of Channel One 123
I
I Cover The Water Front 239
Idris Ackamoor & The Pyramids – Lalibela 251
Impact All Stars - Forward The Bass. Dub From

Randy's 1972-1975 54, 57
Inna London Dub 250
Inner Circle – Killer Dub 188
International Herb 49
International Heroes Dub 168
In The Light In Dub 187, 188
I Roy – Cancer 128,
Can't Conquer Rasta 16
Crisus Time 128
Don't Check Me With No Lightweight Stuff (1972-75) 68
Heart Of A Lion 128
Musical Shark Attack 128
Presenting 78
Spider's Web 131
Ten Commandments 128
I Roy – The General 128, 131
Whap'n'Bapn 128
World On Fire 128
Irregular Roots – Showcase 249
J
Jackie Mittoo – The Keyboard King 241
Jack Ruby Hi-Power vs. Gemini Discotheque 101, 103, 256
Jacob Miller – Mixed Up Moods 140, Meets King Tubby in a Tenement Yard 255
Jackson, George 241
Jah Life In Dub 169
Jah Lion – Colombia Colly 205
Jah Lloyd – Herbs Of Dub 255
Jah Lloyd with King Tubby at the Controls – Herbs Of Dub 255
Jah Shaka – Commandments of Dub Part 1- 10 236, New Testaments Of Dub 236
Meets Mad Professor At Ariwa Sounds 236
Jallanzo – Dubbin' It & Lovin' It 22, 23
Jammy$ From The Roots 1977–1985 186
Jammies (Prince Jammy's) In Lion Dub Style 187, 188
Java Java Dub 45
Java Java Java Java 44, 45, 46, 47, 52, 55, 56, 57
Jimmy Riley – Majority Rule 168
Joe Gibbs & The Professionels – No Bones For The Dogs 48
Joe White – Jah Jah Dub 34, 107
Johnny Clarke - Superstar Roots Disco Dub 101
Junior Murvin – Police And Thieves 205
Junjo presents – Big Showdown 1980 180
Heavy Weight Dub Champion 180
The Evil Curse Of The Vampires 180
Wins The World Cup 180
Justice Dub. Rare Dubs From Justice Records 1975 – 1977 256
K
Kaya Dub 18, 101, 129, 255
Keith Hudson – Black Morphologist 125
Brand 256
From One Extreme To Another 125
The Joint 256
Ken Boothe - Unlimited 44
Killer Dub 85
King Jammy – Destroys The Virus With Dub 192
Dry & Heavy – In The Jaws Of The Tiger 191
presents New Sounds Of Freedom 192
Waterhouse Dub 186, 191
-> Prince Jammy, Jammies, Jammy$
King Of Dub 159
Kings Dub 140
King Tubby – Answer The Dub 256
Dub Inventor Vol. 1 255
Majestic Dub 70, 102, 103, 256
meets Jacob Miller – Ina Tenement Yard 67, 85
Meets Roots Radics – Dangerous Dub 135
Meets The Upsetter At the Grass Roots of Dub 65, 66, 230
Meet Vivian Jackson (Yabby You) 67
presents Dub From The Roots 15
Shining Dub 255
Surrounded By The Dreads At The National Arena 66
The Dubmaster With The Waterhouse Posse 102,
Vs Channel One – For One Night Only Dub Soundclash 256
King Tubby's Home Town Hi Fi 27, 61, 68
Lost Treasures 70
presents Two Big Bull Ina One Pen 88
Prophecies Of Dub 69
Prophesy of Dub 69, 92, 256
King Tubby & The Aggrovators – Shalom Dub 230
King Tubby & The Clancy Eccles All Stars 79
King Tubby's and The Agrovators – Dubbing In The Back Yard 102, 188
King Tubby The Dub Master Presents Dub From The Roots 65, 80
presents The Roots Of Dub 65, 230
King Tubby Prince Jammy And Scientist – First, second and third generation of Dub 77, 177, 255
King Tubby Studio verses Channel One Studio 102, 256
King Tubby & Yabby You – Time To Remember Vol. 1 256
King Tubby & Prince Jammy – Dub Gone 2 Crazy. In Fine Style 1975-1979 63
King Tubby & Scientist & Bunny Tom Tom & Barnabas – Universal Dub 141
Kristine Alicia – Songs From Zion 21
L
Lacksley Castell – Morning Glory 235, Princess Lady 235
Lee Perry – Megaton Dub 207, Voodooism 212
Lee Perry & The Upsetters / Sly & The Revolutionaries – Reminiah Dub 256
Lee „Scratch“ Perry and Adrian Sherwood – Dub Setter 213
and Friends - Back To The Ark 209
and The Majestics – Mystic Miracle Star 208
& Dub Syndicate – Time Boom X De Devil Dead 212, 213

& The Upsetters – Roast Fish Collie Weed & Cornbread 205
Lee „Scratch“ Perry – From My Secret Laboratory 213
The Mighty Upsetter 213
Who Put The Voodoo 'Pon Reggae 212
£ee $cratch Perry – Heavy Rain 213
Rainford 213, 214
Leggo! Ah-Fi-We-Dis 223, 224
Leggo Dub 128
Leslie Butler – Ja-Gan 34, 230, 256
Liberated Dub 131, 242
Linda McCartney – Wide Prairie 211
Linval Thompson – Cool Down 155, 159
Dub Story 159
I Love Marijuana 156
Love Is The Question 158
presents Space Invaders 180
presents – Encounters Pac-Man 180
Meets King Tubbys – Ina Reggae Dub Style, Dis A Yard Dub 159
Rocking Vibration 158
Six Babylon 159
the early sessions 1974-1982 156, 159
& The Revolutionaries – Boss Man's Dub 158
Living Dub Vol. 2 116, 120
LKJ In Dub 226
Lone Ark meets The 18th Parallel – Showcase Vol. 1 249
Lone Ark Riddim Force – Balance Dub 249
Lonely Hearts Dub Band 249
Lone Ranger - On The Other Side Of Dub 16
M
Macka Dub 159
Mad Professor Meets Scientist At The Dub Table 170,
Dubbing with Anansi 237
Electro Dubclubbing!! 237
Method To The Madness 234
Riddim and Dub Series 2018 + 2019 235
The Roots Of Dubstep 20, 237
Majestic Dub 49, 256
Marcia Griffiths – Naturally 118,
Steppin' 118
Massive Attack – Protection 237,
v Mad Professor – No Protection 237
Matumbi – Dub Planet Orbit 1 226
Pre-Release 223
Mawamba Dub (Warrior) 225
Max Roach – Percussion Bitter Sweet 242
We Insist! Freedom Now Suite 242
Max Romeo & The Upsetters – War In A Babylon 205
Meditation In Dub 128
Meditation Dub Vol. 3 255
Medley Dub 114, 115
Mellow Dub 16
Micah Shemaiah – Still 249
Militant Barry – Militant Style 131
MLK DUB 148
Monty Alexander/Ernest Ranglin 240
Monty Alexander – Cobilimbo feat. Ernest Ranglin 240
Here Comes the Sun 240
Live At The Montreux Festival 240
Love and Sunshine 240
Monty Strikes Again. Live in Germany 240
Perception 240
Rass 240
The Duke Ellington Songbook 240
The Way It Is 240
We've Only Just Begun 240
More Ideas 102
More Tales From The Observatory 211
Musical Bones 201, 251
Mutabaruka – Check It! 120
N
Nat Birchall Meets Al Breadwinner – Upright Living (feat. Vin Gordon) 251
Sounds Almighty 251
Tradition Disc In Dub 251
Natty Locks Dub 65, 230
Negrea Love Dub 156, 158, 161
New Decade Of Dub 236
Nuh Skin Up Dub 125, 220
O
Once Upon A Time At King Tubbys 100
Open The Gate 206
Orthodox Dub 115
Out On The Floor Dub 250
P
Page One – Rock A Dub 92
Phase One Dub-Wise 135
Phase One Dubwise Volume 2 255
Phoenix Dub 159
Pick A Dub 17, 34
Pleasure Dub 114
Prince Jammy – Computerised Dub 191
Destroys The Invaders 188
Presents Strictly Dub 187
The Crowning Of Prince Jammy 185
v King Tubbys – His Majestys Dub 188
-> King Jammy, Jammies, Jammy$
Prince Jazzbo – Ital Corner 205
Natty Passing Thru' 205
Prophets – Walls Of Jerusalem 67
Protoje – Ancient Future 23
Q
R
Raiders Of The Lost Dub 148
Randy's Dub 57
Ranking Barnabas – The Cold Crusher 141
Ranking Dellinger Superstar 101
Ras Michael – Love Thy Neighbour 207
Rass Claat Dub 256
Rasta Communication In Dub 256
Rasta Dub '76 101
Rasta Dub '77 256
Rasta Have Ambition 15
Rastaman Vibration 34

Rebel Dub 131, 242
Rebel Soldier 242
Repatriation Dub 168
Return Of Wax 201
Return To Umoya 256
Revelation – Variation On A Theme 157, 227, 228
Revival Dub Roots Now 129
Revolutionary Dub 115, 131, 242
Revolutionary Sounds Pre-Release Dub 169
Revolution Dub 202, 203, 207, 213
Rico – Get Up Your Foot 240,
You Must Be Crazy. The Official Live Album 240
Rita Marley – Who Feels It Knows It 119
Roberto Sánchez & Chalart58 – Audio Merge In Dub 249
Rock A Dub 18
Rockers All Stars – Chanting Dub With The Help Of The Father 188
Rockers Almighty Dub 159
Rodigan v Williams – Rockers Arena 82
Roots Makers – Karigan meets DM Kahn & Organics. Rubadub-One Drop-Rockers 246
Roots Of Dub 107, 173
Roots Radics – 12 Inches Of Dub 171,
At Channel One Kingston Jamaica 135, 141
Featuring Gladstone Anderson – Radical Dub Session 135
Roots Splashdown 135, 141
Meet Mighty Revolutionaires – Outernational Riddim 135
Radicfaction 135, 168
Roots Dub Style 135
Roy Cousins Presents The Kings And Queens Of Dub 135
Rootz Underground – Gravity 21,
Movement 21
Rupie Edwards All-Stars – Dub Basket 46, 256
Dub Classic 256
Ruts DC Present Rhythm Collision Vol. 1 233

S

Sammy Dread – Road Block 147
Samory I – Black Gold 243
Satisfaction in Dub 128, 255
Satisfaction In Dub Strictly Yard Music 128, 255
Satta Dub Strictly Roots 129
Scientific Dub 159, 168
Scientist and Jammy Strike Back 159, 189
Dub Landing Vol. 2 159, 180, 189
Scientist –Dub In The Roots Tradition 256
& Barnabas & Maxie - Three The Hard Way 140
& Dubiterian – Classeek Riddims 171
Dub Landing 159, 168, 180
Dubs Culture Into A Parallel Universe 170
Encounters Pac-Man 159, 166, 167
Heavy Weight Dub Champion 166
Scientist – High Priest Of Dub 168, 179
In Dub Volume 1 158, 180, 256
Launches Dubstep Into Outer Space 172
Meets Hempress Sativa In Dub 171
Meets The Crazy Mad Professor at Channel One 70
Meets The Roots Radics 135, 169
Meets The Space Invaders 159, 166, 167, 229, 256
Psychedelic Dub 245
Rids The World Of The Evil Curse Of The Vampires 166, 178
v Prince Jammy - Big Showdown 166, 169, 180
v The Professor – Dub Duel At King Tubby's 70
Wins The World Cup 166
World At War 168, 180
Scratch On The Wire 205
Sekje Molenga & Kalo Kawongolo with Lee „Scratch" Perry – From The Heart Of The Congo 206
Serge Gainsbourg - Aux Armes Et Cætera 148
Serial Dub 55
Shalom Dub 107
Shanti Yalah & Sons Of Nansa – Creation In Dub 249
Sip A Cup meets Negus Roots – Fire House Dub Volume 1 235
Sir Coxson Sound – King Of The Dub 230
Skin Flesh & Bones – Dub In Blood 139, 246
Sly & Robbie + Brinsley Forde – One Fine Dub 149
Sly & Robbie – A Dub Experience 148,
Blackwood Dub 148
Disco Dub 149
Dubrising 148, 149
Masters Of Ceremony Dub 102
Meet King Tubby – Reggae Rasta Dub 159
Militant Dub 243, Underwater Dub 148
Sly & The Revolutionaries – Go Deh Wid Riddim 126,
meet Lloyd Parks, We The People Band and Roots Radics – Trench Town Dub 256
Sojie - Rebel Soldier 147, 149
Sonia Pottinger – Marcus Garvey 255
Sons Of Kemet – Black To The Future 252,
Your Queen Is A Reptile 252
Soul Man Dub 158
Soul Revivers – On The Grove 244
Dub The Grove 244
Soundclash Dubplate Style Part 1 + 2 190
Sound Dimension – Jamaica Soul Shake Vol. 1 36
Sound System International Dub 79
Star Wars Dub 135, 157
State Of Emergeny 49
Strictly Dub Wize 225
Strictly Rockers In A Dread Land 15
Strong Like Samson 158
Strong Like Samson – Linval Thompson In Dub 158, 256
Studio66 – In Dub With Luv 247
Studio One Story 16, 37
Sugar Minott & The Black Roots Players Meet The People Inna Lovers Dubbers Style 169
Super Ape 9, 206
Sylvan Morris – Cultural Dub 15, 38

Dub Wise Morris On Dub 34, 38, 230, 256
Reggae Workshop 34
T
The Aggrovators – Dub Justice 256
The Agrovators – Kaya Dub 188, 189, 255
Meets The Revolutionaries Part II 101, 241
Meets The Revolutioners At Channel One Studios 101
The Best Dub Album In The World (Student) 58
The Best Dub Album In The World – Introducing Scientist 165, 255
The Best Of U Roy 15
The Breadwinners – Dubs Unlimited 251
The Congos – Heart Of The Congos 205
The Dub Album They Didn't Want You To Hear 169
The Force Of Music 131, Liberated Dub 179
The Heptones – University Of Dub 9
Party Time 205
The Heptones & Their Friends meet The Now Generation 33
The Icebreakers with The Mighty Diamonds – Planet Mars 229
The Jamaican Jazz Crusaders - A Live Interview And Set with The Jamaican Jazz Crusaders 239
The Message Dubwise 15, 45, 47, 237
The Mighty Diamonds – Back To The Channel 131
Dubwise 21
Deeper Roots 131
Right Time 129
The Mighty Upsetter – Kung Fu Meets The Dragon 201
The Mikey Dread Show – African Anthem Dubwise 186
The Orb featuring Lee Scratch Perry present The Observer in the star house 211
The Pop Group – Y 226, Y in Dub 226
The Pounding System (Ambience In Dub) 231
The Prophets – King Tubby's Prophecies Of Dub 92, 240
The Return Of Pipecock Jackxon 208
The Revolutionaries – Dutch Man Dub 131
Goldmine Dub 188
Green Bay Dub 158
I Came I Saw I Conquered 131
Jonkanoo Dub 131
Outlaw Dub 158, 256
Reaction In Dub 131
Revival Dub Roots Now 130
Revolutionaries Sound 130
Revolutionaries Sounds Vol. 2 131
The Revolution feat. Jah Wobble & David Harrow 210
The Ring Craft Posse – St. Catherine in Dub 1972-1984 193
The Roots Of Dub 67, 100
The Roots Rockers – Fe Me Dub + Dubwise Shower 255, 256
Reggae Masterpiece In Dub 256
Reggae Masterpiece In Dub Vol. 2 255
The Scientist Meets Ted Sirota's Heavyweight Dub 171
The Simeons – Dub Conference In London 10, 228
The Skatalites – Herb Dub Collie Dub 255
The Slits – Cut 226
The Upsetters – Return Of The Superape 205
The Upsetters – Super Ape 205
The Wailers – Catch A Fire 19, 38
The War Is In On Dub Style 58
The War Is On 242
Three Dreads From Zion Dub 135
Tommy McCook – Disco Rockers 241
Hot Lava 241
and The Agrovators – Cookin' 64, 241
& King Tubby Meets The Agrovators At Dub Station 69, 101, 255
& The Aggravators – Brass Rockers 107
& The Supersonics – Pleasure Dub 114
Top Ranking Dub Volume 1 256
Top Ranking Dub Volume 2 256
Tradition – Alternative Routes 228, 229
Captain Ganja And The Space Patrol 228, 229
High Risk Dub 228
n Dub 228
Tradition – … Tell Your Friends About Dub 228
Train To Zion Dub 158, 188
Treasure Dub 114
Treasure Dub Vol. 2 114, 115
Treasure Isle Hottest Hits Volume 1–3 114
Trench Town – Revolutionary Dub 256
Tubeway Army – Replicas 221
Tunes From The Missing Channel 231
Two Big Bull Ina One Pen 88,
Dubwise 88, 190
U
United Dreadlocks Vol. 1 128
Unleashed Dub From King Tubby's Studio 77, 86
Upsetters 14 Dub Blackboard Jungle 16, 45, 67, 201
U Roy – African Roots 15, Dread In A Africa 15
Use Your Loaf Dub 23
V
Very Ska . Very Dub 225, 255
Vin Gordon – African Shores 251
Vital Dub – Well Charged 129,130
W
Willie Williams – Armagideon Time 164
Willi Williams – Glory To The King 249
Winston Edwards & Blackbeard – Dub Conference At 10 Downing Street 10, 226
X
X-O-Dus 226
Xterminator in Dub – No Gabbon 148
Y
Yabby You – Dread Prophecy 204, 207
meets Sly & Robbie along with Tommy McCook 256
Yuh Learn! 223, 224
Z
Zincfence – Dub Policy 22, 23

I feel everything you say. I feel everything you hear.

10 Jahre Week-End Fest. 20 Künstler*innen sprechen über prägende Musiker*innen, Orte oder Begegnungen. Es geht um entscheidende Momente und Erinnerungen, die bis heute nachhallen und die eigene künstlerische Identität geformt haben.

Mit Texten von Adrian Sherwood über Lee 'Scratch' Perry, Scientist über King Tubby, Marshall Allen über Sun Ra u.v.m.

Hardcover Buch erhältlich ab 28. Okt. 2022 über www.strzelecki-books.com

Week—End Fest

STRZELECKI BOOKS

Impressum

Helmut Philipps (Hg.)

DUB-Konferenz
50 Jahre Dub aus Jamaika

Gestaltung & Satz:
Stephanie Wetzold-Schubert

Umschlaggestaltung:
Jan Lankisch

Druck und Bindung:
„Standart impressa“ www.standart.lt, Vilnius, Litauen

Bildnachweis:
Cover/Umschlag-Vorderseite Alice Peperell (mit freundlicher Genehmigung von Red Bull Studios, London). Alle anderen Bilder Archiv des Autors.

2. korrigierte Auflage 2023

ISBN: 978-3-910298-02-6

Erschienen bei Strzelecki*Books*, Köln
www.strzelecki-books.com

Das Buch entstand mit Unterstützung des

Ministerium für
Kultur und Wissenschaft
des Landes Nordrhein-Westfalen

Für Arwen und ihre Familie:
Philipp, Konstantin & Jules

... und für Jamaika